Die Nichtigkeit und Anfechtbarkeit der Ehe in der Rechtsprechung des Reichsgerichts zwischen 1900 und 1945

Rechtshistorische Reihe

Band 329

Peter Lang
Frankfurt am Main · Berlin · Bern · Bruxelles · New York · Oxford · Wien

Lars Düwel

Die Nichtigkeit und Anfechtbarkeit der Ehe in der Rechtsprechung des Reichsgerichts zwischen 1900 und 1945

Peter Lang
Europäischer Verlag der Wissenschaften

Bibliografische Information Der Deutschen Bibliothek
Die Deutsche Bibliothek verzeichnet diese Publikation in der Deutschen Nationalbibliografie; detaillierte bibliografische Daten sind im Internet über <http://dnb.ddb.de> abrufbar.

Zugl.: Kiel, Univ., Diss., 2005

Diese Arbeit wurde von Herrn Prof. Dr. Werner Schubert
zur Aufnahme in diese Reihe empfohlen.

D 8
ISSN 0344-290X
ISBN 3-631-53884-7

www.peterlang.de

Meinen Eltern

Vorwort

Die vorliegende Untersuchung wurde im November 2004 von der juristischen Fakultät der Christian-Albrechts-Universität zu Kiel als Dissertation angenommen.
Die Arbeit beruht auf einer Anregung meines Doktorvaters Prof. Dr. Werner Schubert, dem ich für die Vergabe der Dissertation, für die umfassende Betreuung der Arbeit und die ständige Gesprächsbereitschaft meinen aufrichtigen Dank schulde.
Herzlich danken möchte ich auch Herrn Prof. Dr. Hattenhauer für die zügige Erstellung des Zweitgutachtens und Herrn Pannier vom Archiv des Bundesgerichtshofes für die freundliche Zugänglichmachung des Quellenmaterials.

Kiel, im April 2005

Lars Düwel

Inhalt

Einleitung

Die vorliegende Arbeit hat die Rechtsprechung des Reichsgerichts zur Nichtigkeit und Anfechtbarkeit von Ehen aus den Jahren von 1900 bis 1945 zum Inhalt. Die Institute der Nichtigkeit und Anfechtbarkeit der Ehe wurden mit Einführung des Bürgerlichen Gesetzbuchs neben der Ehescheidung als weitere Trennungsmöglichkeit von Ehen geschaffen. Sie unterschieden sich von der Scheidung sowohl in den jeweiligen Tatbestandsvoraussetzungen, die im Gegensatz zur Ehescheidung schon bei der Eheschließung vorliegen mussten, als auch auf der Rechtsfolgenseite. Im Verhältnis zur Ehescheidung haben die Nichtigkeit und Anfechtbarkeit der Ehe zwar immer eine untergeordnete Rolle gespielt, trotzdem findet sich eine beachtliche Anzahl reichsgerichtlicher Entscheidungen zu dieser Materie.
Gegenstand dieser Untersuchung sind 204 ausgewählte Entscheidungen des Reichsgerichts zwischen 1900 und 1944. Der Großteil dieser Entscheidungen wurde in der amtlichen Sammlung bzw. in juristischen Sammlungen veröffentlicht, zum Teil jedoch stark verkürzt. Die verwendeten unveröffentlichten Entscheidungen und die vollständigen Versionen der gekürzt veröffentlichten Urteile entstammen der „Sammlung sämtlicher Erkenntnisse des Reichsgerichts in Zivilsachen“, die sich ursprünglich im Besitz der Bibliothek des Reichsgerichts in Leipzig befand und nach Inkrafttreten des Einigungsvertrages in die Bibliothek des Bundesgerichtshofes nach Karlsruhe überführt wurde.
Das Ziel der Untersuchung ist es, festzustellen, wie sich die Rechtsprechung des höchsten deutschen Gerichtes zum neu geschaffenen Recht der Nichtigkeit und Anfechtbarkeit der Ehe in dem Zeitraum vom wilhelminischen Kaiserreich über die Weimarer Republik bis zur Herrschaft des Nationalsozialismus in Deutschland entwickelte und wie sich die juristischen, sozialen und politischen Veränderungen in diesem Zeitraum auf das Institut der Ehe auswirkten.

Die Untersuchung gliedert sich in drei Teile.
Der *erste Teil* gibt einen Überblick über die Entwicklung der Normen zur Nichtigkeit und Anfechtbarkeit der Ehe. Zunächst werden die vor Inkrafttreten des BGB in Deutschland geltenden Bestimmungen dargestellt. Anschließend wird anhand der Beratungen und Materialien die Entstehungsgeschichte der Normen zur Nichtigkeit und Anfechtbarkeit des BGB untersucht, wobei auch auf die Kritik und die Stellungnahmen der zeitgenössischen Literatur sowie der Bundesregierungen eingegangen wird. Das Ende des ersten Teils bilden Erläuterungen zu den gesetzgeberischen Veränderungen in der Zeit des Nationalsozialismus, die Einfluss auf die zu untersuchenden Normen hatten, insbesondere den

Wandel von der Anfechtung der Ehe zur nur noch ex-nunc wirkenden Eheaufhebung durch das Ehegesetz von 1937.
Der *zweite Teil* bildet den Schwerpunkt der Arbeit. Er umfasst die Analyse der ausgewählten Entscheidungen des Reichsgerichts im Hinblick auf die Zielstellung der Untersuchung. Dabei wird neben der Arbeit an den Entscheidungstexten auch auf das Echo zeitgenössischer Lehrbücher, Kommentare, Dissertationen und Urteilsanmerkungen eingegangen, so dass die Untersuchung auch einen Überblick über die jeweils vorherrschenden Literaturansichten gibt. Im Mittelpunkt des zweiten Teils steht die Eheanfechtung wegen Irrtums über eine persönliche Eigenschaft des anderen Ehegatten gemäß § 1333 BGB. Dieser Anfechtungsgrund, der die umstrittenste und auslegungsbedürftigste Norm des dritten Titels im ersten Abschnitt des Familienrechts des BGB darstellte, war der am häufigsten geltend gemachte Eheanfechtungsgrund. Besonders ausführlich geht die Untersuchung dabei vor allem auf die jeweilige Begriffsdefinition der „persönlichen Eigenschaft" und deren Entwicklung im zu untersuchenden Zeitraum sowie auf die einzelnen körperlichen, geistigen und sittlichen Eigenschaften ein. Da die Anfechtbarkeit deutsch-jüdischer „Rassenmischehen" nach 1933 in den letzten Jahren mehrfach im Mittelpunkt ausführlicher Untersuchungen stand, ist die Rechtsprechung des Reichsgerichts zur Anfechtbarkeit der Ehe wegen dieser persönlichen Eigenschaft nur anhand von kurzen Analysen der grundlegenden Entscheidungen dargestellt.
Der *dritte Teil* der vorliegenden Arbeit enthält neben einer Zusammenfassung der Ergebnisse des zweiten Teils eine Darstellung sowohl der gesetzlichen Veränderungen der Normen der Ehenichtigkeit und Eheaufhebung ab 1945 bis in die Gegenwart als auch eine kurze Analyse der wichtigsten Entscheidung des Bundesgerichtshofes zu diesem Thema.

1. Teil: Die Entwicklung der Normen über die Nichtigkeit und Anfechtbarkeit bzw. Aufhebbarkeit der Ehe von der Entstehung des BGB bis zum Ehegesetz von 1938

Das bürgerliche Gesetzbuch als wichtigste gesetzliche Quelle des deutschen Zivilrechts entstand im Zeichen des neu gegründeten Kaiserreiches in den Jahren 1874 bis 1896 und trat am 1. Januar 1990 in Kraft.
Die Notwendigkeit eines einheitlichen Privatrechts für das Deutsche Reich lässt sich aus der vielfachen Zersplitterung des deutschen privaten Rechts vor Inkrafttreten des BGB erkennen.
In Preußen galt das Allgemeine Preußische Landrecht, in Bayern der Codex Maximilianeus Bavaricus civilis von 1756, der noch weithin dem gemeinen Recht und dem Aufbau der römischen Institutionen folgte, Sachsen hatte 1863/65 ein eigenes bürgerliches Gesetzbuch geschaffen. In den linksrheinischen Gebieten des Reiches und in Baden in Form des Badischen Landrechts galt der Code civil von 1804. In den übrigen Teilen Deutschlands beanspruchten zahlreiche Stadt- und Landrechte, Partikulargesetze und Gewohnheiten eine räumlich oft eng begrenzte Geltung[1].
Somit bestand auch auf dem Gebiet des Familienrechts und speziell auf dem Gebiet ungültiger Ehen eine Vielzahl unterschiedlicher Rechtslagen, einheitlich war ab 1875 nur die durch das Personenstandsgesetz eingeführte obligatorische Zivilehe.

A. Die Gesetzeslage vor dem BGB

I. Das gemeine Recht

In großen Teilen Deutschlands galt bis zur Einführung des BGB das sogenannte gemeine Recht. Die Regelungen über die Ehe entsprachen dort je nach Konfession dem katholischen oder protestantischen Eherecht.
Wichtigste Geltungsgebiete des gemeinen Rechts waren neben den preußischen Provinzen Schleswig-Holstein und Hannover (mit Ausnahme des Regierungsbezirkes Aurich und der Kreise Lingen und Duderstadt), Hessen (mit Ausnahme

[1] Laufs, Rechtsentwicklung, S. 294.

der Provinz Rheinhessen), Mecklenburg und die Hansestädte Lübeck, Bremen und Hamburg[2].
Der größte Teil Bayerns (mit Ausnahme der Fürstentümer Ansbach und Bayreuth, einiger Orte im Amtsgerichtsbezirk Waldsassen und des Marktes Redwitz sowie der Pfalz), in dem der Codex Maximilianus Bavaricus civilis von 1756 galt, wird ebenfalls zum Gebiet des gemeinen Rechts gezählt, das Eherecht dieses Gesetzes war weitgehend dem kanonischen Recht nachgebildet[3].
Insgesamt galt das gemeine Recht vor 1900 für ca. 16,5 Millionen Menschen.

1. Das katholische und protestantische Eherecht

Das gemeine katholische wie das protestantische Eherecht unterschied nicht zwischen Nichtigkeit und Anfechtbarkeit der Ehe. Die Ehe war entweder nichtig oder gültig. Ehehindernisse, also Eigenschaften oder Umstände, die jemanden außer Stand setzten, die Ehe im Einklang mit den kirchlichen Gesetzen einzugehen[4], wurden unterteilt in verbietende, aufschiebende Ehehindernisse, die geschlossene Ehe war zwar unerlaubt, hätte also nicht abgeschlossen werden dürfen, war aber trotzdem gültig, und trennende Ehehindernisse, die überhaupt keine rechtsgültige Ehe entstehen ließen, also zur Folge hatten, dass die gleichwohl geknüpfte Verbindung getrennt werden musste[5].
Die Nichtigkeit bei Vorliegen trennender Ehehindernisse hatte verschiedene Wirkungen, je nachdem, ob das trennende Ehehindernis öffentlicher oder privater Natur war[6], und ob Dispens erteilt werden konnte oder nicht[7]. War das Ehehindernis öffentlicher Natur, erfolgte die Nichtigerklärung der Ehe von Amts wegen, war es privater Natur, nur auf Antrag des Verletzten[8].
Öffentliche trennende Ehehindernisse nach katholischem und evangelischem Recht waren Eheunmündigkeit (bei Männern 14, bei Frauen 12 Lebensjahre), Willensunfähigkeit, Verwandtschaft (Blutsverwandtschaft, Adoptivverwandtschaft, im kanonischen Eherecht zusätzlich noch Verwandtschaft durch unmittelbare Teilnahme an Taufe und Konfirmation), Schwägerschaft, Ehebruch und

---

[2] Vgl. zum Geltungsbereich des gemeinen Rechts die vollständige Übersicht bei Mugdan I, S. 844 f.
[3] Schäfer, S. 37.
[4] Knecht, S. 193; Schönsteiner, S. 171 f.
[5] Knecht, S. 193 f.; Schönsteiner, S. 172; Richter/Dove/Kahl, S. 1055 f.
[6] Friedberg, S. 419; Richter/Dove/Kahl, S. 1056; Knecht, S. 199; Ruoss, S. 29; Linneborn, S.133; a.A. Triebs, der diese Unterscheidung für das materielle Eherecht ablehnt, da sie rein prozessualer Natur sei, S. 151 f.
[7] Schönsteiner, S. 173.
[8] Ruoss, S. 29; Linneborn, S. 133.

Ermordung zur Ermöglichung einer Heirat, Doppelehe (bei Gültigkeit der ersten Ehe), Entführung sowie die Ehe eines oder zweier Nichtchristen, nach kanonischem Recht noch die höhere Weihe und das feierliche Gelübde[9].
Private trennende Ehehindernisse waren der Zwang, die Impotenz sowie der Irrtum, wobei nach evangelischem Eherecht ein Irrtum oder Betrug, der „das Wesen der Ehe berührend“ war, als Ehehindernis galt[10], während das kanonische Recht nur den Irrtum über die Person, mit dem die Ehe eingegangen wird, und den Irrtum darüber, dass eine Ehe abgeschlossen wird, als trennendes Ehehindernis anerkannte[11].

2. Der Codex Maximilianeus Bavaricus civilis von 1756

Der Codex Maximilianeus Bavaricus civilis[12] als erste naturrechtliche Kodifikation des gemeinen Rechts[13] beinhaltete alle, die Ehe betreffenden Regelungen in seinem sechsten Kapitel „Von dem Ehestande“[14].
§ 6 CMBC unterschied zwischen rechtlichen Ehehindernissen, die die Ehe „ganz und gar kraftlos“ machten, und solchen, die die Ehe nur „ungebührlich und strafbar“ machten. Hindernisse, die die Ehe gänzlich entkräfteten, waren nach § 8 CMBC widerrechtlicher schwerer Zwang, Irrtum über die Person, die Priesterweihe, das abgelegte „zierliche Gelübde der Keuschheit“, die mit anderen Personen wirklich bestehende Ehe, vor der Eheschließung wirklich bestehende „unheilbare Untüchtigkeit zum Beischlaf“, andauernde gewaltsame Entführung des einen Gatten durch den anderen, die Ehe, die der Mörder eines Ehegatten einer vorher bestehenden Ehe mit dem überlebenden Gatten eingeht, Ehebruch, Verwandtschaft oder Schwägerschaft, deren genaue Regelung § 9 CMBC vornahm (Blutsverwandte, Verwandte kraft Adoption, Tauf- und Firmungspaten) sowie das Mindestalter der Ehegatten, welches nach § 10 CMBC

---

[9] Vgl. zur Übersicht über die Ehehindernisse nach kanonischem und evangelischem Kirchenrecht die Übersicht bei Heilfron, S. 514 f.

[10] Richter/Dove/Kahl, S. 1061; kritisch dazu Friedberg, S. 431.

[11] Siehe zur Behandlung des Irrtums nach kanonischem Recht Flatten, S. 18 ff; Linneborn, S. 306 ff.; v. Schulte, S. 379 f.

[12] Im Weiteren nur CMBC.

[13] Das Gesetz entstand unter Kurfürst Maximilian III. Joseph (1745–1777), Verfasser ist der Vizekanzler Wiguläus Xaverius Aloysius Freiherr v. Kreitmayr (1705–1790). Der Codes Maximilianeua Bavaricus civili kodifizierte weitgehend gemeines Recht. In seiner klaren und sachlichen Sprache war er bemüht, die gesamte Bevölkerung belehrend zu erreichen. Vgl. zum CMBC Ebel, Rn. 479 f.; Eisenhardt, Rn. 288; Conrad, Rechtsgeschichte, S. 386 f; Wieacker, S. 326 f.

[14] Ausführlich zum Eherecht des CMBC: Scholz Löhnig, S. 27 ff.

bei weiblichen Personen 12, bei männlichen 14 Jahre betragen sollte und letztlich die Anwesenheit eines Pfarrers und zweier Trauzeugen.
Verehelichungen, die unter Umgehung von Eltern, Vormündern oder der Obrigkeit vollzogen wurden, waren nach § 4 CMBC nicht ungültig, wurden aber mit verschiedenen Strafen belegt.

II. Das Preußische Allgemeine Landrecht von 1794[15]

Das Preußische Allgemeine Landrecht[16] galt vor Einführung des BGB in den Provinzen Ostpreußen, Westpreußen, Posen, Schlesien, Brandenburg, Sachsen, Westfalen und im größten Teil Pommerns (mit Ausnahme des Regierungsbezirks Stralsund) sowie in einigen Teilen Hannovers (im Regierungsbezirk Aurich und den Kreisen Lingen und Duderstadt), der Rheinprovinz (in den Kreisen Duisburg Stadt, Mühlheim a.d. Ruhr, Essen Stadt, Essen Land, Ruhrort und Reis des Regierungsbezirks Düsseldorf) Bayerns (in den vormaligen fränkischen Fürstentümern Ansbach und Bayreuth) und Sachsen-Weimars (in den 1815 mit dem Großherzogtum vereinigten Erfurter Gebietsteilen), insgesamt für ca. 21.200.000 Einwohner[17].
Das ALR handelte im ersten Titel seines zweiten Teils „von der Ehe"[18]. Dort unterteilte es gesetzwidrig geschlossenen Ehen im 10. Abschnitt in nichtige und ungültige:

---

[15] Die Arbeiten zum Allgemeinen Preußischen Landrecht wurden 1746 von Friedrich dem Großen in Gang gesetzt, der seinen Großkanzler Samuel von Cocceji mit einer umfassenden Justizreform betraute. Friedrichs Anliegen war eine Vereinfachung der Gesetze, um diese dem gemeinen Mann verständlich zu machen und juristische Spitzfindigkeiten auszuschließen, sowie eine Vereinheitlichung des Recht in den preußischen Staaten. Das Gesetzeswerk sollte Römisches Recht, Naturrecht und einheimisches Recht in gleicher Weise berücksichtigen. Nach dem Tode v. Coccejis vollendeten Johann Heinrich Casimir von Cramer (1721-1801) und Carl Gottlieb Suarez (1746-1798) 1791 das Gesetzeswerk, das schließlich nach einiger Verzögerung und Überarbeitung unter Friedrich Wilhelm II am 1. Juni 1794 in Kraft trat. Vgl. zur Geschichte des ALR Conrad, Rechtsgeschichte, S. 387 ff.; ders. JZ 1969, S. 309 ff.; Eisenhardt, Rn. 293 ff.; Hattenhauer, Einführung, S.1 ff.

[16] Im Weiteren nur ALR.

[17] Mugdan I, S. 845.

[18] Das ALR umfasste zwei Teile mit 23 bzw. 20 Titeln und insgesamt 19194 Paragraphen, es enthielt neben dem Privatrecht auch Staats-, Stände-, Lehn-, Kirchen- und Strafrecht. In System und Sprache entsprach es den Forderungen der Aufklärung, und ist später immer wieder wegen seiner „Volkstümlichkeit" gerühmt worden. Seine Schwäche war der fast als überzogen zu bezeichnende Geltungsanspruch, die weitreichende, oft bevormundende Kasuistik des Gesetzwerkes ließen eine Rechtsfortbildung durch Rechtssprechung und Wis-

„§ 945 Ehen, welche wegen obwaltender Verbotsgesetze niemals bestehen können, heißen nichtig.
§ 946 Ehen, welchen zwar von Anfang an gesetzliche Hindernisse im Wege stehen, die aber doch in der Folge durch Hebung dieser Hindernisse, verbindliche Kraft erlangen können, werden ungültig genannt."
Nichtigkeitsgründe waren Verwandtschaft (§ 947 i.V.m. §§ 3,4,5 ALR II 1)[19], eine anderweitige Verheiratung eines oder beider Gatten (§ 948 ALR II 1), der Verstoß gegen das Verbot der Ehe zwischen Personen, die Ehebruch miteinander getrieben haben (§ 949 i.V.m. §§ 25-29 ALR II 1), die fehlende Erlaubnis bei Ehen von Militärpersonen (§950 i.V.m. §§ 34,35 ALR II 1) sowie ein Religionsunterschied (§ 951 i.V.m. § 36 ALR II 1).
Außer im Fall des § 948 ALR II 1 blieb auch nach Wegfall des Ehehindernisses die Ehe in der Regel nichtig. Um einer solchen Ehe Gültigkeit zu verschaffen, musste sie nach § 958 ALR II 1 erneut feierlich vollzogen werden. Dieser Akt gab der nichtigen Ehe aber keine rückwirkende Legitimierung, eine gültige Ehe bestand erst von diesem Zeitpunkt an (§ 959 ALR II 1).
Nichtige Ehen waren vom Richter zu trennen, der von Amtswegen einschreiten musste (§§ 962, 963 ALR II 1).
Dagegen konnten ungültige Ehen nach § 985 ALR II 1 nur durch das Anrufen desjenigen, welcher das Ehehindernis zu rügen berechtigt war, als nichtig aufgehoben werden. Die Geltendmachung musste innerhalb einer bestimmten Frist erfolgen. Nach dessen Ablauf galt das Ehehindernis als aufgehoben und die Ehe als von Anfang an gültig (§§ 988, 987 ALR II 1).
Ungültig waren Ehen zwischen Vormündern und Pflegebefohlenen (§ 980 i.V.m. § 14 ALR II 1), zwischen Adoptiveltern und -kindern (§ 981 i.V.m. §§ 997-1001 i.V.m. § 13 ALR II 1), wenn einer oder beide Gatten das „mannbare Alter" (bei Männern 18., bei Frauen 14. Lebensjahr) noch nicht erreicht hatten (§ 982 i.V.m. §§ 1002-1004 i.V.m. § 37 ALR II 1), ebenso, wenn es an der Freiheit der Einwilligung mangelte, wobei hier gemäß § 40 ALR II 1 auch der Irrtum über wesentliche Eigenschaften des Partners erheblich war, (§ 983 i.V.m. §§ 1005 i.V.m. § 38-44 ALR II 1) oder bei fehlender Einwilligung des Vaters, der Mutter, der Großeltern oder des Vormundes, soweit diese erforderlich war (§ 984 i.V.m. §§ 1006-1012 i.V.m. §§ 45, 49, 50, 52 ALR II 1).
Neben dieser umfangreichen Aufzählung der Nichtigkeits- und Ungültigkeitsgründe enthielt das Gesetz auch Schutzbestimmungen für Dritte, denen das Ehehindernis unbekannt war, sie erlangten die selben Rechte, als wenn eine wirksame Ehe bestanden hätte (§§ 972, 973 ALR II 1), sowie Schadensersatzansprüche des unschuldigen Teils gegen denjenigen, der das ihm bekannte Ehe-

---

senschaft nicht zu. Vgl. zur Würdigung des ALR Eisenhardt, Rn. 298 ff.; Ebel, Rn. 485 ff.; Laufs, Rechtsentwicklung, S. 180 ff.; Schlosser, S. 104; Wieacker, S. 333 ff.

[19] Verwandte in auf- und absteigender Linie (§ 3 ALR II 1) sowie „voll- und halbbürtige" Geschwister (§ 4 ALR II 1).

hindernis verheimlicht hatte (§ 975 ALR II 1). Über die Höhe des Schadensersatzes wurde auf die Scheidungsstrafen verwiesen (§§ 976, 977 ALR II 1).

III. Der Code civil von 1804[20]

Bis 1900 galt der Code civil in Deutschland im rechtsrheinischen Teil der preußischen Rheinprovinz, im bayrischen Regierungsbezirk Pfalz, in der hessischen Provinz Rheinhessen, im oldenburgischen Fürstentum Birkenfeld sowie in Elsass-Lothringen für insgesamt 6,7 Millionen Einwohner[21].
In diesem Gesetzeswerk[22] handelte der 5. Titel „Von der Ehe".
Der Code civil[23] unterschied fehlerhaft zustande gekommene Ehen zwar nicht, wie z.B. das ALR, zwischen nichtig und ungültig, aber auch hier konnte je nach Natur des betreffenden trennenden Ehehindernisses entweder von Amts wegen oder von jedem Beteiligten bzw. nur von dem verletzten Teil durch „Anfechtung der Ehe" die Nichtigkeit geltend gemacht werden.
Die Nichtigkeit der Ehe wurde durch richterliches Urteil festgestellt. Obwohl gesetzlich nicht geregelt, war jedoch anerkannt, dass bei Fehlen einer der „elementaren Bedingungen der Ehe" (Verschiedenheit der Geschlechter, wirklich gegebene Einwilligung der Gatten und die Trauung durch einen Standesbeam-

---

[20] Erst auf Initiative Napoleon von 1800 trat nach vierjährigen Beratungen, die zum großen Teil durch Napoleon selbst geleitet und von ihm stark beeinflusst wurden, am 21. März 1804 das erste einheitliche französische Gesetzeswerk des Privatrechts in Kraft und hob so die bis zur Revolution von 1789 bestehende Rechtsspaltung (fränkisch-germanisches Gewohnheitsrecht im Norden und Osten – droit coutumier – und römischem Recht im Süden – droit ecrit) auf. Von 1807-1814 und von 1852-1870 hieß das Gesetzeswerk offiziell Code Napoleon.
In Deutschland trat das Gesetz zunächst in den annektierten linksrheinischen Gebieten in Kraft, im Zuge der militärischen Eroberungen Frankreichs erweiterte sich sein Geltungsbereich, siehe zur Verbreitung des Code civil in Deutschland nach 1806: Schubert, Französisches Recht, S. 36 ff. Vgl. zur Geschichte des Code civil Ebel, Rn. 511 ff.; Conrad, Rechtsgeschichte, S. 394 ff., Stabel, S. 2 ff.; Wieacker, S. 342 ff.

[21] Mugdan I, S. 845.

[22] Der Code civil beinhaltete 2281 Artikel, abgefasst in einer klaren, einprägsamen Sprache, elegantem Stil und einer gradlinigen Gedankenführung. Durch seine knappe, im Gegensatz zum ALR nicht auf Vollständigkeit zielende Fassung gewann der Cc ein Maß an Elastizität, die es ermöglichte, ihn für viele Jahrzehnte nahezu unverändert zu lassen. Vgl. zur Würdigung des Gesetzes Ebel, Rn. 514; Hattenhauer, Grundlagen, S. 161 ff.; Conrad, Rechtsgeschichte, S. 397; Wieacker, S. 342 ff.

[23] Im Weiteren nur Cc.

ten) eine Klage entbehrlich war, und sich jedermann auf das Nichtbestehen der Ehe berufen konnte[24].

Bei Nichteinhaltung eines Mindestalters (Art. 144 Cc, bei Männern 18 Jahre, bei Frauen 15 Jahre), bei Eingehung einer zweiten Ehe vor Auflösung der ersten Ehe (Art. 147 Cc) und bei Ehen zwischen Verwandten und Verschwägerten (Art. 161-163, wobei Ehen zwischen Adoptiveltern und -kindern nicht aufgeführt waren) konnte die Ehe gemäß Art. 184 Cc von jedem Ehegatten, von jedem, der ein öffentliches Interesse hatte, sowie von dem öffentlichen Ministerium (Staatsanwaltschaft) angefochten werden, welches nach Art. 190 Cc von Amtswegen einschreiten musste.

Ferner konnte eine Ehe wegen Fehlens der freien Einwilligung eines oder beider Gatten bzw. bei Irrtum über die Identität des anderen Ehegatten angefochten werden, dies war aber nur durch den in der Entscheidung Unfreien bzw. Irrenden (Art. 180 Cc) und auch nur innerhalb eines halben Jahres nach Erlangung der völligen Willensfreiheit bzw. Entdeckung des Irrtums möglich (Art. 181 Cc). Auch übergangene Eltern, Aszendenten oder Familienräte, soweit ihre Zustimmung erforderlich war, und der Ehegatte, welcher dieser Zustimmung bedurfte, konnten die Ehe gemäß Art. 182 Cc anfechten, allerdings nur innerhalb eines Jahres (Art. 183 Cc).

Die Art. 201, 202 Cc stellten klar, dass bei Abschluss einer für nichtig erklärten Ehe, die von beiden Seiten bzw. nur von einer Seite gutgläubig eingegangen war, für beide Teile bzw. den gutgläubigen Teil und die aus der Ehe stammenden Kinder die Ehe volle Zivilwirkung entfaltete. Eine Schutzbestimmung für Dritte, wie §§ 972, 973 ALR II 1 enthielt, fand sich im Cc nicht, die Wirkung der Nichtigkeit war nur auf das Verhältnis der Ehegatten untereinander beschränkt.

IV. Das Badische Landrecht von 1809

Das Großherzogtum Baden führte 1809 den Code civil in einer amtlichen Übersetzung mit verschiedenen Zusätzen als Badisches Landrecht[25] ein[26].

---

[24] Barazetti, S. 314; Stabel, S. 53 f.

[25] Im Weiteren nur Bad.LR.

[26] Es handelte sich nicht nur um eine bloße Übernahme fremden Rechts, sondern zugleich um eine Anpassung des übernommenen Gesetzbuches an das einheimische, die Zusätze sollten den Rechtsbesonderheiten Badens Rechnung tragen. Die Änderungen wurden von Staatsrat Johann Nikolaus Friedrich Brauer (1754–1813) vorgenommen und das Gesetz im Jahre 1809 als „Code Napoleon mit Zusätzen und Handelsgesetzen als Landrecht für das Großherzogtum Baden" mit Gesetzeskraft vom 1. Januar 1810 verkündet. Vgl. zum Bad.LR

Das Bad.LR übernahm die Normen des Code civil über die Nichtigkeit der Ehe. Zusätzlich wurde noch in Bad.LR Satz 184 der von den Ehegatten, jedem Beteiligten sowie auch vom Kronanwalt geltend zu machende Nichtigkeitsgrund der Ehe zwischen Adoptierendem oder dessen Abkömmlingen oder Ehegatten und dem Adoptierten eingeführt. In dieser Norm wurde auch die Anfechtungsberechtigung im Falle der Wiederverheiratung eines Ehegatten, wenn der andere verschollen war, auf diesen allein beschränkt. Endlich erhielt das Gesetz gemäß Bad.LR Satz 189a mit der „Eheverfänglichkeit", worunter ein von einem der Ehegatten zur Beseitigung eines Ehehindernisses verübtes Verbrechen, namentlich eine Entführung, die Ermordung eines Ehegatten, der einer Heirat im Wege stand, sowie der Ehebruch mit dem zukünftigen Partner zu verstehen war[27], einen weiteren Nichtigkeitsgrund, der von jedem Beteiligten geltend gemacht werden konnte.

V. Das Sächsische Bürgerliche Gesetzbuch von 1863/65[28]

Im sächsischen Bürgerlichen Gesetzbuch[29], das ausschließlich im Königreich Sachsen für ca. 3, 5 Millionen Einwohner galt[30], wurde die Fehlerhaftigkeit von Ehen im 2. Abschnitt der 1. Abteilung des 4. Teils behandelt.
Das sächsische Gesetzbuch unterschied zwischen Ehen, deren Aufhebung verlangt werden konnte, und nichtigen Ehen.
Gemäß § 1620 sächs.BGB war eine Ehe, bei deren Eingehung die nach § 1588 sächs.BGB erforderliche Form nicht beachtet wurde, ohne weiteres nichtig. Nach § 1621 sächs.BGB war eine aus einem anderen Nichtigkeitsgrund fehlerhafte Ehe nichtig, wenn der Richter sie dafür erklärte. Hier fand sich also erstmals eine gesetzlich festgelegte Unterscheidung zwischen Nichtehe, auf die sich

Schubert, Französisches Recht, S. 182 ff. (speziell zum Eherecht S. 444 ff.); Conrad, Rechtsgeschichte, S. 400 ff.

27 Schubert, Französisches Recht, S. 454; Barazetti, S. 244 f.

28 Das „Bürgerliche Gesetzbuch für das Königreich Sachsen", das 1863 verkündet und am 1. März 1865 in Kraft trat, war die letzte der großen partikularrechtlichen Kodifikationen des bürgerlichen Rechts, die noch vor dem Inkrafttreten des BGB Geltung erlangte. Das 2620 Paragraphen umfassende und in fünf Büchern gegliederte Werk stellt sich entwicklungsgeschichtlich bedeutsam als Zwischenstufe und Übergang von den älteren partikularen Kodifikationen zum BGB dar, was sich sowohl bei der Abgrenzung und Gliederung als auch bei der Gesetzestechnik zeigt. Vgl. zum sächsischen BGB: Buschmann, JuS 1980, S. 559 ff.; Eisenhardt, Rn. 567; Schlosser, S. 155 f.

29 Im Weiteren nur sächs.BGB.

30 Mugdan I, S. 845.

jeder berufen konnte, und nichtiger (= vernichtbarer) Ehe, die erst durch richterlichen Akt außer Kraft gesetzt wurde.
Nichtigkeitsgründe nach § 1621 sächs.BGB waren eine noch bestehende anderweitige Ehe (§ 1590 sächs.BGB), die Verheiratung mit einem Ehegatten, dessen vorherige Ehe nach katholischem Recht nicht hätte aufgehoben oder geschieden werden dürfen (§ 1591 sächs.BGB), die Ehe zwischen Verwandten (§§ 1608-1610 sächs.BGB) oder Verschwägerten (§ 1611 sächs.BGB), die Verabredung, einen Ehegatten zu töten, um eine neue Ehe einzugehen (§ 1615 sächs.BGB), die Ehe eines Christen und eines Nichtchristen (§ 1617 sächs.BGB) sowie, falls die dort beschriebenen Möglichkeiten von Gestattungen nicht zugelassen wurden, die Ehe zwischen Adoptierendem oder dessen Verwandten und Adoptiertem (§ 1614 sächs. BGB) und die Ehe zwischen Personen, die sich miteinander des Ehebruchs schuldig gemacht hatten (§ 1616 sächs.BGB).
Die Aufhebung der Ehe konnten nach § 1623 sächs.BGB Vormünder von handlungsunfähigen Personen, die eine Ehe abgeschlossen hatten, verlangen, desweiteren die Ehegatten, die nicht gewusst hatten, dass ein Verwandter von ihnen mit ihrem Ehegatten den Beischlaf vollzogen hat (§ 1622 i.V.m. § 1613 säch.BGB), die bei Eheschließung des Vernunftgebrauchs beraubt waren, und diesen nun wiedererlangt hatten, oder diejenigen, die durch Zwang, Furcht, Irrtum oder Betrug zur Eheschließung verleitet wurden (§ 1625 i.V.m. §§ 1593-1598 säch.BGB).
Im Gegensatz zum Code civil oder dem Badischen Landrecht war hier nicht nur der Irrtum über die Identität des Ehegatten beachtlich, vielmehr waren hier auch neben unheilbarer Geisteskrankheit und unheilbarer Unfähigkeit zum Beischlaf auch Tatsachen aus dem Vorleben des Ehegatten relevant, die, wenn sie bekannt gewesen wären, den Eheschließenden wohl von der Eingehung der Ehe abgehalten hätten, wie z.B. begangene Verbrechen, widernatürliche Unzucht mit Menschen oder Tieren oder, allerdings nur zum Nachteil der Frau, ein unheilbar übertriebener Geschlechtstrieb, eine voreheliche Geburt oder die Schwangerschaft von einem anderen Mann bei Eingehung der Ehe.
Die Möglichkeit, die Aufhebung einer Ehe zu erreichen, war im sächs.BGB also deutlich weiter gefasst als in den übrigen Gesetzen, wobei einschränkend zu bemerken ist, dass diese Regelungen gemäß § 1619 sächs.BGB für Mitglieder von staatlich anerkannten Religionsgemeinschaften, die solche Aufhebungsgründe nicht kannten, nicht galten.
Ebenso wie im Code civil entfaltete eine nichtige oder aufgehobene Ehe nach § 1628 sächs.BGB für den redlichen Teil alle Wirkungen einer gültigen Ehe, allerdings nur bis dieser vom Ehehindernis Kenntnis erlangte.
Schließlich war auch gemäß § 1629 sächs.BGB der schuldige Teil dem redlichen zum Schadensersatz verpflichtet, wenn diesem durch Eingehung der Ehe Vermögensnachteile entstanden waren.

VI. Das Reichspersonenstandsgesetz von 1875

Erste einschneidende Veränderungen auf dem Gebiet des Eherechts brachte nach der Gründung des Deutschen Reiches das Reichsgesetz über die Beurkundung des Personenstandes und die Eheschließung vom 6. Februar 1875.[31] Nachdem bereits in Preußen mit dem preußischen Personenstandsgesetz vom 9. März 1874 die obligatorische Zivilehe eingeführt worden war[32], bestimmte das Reichspersonenstandsgesetz[33] nunmehr für das gesamte Deutsche Reich, dass die Beurkundung von Heiraten, Geburten und Sterbefällen ausschließlich durch die vom Staat bestellten Standesbeamten mittels Eintragung in die dazu bestimmten Register zu erfolgen hatten. § 41 schrieb die obligatorische Zivilehe vor: „Innerhalb des Deutschen Reiches kann eine Ehe rechtsgültig nur vor dem Standesbeamten geschlossen werden."

Das RPStG enthielt daneben auch materielle Voraussetzungen für eine gültige Eheschließung sowie Eheverbote. Die materiellen Voraussetzungen waren nach § 28 Abs. 1 RPStG die Ehemündigkeit der Eheschließenden, die bei Männern mit Vollendung des zwanzigsten und bei Frauen mit Vollendung des sechzehnten Lebensjahres vorlag (§ 28 Abs. 2 RPStG), sowie zusätzlich die Einwilligung der Eltern, solange der Sohn das fünfundzwanzigste, die Tochter das vierundzwanzigste Lebensjahr noch nicht vollendet hatten (§ 29 Abs. 1 RPStG). Gemäß § 33 RPStG war die Ehe verboten zwischen Verwandten in auf- und absteigender Linie (Nr. 1), zwischen voll- und halbbürtigen Geschwistern (Nr. 2), zwischen Stiefeltern und -kindern sowie Schwiegereltern und -kindern jeden Grades (Nr. 3), zwischen Adoptiveltern und -kindern (Nr. 4) sowie zwischen einen des Ehebruchs Geschiedenen und seinem Mitschuldigen (Nr. 5). Nach § 34 RPStG war zudem die bigamistische Ehe verboten. Alle Vorschriften, die die Eheschließung weiter als durch das RPStG einschränkten, wurden durch § 39 RPStG aufgehoben.

Trotz der Vereinheitlichung der materiellen Ehevoraussetzungen und der Eheverbote beließ es das RPStG jedoch auf der Rechtsfolgenseite bei den geltenden sehr unterschiedlichen Regelungen. Nach § 36 Abs. 1 RPStG waren hinsichtlich der Folgen einer gegen die Bestimmungen der §§ 28 bis 35 geschlossenen Ehe die Vorschriften des Landesrechts maßgebend. Gleiches galt nach § 36 Abs. 2

[31] Das Gesetz, das am 1. Januar 1876 in Kraft trat, entschied nicht nur den Streit zwischen Staat und Kirche um die Jurisdiktionsgewalt über die Ehe zugunsten des Staates, indem es der kirchlichen Trauung die bürgerlichrechtliche Gültigkeit aberkannte, es schaffte auch die ersten reichseinheitlichen Normen auf dem Gebiet des Familienrechts. Ausführlich zum Reichspersonenstandsgesetz: Schäfer, Entstehung BGB, S. 26 ff.; auch Scholz Löhning, S. 309 ff.

[32] Siehe ausführlich zum Gesetz über die Beurkundung des Personenstandes und die Form der Eheschließung für das Königreich Preußen: Schäfer, Entstehung BGB, S. 17 ff.

[33] Im Folgenden nur RPStG.

RPStG bei der Wirkung „des Zwanges, Irrthums und Betrugs auf die Gültigkeit der Ehe“. Wegen der sehr unterschiedlichen Rechtssysteme innerhalb des Deutschen Reichs erschien dem Gesetzgeber eine Vereinheitlichung der Folgen einer entgegen bestehender Vorschriften geschlossenen Ehe zum gegenwärtigen Zeitpunkt noch nicht angebracht.[34] Dies sollte dem neu zu schaffenden Bürgerlichen Gesetzbuch vorbehalten bleiben.[35]

B. Die Entstehung des BGB [36]

Bei der Gründung des Deutschen Reichs 1871 gab die Verfassung dem Reich lediglich die Gesetzgebungskompetenz für das Obligationsrecht, Strafrecht, Handels- und Wechselrecht[37]. Nach mehreren gescheiterten Versuchen wurde erst am 20. Dezember 1873 eine, besonders von den Politikern Miquel und Lasker vorangetriebene, Änderung der Reichsverfassung verabschiedet, die nunmehr der Reichsgesetzgebung die Zuständigkeit für das gesamte Bürgerliche Recht zuwies[38]. Anfang 1874 wurde eine aus fünf Juristen bestehende Vorkommission bestellt, die Vorschläge für die Planung und Methode des Gesetzbuches machte[39], am 22. Juni 1874 wurde schließlich beschlossen, eine Kommission von elf Mitgliedern einzusetzen, die einen ersten Entwurf erarbeiten sollten[40].

I. Die Arbeiten der 1. Kommission [41]

Die Kommission konstituierte sich am 17. September 1874 und legte in den sieben folgenden vorbereitenden Sitzungen die Grundzüge der Einteilung des künftigen Gesetzbuches fest[42]. Keines der bestehenden Gesetzbücher sollte als Ganzes dem Entwurf zugrunde gelegt werden. Weiterhin wurden für die Ausar-

---

[34] Völk, S. 106.
[35] Schäfer, Entstehung BGB, S. 33.
[36] Vgl. dazu ausführlich Schubert, Entstehungsgeschichte, S. 27 ff.
[37] Eisenhart, Rn. 568.
[38] Laufs, Rechtsentwicklung, S. 295; Ebel, Rn. 710; Wieacker, S. 468.
[39] Eisenhardt, Rdnr. 575; Ebel, Rdnr. 710.
[40] Laufs, Rechtsentwicklung, S. 297; ausführlich zur Auswahl der Mitglieder Schubert, Entstehungsgeschichte, S. 36 ff.
[41] Vgl. ausführlich dazu Schubert, Entstehungsgeschichte, S. 40 ff.
[42] Schubert, Entstehungsgeschichte, S. 40.

beitung eines Vorentwurfs fünf Redaktoren ausgewählt. Das Familienrecht wurde Gottlieb Karl Georg Planck[43] zugewiesen.

1. Die ersten Vorschläge Plancks

Bereits 1875 unterbreitete Planck der Kommission in einer ersten Vorlage Vorschläge über die „Grundsätze über Nichtigkeit und Anfechtbarkeit der Ehe[44]".
Planck unterschied hierbei zwischen Nichtigkeit und Anfechtbarkeit der Ehe, wobei die Ehe in beiden Fällen bis zur richterlichen Entscheidung als gültig anzusehen war. Nur auf diejenigen Ehen, die zwischen Personen desselben Geschlechts oder die nicht in der vorgeschriebenen Form abgeschlossen wurden, sollten die allgemeinen Grundsätze Anwendung finden.
Plancks Vorschlag basierte auf der Tatsache, dass , wenn auch durchaus mit verschiedener systematischer Behandlung, alle geltenden Gesetze die Ehehindernisse ihrer Natur nach in öffentliche, die von Amtswegen oder von jedem Beteiligten geltend gemacht werden konnten, und private einteilten, die nur vom verletzten Teil geltend gemacht werden konnten[45].
Die Nichtigkeit, also das Vorliegen eines öffentlichen Hindernisgrundes, sollte durch eine Nichtigkeitsklage, zu deren Erhebung nur die Ehegatten, der Staatsanwalt und, im Fall der Bigamie, auch der Gatte der ersten Ehe berechtigt waren, festgestellt werden.
Bei Zwang, Irrtum, Betrug oder mangelnder Zustimmung Dritter, einem privaten Ehehindernis, sollte die Ehe nur anfechtbar sein. Hier sollte es allein dem verletzten Ehegatten durch Erhebung einer Anfechtungsklage überlassen bleiben, ob er das Ehehindernis geltend machte, und das auch nur innerhalb einer kurzen Frist.
Dass die nichtige bzw. angefochtene Ehe hier nicht wie bei anderen Rechtsgeschäften die Wirkung haben sollte, dass das Rechtsgeschäft ohne weiteres als rechtlich nicht vorhanden betrachtet werden sollte, dass vielmehr ein die Ungültigkeit aussprechendes Urteil erforderlich war, sei, nach Planck, durch Natur und Bedeutung der Ehe gerechtfertigt[46]. Nur eine Ehe, die zwischen Personen desselben Geschlechts, bzw. eine Ehe, die nicht in der gesetzlich vorgeschriebenen Form abgeschlossen ist, könnte nach allgemeinen Grundsätzen behandelt werden[47].

[43] Zur Person Plancks siehe Jahnel, S. 80.
[44] Vorlage Nr. 5/1875, in Jakobs/Schubert, Beratungen, Familienrecht I, S. 132 f.
[45] Zur Erläuterung der Vorlage Nr. 5/1875, in Jakobs/Schubert, Beratungen, Familienrecht I, S. 134.
[46] Zur Erläuterung der Vorlage Nr. 5/1875, ebd., S. 133 f.
[47] Zur Erläuterung der Vorlage Nr. 5/1875, ebd., S. 134.

Schon im ersten Vorschlag Plancks wurde also die Unterscheidung zwischen Nichtehe, nichtiger (also vernichtbarer) und anfechtbarer Ehe gelegt.
In zwei Sitzungen am 11. und 13. Oktober 1875 beriet die Kommission die Vorlage Nr. 5/1975[48].
Zunächst wurde überlegt, ob nicht das gesamte persönliche Eherecht von der Behandlung im Gesetzbuch auszuschließen sei, weil die Ehe nicht ein vorzugsweise oder gar ausschließlich privatrechtliches Verhältnis sei. Die Ehe, so wurde vorgebracht, gehöre nicht in das BGB, „weil es sich in der Ehe um Unterordnung und nicht um das Recht des Individuums handle“[49]. Dem widersprach jedoch der größere Teil der Kommission. Die Ehe sei ein der staatlichen Gesetzgebung unterliegendes, jedoch dem bürgerlichen Recht zugeordnetes Institut, daher sei die privatrechtliche Seite der Ehe, insbesondere die Voraussetzungen der gültigen Ehe, die Natur der ungültigen Ehen sowie das rechtliche Verhältnis der Ehegatten im Bürgerlichen Gesetzbuch zu regeln[50].
Schließlich wurde auch nach längerer Diskussion die von Planck vorgeschlagene Unterscheidung zwischen nichtigen und anfechtbaren Ehen mit der knappsten Mehrheit von sechs gegen fünf Stimmen beschlossen[51].

1880 legte Planck der Kommission den ersten vollständigen Teilentwurf des gesamten Familienrechts[52] vor.
Die §§ 40 – 61 TE standen unter der Überschrift *„Nichtigkeit und Anfechtbarkeit der Ehe"*.
§ 41 TE enthielt die Nichtigkeitsgründe:
„§ 41. Ein Eheschließungsvertrag ist nur nichtig:
- a) wenn einer der Eheschließenden zur Zeit der Eheschließung geschäftsunfähig oder nicht ehemündig war;
- b) wenn die Eheschließung in Folge einer Verabredung der Eheschließenden nicht in der Absicht, wirklich eine Ehe einzugehen, sondern zu dem Ende erfolgt ist, um den Schein einer Eheschließung hervorzurufen;
- c) wenn die Eheschließenden nicht verschiedenen Geschlechts sind;
- d) wenn die Ehe gegen die Bestimmungen der §§ 9[53], 10[54] und 12[55] verstößt;
- e) wenn die Eheschließung nicht unter Beobachtung der in den §§ 28[56] und 31[57] vorgeschriebenen Formen erfolgt ist.“

[48] Beratungen 1. Kommission, in Jakobs/Schubert, Beratungen, Familienrecht I, S. 136 f.
[49] Beratungen 1. Kommission, ebd., S. 136.
[50] Beratungen 1. Kommission, ebd., S. 137.
[51] Beratungen 1. Kommission, ebd., S. 137.
[52] Im Weiteren nur TE.
[53] Verbot der Bigamie.
[54] Verbot einer Ehe zwischen Verwandten (in auf- und absteigender Linie sowie zwischen Voll- und Halbgeschwistern) und Verschwägerten.
[55] Verbot einer Ehe wegen Ehebruchs.

Nach § 43 TE war eine Ehe bis zur richterlichen Nichtigkeitserklärung zu Lebzeiten der Gatten als gültig anzusehen, wie Planck es schon in seinem Vorschlag von 1875 angedeutet hatte. Diese Abweichung von den allgemeinen Grundsätzen sei notwendig, um das Interesse des Staates an der Aufrechterhaltung gültiger Ehen zu schützen und jegliche Privatdisposition über die Ehe auszuschließen[58].

§ 44 TE bezeichnete die Personen, welche zur Erhebung der Nichtigkeitsklage befugt waren. Es waren dies zunächst die Ehegatten selbst, im Falle der Bigamie auch der Ehegatte der anderen Ehe. Weiterhin war, als das zur Wahrnehmung des öffentlichen Interesses geeignetstes Organ[59], die Staatsanwaltschaft zur Geltendmachung der Nichtigkeit berechtigt.

Während dieser Personenkreis noch mit dem Vorschlag von 1875 übereinstimmte, erweiterte der Vorentwurf den Kreis derjenigen, die die Nichtigkeitsklage erheben durften, noch auf jeden Dritten, „dessen Anspruch oder Verpflichtung von der Nichtigkeit bzw. der Gültigkeit der Ehe abhängt". Der Redaktor sah es als nicht gerechtfertigt an, Dritte in der Geltendmachung der nach allgemeinen Grundsätzen ihnen zustehenden Rechte zu beschränken; die Möglichkeit des Dritten, sich an den Staatsanwalt zu wenden, damit dieser die Nichtigkeitsklage erhebe, reiche nicht aus[60].

§ 48 TE stellte die ex-tunc-Wirkung der Nichtigkeitserklärung fest, während § 49 TE regelte, dass die „Rechtswirkungen von Rechtshandlungen, welche dritte Personen in gutem Glauben an die Gültigkeit einer unter Beobachtung der in den §§ 28 und 31 vorgeschriebenen Formen geschlossenen Ehe mit den Ehegatten oder einem derselben vorgenommen haben, bevor die Ehe rechtskräftig für nichtig erklärt worden, ... so zu beurtheilen (sind), als wenn die Ehe gültig gewesen wäre".

§ 50 Abs. 1, 2 TE regelte Ansprüche der vormaligen Ehegatten untereinander. Dem gutgläubigen bzw. bei Schließung der Ehe geschäftsunfähigen Gatten sollte ein Anspruch gegen den anderen Gatten zustehen, wie er ihn bei einer Scheidung gehabt hätte, wenn der andere Gatte zum schuldigen Teil erklärt worden wäre. Nach § 50 Abs. 3 TE konnte der gutgläubige bzw. geschäftsunfähige Ehegatte stattdessen aber auch die ihm aufgrund der Nichtigkeit der Ehe zustehenden Rechte geltend machen. Er hatte also ein Wahrecht.

§ 51 TE zählte die Anfechtungsgründe abschließend auf:

„§ 51. Der Eheschließungsvertrag ist nur anfechtbar:

a) wenn einer der Eheschließenden durch Zwang zur Eheschließung bestimmt worden ist,

---

[56] Vor einem Standesbeamten.

[57] Bei gleichzeitiger Anwesenheit und Gegenwart von zwei Trauzeugen.

[58] Begründung Vorentwurf, S. 183.

[59] Begründung Vorentwurf, S. 185.

[60] Begründung Vorentwurf, S. 186.

b) wenn der Wille der Eheschließung durch Irrthum ausgeschlossen war oder einer der Eheschließenden sich zur Zeit der Eheschließung in einem Irrthum über die Identität des anderen Theils befunden hat,
c) wenn einer der Eheschließenden bereits zur Zeit der Eheschließung sich im Zustande einer äußerlich erkennbaren, unheilbaren Zeugungsunfähigkeit befand, es sei denn, daß dem anderen Theile zur Zeit der Eheschließung dieser Mangel bekannt war,
d) wenn einer der Eheschließenden durch einen von Seiten des anderen Theils oder mit dessen Wissen von Seiten eines Dritten verursachten Betrug zur Eheschließung bestimmt worden ist. Als Betrug ist es auch zu behandeln, wenn der eine Theil solche Umstände, deren Kenntniß den anderen Theil von der Schließung der Ehe zurückgehalten haben würde, zu dem Zwecke verschwiegen hat, damit der andere Theil nicht von der Schließung der Ehe zurückgehalten werde,
e) wenn im Fall des § 42[61] die Nichtigkeit der Ehe geheilt ist,
f) wenn eine in der Geschäftsfähigkeit beschränkte Person ohne die Genehmigung des gesetzlichen Vertreters eine Ehe abgeschlossen hat.

Wie bereits im Vorschlag von 1875 festgestellt, sollten also Zwang, Irrtum, Betrug und fehlende Zustimmung dritter Personen zur Eheanfechtung berechtigen. Den Irrtum als Anfechtungsgrund ließ Planck hier nur in Form des Identitätsirrtums, des Irrtums darüber, überhaupt eine Ehe abzuschließen und bei Vorliegen von äußerlich erkennbarer, unheilbarer Zeugungsunfähigkeit zu. Andere Irrtümer, wie z.B. über Eigenschaften der Person oder die persönlichen Verhältnisse des Ehegatten, ließ er nicht gelten. Planck erkannte zwar, dass es dem Wesen der Ehe als „vorwiegend sittlichem Verhältnis" entsprechen würde, wenn die Ehe „frei von allen falschen Vorstellungen" eingegangen werde[62]. Als entscheidend erachtete er aber das öffentliche Interesse, dass „verlangt, daß der Bestand der Ehe möglichst gesichert, nicht mehr oder weniger dem Zufall Preis gegeben und von der Erfüllung oder Nichterfüllung subjektiver, mit dem Wesen der Ehe vielleicht gar nicht in Zusammenhang stehender Wünsche und Erwartungen abhängig gemacht wird[63]". Aus diesem Grund lehnte er die Möglichkeit einer Eheanfechtung wegen Irrtums über Vermögensverhältnisse, soziale Stellung, Ansehen und des Vorlebens des Ehegatten ab[64]. Nur, wenn der Zweck der Ehe in einem so wesentlichen Punkte wie der Zeugungsfähigkeit nicht erreicht werden konnte, „der natürliche oder sittliche Gehalt der Ehe nicht zum Dasein gelangen kann[65]", sollte Anfechtung möglich sein. Außerdem wies Planck darauf hin,

[61] Heilung der Nichtigkeit der Ehe wegen Eheunmündigkeit durch Erlangung der Ehemündigkeit oder Dispension.
[62] Begründung Vorentwurf, S. 212.
[63] Begründung Vorentwurf, S. 212.
[64] Begründung Vorentwurf, S. 212.
[65] Begründung Vorentwurf, S. 212.

dass in den meisten und wichtigsten Fällen des Irrtums auch ein Fall des Betrugs i.S.v. § 51 Nr. 4 TE vorliegen würde, so dass eine weitergehende Berücksichtigung des Irrtums unterbleiben könnte[66].
Anfechtungsberechtigt sollten gemäß § 52 TE nur diejenigen Gatten sein, die unter Zwang, Irrtum oder Betrug standen oder eheunmündig bzw. in der Geschäftsfähigkeit beschränkt waren, wobei nach § 53 TE selbst bei Geschäftsunfähigkeit keine Vertretung möglich war.
Die Anfechtung war aber ausgeschlossen, wenn der Gatte, der nicht mehr unter Zwang stand, den Irrtum oder Betrug entdeckt hatte oder ehemündig bzw. geschäftsfähig war, die wenn auch fehlerhaft zustandegekommene Ehe genehmigte. Nach § 54 Abs. 2 TE stand das Verstreichenlassen einer Frist von sechs Monaten der Genehmigung gleich, damit kein dauerhafter Zustand der Vernichtbarkeit und somit der Rechtsunsicherheit entstand, der später eine Anfechtung der Ehe, die dann vielleicht aus ganz anderen Motiven erfolgte, ermöglichte.
Nach § 55 TE erfolgte die Anfechtung mit Erhebung der Anfechtungsklage, nach dem Tod des Ehegatten nach § 57 TE durch eine den Erben gegenüber abgegebenen Erklärung beim Nachlassgericht.
Rechtswirkung der wirksam angefochtenen Ehe war gemäß § 58 TE ebenso wie bei der Nichtigkeit die ex-tunc-Annullierung, mit derselben Einschränkung zugunsten gutgläubiger Dritter und des gutgläubigen Ehegatten wie bei der Nichtigkeit (§ 59 TE).

2. Der erste Entwurf (E I)

Die Hauptberatungen der 1. Kommission begannen am 1. Oktober 1881.[67]
Die Beratungen über die Vorlage Plancks bezüglich Nichtigkeit und Anfechtbarkeit der Ehe (§§ 41 – 61 TE) fanden in den Sitzungen Nr. 433 bis Nr. 437 der 1. Kommission vom 6. bis 15. Mai 1885 statt.
Zunächst wurde beschlossen, im Gesetz nicht mehr von der Nichtigkeit bzw. Anfechtbarkeit des Eheschließungsvertrages, sondern nur noch von der Nichtigkeit bzw. Anfechtbarkeit der Ehe zu reden. Obwohl die erste, im Entwurf gebrauchte Ausdrucksweise die korrektere sei, gab man der kürzeren wegen der Sprechweise anderer Gesetze (Civilprozeßordnung, Strafgesetzbuch) und des gewöhnlichen Lebens den Vorzug[68].
Danach wurden die in § 41 TE geregelten Nichtigkeitsgründe diskutiert.

---

[66] Begründung Vorentwurf, S. 216.
[67] Schubert, Entstehungsgeschichte, S. 45.
[68] Beratungen 1. Kommission, in Jakobs/Schubert, Beratungen, Familienrecht I, S. 147 f.

Gegen die Annahme der *Geschäftsunfähigkeit als Nichtigkeitsgrund* wurden Bedenken geäußert, den Bedürfnissen und Anschauungen des Lebens werde nicht Rechnung getragen, wenn hier schlechthin Nichtigkeit eintreten sollte. Dies gelte speziell für die Fälle, wo ein Geschäftsunfähiger später die Geschäftsfähigkeit wiedererlangt und die Ehe fortführen will[69]. Besser geeignet sei es, dieses Ehehindernis als Anfechtungsgrund einzustufen.

Diese Auffassung konnte sich in der Kommission aber nicht durchsetzen. Als Begründung führte die Mehrheit aus, dass es nicht gerechtfertigt sei, zum Schutz vor einzelnen seltenen Fällen, in denen sich unbillige Härten ergeben könnten, das große Prinzip, dass ein Vertrag und somit auch eine Ehe „ohne Willen" nicht zustande kommen könne, zu durchbrechen[70].

Für den Fall, dass ein bei Eheschließung Geschäftsunfähiger später die Geschäftsfähigkeit wiedererlangen sollte, wurde jedoch eine Norm eingeführt (§ 1251 E I), der diesem die Möglichkeit der Genehmigung der nichtigen Ehe gibt[71].

Die *Eheunmündigkeit* als Nichtigkeitsgrund anzusehen, wie es § 41 Nr. 1 TE noch vorsah, wurde verworfen. Diese Regelung führe unter Umständen zu großen Härten, da es der Regelfall sei, dass der Eheunmündige der Ehemündigkeit sehr nahe stehe oder die Beteiligten aufgrund einer ungenauen oder unrichtigen Geburtsurkunde diese angenommen hätten. Außerdem sei es nicht einzusehen, dass eine Ehe, die von einer in der Geschäftsfähigkeit beschränkten, aber eheunmündigen Person ohne Einverständnis des gesetzlichen Vertreters abgeschlossen war, nur anfechtbar sei, während die von einer durch erlangte Volljährigkeitserklärung geschäftsfähig gewordenen, aber eheunmündigen Person eingegangene Ehe nichtig sein sollte[72].

Der Nichtigkeitsgrund der *Mentalreservation oder Simulation* (§ 41 Nr. 2 TE) wurde ebenfalls gestrichen, das Institut der Eheschließung vertrage keinen Missbrauch, wer unter den vorgeschriebenen Formen erklärt, dass er die Ehe schließt, müsse zu seinem Wort stehen[73].

Verworfen wurde außerdem die *Bestimmung über die gleichgeschlechtlichen Ehe* (§ 41 Nr. 3 TE). Begründet wurde dies damit, dass schon aus dem Begriff Ehe folge, dass eine solche zwischen Personen desselben Geschlechts nicht möglich sei und dass das Gesetz nicht etwas auszusprechen habe, was die Natur der Dinge von selbst ergebe[74].

Die Nichtigkeitsgründe des § 41 Nr. 4 TE, bezüglich § 9 TE (*Bigamie*) und § 10 TE (*Eheverbot zwischen Verwandten und Verschwägerten*) wurde nicht bean-

[69] Beratungen 1. Kommission, ebd., S. 148.
[70] Beratungen 1. Kommission, ebd., S. 148.
[71] Beratungen 1. Kommission, ebd., S. 151.
[72] Beratungen 1. Kommission, ebd., S. 149.
[73] Beratungen 1. Kommission, ebd., S. 149.
[74] Beratungen 1. Kommission, ebd., S. 150.

standet, abgelehnt aber die Nichtigkeit wegen Verstoßes gegen § 12 TE (*Eheverbot wegen Ehebruchs*). Hier wurde beschlossen, dies nur als aufschiebendes Ehehindernis zu betrachten, schließlich sei dieses Ehehindernis auch dispensabel[75].

Gegen die Nichtigkeit wegen *Formmangels* gemäß § 41 Nr. 5 TE regte sich kein Widerspruch[76], ebenfalls nicht gegen den in § 43 TE festgestellten Grundsatz, dass nichtige Ehen (mit Ausnahme der wegen Formmangels ungültigen) bis zur Nichtigkeitserklärung als gültig anzusehen waren[77].

Der die Nichtigkeitsgründe aufzählende § 1250 E I lautete nunmehr:

§ 1250. Die Ehe ist nur dann nichtig:

1. wenn sie nicht in der durch §§ 1245[78], 1248[79] vorgeschriebenen Form geschlossen ist;
2. wenn einer der Eheschließenden zur Zeit der Eheschließung geschäftsunfähig war;
3. wenn die Ehe gegen eines der Verbote der §§ 1234[80], 1236[81] verstößt.

§ 44 TE, der die Klageberechtigten enthielt, wurde inhaltlich nicht geändert (nunmehr § 1253 E I). Auch die in den §§ 59, 60 TE niedergelegten Grundsätze wurden nur leicht modifiziert und als §§ 1257, 1258 E I übernommen[82].

Der „Zwang" als Anfechtungsgrund der Ehe (§ 51 Nr. 1 TE) wurde nicht beanstandet, allerdings später der Ausdruck Drohung verwendet[83]. Ebenfalls wurde, nach ausführlicher Debatte der „Betrug" (§ 51 Nr. 4 TE) als selbstständiger Anfechtungsgrund anerkannt[84].

Auch die Anfechtung wegen Irrtums, überhaupt eine Ehe einzugehen bzw. Identitätsirrtums bezüglich des Partners (§ 51 Nr. 2 TE), wurde sachlich nicht beanstandet[85]. Jedoch wurde angemerkt, dass es nicht korrekt sei, von der Ausschließung des Willens der Eheschließung durch den Irrtum zu reden. Nicht der Wille der Eheschließung, sondern die Übereinstimmung des wirklichen Willens mit dem erklärten Willen werde durch den Irrtum ausgeschlossen[86].

Weiterhin wurde diskutiert, ob nicht auch andere Irrtümer als diese beiden zur Anfechtung berechtigen sollten. Die Kommission entschied sich jedoch dagegen. Sie verwies auf das „öffentliche Interesse an der Aufrechterhaltung der E-

---

[75] Beratungen 1. Kommission, ebd., S. 150.
[76] Beratungen 1. Kommission, ebd., S. 152.
[77] Beratungen 1. Kommission, ebd., S. 152; Motive IV, S. 56 ff.
[78] Vor einem Standesbeamten.
[79] Bei gleichzeitiger Anwesenheit und Gegenwart von zwei Zeugen.
[80] Bigamie.
[81] Eheverbot zwischen Verwandten und Verschwägerten.
[82] Beratungen 1. Kommission, ebd., S. 157 ff., S. 227ff.
[83] Beratungen 1. Kommission, ebd., S. 169; Motive IV, S. 71.
[84] Beratungen 1. Kommission, ebd., S. 169 f.
[85] Motive IV, S. 78.
[86] Beratungen 1. Kommission, ebd., S. 171.

hen"; dagegen müsse das individuelle Interesse des irrenden Gatten an der Auflösung der Ehe zurücktreten[87]. Um aber Härten und Unbilligkeiten zu vermeiden, beschloss die Kommission, den Ehegatten eine Offenbarungspflicht bezüglich aller bei verständiger Würdigung für die Ehe bedeutsamer persönlicher Verhältnisse aufzuerlegen. Sollte ein Ehegatte gegen diese Pflicht verstoßen, blieb dem anderen die Möglichkeit, die Ehe wegen „Betrugs" anzufechten[88].

Der Anfechtungsgrund der äußerlich erkennbaren, unheilbaren Zeugungsunfähigkeit (§ 51 Nr. 3 TE) wurde von der Kommission verworfen, dieser Fall liege so fern, dass es an einem genügenden Anlass fehle, im Gesetz besondere Vorsorge zu treffen[89].

Nach der Ablehnung als Nichtigkeitsgrund wurde, wie in den Beratungen zu § 41 TE vorgeschlagen, die fehlende Ehemündigkeit als Anfechtungsgrund aufgenommen[90].

Kein Widerspruch fand auch der Anfechtungsgrund der fehlenden Genehmigung bei beschränkt geschäftsfähigen Personen[91].

Der die Anfechtungsgründe enthaltende § 1259 E I lautet also wie folgt:

„§ 1259. Die Ehe ist nur dann anfechtbar:

1. wenn einer der Eheschließenden widerrechtlich durch Drohung oder durch Betrug zu der Eheschließung bestimmt worden ist; war der Betrug nicht von dem anderen Eheschließenden verübt, so ist die Ehe nur dann anfechtbar, wenn der Letztere den Betrug bei der Eheschließung kannte oder kennen mußte; als Betrug, durch welcher einer der Eheschließenden von dem anderen Theile bestimmt worden, ist es insbesondere anzusehen, wenn ihm solche persönliche Eigenschaften oder Verhältnisse des anderen Theiles von diesem verhehlt sind, welche ihn bei verständiger Würdigung des Zweckes der Ehe von der Eheschließung abhalten mußten und von welchen zugleich vorauszusehen war, daß sie ihn, wenn er sie gekannt hätte, von der Eheschließung abgehalten haben würde;
2. wenn einer der Eheschließenden entweder den Willen, überhaupt eine Ehe zu schließen, oder den Willen, eine Ehe mit dem anderen Theile zu schließen, bei Eheschließung nicht gehabt hat und in beiden Fällen dieser Mangel der Übereinstimmung des wirklichen Willens mit dem erklärten Willen auf einem Irrthume des Erklärenden beruhte;
3. wenn einer der Eheschließenden zur Zeit der Eheschließung nicht ehemündig war;
4. wenn einer der Eheschließenden zur Zeit der Eheschließung oder im Falle des § 1251[92] der Genehmigende zur Zeit der Genehmigung in der Ge-

[87] Motive IV, S. 76.
[88] Motive IV, S. 77; Beratungen 1. Kommission, ebd., S. 172 f.
[89] Beratungen 1. Kommission, ebd., S. 173.
[90] Beratungen 1. Kommission, ebd., S. 173.
[91] Beratungen 1. Kommission , ebd., S. 173.

schäftsfähigkeit beschränkt und die Einwilligung zu der Eheschließung oder zu der Genehmigung von dem gesetzlichen Vertreter nicht ertheilt war."

Die weiteren in den §§ 52 – 62 TE aufgeführten Regelungen zur Anfechtung der Ehe wurden grundsätzlich gebilligt und leicht modifiziert (nunmehr §§ 1260 – 1271 E I).

Zusammenfassend kann festgestellt werden, dass der 1. Entwurf sich stark an die von Planck schon 1875 aufgestellte Vorlage anlehnte, bei öffentlichen Ehehindernissen die Ehe nichtig, bei privaten nur anfechtbar werden lies, dies aber ausschließlich in den dafür angeführten Fällen, damit die Ehe als überwiegend sittliches, der Disposition der Ehegatten entzogenes, Verhältnis erhalten blieb[93].

3. Die öffentliche Kritik am 1. Entwurf

Nach der Veröffentlichung des 1. Entwurfs erschien eine Vielzahl kritischer Stellungnahmen. Während die meisten Autoren mit den leitenden Grundsätzen des Entwurfs im Prinzip einverstanden waren[94], gab es aber auch zahlreiche ablehnenden Haltungen.

Menger kritisierte zum einen die Unverständlichkeit der juristischen Terminologie, denn, „kein Teil der Gesetzgebung bedarf so sehr einer volkstümlichen, allgemein verständlichen Ausdrucksweise als das bürgerliche Recht[95]". Zum anderen fehlten ihm soziale Einflüsse, ein neues Gesetz sollte die Aufgabe wahrnehmen, „die bürgerlichen Gesetze im Interesse der Armen zu revidieren und dadurch den übrigen Völkern der Welt ein nachahmungswürdiges Beispiel zu geben[96]". Die speziellen Regeln über Nichtigkeit und Anfechtbarkeit der Ehe fanden jedoch seine Billigung[97].

v. Gierke, der ein „volkstümliches, deutsches, soziales Privatrecht" forderte[98], bemängelte, dass der Entwurf zu sehr an den Grundsätzen des römischen Rechts und zu wenig am deutschen Recht orientiert sei, die „aus dem germanischen Rechtskreis" entspringende „soziale Aufgabe des Privatrechts" nicht beinhalte[99].

---

92 Genehmigung der nichtigen Ehe eines bei Eheschließung Geschäftsunfähigen nach Wiedererlangung der Geschäftsfähigkeit.

93 Schäfer, Entstehung BGB, S. 126.

94 Vgl. ausführlich Schubert, Entstehung Besitz und Eigentumsübertragung, S. 35-45.

95 Menger, S. 17.

96 Menger, S. 16.

97 Menger, S. 44.

98 v. Gierke, Aufgaben, S. 46.

99 v. Gierke, Aufgaben, S. 15.

Bähr kritisierte neben der zu sehr nur für Juristen verständlichen Sprache vor allem die „überaus häufigen Verweisungen von einem Paragraphen auf den anderen“ und bemängelte, „daß für die im Entwurf getroffenen Entscheidungen nicht praktische Lebensanschauungen, sondern nur doktrinäre Sätze maßgeblich gewesen sind“[100]. Er legte daher einen eigenen Gegenentwurf vor, der sich aber in Bezug auf die Bestimmungen über fehlerhaft eingegangene Ehen (§§ 1286 – 1300 des Gegenentwurfes) nicht allzu sehr vom 1. Entwurf unterschied[101].
Die Grundsätze über die Ungültigkeit von Ehen fanden bei den Kritikern in sachlicher Hinsicht weitgehend Zustimmung[102]. Besonders kritisiert wurden jedoch die Bestimmungen über die Anfechtbarkeit der Ehe wegen Irrtums. Dabei gingen die Meinungen, ob und wie weit der Irrtum eines Ehegatten über persönliche Eigenschaften und Verhältnisse des anderen Gatten Einfluss auf die Gültigkeit der Ehe haben sollte, stark auseinander. Die besonders auf dem Standpunkt des katholischen Kirchenrechts stehenden Autoren warfen dem Entwurf vor, dass er eine Anfechtung wegen Irrtums über persönliche Eigenschaften und Verhältnisse des anderen Ehegatten durch die Ausweitung des Betrugsbegriffs in § 1259 Nr. 1 E I zulasse[103]. Durch die Formulierung „persönliche Eigenschaften und Verhältnisse“ seien auch „Vermögensverhältnisse und alle möglichen anderen Umstände mitbegriffen“[104]. Damit sei auch eine Anfechtung wegen Täuschung der Vermögensverhältnisse möglich[105].
Schilling sah in § 1259 Nr.1 E I eine „Kautschuk-Bestimmung“, ein abschreckendes Beispiel, wie „die Staatsgesetzgebung auf der schiefen Ebene der einseitigen Ordnung des Eherechts immer tiefer in den Sumpf der Gleichstellung der Ehe mit gewöhnlichen Verträgen hinabgleite[106]“.
Spahn kritisierte vor allem, dass durch die Regelung des Entwurfs die Beurteilung der „rein inneren Seelenvorgänge (...) beim Eheabschlusse“ in das „nicht vorhersehbare subjektive richterliche Ermessen“ gestellt werde[107]. Nur durch Streichung des „Betrugs“ aus § 1259 Nr.1 E I könne erreicht werden, dass „der objektive Charakter der Ehe gewahrt und das richterliche Ermessen in seine berechtigten Schranken gehalten“ werde[108].
Eine andere Gruppe von Autoren warf dem Entwurf dagegen vor, dass dieser die Anfechtbarkeit der Ehe wegen Irrtums zu weit eingeschränkt habe[109], und

[100] Bähr, Gegenentwurf, Vorwort S. VI.
[101] Bähr, Gegenentwurf, S. 287 ff.
[102] Gierke, Entwurf, S. 401; Hinschius, AcP 74 (1889), S. 75; Menger, S. 44.
[103] Spahn, S. 29; Klöppel, S. 82; Schilling, S. 15; Schultz, S. 43.
[104] Schultz, S. 43.
[105] Klöppel, S. 82.
[106] Schilling, S. 15.
[107] Spahn, S. 29.
[108] Spahn, S. 29 f.
[109] Hinschius, S. 70 f; Gierke, Entwurf, S. 401 f.

forderte, die Anfechtung der Ehe wegen „Irrthumes über vorausgesetzte wesentliche Eigenschaften in der Person des anderen Theiles (z.B. über Schwangerschaft und Defloration der Braut, über begangene entehrende Verbrechen, unheilbare ekelhafte Krankheiten, Impotenz)[110]“ zuzulassen.
Als Begründung wurde angeführt, dass es „im öffentlichen Interesse, im Interesse der Bewahrung gesunder ehelicher Verhältnisse unter der Bevölkerung liege (...), die Aufrechterhaltung von Ehen nicht zu erzwingen, bei denen es in der Person eines der Eheschließenden an einer wesentlichen Voraussetzung für eine dauernde völlige Lebensgemeinschaft, für eine gegenseitige innige Hingabe, wie sie das Wesen der Ehe mit sich bringt, fehle[111]“.

4. Die Stellungnahmen der Bundesregierungen

Die Stellungnahmen der Bundesregierungen zu den Regelungen des 1. Entwurfs über die Nichtigkeit und Anfechtbarkeit waren weit weniger kritisch als die Stimmen aus der Literatur.
Die Unterscheidung zwischen nichtigen und anfechtbaren Ehen fand allgemeine Zustimmung[112].
Zur Einschränkung der Nichtigkeit wegen Formmangels schlugen die meisten Bundesregierungen vor, eine Ehe nur dann als „Nichtehe“ zu betrachten, wenn sie nicht vor einem Standesbeamten geschlossen wurde[113]. Die Gegenwart von zwei Zeugen bei der Trauung sollte kein Formerfordernis, sondern lediglich Ordnungsvorschrift sein[114].
Preußen forderte die Aufnahme des Ehebruchs als Nichtigkeitsgrund[115]. Die meisten anderen Bundesregierungen waren aber mit der Behandlung des Ehebruchs als lediglich aufschiebendes Ehehindernis einverstanden[116].
Die Mehrzahl der Bundesregierungen kritisierte die Regelung des 1. Entwurfes bezüglich der Anfechtbarkeit der Ehe wegen Irrtums. Sie sprachen sich dafür aus, auch bei einem nicht durch Betrug hervorgehobenen Irrtum über persönli-

---

[110] Hinschius, S. 70.
[111] Hinschius, S. 71.
[112] So z.B. Preußen, Zusammenstellung Bd. 2, S. 129.
[113] Anhalt, Zusammenstellung Bd. 1, S. 144; Württemberg, ebd., Bd. 1, S. 143; Preußen, ebd., Bd. 1; S. 138; Sachsen, ebd., Bd. 1; S. 140 f; Lippe, ebd., Bd. 1, S. 144; Hessen, ebd., Bd. 2, S. 32 f.
[114] Bayern, Zusammenstellung Bd. 1, S. 139; Württemberg, ebd., Bd. 1, S. 143.
[115] Preußen, Zusammenstellung Bd. 1, S. 137.
[116] Sachsen, Zusammenstellung Bd. 1, S. 139; Württemberg, ebd., Bd. 1; S. 143; Anhalt, ebd., Bd. 1, S. 144; Schaumburg-Lippe, ebd., Bd. 1, S. 144; Lippe, ebd., Bd. 1, S. 144.

che Eigenschaften des anderen Ehegatten die Eheanfechtung zuzulassen[117]. Während aber z.B. Preußen bei Aufnahme des Irrtums als Anfechtungsgrund die Anfechtung wegen „Betruges" schlichtweg für überflüssig hielt[118], sprach sich Mecklenburg-Schwerin gegen die Beibehaltung der Anfechtung wegen Betruges aus, da dessen selbständige Bedeutung dann nur darin bestehen könne, auch bei Betrug über „Eigenschaften oder Verhältnisse, welche für die Ehe, als sittliches Verhältnis betrachtet, von untergeordneter Bedeutung sind[119]" zur Anfechtung zu gelangen. Damit nahm Mecklenburg-Schwerin im Gegensatz zu Preußen eine konservative, einschränkende Haltung zur Anfechtung der Ehe an[120].

II. Die Arbeiten der 2. Kommission

Der erste Entwurf wurde trotz der teilweise heftigen Kritik als geeignete Grundlage für das zukünftige Gesetzbuch angesehen[121]. 1890 wurde eine 2. Kommission eingesetzt, die in einer 2. Lesung den Entwurf überarbeiten sollte. Die 2. Kommission legte, nach fünfjähriger Beratung, am 22. Oktober 1895 dem Reichskanzler den 2. Entwurf[122] vor. Der durch den Justizausschuss des Bundesrates leicht veränderte, nunmehr 3. Entwurf wurde an den Reichstag weitergeleitet und, nach abermaliger Vornahme einiger Änderungen, verabschiedet. Kaiser Wilhelm II. hat am 18. August 1896 das Bürgerliche Gesetzbuch verkündet, das am 1. Januar 1900 in Kraft trat.

1. Der 2. Entwurf

Die Regelungen des 1. Entwurfes über Nichtigkeit und Anfechtbarkeit von Ehen wurde durch die 2. Kommission überarbeitet und auch teilweise geändert. Die Unterscheidung zwischen formeller Nichtigkeit, bei der die Ehe als zu keinem Zeitpunkt als bestehend anerkannt wurde und deren Ungültigkeit auch von jedem jederzeit geltend gemacht werden konnte, und materieller Nichtigkeit, bei

[117] Preußen, Zusammenstellung Bd. 1, S. 137; Sachsen, ebd., Bd. 1, S. 139; Schaumburg-Lippe, ebd., Bd. 1, S. 144; Hessen, ebd., Bd. 2, S. 32; Coburg-Gotha, ebd., Bd. 2, S. 33.
[118] Bemerkungen Preußen, S. 239.
[119] Bemerkungen Mecklenburgs zum 1. Entwurf, S. 15.
[120] Zur Haltung Mecklenburgs ausführlich: Schubert, Stellungnahme Mecklenburg-Schwerins, S. 322 f.
[121] Schubert, Entstehungsgeschichte, S. 50.
[122] Im Folgenden nur E II.

der die Ehe so lange als gültig anzusehen war, bis der Richter sie für ungültig erklärte, wurde nicht beanstandet. Jedoch wurde zur Einschränkung der Nichtigkeit wegen Formmangels beschlossen, dass eine nicht formwirksam geschlossene Ehe, die aber ins Heiratsregister eingetragen wurde, nach zehnjährigem Zusammenleben als von Anfang an gültig anzusehen war[123]. Hierdurch wurde dem öffentlichen Beweis des Heiratsregisters, dass die Ehe in den gesetzlichen Formen geschlossen war, Rechnung getragen. Ferner sah es die Kommission als gegeben an, dass, wenn die Beteiligten die formwidrig eingegangene Ehe so lange fortgesetzt hatten, dieser tatsächliche Zustand ihrem ernstlichen Willen entspreche und daher die Geltendmachung des Formmangels nicht mehr gestattet werden dürfe[124].

Die Nichtigkeit von Ehen wegen Geschäftsunfähigkeit, wegen Doppelehe und Verwandtschaft bzw. Schwägerschaft wurden dem Prinzip nach nicht beanstandet (nunmehr §§ 1231 – 1233 E II).

Als weiterer Nichtigkeitsgrund wurde der Verstoß gegen das Eheverbot wegen Ehebruchs wieder aufgenommen (§ 1234 E II), eine Regelung, die auch dem Planckschen Vorschlag entsprach[125], die aber von der 1. Kommission noch verworfen worden war. Als Begründung wurde angeführt, dass dies dem überwiegend geltenden Recht[126] entspräche und dass sich sonst „das neue Gesetzbuch dem begründeten Vorwurf aussetzen (würde), daß es in Bezug auf die sittliche Verurtheilung des Ehebruchs einer laxeren Auffassung gehuldigt habe als das bisherige Recht“[127].

Weiterhin beschloss die 2. Kommission, die formalen Regelungen über die Nichtigkeitsklage, die § 1253 E I enthielt, in die Civilprozeßordnung zu verlegen[128].

Der Schutz gutgläubiger Dritter (§ 1257 E I) wurde dahingehend erweitert, dass nunmehr dem Dritten auch bei einer formunwirksam geschlossenen, aber in das Heiratsregister eingetragenen Ehe Ansprüche zustanden (§ 1236 E II)[129], auch hier wurde wieder dem öffentlichen Beweis des Heiratsregisters Rechnung getragen.

Bei der Beratung über die Anfechtungsgründe wurde zunächst die Annahme einer widerrechtlichen Drohung als Anfechtungsgrund (§ 1259 Nr.1 E I) gebilligt (§ 1243 E II).

Uneinig war sich die Kommission jedoch über die Behandlung von Irrtümern. Der 1. Entwurf ließ Anfechtung nur bei Irrtum über die Person und über die

---

123 Protokolle II, Bd. 4, S. 56 ff.

124 Protokolle II, Bd. 4, S. 64.

125 Vgl. § 41 Nr. 4 TE.

126 So z.B. § 949 ALR II 1 oder § 1621 i.V.m. § 1616 sächs.BGB.

127 Protokolle II, Bd. 4, S. 29.

128 Protokolle II, Bd. 4, S. 64.

129 Protokolle II, Bd. 4, S. 68.

Tatsache, dass es sich um eine Eheschließung handelt, zu. Weiterhin sollte aber ein Betrug schon dann angenommen werden, wenn ein Gatte dem anderen persönliche Eigenschaften oder Verhältnisse „verhehlt" hat, die den anderen Teil bei Kenntnis von der Eheschließung abgehalten hätten.
Diese Verknüpfung der Vorschriften über Anfechtung wegen Betrugs bzw. Anfechtung wegen Irrtums wurde gerügt. Während ein Antrag *Spahns*, entsprechend dem katholischen Recht, dahin ging, den Irrtum unter Beseitigung der Rechtsvermutung des 1. Entwurfs überhaupt nur dann zu berücksichtigen, wenn er die Person, das Wesen des Rechtsgeschäfts oder die Beiwohnungsfähigkeit betraf, sollte nach anderer Ansicht der Irrtum eines Ehegatten über wesentliche Eigenschaften des Partners auch dann zur Anfechtung berechtigen, wenn der andere Teil sich der Eigenschaften nicht bewusst gewesen war und sie somit nicht verschwiegen hatte (Anträge von *Struckmann* und *v. Mandry*)[130].
Die Verfechter des ersten Antrages begründeten die Einschränkung mit dem sittlichen Verhältnis der Ehe, die einer Anfechtung möglichst entzogen werden müsse[131].
Die Kommission entschied sich nach längerer Beratung jedoch für die zweite Ansicht. Der Staat habe ein Interesse daran, die Auflösung von Ehen zu ermöglichen, welche sich nach Lage der Dinge voraussichtlich dauernd unglücklich gestalten würden. Gegen die Regelung des 1. Entwurfs, die Anfechtung nur dann zuzulassen, wenn ein Ehegatte dem anderen die persönliche Eigenschaft betrügerisch „verhehlt" habe, wurde vorgebracht, dass sie eine Art Anzeigepflicht für die Verlobten bezüglich ihrer Vergangenheit schaffen würde, die den Anschauungen des Volkes nicht entspräche und daher vielfach unbeachtet bleiben würde[132]. Man verwies auch darauf, dass das geltende Recht größtenteils die Anfechtung wegen Irrtums im weiteren Umfange zuließ als der Entwurf[133].
Weiterhin wurde beschlossen, die Anfechtung bei arglistiger Täuschung eines Ehegatten zuzulassen, aber nur über solche Umstände, die geeignet waren, den Ehegatten bei verständiger Überlegung von der Eingehung der Ehe abzuhalten (§ 1242 E II)[134]. Hier wurde also nicht mehr von Betrug gesprochen.
Der in § 1259 Nr. 3 E I geregelte Anfechtungsgrund der Eheunmündigkeit, der im Teilentwurf Plancks sogar als Nichtigkeitsgrund vorgesehen war[135], wurde gänzlich gestrichen, da solche Fälle äußerst selten seien und man es zusätzlich

---

[130] Protokolle II, Bd. 4, S. 75; Beratungen 2. Kommission, in Jakobs/Schubert, Beratungen, Familienrecht I, S. 260 ff.
[131] Protokolle II, Bd. 4, S. 75.
[132] Protokolle II, Bd. 4, S. 75.
[133] Protokolle II, Bd. 4, S. 75 besonders § 1625 i.V.m. §§ 1596, 1596 sächs.BGB und § 983 i.V.m. § 40 ALR II1.
[134] Protokolle II, Bd. 4, S. 76 f.
[135] Vgl. § 40 Nr.1 TE.

als misslich erachtete, wenn die Gültigkeit der Ehe längere Zeit in der Schwebe bleibe[136].
Die Anfechtung wegen beschränkter Geschäftsfähigkeit, wie sie § 1259 Nr. 4 E I vorsah, wurde von der 2. Kommission bestätigt (§ 1239 E II).
Bezüglich der Anfechtungsberechtigten wurden die Bestimmungen des 1. Entwurfs nur insoweit geändert, dass für einen geschäftsunfähigen Ehegatten nunmehr sein gesetzlicher Vertreter (allerdings nur mit Genehmigung des Vormundschaftsgerichts) die Ehe anfechten konnte (§ 1246 Abs. 2 S. 1 E II) und dass im Fall der Anfechtung wegen fehlender Zustimmung bei beschränkter Geschäftsfähigkeit nunmehr nur der gesetzliche Vertreter anfechten konnte, solange der anfechtungsberechtigte Ehegatte noch in der Geschäftsfähigkeit beschränkt war (§ 1246 Abs. 2 S. 2 E II). Dies entsprach der Regelung des preußischen ALR und des sächsischen BGB[137].
Die übrigen Vorschriften des 1. Entwurfs bezüglich der Anfechtung wurden von der 2. Kommission im Prinzip gebilligt, jedoch sprachliche Veränderungen vorgenommen.
Der 2. Kommission kann abschließend bescheinigt werden, dass sie die Vorschriften verständlicher machte, indem sie die Zahl der Verweisungen erheblich reduzierte und die einzelnen Nichtigkeits- und Anfechtungsgründe deutlicher hervorhob. Inhaltliche Veränderungen waren insbesondere die Einschränkung der Nichtigkeit wegen Formmangels und die erweiterte Anfechtungsmöglichkeit wegen Irrtums[138].

2. Die Veränderungen durch Bundesrat und Reichstag

Die Bestimmungen des 2. Entwurfs erfuhren in den Beratungen des Bundesrates und des Reichstages nur noch sehr geringe Veränderungen.
Im Bundesrat fand der Vorschlag Sachsens, die in § 1234 E II eingeführte Nichtigkeit wegen Verstoßes gegen das Eheverbot des Ehebruchs wieder zu streichen, ebenso keine Mehrheit wie der Versuch Bayerns, die durch die 2. Kommission beschlossene deutliche Erweiterung des Anfechtungsrechts wegen Irrtums zu beseitigen und eine spezielle Regelung für den Fall zu treffen, in dem ein Ehegatte sein Versprechen auf kirchliche Trauung nicht erfüllte[139].

---

136 Protokolle II, Bd. 4, S. 79.
137 Protokolle II, Bd. 4, S. 89 f.
138 Schäfer, Entstehung BGB, S. 136.
139 Beratungen Bundesrat und Reichstag, in Jakobs/Schubert, Familienrecht I S. 281 ff.

Mecklenburg-Schwerin sprach sich, wie schon zum ersten Entwurf, – wiederum vergeblich – gegen die Anfechtung wegen Betruges bzw. Täuschung aus[140].
Im Reichstag wurden speziell die umstrittenen Bestimmungen über die Anfechtbarkeit wegen Irrtums und Täuschung (§§ 1316, 1317 E III = §§ 1241, 1242 E II) diskutiert, am Ende wurde eine Fassung beschlossen, bei der ein Irrtum über eine „persönliche Eigenschaft" und eine Täuschung über den etwas weiter zu fassenden Begriff „Umstände" zur Anfechtung der Ehe berechtigen sollte[141].
Ferner wurde noch der § 1307 E III (entsprach § 1230 E II) dahingehend geändert, dass Ehen, die ins Heiratsregister eingetragen waren, schon nach drei Jahren als von Anfang an gültig anzusehen waren, sofern einer der Ehegatten bereits verstorben war[142].
Weitere inhaltliche Veränderungen der Bestimmungen wurden nicht mehr vorgenommen.
In der Fassung des Bürgerlichen Gesetzbuches vom 18. August 1896 erlangten die Bestimmungen unter dem 3. Titel „Nichtigkeit und Anfechtbarkeit der Ehe" im 1. Abschnitt „Bürgerliche Ehe" des 4. Buches „Familienrecht" als §§ 1323 – 1347 zum 1. Januar 1900 Geltung[143].

C. Nationalsozialistische Veränderungen des Ehe- und Familienrechts

Nach der Machtübernahme der Nationalsozialisten kam es zur Ablösung der traditionellen Auffassung von Ehe und Familie durch die neue Rechtsidee der rassischen und völkischen Gemeinschaft[144], die Freisler als „Wandlung von der aufklärerisch-individualistischen zur gemeinschaftsdienend-völkischen Auffassung"[145] bezeichnete[146].
Die nationalsozialistische Ideologie wandte sich scharf gegen eine individuelle, liberale Auffassung von der Ehe, die in „einer liberalistischen Zeit (...) bloß die Geschlechtsgemeinschaft zweier Menschen verschiedenen Geschlechts[147]" ge-

---

[140] Bemerkungen Mecklenburgs zum 2. Entwurf, S. 107; dazu: Schubert, Stellungnahme Mecklenburg-Schwerins, S. 323.
[141] Beratungen Bundesrat und Reichstag, ebd., S. 288 f.
[142] Beratungen Bundesrat und Reichstag, ebd., S. 287 f.
[143] Siehe Anhang II.
[144] Rüthers, S. 400; Hetzel, S. 39.
[145] Freisler, S. 131.
[146] Ausführlich zur nationalsozialistischen Eheauffassung auch: Ramm, Nationalsozialistisches Familien- und Jugendrecht, S. 6 ff.; Holzhauer, S. 53 ff. und Diederichsen, S. 244 ff.
[147] Borst, DR 1934, S. 155.

wesen sei, und als „vertragsartige Zweckverbindung“ nur der „Verwirklichung individueller Interessen“ diente[148].
Die „völkische“ Ausrichtung der Ehe wurde von Hitler bereits in „Mein Kampf“ gefordert: „Auch die Ehe kann nicht Selbstzweck sein, sondern muß dem einen größeren Ziele, der Vermehrung und Erhaltung der Art und Rasse dienen. Nur das ist ihr Ziel und ihre Aufgabe[149]“.
Die Ehe wurde als „Hort des Kinderreichtums, als kleinste Zelle völkischen Lebens, das den Ehegatten das Erleben der Gemeinschaft vermittelt[150]“ angesehen, die „das Leben des Volkes fortsetzt“ und somit über das Individualinteresse der Gatten hinausging. Dies war der Grund ihrer Anerkennung und ihres Schutzes durch den nationalsozialistischen Staat[151].
Dreh- und Angelpunkt der „völkischen Eheauffassung“ war der Rassegedanke: „Es gibt nur ein heiliges Menschenrecht, und dieses Recht ist zugleich die heilige Verpflichtung, nämlich, dafür zu sorgen, daß das Blut rein erhalten bleibt. (...) Ein völkischer Staat wird damit in erster Linie die Ehe aus dem Niveau einer dauernden Rassenschande herauszuheben haben, um ihr die Weihe jener Institution zu geben, die berufen ist, Ebenbilder des Herrn zu zeugen und nicht Mißgeburten zwischen Mensch und Affe[152]“.
Daher war nur die Ehe „wertvoller Volksgenossen“ förderungswürdig, um „das arteigene Volk zu vermehren, zu fördern und zu heben[153]“.
Zur Verwirklichung dieser Ziele musste die nationalsozialistische Gesetzgebung aktiv den höchstpersönlichen Bereich der Ehegattenwahl beeinflussen, Eheverbote aufstellen und die Auflösung „unerwünschter“ Ehen erleichtern.

I. Das Gesetz gegen Mißbräuche bei der Eheschließung und der Annahme an Kindes Statt vom 23. November 1933

Schon 1933 erweiterte Art. 1, Nr. 1 des Gesetzes gegen Mißbräuche bei der Eheschließung und der Annahme an Kindes Statt vom 23. November 1933[154] die Ehenichtigkeitsgründe und führte mit § 1325a BGB als neuen Nichtigkeitsgrund die sogenannte „Namensehe“ ein[155]. Danach war eine Ehe nichtig, wenn

[148] Amtliche Begründung EheG1938, in Schubert, Das Familien- und Erbrecht unter dem Nationalsozialismus, S. 154.
[149] Hitler, S. 275 f.
[150] Amtliche Begründung EheG1938, ebd., S. 154.
[151] Freisler, S. 107; Gfrörer, DR 1934, S. 153.
[152] Hitler, S. 444 f.
[153] Frick, DJZ 1934, Sp. 6.
[154] Im Folgenden nur Eheschließungs- und Adoptionsmißbrauchsgesetz.
[155] Siehe dazu auch Ramm, Festschrift für Fränkel, S. 155.

sie ausschließlich oder vorwiegend zu dem Zwecke geschlossen war, der Frau die Führung des Familiennamens des Mannes zu ermöglichen, ohne dass die eheliche Lebensgemeinschaft begründet werden sollte.
Als Begründung für den neuen § 1325a BGB wurde die „Bekämpfung von Verfallserscheinungen auf familienrechtlichem Gebiet" angeführt[156].
Aufgrund des „moralischen Niedergangs[157]" nach Beendigung des ersten Weltkriegs, der zu einer „allgemeinen Lockerung der sittlichen Anschauungen führte[158]", sei es zu einer Vielzahl sogenannter Namensgeschäfte oder Adelskäufe gekommen, bei der es der Frau nur auf die Erlangung des Familiennamens ankam. „Mitglieder angesehener Geschlechter mit geschichtlichem Namen" würden gegen Entgelt Ehen mit der vorherigen Vereinbarung eingehen, dass ein eheliches Zusammenleben nicht oder nur vorübergehend stattfinden und so bald wie möglich die Scheidung der Ehe herbeigeführt werden sollte[159].
Hauptsächlich betrafen solche Namensverkäufe den Adel, der seit 1919 gemäß Art. 109 Abs. 2, S. 2 Weimarer Reichsverfassung lediglich einen Bestandteil des Namens darstellte[160]. Es sollen nicht selten Fällen bekannt geworden sein, bei der eine Person mehr als ein halbes Dutzend solcher Ehen geschlossen hatte[161].
Als zu schützende Interessen sah der Gesetzgeber neben den „berechtigten Interessen zahlreicher ehrenwerter Familien" vor allem die Interessen des Staates an, der es nicht dulden könnte, „daß grundlegende Einrichtungen unserer Familienrechtsordnung, wie Ehe und Kindesannahme, zu Schachergeschäften mißbraucht werden[162]".
Sowohl die amtliche Begründung des Gesetzes als auch Stellungnahmen aus der Literatur wiesen vor allem darauf hin, „daß sich auffallend viele Angehörige der Jüdischen Rasse (...) unter den Namenserwerbern" befanden[163].
Nach § 1325a Abs. 2 wurde eine nach Abs. 1 nichtige Ehe mit rückwirkender Kraft geheilt, wenn die Ehegatten nach der Eheschließung fünf Jahre oder, falls einer von ihnen vorher verstorben war, bis zu dessen Tod, jedoch mindestens drei Jahre als Ehegatten miteinander gelebt hatten.

---

[156] Amtliche Begründung Eheschließungs- und Adoptionsmißbrauchsgesetz, in Schubert, Das Familien- und Erbrecht unter dem Nationalsozialismus, S. 6.
[157] Brandis, JW 1933, S. 2863.
[158] Amtliche Begründung, Eheschließungs- und Adoptionsmißbrauchsgesetz, ebd., S. 6.
[159] Amtliche Begründung Eheschließungs- und Adoptionsmißbrauchsgesetz, ebd., S. 6.
[160] Brandis, JW 1933, S. 2862; Amtliche Begründung Eheschließungs- und Adoptionsmißbrauchsgesetz, ebd., S. 7.
[161] Maßfeller, DJ 1933, S. 752; Amtliche Begründung Eheschließungs- und Adoptionsmißbrauchsgesetz, ebd., S. 6.
[162] Amtliche Begründung Eheschließungs- und Adoptionsmißbrauchsgesetz, ebd., S. 7; Brandis, JW 1933, S. 2862.
[163] Amtliche Begründung Eheschließungs- und Adoptionsmißbrauchsgesetz, ebd., S. 7; Brandis, JW 1933, S. 2862.

Wie bei den anderen Nichtigkeitsgründen des BGB mit Ausnahme der Nichtigkeit wegen Formmangels musste die Nichtigkeit nach § 1325a BGB auch im Wege der Nichtigkeitsklage geltend gemacht werden[164]. Neu war aber, dass in diesem Fall nach Art. II, § 1 Eheschließungs- und Adoptionsmißbrauchsgesetz die Nichtigkeitsklage ausschließlich vom Staatsanwalt erhoben werden konnte, da man es nicht für angebraucht hielt, den Ehegatten, „die seinerzeit unter Mißachtung von Sitte und Anstand die unlautere Ehe geschlossen hatten, die Befugnis zur Klageerhebung einzuräumen[165]".

Die Nichtigkeit von sogenannten „Namensehen" nach § 1325a BGB galt nicht nur für zukünftig geschlossene Ehen, nach Art. IV Eheschließungs- und Adoptionsmißbrauchsgesetz waren auch Ehen, die nach dem 8. November 1918 geschlossen waren, der neuen Vorschrift unterworfen. Die rückwirkende Geltung des § 1325a BGB wurde damit begründet, dass der Zweck des Gesetzes nur erreicht werden könne, wenn auch bereits erfolgten „Scheinehen" jede rechtliche Wirksamkeit entzogen werde[166].

Durch die Einführung des § 1325a BGB griff der Staat erstmals in die bisher geschützte höchstpersönliche Eheschließungsfreiheit ein. Er hatte nunmehr ein Prüfungsrecht bei der Eheschließung, ob die eheliche Lebensgemeinschaft wirklich begründet werden sollte[167].

Zeitgenössische Stellungnahmen begrüßten das Gesetz als „ersten Schritt auf dem Wege zum Neuaufbau des deutschen Familienrechts[168]". Dölle kritisierte aber, dass noch viele Ehen zustande kommen könnten, die „unser sittliches Empfinden mindestens ebenso verletzten (...) ,wie die Ehe zwischen Zuhälter und Dirne, die zwischen deutschem Kommunisten und der Russin, die durch Erwerb der Staatsangehörigkeit der Ausweisung entgehen will, die nur zur Erlangung eines Ehedarlehens geschlossene Ehe und viele andere[169]".

---

164 Brandis, JW 1933, S. 2864; Dölle, JW 1933, S. 2860.

165 Brandis, JW 1933, S. 2864; Maßfeller DJ 1933, S. 752; Amtliche Begründung Eheschließungs- und Adoptionsmißbrauchsgesetz, ebd., S. 9.

166 Amtliche Begründung Eheschließungs- und Adoptionsmißbrauchsgesetz, ebd., S. 10.

167 Ramm, Festschrift für Fraenkel, S. 155.

168 Maßfeller, DJ 1933, S. 752; Dölle, JW 1933, S. 2861.

169 Dölle, JW 1933, S. 2861.

II. Das Gesetz zum Schutze des deutschen Blutes und der deutschen Ehre vom 15. September 1935

Das Gesetz zum Schutze des deutschen Blutes und der deutschen Ehre vom 15. September 1935[170] erklärten in § 1 Abs. 2, S. 2 die Nichtigkeit einer Ehe zwischen „Juden und Staatsangehörigen deutschen oder artverwandten Blutes“[171]. Mit dieser Norm erlangte die nationalsozialistische Rassenideologie gesetzliche Geltung im Familienrecht, ohne das es zunächst zu einer Änderung des BGB kam.
Das BlutschutzG verbot „rassenbiologisch unerwünschte“ Ehen. Es verwirklichte die Forderungen, die „deutsche Rassereinheit“ zu erhalten und „weitere Mischungen der untereinander unverträglichen Rassen zu vermeiden[172]“.
Die nationalsozialistische Rassenideologie sah „den Bestand eines Volkes“ nur gesichert, „wenn sein Blut rein und gesund erhalten wird[173]“. Deutsche und Juden seien „völlig fremd nach Blut und Wesen[174]“ und daher durch das BlutschutzG zu trennen, „indem es das jüdische Volk in seine eigenen Lebensbezirke verweist[175]“.
Das Verbot von sogenannten „Mischehen“ und deren Nichtigkeit wurde durch die 1. Verordnung zur Ausführung des Gesetzes zum Schutze des deutschen Blutes und der deutschen Ehre vom 14. November 1935[176] konkretisiert.
§ 2 VOBlutschutzG setzte auch „Ehen zwischen Juden und staatsangehörigen jüdischen Mischlingen, die nur einen volljüdischen Großelternteil hatten“, den „Mischehen“ i.S.d. § 1 BlutschutzG gleich.
Ziel dieser Regelung war es, „jüdischen Mischlingen zweiten Grades das Aufgehen im deutschen Volke zu ermöglichen[177]“ und „eine zwischen den Rassen stehende Mischrasse möglichst bald zum Verschwinden zu bringen[178]“.
Zur genauen Bestimmung der Begriffe „Staatsangehörige“, „Juden“ und „Mischlinge“ verwies § 1 VOBlutschutzG auf das Reichsbürgergesetz bzw. auf die erste Verordnung zu diesem vom 14. November 1933[179].
Nach § 8 VOBlutschutzG konnte die Nichtigkeit nach § 1 Abs. 1, S.2 BlutschutzG nur im Wege der Nichtigkeitsklage geltend gemacht werden, zu deren

---

[170] Im Folgenden nur BlutschutzG.
[171] Ausführlich zum BlutschutzG: Hetzel, S. 143 ff., Blümel, S. 64 ff., Faupel/Eschen, S. 13 ff.
[172] Weiß, DR 1934, S. 157; Schraut, DR 1934, S. 74.
[173] Frick, DJZ 1935, Sp. 1389.
[174] Stuckart/Globke, S. 17.
[175] Lösener/Knost, S. 17.
[176] Im Folgenden nur VOBlutschutzG.
[177] Stuckart/Globke, S. 126.
[178] Frick, DJZ 1935, Sp. 1393.
[179] Abgedruckt in Lösener/Knost, S. 36 ff.

Erhebung, wie schon bei § 1325a BGB, nach § 1 Abs. 2 BlutschutzG nur der Staatsanwalt befugt war. Begründet wurde das alleinige Klageerhebungsrecht des Staatsanwalts mit dem „ausschließlichen öffentlichen Interesse an der Aufhebung solcher Ehen[180]".

Eine rückwirkende Kraft wie § 1325a BGB hatte die Nichtigkeit nach § 1 Abs. 1, S. 2 BlutschutzG nicht. Der Bestand von Ehen, die vor dem 17. September 1935, dem Tag des Inkrafttretens des Gesetzes, geschlossen wurden, wurde durch das BlutschutzG nicht berührt[181].

III. Das Gesetz zum Schutze der Erbgesundheit des deutschen Volkes (Ehegesundheitsgesetz) vom 18. Oktober 1935

Neben dem „Schutz des deutschen Blutes vor artfremden" sah die nationalsozialistische Ideologie auch den Kampf gegen „die Durchseuchung des deutschen Volkes mit schädlichen und untüchtigen Erbeigenschaften[182]" als Ziel ihrer Familienpolitik an.[183]

Zur Förderung „erbgesunder Nachkommenschaft" sollte die Ehe nur „rassenreinen, erbgesunden Vollbürgern[184]" gestattet sein, da „es ausgeschlossen sei, daß sich aus minderwertigen Erbstämmen von selbst hochwertige Menschen entwickeln könnten[185]."

Im Sinne dieser Forderungen stellte § 1 Abs. 1 des Gesetzes zum Schutze der Erbgesundheit des deutschen Volkes (Ehegesundheitsgesetz) vom 18. Oktober 1935[186] Eheverbote zur „Verhinderung (...) gesundheitlich unerwünschter Ehen[187]" auf:

„§ 1 Eine Ehe darf nicht geschlossen werden,

a) wenn einer der Verlobten an einer mit Ansteckungsgefahr verbundenen Krankheit leidet, die eine erhebliche Schädigung der Gesundheit des anderen Teiles oder der Nachkommen befürchten läßt,
b) wenn einer der Verlobten entmündigt ist oder unter vorläufiger Vormundschaft steht,

---

180 Lösener/Knost, S. 68.
181 Lösener/Knost, S. 66; Stuckart/Globke, S. 108 f.
182 Weiß, DR 1934, S. 157.
183 Siehe dazu: Hetzel, S. 143 f.
184 Gfrörer, DR 1934, S. 154.
185 Weiß, DR 1934, S. 156.
186 Im Folgenden nur EhegesundheitsG.
187 Amtliche Begründung EhegesundheitsG, in Schubert, Das Familien- und Erbrecht unter dem Nationalsozialismus, S. 25.

c) wenn einer Verlobten, ohne entmündigt zu sein, an einer geistigen Störung leidet, die die Ehe für die Volksgemeinschaft unerwünscht erscheinen läßt,

d) wenn einer der Verlobten an einer Erbkrankheit im Sinne des Gesetzes zur Verhütung erbkranken Nachwuchses leidet."

Zum Nachweis des Nichtvorliegens eines solchen Ehehindernisses mussten die Verlobten nach § 2 EhegesundheitsG ein sogenanntes „Ehetauglichkeitszeugnis" nachweisen.

Nach § 3 EhegesundheitsG waren Ehen, die gegen das Verbot von § 1 geschlossen wurden, nichtig, „wenn die Ausstellung des Ehetauglichkeitszeugnisses oder die Mitwirkung des Standesbeamten bei der Eheschließung von den Verlobten durch wissentlich falsche Aussagen herbeigeführt worden ist. Sie ist auch nichtig, wenn sie zum Zwecke der Umgehung des Gesetzes im Ausland geschlossen ist".

Genauso wie bei der nichtigen „Mischehe" nach § 1 BlutschutzG konnte die Nichtigkeitsklage auch hier gemäß § 3 Abs. 1, S. 3 EhegesundheitsG ausschließlich durch den Staatsanwalt erhoben werden.

Das BlutschutzG und das EhegesundheitsG stellten einen radikalen Einbruch in den höchstpersönlichen Bereich der Ehegatten dar, der voll und ganz der nationalsozialistischen antiindividualistischen Eheauffassung entsprach. Der nationalsozialistische Staat hatte somit ein gesetzliches Instrument, in die Entscheidungsfreiheit der Eheschließenden einzugreifen, Eheschließungen zu verbieten oder geschlossenen Ehen aufzulösen, um „rassenbiologisch oder erbhygienisch" unerwünschte Verbindungen und insbesondere deren Nachwuchs zu verhindern.

IV. Das Gesetz zur Vereinheitlichung des Rechts der Eheschließung und der Ehescheidung im Lande Österreich und im übrigen Reichsgebiet (Ehegesetz) vom 6. Juli 1938

Eine grundlegende Änderung des Eherechts brachte das „Gesetz zur Vereinheitlichung des Rechts der Eheschließung und der Ehescheidung im Lande Österreich und im übrigen Reichsgebiet" vom 6. Juli 1938[188].

Das Gesetz entfernte große Teile des persönlichen Eherechts aus dem BGB und fasste sie in einem neuen Gesetz zusammen[189].

---

[188] Im Folgenden nur EheG1938.

[189] Ausführlich zum EheG1938: Ramm, Festschrift für Fränkel, S. 137 ff., Blümel, S. 100 ff., Hetzel, S. 178 ff.

Die Loslösung der ehelichen Bestimmungen aus dem BGB sollte die Abkehr von der Auffassung der Ehe als Vertrag verdeutlichen[190], und „die Ehe als völkische Institution endgültig aus der Ebene des Privatrechts herauszuheben[191]".
Einschneidendste Veränderung war die Abschaffung der ex-tunc wirkenden Anfechtung der Ehe. Sie wurde durch die Eheaufhebung ersetzt, die die Ehe nach § 34 EheG1938 wie bei einer Scheidung nur noch ex-nunc auflöste.
Dem Gesetzgeber erschien die völlige Auflösung der Ehe mit rückwirkender Kraft aus Gründen, die nicht im öffentlichen Interesse lagen, sondern den einzelnen Ehepartner betrafen, nicht angemessen[192]. Solche Ehehindernisse seien nicht in der Lage, die durch die Eheschließung begründete tatsächliche Lebensgemeinschaft der Ehegatten nachträglich aus der Welt zu schaffen[193], besonders im Interesse der in der Ehe geborenen Kinder[194].
Auswirkungen des neuen Rechts betrafen vor allem die Rechtfolgen, die sich nunmehr gemäß § 42 EheG1938 nach Scheidungsrecht bestimmten.
Die Aufhebungsgründe des EheG1938 (§§ 35-39) entsprachen im Wesentlichen dem bisher geltenden Recht[195].
Eine Abweichung von der entsprechenden Vorschrift das § 1333 BGB traf nur § 37 EheG1938. Statt „Irrtum über die Person oder persönliche Eigenschaften" war nunmehr der „Irrtum über Umstände, die die Person des anderen betreffen" maßgeblich.
Als Begründung dieser Veränderung wurde ausgeführt, dass man einer in der Rechtsprechung hervorgetretenen allzu engen Auslegung des Begriffs „persönliche Eigenschaft" vorbeugen wollte[196].
Der Anwendungsbereich des bisherigen § 1333 BGB sollte also erweitert werden. Als die Person des anderen Ehegatten betreffenden Umstände waren besonders solche anzusehen, „die die Rassengleichheit und Erbgesundheit aufheben, die eine auf gegenseitige Treue, Liebe und Achtung beruhende dauernde Lebensgemeinschaft erheblich beeinträchtigen oder unmöglich machen, die die Förderung des Gemeinwohls durch einträchtige Zusammenarbeit und schließlich die Erzeugung rassegleicher, erbgesunder Kinder und ihre Erziehung zu tüchtigen Volksgenossen unmöglich machen[197]". Außerdem sollten auch Um-

---

[190] Guthjahr, DR 1938, S. 311; Ficker, JW 1938, S. 2066.
[191] Anz, JW 1938, S. 2069.
[192] Dölle, Familienrecht, S. 305.
[193] Amtliche Begründung EheG1938, in Schubert, Das Familien- und Erbrecht unter dem Nationalsozialismus, S. 152.
[194] Lange, AcP 145 (1939), S. 133.
[195] Amtliche Begründung EheG1938, ebd., S. 153.
[196] Amtliche Begründung EheG1938, ebd., S. 153.
[197] Meggendorfer, AcP 145 (1939), S. 214.

stände, deren „immerwährender Fortbestand zwar ungewiß ist, wegen der langen Dauer ihres Bestehens“ die Aufhebung der Ehe rechtfertigen[198].
In weiterer Abweichung von § 1333 BGB sprach § 37 EheG1938 nicht mehr von „verständiger Würdigung“ sondern nunmehr von der „richtigen Würdigung des Wesens der Ehe“.
Damit sollte sichergestellt werden, „daß nur der objektive Maßstab, der an eine wahrhaft deutsche, d.h. auf der sittlichen und volkhaften Weltanschauung des Nationalsozialismus aufgebaute Ehe, angesetzt werden muß, maßgebend sein darf und nicht der, welcher zwar in sich logisch begründet ist, aber einer fremden Grundanschauung entspricht[199]“.
Als Einschränkung dieser erweiterten Aufhebungsmöglichkeiten war nach § 37 Abs. 2 EheG1938 die Aufhebung nicht nur wie bisher nach § 1337 Abs. 2 BGB im Falle der Bestätigung ausgeschlossen, sondern auch, wenn die „Aufhebung der Ehe mit Rücksicht auf die bisherige Gestaltung des ehelichen Lebens der Ehegatten sittlich nicht gerechtfertigt“ erschien.
Diese Regelung gab dem Richter Spielraum, nach dem „gesunden Volksempfinden“ zu urteilen und der Ehe unter Bezugnahme auf die „sittliche Rechtfertigung“ je nachdem, ob sie im Sinne der völkischen Eheauffassung förderungswürdig war oder nicht, trotz Vorliegens aller Aufhebungsvoraussetzungen die Auflösung zu verweigern. Lange forderte sogar die Anwendung des § 37 Abs. 2 EheG1938 auf andere Aufhebungsgründe[200].
Durch diese Änderungen des neuen Eheaufhebungsrechts gegenüber den Regelungen des alten Eheanfechtungsrechts konnte der Gesetzgeber in verstärktem Maße nationalsozialistische Vorstellungen berücksichtigen, um Eheaufhebungen aus rassischen, weltanschaulichen und ähnlichen Gesichtspunkten zu ermöglichen[201].
Weniger einschneidend waren die Veränderungen bezüglich der Nichtigkeit der Ehe.
Die in §§ 20 bis 26 EheG1938 geregelten Nichtigkeitsgründe entsprachen im Wesentlichen den Nichtigkeitsgründen des bisherigen Rechts[202].
Nur § 23 EheG1938 erweiterte den § 1325a BGB nunmehr neben der „Namensehe“ auch auf den Fall, dass eine Ehe ausschließlich oder vorwiegend zu dem Zwecke geschlossen war, um der Frau die Staatsangehörigkeit zu verschaffen.
Die Nichtigkeitsgründe des BlutschutzG und des EhegesundheitsG wurden durch die Verweisung des § 20 EheG1938 in das neue Gesetz einbezogen.
Die ex-tunc-Vernichtung der für nichtig erklärten Ehe wurde im Gegensatz zur nunmehr ex-nunc wirkenden Eheaufhebung beibehalten, da man es für selbst-

---

[198] Volkmar, DJ 1938, S. 1120; Anz, JW 1938, S. 2078.
[199] Siller, S. 34 f.
[200] Lange, AcP 145 (1939), S. 174.
[201] Staudinger/Klippel, 12. Aufl., Vorbem. zu §§ 28 ff. EheG, Rn. 4.
[202] Amtliche Begründung EheG1938, ebd., S. 148.

verständlich hielt, „daß eine Ehe, die gegen ein im öffentlichen Interesse als zwingend ausgesprochenes Eheverbot verstieß, der völligen Vernichtung unterlag[203]“.

Wesentliche Änderungen durch das EheG1938 betrafen aber die Vorschriften über die Geltendmachung der Ehenichtigkeit und die Stellung der Kinder aus nichtigen Ehen.

Das neue Gesetz differenzierte nun zwischen „schweren“ Nichtigkeitsfällen (Nichtigkeit nach BlutschutzG, EhegesundheitsG und Nichtigkeit der „Namens- und Staatsangehörigkeitsehe“ nach § 23 EheG1938) und „milderen“ Nichtigkeitsfällen (§§ 21, 22, 24 bis 26 EheG1938)[204].

Kinder aus einer nichtigen Ehe der „milderen Art“ galten nunmehr nach § 30 Abs. 1 EheG1938 als ehelich. Damit sollte der tatsächlichen Lebensgemeinschaft der Ehegatten in diesen Fällen Rechnung getragen werden[205]. Außerdem sollten die Kinder einer nichtigen Ehe nicht unter den Verfehlungen ihrer Eltern leiden, indem man ihnen die rechtliche Stellung ehelicher Kinder vorenthielt[206].

Da aber „Kinder aus einem rasseschänderischen oder den Gesetzen der Erbgesundheit widersprechenden Verkehr keinen besonderen Schutz verdienen[207]“, galten Kinder aus einer nichtigen Ehe der „schwereren Art“ gemäß § 29 Abs. 1 EheG1938 als unehelich.

Bei den Regelungen über die Geltendmachung der Nichtigkeit beschränkte das neue EheG38 die nach dem BGB gegebene Möglichkeit, dass schon während des Bestehens der Ehe ein Dritter Klage auf Feststellung ihrer Nichtigkeit erheben und nach Auflösung der Ehe sich jeder zu jeder Zeit und in jeder Form auf die Nichtigkeit berufen konnte.

Nach § 27 EheG1938 konnte die Nichtigkeit nunmehr ausschließlich durch Klage geltend gemacht werden.

Zur Erhebung der Klage war in einem „schweren Nichtigkeitsfall“ nur der Staatsanwalt befugt (§ 28 Abs. 1 EheG1938), in einem „milderen Fall“ außerdem noch jeder Ehegatte und im Fall der Doppelehe der Ehegatte der früheren Ehe (§ 28 Abs. 1, S.1 EheG1938), dies aber auch nur, solange die nichtige Ehe nicht aufgelöst war (§ 28 Abs. 2, S.2 EheG1938). Nach dem Tode beider Ehegatten war die Feststellung der Nichtigkeit gemäß § 28 Abs. 3 EheG1938 nunmehr überhaupt ausgeschlossen.

---

[203] Volkmar, DJ 1938, S. 1119 f.

[204] So die Bezeichnung bei Volkmar, DJ 1938, S. 1120 und Ficker JW 1938, S. 2066; Lange sprach von „schärferer und milderer Art der Vernichtbarkeit“, AcP 145 (1939), S. 166.

[205] Amtliche Begründung EheG1938, ebd., S. 150.

[206] Amtliche Begründung EheG1938, ebd., S. 150.

[207] Amtliche Begründung EheG1938, ebd., S. 151.

2. Teil: Das Recht der Nichtigkeit und Anfechtbarkeit der Ehe in der Rechtsprechung des Reichsgerichts

Obwohl Nichtigkeit und Anfechtbarkeit der Ehe im Gegensatz zur Ehescheidung eine untergeordnete Rolle gespielt haben[208], findet sich eine beachtliche Anzahl reichsgerichtlicher Entscheidungen zu dieser Materie. Zu einigen Nichtigkeit- und Anfechtungsgründen gibt es allerdings keine reichsgerichtlichen Entscheidungen in dem zu untersuchenden Zeitraum. Insgesamt überwiegen die Entscheidungen zur Anfechtbarkeit bzw. ab 1938 zur Aufhebung der Ehe deutlich. Zur Nichtigkeit der Ehe hatte das Reichsgericht nur selten Stellung zu nehmen. Innerhalb der Anfechtungs- bzw. Aufhebungsgründe gab es ebenfalls große Unterschiede in der Anzahl der gefundenen und verwendeten Urteile. Der Irrtum über eine persönliche Eigenschaft war mit Abstand der am häufigsten geltend gemachte Anfechtungsgrund. Da der § 1333 BGB bzw. der ihn ersetzende § 39 EheG38 auch die umstrittenste und auslegungsbedürftigste Norm innerhalb der Nichtigkeits- und Anfechtungsgründe war, behandeln über 90 % der insgesamt 204 analysierten Entscheidungen diesen Anfechtungs- bzw. Aufhebungsgrund. Am zweithäufigsten wurde die Anfechtung wegen arglistiger Täuschung geltend gemacht, während sich keine verwendbaren reichsgerichtlichen Entscheidungen zur Anfechtung der Ehe wegen Drohung (§ 1335 BGB), wegen Irrtums über die Person des Ehegatten (§ 1333 1. Alt. BGB) und wegen des Erklärungsirrtums (§ 1332 BGB), gefunden haben.

A. Nichtigkeitsgründe

Zu den Nichtigkeitsgründen einer Ehe (§§ 1324 – 1328 BGB) finden sich aus der reichsgerichtlichen Praxis, im Gegensatz zu den Anfechtungsgründen, nur sehr wenige Urteile aus den Jahren 1900 bis 1945.

Dies ist vor allem damit zu erklären, dass Fälle von Bigamie oder Ehen unter Blutsverwandten sicherlich seltener waren als Irrtümer über ehewesentliche Eigenschaften oder Täuschungsfälle. Zudem waren die Vorschriften über die Nichtigkeitsgründe weniger auslegungsbedürftig als die Eheanfechtungsgründe, insbesondere die Anfechtung wegen Irrtums über persönliche Eigenschaften, die den irrenden Gatten bei Kenntnis der Sachlage und verständiger Würdigung des Wesens der Ehe von der Eingehung der Ehe abgehalten haben würde (§ 1333 2. Alt. BGB).

[208] Siehe zum Vergleich zur Ehescheidung Anhang II

Zu den Ehenichtigkeitsgründen der Bigamie (§ 1326 BGB), der Verwandtenehe (§ 1327 BGB) sowie zur Nichtigkeit wegen Ehebruchs nach § 1312 BGB (§ 1328 BGB) wurden keine Urteile des Reichsgerichts in dem zu untersuchenden Zeitraum gefunden. Lediglich zur Nichtigkeit wegen Formmangels (§ 1324 BGB), Geschäftunfähigkeit eines Gatten (§ 1325 BGB) und zum 1933 eingeführten Nichtigkeitsgrund der Namensehe (§ 1325a BGB) finden sich einige wenige, zum Teil unveröffentlichte Urteile aus den Jahren 1910 bis 1943.

I. § 1324 BGB – Nichtigkeit wegen Formmangel

Zur Nichtigkeit einer Ehe wegen Nichtbeachtung der vorgeschriebenen Form existiert nur ein nicht veröffentlichtes Urteil des 8. Senats des Reichsgerichts vom 3. März 1930[209].
Dieses Urteil betraf auch den § 1324 BGB nur indirekt, da über die Nichtigkeit einer Ehe zu entscheiden war, die nicht auf dem Reichsgebiet, sondern in Ägypten vor dem deutschen Konsul in Alexandrien zwischen einer Deutschen und einem ägyptischen Staatsangehörigen griechisch-orthodoxen Glaubens im Jahre 1926 geschlossen worden war. Nach § 36 des Reichsgesetzes über die Konsulargerichtsbarkeit vom 7. April 1900 bestimmte sich die Form einer Ehe, die in einem Konsulargerichtsbezirk von einem Deutschen geschlossen wird, ausschließlich nach den Vorschriften des Gesetzes betreffend die Eheschließung und die Beurkundung des Personenstandes von Reichsangehörigen im Auslande vom 4. Mai 1870. Da aber der den Formmangel betreffende § 8a des Gesetzes vom 4. Mai 1870 inhaltlich dem § 1324 BGB entsprach, ist dieses Urteil durchaus der Rechtsprechung zu § 1324 BGB zuzuordnen.
Nachdem die Klägerin ihren Mann verlassen hatte und nach Deutschland zurückgekehrt war, beantragte sie, die Ehe für nichtig zu erklären, da diese ohne die nach ägyptischem Recht erforderliche kirchliche Trauung eingegangen worden sei, nach dortigem Recht also unwirksam sei. Das Landgericht I in Berlin erklärte dem Klagantrag entsprechend die Ehe für nichtig. Das Kammergericht hob in der Berufungsinstanz das landgerichtliche Urteil auf und wies die Klage ab. Dabei führte das Kammergericht aus, dass die Ehe für die Klägerin formgültig, aber für den beklagten Gatten formungültig sei.
Die von der Klägerin gegen dieses Urteil eingelegte Revision hat das Reichsgericht als unbegründet zurückgewiesen. Dabei sah es im Gegensatz zum Berufungsgericht die Ehe nach deutschem Recht nicht nur für die Klägerin, sondern für beide Eheleute als formwirksam an. Da alle nach deutschem Recht erforderlichen Förmlichkeiten eingehalten worden waren, und auch beide Eheleute bei

[209] VIII 279/29.

Eheschließung ausdrücklich darauf hingewiesen worden waren, dass zur Gültigkeit nach ägyptischem Recht noch die kirchliche Trauzeremonie gehören würde, war ein Formfehler im Bezug auf die Eheschließung nach deutschem Recht nicht gegeben. Die Ehe war somit, wenn auch nicht nach ägyptischem, so doch nach deutschem Recht, für und gegen beide Parteien formgültig.

II. § 1325 BGB – Geschäftsunfähigkeit

§ 1325 BGB regelte die Nichtigkeit der Ehe aufgrund von Willensmängeln bei Eingehung der Ehe. Die Ehe war nichtig, „wenn einer der Ehegatten zur Zeit der Eheschließung geschäftsunfähig war oder sich im Zustande der Bewußtlosigkeit oder vorübergehender Störung der Geistestätigkeit befand". Geschäftsunfähigkeit lag gemäß § 104 Nr. 2 BGB vor, wenn sich der Ehegatte zur Zeit der Eheschließung „in einem die freie Willensbestimmung ausschließenden Zustande krankhafter Störung der Geistestätigkeit befand, der seiner Natur nach kein vorübergehender war". Aus der Fassung des Gesetzestextes ergab sich damit, dass bei einer dauerhaften Störung der Geistestätigkeit ein die freie Willensbestimmung ausschließender Zustand vorliegen musste, während bei nur vorübergehender Störung der Geistestätigkeit diese Voraussetzung nicht vorzuliegen brauchte.

In einem Urteil vom 7. Juli 1910[210] stellte der 4. Senat des Reichgerichts klar, dass auch bei der nur vorübergehenden geistigen Störung die freie Willensbildung ausgeschlossen sein musste, um zur Nichtigkeit der Ehe zu gelangen: „Die vorübergehende Störung der Geistestätigkeit ist der leichtere Mangel; es ist undenkbar, daß, wenn der Zustand der Störung der Geistestätigkeit seiner Natur nach dauernd, die Störung der Geistestätigkeit krankhaft ist, das Erfordernis des Ausschlusses der freien Willensbestimmung hinzutreten müßte, dieses Moment dagegen fehlen dürfte, wenn die Störung nicht dauernd ist. Vielmehr ist anzunehmen, daß in jedem der beiden Fälle der Zustand ein die freie Willensbestimmung ausschließender sein muß. (...) Demnach ist § 1325 Abs. 1 BGB so auszulegen, als ob die Vorschrift lautete: Eine Ehe ist nichtig, wenn einer der Ehegatten zur Zeit der Eheschließung geschäftsunfähig war oder sich im Zustande der Bewusstlosigkeit oder in einem die freie Willensbestimmung ausschließenden Zustande vorübergehender Störung der Geistestätigkeit befand."

Diese Auslegung des § 1325 Abs. 1 BGB fand in der Literatur einhellige Zustimmung[211]. In späteren Urteilen bestätigte das Reichsgericht diese Auslegung des Gesetzestextes[212].

---

[210] IV 498/09 (RGZ 74, 110).

[211] Mitteis, S. 189; Warneyer, § 1325, Anm. I; Türcke/Niedenführ/Winter, § 1325 Nr. 3.

Der den § 1325 Abs. 1 BGB ersetzende § 22 Abs. 1 EheG1938 erfuhr keine sprachliche Änderung. Auch diese Vorschrift war nach Maßgabe des vom Reichsgericht am 7. Juli 1910 aufgestellten Grundsatzes auszulegen[213].

III. § 1325a BGB – Namensehe

Durch Art. 1, Nr. 1 des Gesetzes gegen Missbräuche bei Eheschließung und der Annahme an Kindes Statt vom 25. November 1933 wurde mit § 1325a BGB der Nichtigkeitsgrund der Namensehe eingeführt[214].

1. Zunächst enge Auslegung der Norm

Am 25. Juli 1935[215] hatte das Reichsgericht zur Frage Stellung zu nehmen, ob § 1325a BGB auch anwendbar war, wenn nur einem Ehegatte bei Eheschließung die Absicht gefehlt hatte, die eheliche Lebensgemeinschaft zu begründen, oder ob dies dem Willen beider Parteien entsprochen haben musste. Der adlige Ehemann hatte innerhalb von acht Jahren über eine Vermittlerin gegen Vergütung drei Ehen geschlossen und sich jeweils nach kurzer Zeit wieder scheiden lassen. Das Reichsgericht stellte fest, dass es dem Sinn und Zweck des § 1325a BGB entspräche, die Norm nur bei übereinstimmender Absicht beider Ehepartner, die eheliche Gemeinschaft nicht zu begründen, anzuwenden. § 1325a BGB sei eingeführt worden, um die Sittenwidrigkeit zu bekämpfen, die darin liegen würde, eine Ehe zu dem Zwecke der Namensübertragung einzugehen, die nicht zur Herstellung der ehelichen Lebensgemeinschaft führen sollte. Diese Lücke im Eherecht sei zu schließen gewesen. Hätte ein Ehegatte den Willen des anderen durch arglistige Täuschung beeinflusst, indem er den Umstand, dass er die eheliche Lebensgemeinschaft verweigern wollte, verschwiegen hätte, so stünde der getäuschten Partei die Möglichkeit der Anfechtung nach § 1334 BGB zu. Daher sei § 1325a nur anwendbar, wenn beide Teile die eheliche Gemeinschaft nicht beabsichtigt hätten. Dafür spräche auch der Wortlaut des Gesetzes: „ohne daß die eheliche Lebensgemeinschaft begründet werden soll". Das Reichsgericht fasste den Anwendungsbereich der Vorschrift zunächst sehr eng und hielt sich

---

212 So z.B. im Urteil vom 15. Dezember 1939, IV 361/39 (RGZ 162, 223).
213 So Achilles/Greif, 16. Aufl., S. 628.
214 Siehe zur Entstehung des § 1325a: 1.Teil, C., I.
215 IV 69/35 (RGZ 148, 188; JW 1935, S. 3093; DJ 1935, S. 1498).

strikt am Wortlaut. Dies entsprach auch der herrschenden Meinung in der Literatur[216].

2. Erweiterung der Norm auch auf Staatsangehörigkeitsehe

Am 7. April 1938[217] hatte das Reichsgericht einen Fall zu entscheiden, bei dem die Ehefrau durch die Eheschließung die deutsche Staatsangehörigkeit erlangt hatte. Dadurch war die frühere Österreicherin der Ausweisung wegen gewerbsmäßiger Unzucht entgangen. Der Ehemann hatte für die Eheschließung 400 Reichsmark erhalten, zu einem ehelichen Zusammenleben war es zwischen den Eheleuten nie gekommen.
Das Reichsgericht lehnte zunächst, seiner strengen Anwendung der Vorschrift folgend, die Erklärung der Nichtigkeit ab. Die Übertragung des Namens des Mannes auf die Frau sei bindend, daraus könne nicht geschlossen werden, dass dies der Zweck der Heirat gewesen sein musste. Hier war es vielmehr der Frau gleichgültig, welchen Namen sie durch die Heirat erlangt hatte. Auch sei nicht jede zu unsittlichen Zwecken geschlossenen Ehe gemäß § 1325a BGB nichtig, sondern nur die ausschließlich oder vorwiegend zu dem Zweck geschlossene, der Frau die Führung des Familiennamen des Mannes zu ermöglichen. Daher sei eine direkte Anwendbarkeit des § 1325a BGB hier nicht gegeben. Allerdings bejahrte das Reichsgericht eine entsprechende Anwendung der Vorschrift auf Ehen, die vorwiegend zu dem Zeck der Erlangung der Staatsangehörigkeit des Mannes durch die Frau geschlossen wurde. Diese Ehe würden den Namensehen darin gleichen, dass von den vielen Rechtswirkungen der Ehe nur eine einzige, auf dem Gebiet des Personenstandes liegende, das Ziel des Handelns beim Eheschlusse sei, alle anderen aber entweder überhaupt nicht ernstlich gewollt oder doch nur als gleichgültige Folge in Kauf genommen würden. Die Annahme dieser Analogie bei sonst sehr enger Anwendung der Norm erscheint widersprüchlich, aber schon bei Einführung des § 1325a BGB gab es Stimmen in der Literatur, denen die Nichtigkeit der nur auf Erlangung der deutschen Staatsangehörigkeit geschlossenen Ehe fehlte[218]. Die Trennbarkeit der Staatsangehörigkeitsehe war noch wesentlich mehr im Interesse des nationalsozialistischen Staates, der obersten Wert auf die völkische Ausrichtung und die rassische Reinheit legte[219], als die der Namensehe. Daher ist die Gleichsetzung der Staatsangehörigkeitsehe mit der Namensehe durch das Reichsgericht nicht verwunderlich. Der den § 1325a BGB ersetzende § 23 EheG1938 beinhaltete dann auch

---

[216] So z.B. Mößmer, JW 1935, S. 3094; Soergel, 7. Aufl., S. 400.
[217] IV 208/37 (JW 1938, S. 1724; HRR 1938, Nr. 805).
[218] So z.B. Dölle, JW 1933, S. 2861.
[219] Siehe dazu 1. Teil, C.

im Wortlaut neben der Nichtigkeit der Namensehe die Nichtigkeit der ausschließlich oder vorwiegend zum Zwecke des Erwerbs der Staatsangehörigkeit geschlossenen Ehe.
Weitere Anwendungserweiterungen brachte der § 23 EheG1938 jedoch nicht. Der Hauptzweck der Eheschließung musste weiterhin in der Übertragung des Namens bzw. der Staatsangehörigkeit liegen. So wies das Reichsgericht in einer Entscheidung vom 21. April 1943[220] den Klageantrag des Staatsanwalts gegen die beklagten Eheleute ab, die ihre Ehe nur geschlossen hatten, um das von ihnen gezeugte Kind ehelich werden zu lassen, während die Herstellung der ehelichen Lebensgemeinschaft nie beabsichtigt worden war.

B. § 1332 BGB – Irrtum über die Eheschließung

§ 1332 BGB, der Irrtum über die Eheschließung, spielte in der Rechtsprechungspraxis des Reichsgerichts nur eine geringe Rolle.
Lediglich aus den Jahren 1924 und 1931 finden sich zwei reichsgerichtliche Entscheidungen, in denen ein Ehegatte diesen Irrtum geltend gemacht hatte.
Der Entscheidung des 4. Senats vom 17. November 1924[221] lag der Sachverhalt zugrunde, dass ein Deutscher und eine russische Staatsangehörige im Oktober 1917 von einem katholischen Geistlichen getraut worden waren. Die Ehe war nach dem Recht des Ortes der Eheschließung zugleich eine bürgerlich-rechtlich gültige Ehe. Der Kläger behauptete, er sei der Auffassung gewesen, dass es sich hierbei lediglich um eine rechtlich wirkungslose kirchliche Zeremonie gehandelt habe. Er habe auch der Beklagten gegenüber stets zum Ausdruck gebracht, dass die eigentliche zivilrechtliche Trauung von einem deutschen Konsul oder in Deutschland nachgeholt werden müsse. Deshalb habe er die Ehe nach § 1332 BGB angefochten.
Das Berufungsgericht, das OLG Hamm, hatte die Klage abgewiesen, weil der Kläger immerhin den Willen zum Ausdruck gebracht habe, eine gültige Ehe einzugehen und nur durch Gesetzesunkenntnis an der Einsicht gehindert worden sei, dass dies bereits geschehen war. Das Reichsgericht hat sich dieser Ansicht nicht angeschlossen. Da § 1332 BGB in dem Abschnitt über die bürgerliche Ehe stehe, sei jeder Irrtum darüber, dass die Ehe nach deutschem bürgerlichem Recht gültig sei, beachtlich im Sinne des § 1332 BGB. Der Umstand, dass der Ehegatte gewusst oder geglaubt habe, die Ehe sei nach kirchlichem oder ausländischem Recht gültig, könne die Anfechtbarkeit gemäß § 1332 BGB nicht beseitigen. Daher wies das Reichsgericht die Sache zur Prüfung zurück, ob der

[220] IV 170/42 (RGZ 171, 79; JW 1943, S. 847).
[221] IV 263/24 (JW 1925, 1639).

Kläger gewusst habe, dass es sich um eine nach deutschem Recht gültige Eheschließung gehandelt habe. Dabei sollte es aber zum Ausschluss der Anfechtbarkeit genügen, wenn der Kläger bei der kirchlichen Trauung zumindest die Möglichkeit in Betracht gezogen hatte, dass er eine für ihn gültige Ehe eingegangen sei: „Die Unterlassung der Prüfung der Gültigkeit der Eheschließung sowie etwaige Zweifel, ob die kirchliche Trauung in Russland nach deutschem Recht gültig sein werde, würden zur Anfechtung nicht ausreichen, die Ehe würde also in diesem Falle gültig sein, wenn der Kläger erst später von der vollen Wirksamkeit der Ehe Kenntnis erlangt hätte“.

Die Entscheidung stieß in der Literatur einhellig auf Kritik. Wieruszowski[222] billigte zwar die grundsätzlichen Erwägungen des Reichsgerichts, sah in der Zurückverweisung aber einen unnötigen Zeitverlust und Kostenaufwand, da es für ihn schon ausreichend bewiesen war, dass der Kläger nicht ausschließlich von einer rechtsunwirksamen, rein kirchlichen Zeremonie ausgegangen war, so dass die Revision des Klägers abzuweisen gewesen wäre.
Mitteis[223] und Jacobi[224] stellten sich auf den Standpunkt des Berufungsgerichts, dass der Wille, eine Ehe einzugehen, und das Wissen, dass es sich um eine, wenn auch nur kirchliche, Trauungszeremonie gehandelt hat, das Recht, sich später auf § 1332 BGB zu berufen, ausschließen würde. Die Ansicht des Reichsgerichts, so Mitteis, würde geradezu eine Prämie für illoyales Verhalten darstellen, da der deutsche Ehepartner, der seiner ausländischen Frau gegenüber in einer Trauungszeremonie gegenüber erklärt hat, eine Ehe eingehen zu wollen und später festgestellt hat, dass diese Ehe auch nach deutschem Recht gültig geschlossen wurde, sich entgegen aller moralischer Bedenken gültig von dieser Ehe trennen könne.
Auch Freund[225] sprach sich für eine enge Auslegung des § 1332 BGB aus, da diese Norm den Zweck habe, den Ehepartner gegen eine Heirat wider Willen zu schützen, nicht dagegen ihm die Möglichkeit zu geben, internationale Feinheiten zu einem unmoralischen Verhalten auszunützen.
In einem Urteil vom 22. Oktober 1930[226] bestätigte der 9. Senat die Rechtsauffassung des 4. Senats von 1924. Allerdings gelangte das Reichsgericht hier zur Abweisung der Klage, da nach der Beweisaufnahme nicht angenommen werden konnte, der Kläger sei bei der durch Registrierung in der Sowjetunion mit einer Sowjetrussin geschlossenen Ehe der Meinung gewesen, dass es sich nicht um eine für ihm wirksame Eheschließung gehandelt habe.

---

[222] Wieruszowski, JW 1925, S. 1639.
[223] Mitteis, S. 191 f.
[224] Jacobi, JW 1925, S. 2447 f.
[225] Freund, JW 1931, S. 1334 f.
[226] IX 152/30 (JW 1931, 1334; WarnRspr 1931, Nr. 165).

C. § 1333 BGB – Irrtum über persönliche Eigenschaften

I. Persönliche Eigenschaften

1. Begriff der persönlichen Eigenschaften

Nach § 1333 BGB berechtigte ein Irrtum über persönliche Eigenschaften des anderen Gatten zur Anfechtung. Jedoch gab es keine gesetzliche Definition dieses Begriffs.

a. Die enge Begriffsbestimmung des Reichsgerichts von 1902

Eine erste Begriffsbestimmung erfolgte in der Entscheidung des Reichsgerichts vom 6. Oktober 1902[227]: „Eigenschaft" wurde definiert als „jede Art der Beschaffenheit, welche einem Wesen (Ding oder Person) als Merkmal anhaftet". Als „persönlich" sollte eine Eigenschaft dann anzusehen sein, „wenn sie einer Person, und zwar nicht bloß als ein außer ihr liegendes, mehr oder weniger Vorübergehendes und Zufälliges, sondern dergestalt wesentlich zukommt, dass sie als Ausfluß und Betätigung ihres eigentlichen Wesens, als ein integrierender Bestandteil ihrer Individualität erscheint".

Diese Formel des Reichsgerichts beschränkte den Irrtum im Sinne des § 1333 BGB auf Fehlvorstellungen über körperliche, geistige und seelische Merkmale.

Der Begriff der persönlichen Eigenschaft war somit eng gefasst, insbesondere bot er eine Abgrenzung zu den „persönlichen Verhältnissen" des anderen Ehegatten, ein Irrtum über diese begründete kein Anfechtungsrecht.

Diese enge Begriffsbestimmung der persönlichen Eigenschaft aus der Entscheidung vom 6. Oktober 1902 blieb in der Rechtsprechung des Reichsgerichts bis 1922 bestehen.[228]. Sie wurde sogar noch weiter eingeschränkt, indem die Eigenschaft nicht lediglich etwas „mehr oder weniger Vorübergehendes" sein dufte, vielmehr musste der persönlichen Eigenschaft das Merkmal der Dauerhaftigkeit anhaften[229].

In der Literatur war die Begriffsbestimmung der persönlichen Eigenschaft sehr umstritten. Eine Minderheit sprach sich für eine weite Auslegung des Begriffes unter Einbeziehung der „persönlichen Verhältnisse des anderen Gatten" aus[230]. So definierte *Hölder*: „Persönliche Eigenschaften sind solche, dessen Bedeu-

---

[227] IV 206/02 (RGZ 52, 306 ff.).

[228] so z.B. Urteil v. 7. April 1919, VI 221/14 (RGZ 95, 290).

[229] so die Urteile vom 11. April 1904, IV 39/04 (JW 1904, S. 284) und 5. Februar 1906, IV 375/05 (JW 1906, S. 167).

[230] Hölder JhJb. 42 (1901), S. 31; Opet/v. Blume, S. 62; Dernburg S. 63, Fn. 4.

tung für die Persönlichkeit ihres Inhabers zukommt, so daß diese im Falle der Existenz der Eigenschaft eine andere ist als im Falle ihrer Abwesenheit[231]". Diese allgemeine Definition ließ alles als persönliche Eigenschaft gelten, was die Persönlichkeit des Einzelnen zu bestimmen geeignet war, also alle „das Individuum als Einzelperson wie als Mitglied engerer und weiterer, organisierter und unorganisierter Kreise (Familie, Nation, Staatsverband, Kirche, Stand, Berufsgenossenschaft) charakterisierende Kennzeichen[232]". Nach der Definition Hölders, die ihren Ansatz in der Persönlichkeit des Einzelnen und der diese bestimmenden Merkmale fand, waren die persönlichen Verhältnisse des Einzelnen nicht von den persönlichen Eigenschaften trennen, da gerade die individuellen Beziehungen zu anderen, wie sie sich aus Abstammung oder Berufsstand ergaben, die Persönlichkeit des Einzelnen entwickelten und bestimmten[233]. Die weite Auslegung des Begriffs der persönlichen Eigenschaft durch Hölder fand einige Anhänger im Schrifttum, nicht jedoch die nach seiner Definition konsequente Ansicht, dass körperliche Eigenschaften nicht zu den persönlichen Eigenschaften i.S.d. § 1333 BGB zählen sollten. Da Einbußen der körperlichen Integrität (z.B. Impotenz) keinen Einfluß auf die Persönlichkeit hätten – Hölder bezog den Begriff der Persönlichkeit wesentlich auf das geistige Dasein des Menschen – waren Irrtümer über körperliche Eigenschaften nach seiner Definition bei der Anfechtung der Ehe nach § 1333 BGB irrelevant[234].

Die herrschende Meinung in der Literatur der ersten zwanzig Jahre des 20. Jahrhunderts schloss sich aber der engen Begriffsbestimmung des Reichsgerichts an[235]. Das Hauptargument für diese Ansicht ergab sich aus der Entstehungsgeschichte der Norm. Aus der Streichung der Worte „persönliche Verhältnisse" durch die Reichstagskommission aus dem 2. Entwurf sei der eindeutige Wille des Gesetzgebers zu erkennen, den Begriff der „persönlichen Eigenschaft" in § 1333 BGB eng und unter Ausschluss aller Beziehungen der Person des Ehegatten zu einer anderen Person oder Sache zu fassen[236]. Damit könnten als persönliche Eigenschaften i.S.d. § 1333 BGB lediglich die körperlichen, geistigen und sittlichen, der Person unter einer gewissen Dauer anhaftenden, Merkmale in Betracht kommen[237]. Einiger Vertreter dieser herrschenden Meinung gaben zwar zu, dass diese enge Auslegung nicht im Einklang mit „dem gewöhnlichen

---

231 Hölder JhJb. 42 (1901), S. 31.

232 Opet/v. Blume, S. 62.

233 Hölder, JhJb. 42 (1901), S. 34.

234 Hölder, JhJb. 42 (1901), S. 35; dagegen Opet/v. Blume, S. 62 f., die bei gewissen Krankheitszuständen (Impotenz des Mannes, Sterilität der Frau, ansteckenden oder ekelerregenden Leiden) sehr wohl eine Beeinflussung der Persönlichkeit annahmen.

235 So Seidlmayer, JhJb. 46 (1904), S. 206f.; Schmidt, S. 108; Staudinger/Engelmann, 2.Aufl., S. 82; 7. Aufl., S. 101; Planck/Unzner, 4. Aufl., S. 80.

236 Seidlmayer, JhJb. 46 (1904), S. 213; Staudinger/Engelmann, 2. Aufl., S. 82; Rietschel, AcP 104 (1909), S. 358.

237 Seidlmayer, JhJb. 46 (1904), S. 214; Schmidt, S. 108; Sauer, S. 204.

Sprachgebrauche" stand, „der insbesondere Armut und Reichtum als persönliche Eigenschaften zu bezeichnen pflegt[238]". Auch würden durch die enge Auslegung Fälle von der Eheanfechtung ausgeschlossen werden, „die ihrer Bedeutung nach den persönlichen Eigenschaften gleichgestellt werden müßten[239]". Schließlich aber müsse der Wille des Gesetzgebers, der, aus Besorgnis vor einer zu weit gehenden Anwendung der Eheanfechtung, in § 1333 BGB eine engen Begriffsbestimmung getroffen hatte, berücksichtigt werden[240].
Somit war nach Rechtsprechung des Reichsgerichts und herrschender Lehre die Anfechtung der Ehe wegen Irrtümer über Umstände, die nur Verhältnisbeziehungen zu anderen Personen, Personengruppen oder Sachen darstellten, wie z.B. Vermögensverhältnisse und die Zugehörigkeit zu irgend einem weiteren oder engeren Verband (Konfession, Beruf, Staatsangehörigkeit, Personenstand, Abstammung und dergleichen), ausgeschlossen[241].

b. Erweiterung der Begriffsbestimmung 1922

Eine Änderung seines Standpunktes nahm das Reichsgericht in der Entscheidung des 7. Senats vom 12. Mai 1922[242] vor. Das Reichsgericht hatte folgenden Fall zu entscheiden: Der Kläger hatte die mit der Beklagten 1914 geschlossene Ehe wegen Irrtums nach § 1333 BGB angefochten. Ihm war zwar vor der Eheschließung bekannt, dass die Beklagte vorher mit einem anderen Mann verlobt gewesen war und mit diesem Mann auch geschlechtlich verkehrt hatte. Unbekannt war ihm jedoch die Tatsache, dass aus diesem Verkehr ein noch lebendes Kind hervorgegangen war. Dies erfuhr der Kläger erst nach seiner Rückkehr aus französischer Kriegsgefangenschaft. Das Landgericht Hannover wies die Klage ab, das Oberlandesgericht Celle sprach in seinem Urteil die Nichtigkeit der Ehe aus, gegen das die Beklagte Revision einlegte.
Das Reichsgericht hatte zu entscheiden, ob die Mutterschaft als persönliche Eigenschaft i.S.d. § 1333 BGB anzusehen war, oder ob sie nicht vielmehr ein persönliches Verhältnis sei, welches zwar bei arglistiger Täuschung über sein Bestehen gemäß § 1334 BGB, nicht aber nach § 1333 BGB wegen bloßen Irrtums

[238] Staudinger/Engelmann, 7./8. Aufl., S. 101; Planck/Unzner, 4. Aufl., S. 80.
[239] Schmidt, S. 109.
[240] Staudinger/Engelmann, 7./8. Aufl., S. 101.
[241] Staudinger/Engelmann, 2. Aufl., S. 83; Sauer, S. 204; Schmidt, S. 108; Seidlmayer, JhJb. 46 (1904), S. 217, der aber, obwohl er ein Vertreter des engen Eigenschaftsbegriffes war, bei Irrtum über die Zugehörigkeit zu einer Religionsgemeinschaft die Anfechtung der Ehe zulassen wollte, da „der Glaube oder Nichtglaube an einen dreieinigen Gott oder an die Gottesmission eines Muhamed oder an die Sakramentsnatur und hierauf entspringende Unauflöslichkeit der Ehe in religiöser Beziehung eine geistige Eigenschaft" darstelle, und nicht nur eine „Verhältnisbeziehung" sei. Ebenso sah er die Rassenangehörigkeit als persönliche Eigenschaft an.
[242] VII 479/21 (RGZ 104,335).

zur Eheanfechtung berechtigte. Da ein Fall der arglistigen Täuschung nicht vorlag, musste das Reichsgericht zur Frage Stellung nehmen, wobei das Gericht ausführte, dass die Klärung dieser Frage „bisher in der reichsgerichtlichen Rechtssprechung noch nicht geschehen ist".
Ob sich das Reichsgericht mit dieser Frage noch nicht beschäftigt hatte, ist jedoch zweifelhaft.
In einer Entscheidung vom 14. März 1904[243] – in diesem Fall hatte die Ehefrau die Ehe unter anderem wegen Irrtums über das Vorhandensein mehrerer unehelicher Kinder des Ehemannes angefochten – hatte das Reichsgericht ausdrücklich die Entscheidung des Berufungsgerichts bestätigt, das festgestellt hatte: „Von dem letzten zufälligen Umstande (Vorhandensein eines oder mehrerer außerehelicher Kinder) können nicht die persönlichen Eigenschaften, sondern höchstens die persönlichen Verhältnisse des Mannes beeinflußt werden". Das Reichsgericht hatte dazu ausgeführt: „Nicht zu beanstanden sind die Ausführungen des Berufungsrichters, mit denen er ablehnt, den vorehelichen Geschlechtsverkehr des Beklagten mit der unverheirateten K. und dem Umstand, dass er mit dieser ein Kind gezeugt hat, als Anfechtungsgründe im Sinne von § 1333 BGB gelten zu lassen".
Das Reichsgericht hatte das Vorhandensein eines unehelichen Kindes beim Mann also nicht als persönliche Eigenschaft i.S.d. § 1333 I BGB anerkannt.
Ob das Reichsgericht bei seiner Entscheidung am 12. Mai 1922 dieses frühere Urteil übersehen hatte, oder ob es die voreheliche Mutterschaft anders bewertete als die voreheliche Vaterschaft des Mannes, kann aber nicht beantwortet werden, das Urteil vom 14. März 1904 wurde jedenfalls nicht erwähnt.
Zunächst stellte das Reichsgericht am 12. Mai 1922 fest, dass die Mutterschaft der Beklagten, „das Verhältnis zu ihrem Kinde", keine persönliche Eigenschaft nach der engen Begriffsbestimmung darstellte. Danach führte es aber aus: „Aber mit einer so engen Begriffsbegrenzung würde man den Sinn und Zweck des § 1333 BGB nicht völlig gerecht werden. Persönliche Verhältnisse lassen sich nicht grundsätzlich als etwas für die Persönlichkeit Gleichgültiges von den persönlichen Eigenschaften unterscheiden (vgl. Hölder in JheringsJahrbuch Bd. 42, S. 31). Es gibt persönliche Verhältnisse, die, wie z.B. die Vermögensverhältnisse, in einem rein äußerlichen Zusammenhange mit einer Person stehen, die Persönlichkeit als solche nicht berühren, während es andererseits persönliche Verhältnisse gibt, die gerade in der Persönlichkeit wurzeln, ihren Ausfluß bilden und so eng mit ihr verknüpft sind, daß sie nach allgemeiner Lebensanschauung persönlichen Eigenschaften gleicherachtet und gleichbehandelt werden. Für die Auslegung des Begriffs der persönlichen Eigenschaften im Sinn des § 1333 kommt es weniger auf die sprachlich-grammatische Begriffsbestimmung an, als vielmehr auf die natürliche Lebensauffassung. Für eine gedeihliche eheliche

[243] IV 351/03 (SeuffA 59, S. 458; JW 1904, S. 204; Gruchot 48, S. 609).

Lebensauffassung ist die Persönlichkeit der Ehegatten und alles, was ihrer Persönlichkeit als solcher anhaftet, von höchster Bedeutung".

Weiter wies das Gericht darauf hin: „Der Staat habe ein Interesse daran, die Auflösung von Ehen zu ermöglichen, welche sich nach der Lage der Verhältnisse voraussichtlich dauernd unglücklich gestalten würde. Diese zutreffende Erwägung läßt es trotz des sonst für das Eherecht maßgeblichen Grundsatzes, die Ehen nach Möglichkeit aufrecht zu erhalten, gerechtfertigt erscheinen, dem Begriff der persönlichen Eigenschaften im Sinne des § 1333 BGB eine weitere Auslegung zu geben."

Diese weite Auslegung würde auch nicht dem Willen des historischen Gesetzgebers widersprechen. Die Streichung der Worte „oder solche persönliche Verhältnisse" durch die Reichstagskommission sei lediglich erfolgt, „um einer allzu weiten Ausdehnung der Irrtumsanfechtung, insbesondere auch auf die Vermögensverhältnisse, vorzubeugen".

§ 1333 BGB wurde nunmehr dahingehend ausgelegt, „dass unter den Begriff der persönlichen Eigenschaften auch solche persönliche Verhältnisse eines Ehegatten zu rechnen sind, die in seiner Persönlichkeit ihre eigenen Wurzeln haben und sich von ihr nicht trennen lassen". Nach Ansicht des Reichsgerichts fiel die Mutterschaft der Beklagten unter den erweiterten Begriff der persönlichen Eigenschaft. Die Revision wurde zurückgewiesen.

Mit diesem Urteil vollzog das Reichsgericht eine Erweiterung der Anwendungsmöglichkeit der Anfechtung der Ehe nach § 1333 BGB. Statt einer engen sprachlich-grammatischen Auslegung des Begriffs der persönlichen Eigenschaft unter strengem Ausschluss der persönlichen Verhältnisse erfolgte die Begriffsbestimmung nunmehr aufgrund der „natürlichen Lebensauffassung".

Das Reichsgericht gab damit die Unterscheidung zwischen persönlichen Eigenschaften und persönlichen Verhältnissen nicht auf, setzte aber solche persönliche Verhältnisse, „die nach allgemeiner Lebensanschauung persönlichen Eigenschaften gleicherachtet und gleichbehandelt werden", diesen gleich.

Die Entscheidung des Reichsgerichts stieß bei Teilen der Literatur zunächst auf Ablehnung. *Wieruszowski* bezweifelte in einer Anmerkung zu dem Urteil, ob die Mutterschaft, für sich allein betrachtet, unter den Begriff eines „mit der Persönlichkeit eng verwurzelten persönlichen Verhältnisses" zu fassen sei. Zu der erweiterten Auslegung des Begriffs der persönlichen Eigenschaft kritisierte er, dass „unter den Begriff der persönlichen Eigenschaften persönliche Verhältnisse nur dann zu bringen seien, wenn sie in der Persönlichkeit des Ehegatten ihre eigentliche Wurzel hätten und nicht von ihr zu trennen sei. ... Daß damit nichts gewonnen ist, liegt auf der Hand, wie denn überhaupt die Begründung des Urteils den Eindruck des Unsicheren, ja Verlegenen macht[244]". Obwohl sich Wieruszowski als Fazit der Urteilsanmerkung für ein Festhalten am strengen Eigen-

[244] Wieruszowski, JW 1922, S. 677.

schaftsbegriff aussprach, kritisierte er weniger die Einbeziehung persönlicher Verhältnisse unter die Begriffsbestimmung der persönlichen Eigenschaften, als vielmehr die inkonsequente Umsetzung dieses Ziels: „Aber offenbar scheut das Reichsgericht vor einem klaren Bekenntnisse zu jener freieren, die Anfechtung begünstigenden Auffassung zurück[245]".

Mitteis lehnte das Ergebnis, die uneheliche Mutterschaft als persönliche Eigenschaft anzusehen, ab: „sollte die Mutterschaft wirklich eine Veränderung im Charakter der Frau herbeiführen, so doch höchstens eine für die Ehe günstige[246]". Bezüglich der Begriffsbestimmung der persönlichen Eigenschaft sah er in dieser Entscheidung lediglich eine Wiederholung der Definition des Urteils von 6. Oktober 1902. Ebenso wie Planck/Unzer[247] lehnte er die Einbeziehung persönlicher Verhältnisse unter den Begriff der persönlichen Eigenschaft weiterhin ab.

Staudinger/Engelmann[248] blieb bei der selben engen Begriffsbestimmung wie bei der Vorauflage[249], erwähnte aber die Einbeziehung eng mit der Persönlichkeit verwurzelter Verhältnisse durch das Reichsgericht und wertete das Urteil vom 12. März 1922 als „im Ergebnis wohl richtig[250]".

c. Die Begriffsbestimmung nach 1933

Die sich nach der nationalsozialistischen Machtübernahme 1933 geänderte und sich stetig ausbreitende „neue Auffassung der Ehe als völkische Institution" im Sinne der nationalsozialistischen Familien- und Rassenideologie sollte zu grundlegenden Änderung der reichsgerichtlichen Rechtsprechung zur Eheanfechtung nach § 1333 BGB führen.

Die Definition des Begriffs der persönlichen Eigenschaft i.S.d. § 1333 BGB erfuhr jedoch keine Veränderung.

Der durch das Urteil vom 12. März 1922 erweiterte Begriff der persönlichen Eigenschaft ließ es zu, besonders der Hinweis auf die „natürliche Lebensanschauung", nunmehr solche Merkmale wie Rassenzugehörigkeit oder ererbte Anlagen zu Geisteskrankheiten als unter § 1333 BGB fallende persönliche Eigenschaften anzuerkennen, die vor 1933 nach einhelliger Meinung nicht i.S.d. § 1333 BGB in Betracht kamen[251], ohne dass es dazu einer erneuten Erweiterung der Definition der persönlichen Eigenschaft bedurfte.

---

245 Wieruszowski, JW 1922, S. 677.
246 Mitteis, S. 199.
247 Planck/Unzner, 4. Aufl., S. 80.
248 Staudinger/Engelmann, 9. Aufl., S. 116f.
249 Vgl. dazu Staudinger/Engelmann, 7./8. Aufl., S. 101.
250 Staudinger/Engelmann, 7./8. Aufl., S. 117.
251 Siehe zur Anfechtung wegen Rassenmischehe: 2. Teil, C., I., 8. und wegen Geisteskrankheit: 2. Teil, C., I., 4., b., aa.

Unter den 1922 erweiterten Begriff der persönlichen Eigenschaft fielen damit „nach natürlicher Lebensauffassung“ auch Eheanfechtungen aus rassischen oder eugenischen Gesichtspunkten.
Matzke bezeichnete daher 1934 in einem Aufsatz zur Eheanfechtung von Rassenmischehen das Urteil vom 12. März 1922 „als entscheidende Wandlung der Rechtsprechung des Reichsgerichts. (...) Es ist also danach völlig unerheblich, ob das Nichtariertum des Anfechtungsgegners bei sprachlich-logischer Betrachtungsweise als eine persönliche Eigenschaft oder als ein persönliches Verhältnis angesehen werden kann. Nach allgemeiner Lebensauffassung wird es einer persönlichen Eigenschaft gleicherachtet, weil die Persönlichkeit des Nichtariers unlösbar mit ihm verbunden ist[252]“.
Das Reichsgericht nahm in einer Entscheidung vom 22. August 1935[253] unter besonderem Hinweis auf den durch das Urteil vom 12. März 1922 erweiterten Begriff sogar die Tatsache, dass ein Ehegatte seine arische Abstammung nicht nachweisen konnte, als persönliche Eigenschaft i.S.d. § 1333 I BGB an. In diesem Fall konnte nicht mehr festgestellt werden, ob die Ehefrau die Tochter eines jüdischen oder eines arischen Mannes war, da die beiden Männer, die als Väter in Betracht kamen, zum Zeitpunkt der Eheanfechtung bereits verstorben waren.
Das Reichsgericht führte dazu aus: „Geht man von diesem erweiterten Begriff der persönlichen Eigenschaft aus, so kann von einer solchen auch dann gesprochen werden, wenn der rassische Ursprung einer Person insofern in ein aufklärbares Dunkel gehüllt ist, als nicht festgestellt werden kann, welcher von zwei rasseverschiedenen Männern (...), der Erzeuger gewesen ist. Es handelt dabei keineswegs nur um eines jener persönlichen Verhältnisse, die, wie die Vermögensverhältnisse, die Persönlichkeit als solche nicht berühren. Liegt bei einem Eheschließenden die nicht zu widerlegende Möglichkeit vor, daß er von seinem Erzeuger her einer fremden, insbesondere der jüdischen Rasse angehört, so geht diese ihm anhaftende Eigenschaft auf die aus der Ehe zu erwartenden Kinder über. Es liegt daher jedenfalls ein von der Persönlichkeit nicht zu trennendes persönliches Verhältnis des Eheschließenden vor, das nach allgemeiner Lebensauffassung, zumal vom nationalsozialistischen Standpunkt aus, sehr wohl geeignet erscheint, den anderen Teil bei verständiger Würdigung des Wesens der Ehe von der Eheschließung abzuhalten“.
Es bleibt also festzustellen, dass sich trotz stark veränderter und erweiterter Auslegungspraxis die Begriffsbestimmung der persönlichen Eigenschaft i.S.d. § 1333 BGB nicht geändert hatte. Weiterhin durfte die persönliche Eigenschaft „begrifflich nicht bloß Vorübergehendes und Zufälliges (sein), vielmehr wohnt ihr das Merkmal des Dauernden, die Persönlichkeit Bestimmenden bei[254]“.

---

[252] Matzke, JW 1934, S. 2596.
[253] IV 128/35 (RGZ 148, 193).
[254] So das Reichsgericht, Urteil vom 20. Dezember 1934, IV 238/34 (RGZ 146, 241).

d. Änderungen durch das EheG1938

Mit der Einführung des Ehegesetzes 1938 änderten sich die gesetzlichen Voraussetzungen der Auflösung einer Ehe wegen eines Irrtums bei der Eheschließung.

Der den § 1333 BGB ersetzende § 37 EheG1938 verwendete statt des Begriffs der „persönlichen Eigenschaft“ nunmehr „die Person des anderen Ehegatten betreffenden Umstände“. Dadurch sollte der Anwendungsbereich des bisherigen § 1333 BGB erweitert werden[255], insbesondere wollte man „einer in der Rechtsprechung hervorgetretenen zu engen Auslegung des Begriffs der persönlichen Eigenschaft vorbeugen[256]“.

Eine Definition der „die Person des anderen betreffenden Umstände“ gab das Reichsgericht erstmals im Oktober 1938. In einem Urteil vom 13. Oktober 1938[257], es handelte sich um das Eheaufhebungsbegehren eines Ehemannes wegen erblicher Belastung seiner Ehefrau mit der Erbkrankheit Schizophrenie, äußerte sich das Reichsgericht wie folgt: „Es braucht sich nicht mehr um eine Eigenschaft, d.h. um ein der Person anhaftendes Merkmal körperlicher, geistiger oder seelischer Art, zu handeln. Es genügen Umstände jeder Art, auch Vorgänge, Verhältnisse, Werturteile und ähnliches. Diese müssen allerdings die Person des anderen Ehegatten – im Gegensatz zu seiner äußeren Umgebung und seinen jeweiligen Lebensverhältnissen – betreffen. Das trifft nur zu bei Umständen, die selbst oder in ihren Wirkungen von einer gewissen Dauer sind und die in ihrer Bedeutung nicht nur durch Verhältnisse in der Umgebung des Ehegatten bestimmt werden. Zuzugeben ist, daß die Grenzlinie flüssig ist. Das muß aber in Kauf genommen werden, da die Absicht des Gesetzgebers gerade darauf ging, die sich aus dem engen Begriff der persönlichen Eigenschaft ergebenden Schranken zu erweitern“.

Aus „persönlichen Eigenschaften“ wurden nun „Umstände jeder Art“, die diese einschlossen und deutlich darüber hinausgingen[258].

Diese Umstände mussten auch nicht mehr dauerhaft, sondern nur noch „von gewisser Dauer“ sein, was auch „das Zustandsmäßige, (...) also auch Vorübergehende“ einschloss[259].

Auch die Voraussetzung, dass diese Umstände die Person des anderen Ehegatten betreffen mussten, wurde sehr weit ausgelegt. Einer Entscheidung des Reichsgerichts vom 10. Oktober 1938[260] lag der Fall zugrunde, dass der Ehegatte sein Eheaufhebungsbegehren damit begründete, dass die Familie seiner Ehe-

---

[255] Siehe zum EheG1938: 1.Teil, C., IV.

[256] So die Amtliche Begründung EheG1938, in Schubert, Das Familien- und Erbrecht unter dem Nationalsozialismus, S. 153.

[257] IV 81/38 (RGZ 158, 268; DJ 1938, S. 1959).

[258] Achilles/Greif, 16. Aufl., S. 640.

[259] Achilles/Greif, 16. Aufl., S. 640.

[260] IV 91/38 (RGZ 158, 334).

frau in einem sehr schlechten Ruf stünde und einige Familienmitglieder gerichtliche Bestrafungen erhalten hatten. Das Reichsgericht führte dazu aus: „Solche Vorgänge, Ereignisse und dergleichen betreffen die Person des anderen Ehegatten nicht nur dann, wenn sie sich unmittelbar in der Person des anderen Ehegatten ereignet haben, sondern auch dann, wenn die Wirkung von Ereignissen in seiner Umgebung sich unmittelbar auf den anderen Ehegatten mit erstreckt". Das Reichsgericht stellte den Irrtum über Eigenschaften naher Angehöriger somit dem Irrtum über die Person des anderen Ehegatten betreffende Umstände gleich.

Die vom Gesetzgeber geforderte Ausweitung des Anwendungsbereiches des § 37 EheG1938 setzte das Reichsgericht innerhalb wenige Monate nach Inkrafttreten des neuen Gesetzes um. Nunmehr waren Umstände aller Art, die weder von Dauer noch in der Person des anderen Gatten unmittelbar liegend sein musste, als Voraussetzung für eine Eheaufhebung nach § 37 EheG1938 ausreichend. Dass diese erneute Ausweitung uferlos sein könnte, und somit fast jede Ehe nach § 37 EheG1938 aufgelöst werden könnte, verneinte das Reichsgericht: „Gegen eine zu weite Auslegung des Begriffs sichert der Zusatz, daß die Umstände so beschaffen sein müssen, daß sie bei „richtiger" Würdigung des Wesens der Ehe von der Eingehung der Ehe abgehalten hätten[261]".

2. Persönliche Eigenschaften des *anderen Gatten*

Nach § 1333 BGB berechtigte nur der Irrtum über persönliche Eigenschaften des anderen Ehegatten zur Anfechtung der Ehe.

a. Eigene persönliche Eigenschaften

Schon der Wortlaut des § 1333 BGB „persönliche Eigenschaften des anderen Gatten" sprach dafür, dass eine Anfechtung der Ehe nach § 1333 BGB wegen eines Irrtums über eigene persönliche Eigenschaften nicht möglich war.

In einer Entscheidung vom 7. November 1907[262] hatte das Reichsgericht zu dieser Frage Stellung zu nehmen. In diesem Fall war eine Ehe auf die Anfechtungsklage des nunmehr beklagten Ehemannes für nichtig erklärt worden. Anfechtungsgrund war der Irrtum des Mannes über die Beiwohnungsfähigkeit seiner späteren Ehefrau. Nunmehr stellte die Klägerin, die Ehefrau der angefochtenen Ehe, Unterhaltsansprüche gegen den Beklagten. Nach § 1346 S. 2 i.V.m. § 1345 Abs. 1 BGB verlangte sie, dass sie dem Beklagten gegenüber in

[261] So auch RGRK/Hallamik, 9. Aufl., S. 82.
[262] IV 116/07 (JW 1907, S. 835 f.; RGZ 67, 56).

vermögensrechtlicher Beziehung so gestellt werde, als ob die Ehe zur Zeit der Nichtigerklärung geschieden und der Beklagte für allein schuldig erklärt worden wäre. Dieses Recht stand nach § 1346 S. 2 BGB im Fall der Eheanfechtung wegen Irrtums nur „dem zur Anfechtung nicht berechtigten Ehegatten zu, es sei denn, daß dieser den Irrtum bei der Eingehung der Ehe kannte oder kennen mußte." Das Landgericht Dortmund sah diese Voraussetzung als nicht gegeben an, weil die Ehefrau, die sich ebenfalls bezüglich ihrer eigenen Beiwohnungsfähigkeit geirrt hatte, auch aus diesem Grunde die Ehe hätte anfechten können. Dem widersprach das Berufungsgericht.

Das Reichsgericht führte dazu aus: „Das Recht zu verlangen, daß das Verhältnis der früheren Eheleute zueinander in vermögensrechtlicher Beziehung so behandelt werde, wie wenn die Ehe zur Zeit der Nichtigerklärung geschieden und der andere Ehegatte für allein schuldig erklärt worden wäre, steht in einem solchen Falle gemäß § 1346 S. 2 i.V.m. § 1345 Abs. 1 BGB dem zur Anfechtung nicht berechtigten Ehegatten zu. Das Vorhandensein dieser Voraussetzungen in der Person der jetzigen Klägerin stellte der erste Richter in Abrede und darauf beruhte sein die Klageabweisung lautendes Urteil. Er nahm an, die Klägerin sei aus dem gleichen Grunde berechtigt gewesen. Mit Recht hat der Berufungsrichter auf die Verfehltheit dieses Entscheidungsgrundes hingewiesen, weil gemäß §§ 1330, 1331 BGB es eine Anfechtung der Ehe wegen Irrtums über eigene persönliche Eigenschaften des anfechtenden Ehegatten nicht gibt".

Dieser Grundsatz war auch die einhellige Meinung der Literatur[263] und sollte sich auch nicht ändern. Desgleichen wurde auch unter der Geltung des den Anwendungsbereich des § 1333 BGB deutlich erweiternden § 37 EheG1938 die Aufhebung der Ehe wegen eines Irrtums über Umstände, die die eigene Person betrafen, abgelehnt[264].

b. Eigenschaften von Familienangehörigen des Ehegatten

Das Reichsgericht setzte in zwei Entscheidungen vom 14. April 1910[265] und vom 14. November 1932[266] Irrtümer über persönliche Eigenschaften von Familienangehörigen nicht mit persönlichen Eigenschaften des anderen Gatten gleich. In beiden Fällen hatte ein Ehegatte nach der Eheschließung erfahren, dass der Vater des anderen Gatten wegen begangener Verbrechen zu mehrjährigen Gefängnisstrafen verurteilt worden war. Nach Entdeckung dieser Tatsache hatte der anfechtende Gatte vorgebracht, dass durch die Bestrafung die Familie des Ehegatten und damit auch dieser Gatte selbst mit einem sittlichen Makel

---

263 So z.B. Staudinger/Engelmann, 7./8. Aufl., S. 100; Planck/Unzner, 4. Aufl., S. 80; Achilles/Greif, 12. Aufl. S. 695.

264 So Achilles/Greif, 16. Aufl. S. 640.

265 IV 328/09 (Recht 1910, Nr. 2199).

266 VIII 309/32 (WarnRspr 1933, Nr. 27).

behaftet wäre, und dass er bei Kenntnis der Bestrafung des Vaters des Gatten niemals die Ehe geschlossen hätte. Das Reichsgericht erkannte die Bestrafung eines Angehörigen jedoch nicht als persönliche Eigenschaft des Ehegatten an. Dazu führte es in der Entscheidung vom 14. November 1932 aus: „Nach der ständigen Rechtsprechung des Reichsgerichts kann eine Eigenschaft als persönliche nur dann gelten, wenn sie der Person dergestalt wesentlich zukommt, daß sie als Ausfluß und Bestätigung ihres eigentlichen Wesens erscheint (RGZ 52, 306). Dies trifft bei dem Umstand, daß der Vater der Beklagten vor geraumer Zeit entehrende gerichtliche Bestrafungen erlitten hat, nicht zu. Die Vorstrafen des Vaters sind ein diesem anhaftender Makel; für die Beklagte sind sie aber etwas außer ihr Liegendes (...) Der Irrtum des Klägers über die Vorstrafen des Vaters betraf somit keine persönliche Eigenschaft der Beklagten."
Dies änderte sich unter Geltung von § 37 EheG1938, nunmehr sah das Reichsgericht gerichtliche Bestrafungen von Familienangehörigen zwar immer noch nicht als persönliche Eigenschaften, aber als Umstände an, die sich auf die Person des Ehegatten erstrecken würden und bei deren Nichtkenntnis der irrende Ehegatte bei konsequent weiter Auslegung des Begriffs der die Person des anderen Ehegatten betreffenden Umstände die Aufhebung der Ehe verlangen konnte. In der Entscheidung vom 10. Oktober 1938[267] nahm das Gericht dazu ausführlich Stellung: „Nach dem bisher geltenden § 1333 BGB mußte ein Irrtum über eine persönliche Eigenschaft des anderen Ehegatten, d.h. über ein der Person des anderen Ehegatten selbst anhaftendes Merkmal körperlicher, geistiger oder sittlicher Art, vorliegen. Eine in unsittlichem Lebenswandel oder in gerichtlichen Bestrafungen von Familienangehörigen zum Ausdruck gekommene moralische Minderwertigkeit der Sippe des anderen Ehegatten diesem auch dann als eine persönliche Eigenschaft zuzurechnen, wenn bei ihm selbst diese Eigenschaft der Minderwertigkeit keine Gestalt angenommen hatte, war bei richtiger Anwendung des bisherigen § 1333 BGB nicht möglich, wie das Reichsgericht wiederholt entschieden hat.
Bei Anwendung des am 1. August 1938 in Kraft getretenen Ehegesetzes vom 6. Juli 1938 ergibt sich jedoch hier eine andere Beurteilung. Die Tatsache, daß die Mutter der Beklagten gewohnheitsmäßig Abtreibungen vorgenommen hat, und die Tatsache, daß auch die beiden Schwestern der Mutter der Beklagten sich strafbar gemacht oder einen unsittlichen Lebenswandel geführt haben sollen, können im Sinne des § 37 EheG als Umstände bewertet werden, die die Person der Beklagten betreffen. Zu den Umständen im Sinne des § 37 EheG gehören Vorgänge, Verhältnisse, Werturteile irgendwelcher Art. Solche Vorgänge, Ereignisse und dergleichen betreffen die Person des anderen Ehegatten nicht nur dann, wenn sie sich unmittelbar in der Person des anderen Ehegatten ereignet haben, sondern auch dann, wenn die Wirkung von Ereignissen mit seiner Um-

[267] RGZ 158, 334.

gebung sich unmittelbar auf den anderen Ehegatten mit erstreckt. Gegen eine zu weite Ausdehnung des Begriffs sichert der Zusatz, daß die Umstände so beschaffen sein müssen, daß sie bei richtiger Würdigung des Wesens der Ehe von der Eingehung der Ehe abgehalten hätten. – Es ergibt sich daraus, daß der Tatsache, daß bei der Mutter und den nächsten mütterlichen Anverwandten der Beklagten schwere sittliche Verfehlungen und gerichtliche Bestrafungen vorgekommen sind, unter dem § 37 EheG eine ganz andere Tragweite und Erheblichkeit zukommt, als unter dem Geltungsbereich des früheren § 1333 BGB." Die vom Reichsgericht vorgenommene weite Auslegung des Begriffs der Umstände i.S.d. § 37 EheG1938 fand in der Literatur ungeteilte Zustimmung.[268]

3. Irrtum über das Alter des Ehegatten

Schon in den Materialien zum BGB war der Irrtum über das Alter des Ehegatten als Beispiel eines Irrtums über eine persönliche Eigenschaft aufgeführt[269].
Auch die Literatur hat durchgängig daran festgehalten, einen solchen Irrtum als Anfechtungsgrund i.S.d. § 1333 BGB anzuerkennen[270].
In der Rechtsprechung des Reichsgerichts finden sich nur drei Urteile zur Anfechtung bzw. Aufhebung der Ehe wegen Irrtums über das Alter des Ehegatten. In ihnen wird das Alter des Gatten durchweg als persönliche Eigenschaft i.S.d. § 1333 BGB angesehen, wobei der Schwerpunkt der Entscheidungen darin lag, ob der Anfechtungskläger bei Kenntnis des wirklichen Alters „bei verständiger Würdigung des Wesens der Ehe" die Ehe nicht eingegangen wäre.

a. Urteil vom 22. Mai 1913, IV 91/38[271]

Am 22. Mai 1913 hatte der 4. Senat des Reichsgerichts einen Fall zu entscheiden, in dem der bei Eheschließung 51-jährige Anfechtungskläger geltend machte, sich über das Alter seiner Frau geirrt zu haben. Diese befand sich zum Zeitpunkt der Heirat im 67. Lebensjahr. Das Reichsgericht führte dazu aus: „es ist nicht genügend erwiesen, daß der Kläger sich bei Eheschließung (...) über das Alter der Beklagten im Irrtum befunden hat. Überdies hat das OLG zutreffend angenommen, daß der geltendgemachte Irrtum im Lebensalter der Beklagten nicht einmal als erheblicher Irrtum anzusehen gewesen wäre; denn dem Kläger

268 So RGRK/Hallamik, 9. Aufl., S. 75; Achilles/Greif, 16. Aufl., S. 640.
269 Motive IV, S. 77; Protokolle II, Bd. 4, S. 78.
270 So z.B. Staudinger/Engelmann, 7./8. Aufl., S. 101, Planck/Unzner, 4. Aufl., S. 80, RGRK/Hallamik, 8. Aufl., S. 32; Soergel, 7. Aufl., S. 403.
271 IV 78/13 (Recht 1913, Nr. 2092).

sei es wesentlich darauf angekommen, die Beklagte, die für ihr Alter ungewöhnlich rüstig war, zur Führung seines Hauswesens zu gewinnen. Der Kläger habe ferner gehofft, durch die Beklagte zu Geld zu kommen. Wäre diese Hoffnung in Erfüllung gegangen – was nicht der Fall –, so hätte er an dem Alter der Beklagten gar keinen Anstoß genommen."

b. Urteil vom 23. Dezember 1927, II 144/27[272]

Dass ein Irrtum über das Alter des Ehegatten als besonders erheblich erachtet wurde, wenn sich dadurch die Aussicht auf Nachkommenschaft verschlechterte, zeigt das Urteil des 2. Senats vom 23. Dezember 1927.
Der klagende Ehemann war bei Eingehung der Ehe von einem Alter seiner Ehefrau von 40 Jahren ausgegangen. Er selbst war zu diesem Zeitpunkt 35 Jahre alt. Das tatsächliche Alter der Beklagten zur Zeit der Heirat betrug jedoch 44 Jahre. Gegen das Klagebegehren führte die Ehefrau an, dass der Altersunterschied von vier Jahren relativ belanglos sei und sich bei ihr auch gar nicht gezeigt hätte.
Der 2. Senat führte dazu aus: „Dem Berufungsgericht ist unbedenklich zuzugeben, daß zu den Eigenschaften i.S.d. § 1333 BGB an und für sich auch – als körperliche Eigenschaft – das Lebensalter eines der Ehegatten gehört (s. a. Urteil des 4. ZS. v. 22. Mai 1913, IV 78/13: Recht 1913, Nr. 2092). (...) Allein den Zusammenhang nach sind die Urteilsausführungen unzweifelhaft dahin zu verstehen, daß ein um 9 Jahre höheres Alter der Frau gegenüber einem erst 35 Jahre alten Mann sehr viel ernster zu nehmen ist, als wenn der Altersunterschied nur 5 Jahre betrage und die Frau damit erst 40 statt 44 Jahre alt ist; die Aussicht auf Nachkommenschaft sei letzterenfalls eine sehr viel unsichere, die Gefahren einer Schwangerschaft für die Frau sehr viel größere, die Wechseljahre mit ihren weiteren Folgen sehr viel näher; deshalb habe ein solcher Altersunterschied auch einen anderen Mann der Altersstufe des Klägers von der Eheschließung mit der Beklagten abhalten können."
Das Reichsgericht maß also dem Altersunterschied von 9 Jahren eine so entscheidende Bedeutung bei, dass es eine objektive Erheblichkeit des Irrtums annahm. Jedoch lehnte es die Anfechtbarkeit der Ehe ab, da es als erwiesen ansah, dass der Kläger „in der Tat die Möglichkeit eines höheren Lebensalters der Beklagten ins Auge gefaßt hatte und ohne Rücksicht hierauf, aber aus Gründen anderer Art, trotzdem zur Ehe mit ihr sich entschlossen hat."

[272] JW 1928, S. 896; WarnRspr 1928, Nr. 45.

c. Urteil vom 5. Juni 1940, IV 71/40[273]

Das Urteil des 4. Senats vom 5. Juni 1940 erfolgte unter Geltung des EheG1938 und zeigt, dass nunmehr auch der Irrtum über die Auswirkungen eines bei Eheschließung bekannten Altersunterschiedes eine Eheaufhebung nach § 37 EheG1938 rechtfertigen konnte.
Der klagende Ehemann begehrte Aufhebung der Ehe mit der Begründung, dass er sich der Bedeutung und der Auswirkungen des Altersunterschieds, seine Frau war 8 Jahre älter als er, bei Eingehung nicht bewusst gewesen wäre. Die Frau hatte während der Ehe wiederholt Heilstätten aufsuchen müssen, sei gebärunfähig, betone ihre Schonungsbedürftigkeit und bringe seinem jugendlichen Empfinden kein Verständnis gegenüber. Sie sei reizbar und streitsüchtig. Der Antrag des Klägers wurde in allen Instanzen abgewiesen. Das Reichsgericht erkannte zwar die Möglichkeit, eine Ehe wegen Irrtums über die Auswirkungen eines Altersunterschieds aufzuheben, an, verwies die Revision des Klägers aber wegen Zweifel, ob ein solcher Irrtum beim Kläger vorgelegen hatte. Dazu führte das Gericht aus: „Nach den Ausführungen der Revision liegt der geltend gemachte Aufhebungsgrund des § 37 EheG in den bei Eingehung der Ehe dem Mann unbekannten Auswirkungen des Altersunterschiedes der Gatten im Zusammenhang mit dem kränkelnden Zustand der Frau, der eine dem Wesen der Ehe entsprechende Lebensgemeinschaft nicht gewährleiste. Gewiß kann auch ein Irrtum – also eine Unkenntnis oder eine unzureichende Kenntnis – über die Folgen und die Auswirkungen einer an sich dem klagenden Ehegatten bekannten Tatsache ein Irrtum im Sinne des § 37 EheG über einen die Person des anderen Ehegatten betreffenden Umstande sein (RGE vom 4. Mai 1939; Bd. 160, Nr. 49). Nach Aufklärung des Irrtums kann darin der Grund zu einer Aufhebung der Ehe liegen, wenn bei Kenntnis der Sachlage und richtiger Würdigung des Wesens der Ehe dadurch der irrende Gatte von der Eingehung der Ehe abgehalten worden wäre. Dafür, ob der persönliche Umstand erheblich ist, ergibt sich der objektive Maßstab aus dem Wesen der Ehe, wie es der heutige nationalsozialistische Staat versteht und im Ehegesetz zum Ausdruck gebracht hat (Palandt zu § 37 EheG). Danach ist die Ehe die staatlich geordnete, auf gegenseitiger Liebe, Achtung und Treue beruhende, allseitige Lebensgemeinschaft zwischen einem Mann und einer Frau zum Zwecke des Fortbestehens des Volkes und seiner Eigenart. Der Altersunterschied zwischen den Ehegatten, besonders wenn die Ehefrau der ältere Teil ist, kann vom Gesichtspunkt des Wesens der Ehe aus sehr wohl jemanden davon abhalten, eine Ehe einzugehen, zumal der Altersunterschied erfahrungsgemäß im Laufe der Jahre immer fühlbarer wird und dazu führen kann, daß die sittlichen Grundlagen der Ehe verloren gehen und der Zweck der Ehe sich nicht mehr verwirklichen läßt. Ähnliches gilt auch für eine auf ei-

[273] WarnRspr 1940, Nr. 13

nem vorausgegangenen Lungenleiden beruhende gesundheitliche Belastung des anderen Teiles.
Der Mann wußte, daß die Frau um acht Jahre älter ist als er und lungenleidend war. Trotzdem ging der die Ehe mit ihr ein. Soweit es sich, wie hier, lediglich um natürliche und typische, für jeden auch nur einigermaßen urteilsfähigen Menschen voraussehbare Auswirkungen des Altersunterschiedes und des einmal bestandenen Lungenleidens handelt, ließe sich ein Irrtum über diese möglichen Auswirkungen wohl nur unter ganz besonderen Umständen annehmen. Hier hat sich nicht ergeben, was dafür sprechen könnte, daß der Mann beim Abschluß der Ehe sich dieser Folgewirkungen nicht klar gewesen wäre. Nichts spricht dagegen, daß er im Alter von mehr als 23 Jahren und bei zunehmender voller Urteilsfähigkeit diese Auswirkungen überblicken konnte, aber trotzdem – vielleicht in der bei Brautleuten sogar gewöhnlichen Erwartung, daß die Gefahren nicht eintreten werden – die Ehe eingegangen, wie er auch nun wiederum eine Ehe mit einer ältern Frau anstrebt."

4. Krankheiten

Ein großer Teil der vom Reichsgericht zu entscheidenden Eheanfechtungsklagen waren mit der Begründung erhoben worden, dass sich der klagende Ehegatte bei Eheabschluss über den körperlichen oder geistigen Gesundheitszustand seines Gatten im Irrtum befunden hatte.
Dass sich Krankheiten als persönliche Eigenschaften i.S.d. § 1333 BGB darstellen konnten, ergab sich bereits aus den Materialien zum BGB. So wurde in der Beratung der 2. Kommission vorgeschlagen, die Anfechtung für die Fälle besonders hervorzuheben, „falls einer der Eheschließenden innerhalb des letzten Jahres vor Eingehung der Ehe an Tuberkulose, Epilepsie oder Syphilis gelitten habe[274]". Dieser Vorschlag wurde allerdings verworfen, da man sich einig war, dass diese Hervorhebung spezieller Krankheiten nicht nur unnötig war, sondern auch die Gefahr in sich barg, dass die Formulierung zu Missverständnissen führen könnten und andere Krankheitsfälle als dadurch ausgeschlossen betrachtet werden könnten. Dies zeigt, dass für den Gesetzgeber grundsätzlich alle Krankheiten als persönliche Eigenschaft i.S.d. § 1333 BGB in Frage kommen konnten, ohne dass dies ausdrücklich im Gesetz festgehalten werden musste.
Vor der Geltung des BGB hatte nur das bürgerliche Gesetzbuch für das Königreich Sachsen die Anfechtung der Ehe wegen Krankheiten ausdrücklich geregelt. Als Anfechtungsgründe galten nach § 1595 säch.BGB „namentlich unheilbare ekelhafte oder unheilbare ansteckende Krankheiten".

---

[274] Protokolle II, Bd. 4, S. 78.

Auch die Literatur der ersten Jahre des 20. Jahrhunderts erkannte fast einhellig Irrtümer über Krankheiten des Ehegatten als Anfechtungsgrund gemäß § 1333 BGB an, falls diese Krankheiten unheilbar, dauerhaft bzw. ansteckend waren[275]. Nur *Hölder*, der nach seiner Definition der persönlichen Eigenschaft alle körperlichen Eigenschaften als Anfechtungsgründe gemäß § 1333 BGB ausschloss[276], sprach sich konsequenterweise gegen eine Anfechtung der Ehe wegen Irrtums über körperliche Gebrechen aus[277].

Gaupp, der sich als Mediziner zur Anfechtung der Ehe nach § 1333 BGB äußerte, formulierte 1909 die allgemeinen Voraussetzungen, die an eine für § 1333 BGB in Frage kommende Krankheit zu stellen waren, wie folgt: „Wenn wir also vom Standpunkt des Pathologen aus an die Umgrenzung des Begriffs ‚persönliche Eigenschaften' herantreten, so werden wir auf medizinischem Gebiete darunter zu verstehen haben: ernste, langandauernde oder völlig unheilbare Gebrechen und Krankheiten, die auf die gesamte Persönlichkeit und ihren Fortbestand von Einflusse sind[278]".

Die für ihn in Frage kommenden Krankheiten teilte Gaupp in vier Gruppen ein:

Als erste Gruppe fasste er alle schweren, körperlichen und psychischen Erkrankungen zusammen, die entweder zum baldigen Tod oder doch zu schweren Siechtum führen würden, so z.B. Krebs, Rückenmarksschwindsucht oder Epilepsie[279].

Die zweite Gruppe bildeten Erkrankungen, die eine Ehe im biologischen Sinne unmöglich machten, weil die körperlichen oder geistigen Eigenarten des einen Ehegatten zu weit von der normalen, für die Ehe notwendigen Beschaffenheit abwichen. Hierunter verstand Gaupp die Impotenz und die Homosexualität[280].

Die dritte Gruppe umfasste Krankheiten, die für den bis dahin gesunden Ehegatten oder für die Nachkommen mit ernsten Gefahren für Leben oder Gesundheit verbunden waren. Hierzu zählte Gaupp in erster Linie die Geschlechtskrankheiten, aber auch Suchtkrankheiten, insbesondere Trunksucht, Morphinismus und Kokainsucht[281].

Als vierte Gruppe, die Gaupp selbst als etwas fragwürdig bezeichnete, sah er körperliche oder geistige Mängel an, deren Kenntnis nach Eingehung der Ehe den anderen Ehegatten aufs schwerste enttäuschten oder ihn mit Widerwillen oder Abscheu erfüllten und so eine körperliche oder geistige Gemeinschaft erschwerten oder unmöglich machten. Als Beispiele führte Gaupp hartnäckige

---

275 So z.B.: Staudinger/Engelmann, 2. Aufl., S. 82; Schmidt, S. 108; Sauer, S. 205; Kaufhold, S. 60; Knoblauch, S. 63.

276 Siehe 2. Teil, C., I., 1., a.

277 Hölder, JhJb. 42 (1901), S. 35.

278 Gaupp, S. 368.

279 Gaupp, S. 368 ff.

280 Gaupp, S. 368, 378 ff.

281 Gaupp, S. 369, 379 ff.

Hautexeme, ein aufgrund einer zwar harmlosen, aber chronischen Nasenschleimhauterkrankung entstandener „häßlicher Geruch“ oder auch nur den hysterischen Charakter eines Gatten an[282].
Eine ähnliche, wenn auch im einzelnen von der von Gaupp abweichenden Einteilung von Krankheiten, die zur Anfechtung berechtigen sollten, nahm 1927 auch Heller vor[283].

a. Körperliche Krankheiten

aa. Allgemeine Voraussetzungen

Welche Voraussetzungen eine körperliche Krankheit haben musste, um einen Anfechtungsgrund i.S.d. § 1333 BGB darzustellen, war erstmals am 11. April 1904 Inhalt einer reichsgerichtlichen Entscheidung[284]. Das Urteil macht deutlich, dass nur unheilbare und dauerhafte Erkrankungen eine persönliche Eigenschaft bilden konnten.
Der Entscheidung lag folgender Sachverhalt zugrunde: Klagegrund war die Unkenntnis der Ehefrau von der unheilbaren Syphilis ihres Ehemannes. Der beklagte Ehemann machte geltend, dass die Klägerin schon längere Zeit von seinem Leiden Kenntnis gehabt hatte und somit die Anfechtungsfrist versäumt habe. Dagegen wandte die Klägerin ein, dass sie erst kurz vor der Erhebung der Anfechtungsklage von der Unheilbarkeit der Krankheit erfahren habe, die sie vorher für eine vorübergehende und heilbare gehalten habe. Das Reichsgericht hob auf die Revision der Klägerin das die Klage abweisende Urteil des Kammergerichts auf. Zur Begründung führte das Reichsgericht an, dass es einen erheblichen Unterschied mache, ob die Krankheit eine heilbare oder eine unheilbare sei: „Leiden, welche nur einmal auftreten und vorübergehen, stehen bezüglich ihrer Erheblichkeit nicht auf gleicher Stufe mit solchen, welche in gewissen Zeiträumen sich erneuern und wiederkehren. Je nachdem, ob sie heilbar oder unheilbar sind, ist zwischen ihnen sogar der Art nach ein ganz wesentlicher und durchgreifender Unterschied. (...) Glaubt ein Ehegatte, daß der physische Mangel, welcher in der Person des anderen bei der Eheschließung vorhanden war, keine dauernden Folgen hinterläßt, daß er insbesondere auch für die aus der Ehe zu erwartende Nachkommenschaft unschädlich ist, und erfährt er erst später, daß sich in beiden Beziehungen dies anders verhält, so ist die „Sachlage“, um deren Kenntnis es sich nach § 1333 BGB handelt, in beiden Fällen nicht dieselbe.“

[282] Gaupp, S. 369, 282 ff.
[283] Heller, Arzt und Eherecht, S. 68 ff.
[284] Urteil des 4. Senats vom 11. April 1904, IV 39/04 (JW 1904, S. 284).

Das Reichsgericht sah nur eine unheilbare bzw. dauerhafte Krankheit als persönliche Eigenschaft an, so dass erst die Erkenntnis der Unheilbarkeit der schon vorher bekannten Krankheit die Anfechtungsfrist des § 1339 BGB in Gang setzte.
In den folgenden Jahren bestätigte das Reichsgericht mehrfach den hier aufgestellten Grundsatz, dass nur unheilbare oder dauerhafte Krankheiten als Anfechtungsgründe des § 1333 BG in Betracht kamen[285].
In den zwanziger Jahren hielt das Reichsgericht grundsätzlich an diesen strengen Voraussetzungen der Unheilbarkeit und Dauerhaftigkeit der Krankheit fest. Allerdings setzte es in zwei Urteilen vom 23. März 1921[286] und 24. Juni 1926[287] auch vorübergehende Krankheiten, den dauernden gleich, wenn die vor der Ehe bestandene und bei Eheschließung sogar schon ausgeheilte Krankheit dauernde Folgen hinterließ. In beiden Fällen handelte es sich um syphilitische Erkrankungen eines Ehegatten, die zur Zeit der Eheschließung bereits verklungen waren, die aber zur dauerhaften Folgeerscheinungen geführt hatten.
Diese vorhandenen Leiden mussten sich aber eindeutig als Folge der ausgeheilten Krankheit darstellen. Da das ärztliche Gutachten im Fall der Entscheidung vom 23. März 1921 aber nur die entfernte Möglichkeit des Vorhandenseins einer Folgeerscheinung der syphilitischen Erkrankung feststellte, kam es zur Abweisung der Anfechtungsklage, während das Urteil vom 24. Juni 1926 die bei der Ehefrau festgestellte „Dementia paralytica“ aufgrund des Gutachtens stets als Folge einer früheren Erkrankung an Syphilis betrachtete und somit eine persönliche Eigenschaft der beklagten Frau annahm.

Nach der Machtübernahme der Nationalsozialisten hielt das Reichsgericht zunächst an den Voraussetzungen der Unheilbarkeit und der Dauerhaftigkeit der Krankheit fest.
So verneinte das Reichsgericht in einem Urteil vom 21. Dezember 1933[288] die Anfechtbarkeit einer Ehe wegen fortgeschrittener Gebärmuttermyome, da diese bei Eheschließung durch eine „große Bauchoperation“ hätten entfernt werden können. Falls dieser chirurgische Eingriff ohne die Gefahr größerer Komplikationen hätte vorgenommen werden können, so das Reichsgericht, könne nicht von einer unheilbaren Krankheit gesprochen werden: „Das Leiden ist aber nach der Feststellung des Berufungsgerichts zur Zeit der Eheschließung heilbar gewesen, und zwar durch eine große Bauchoperation, von der das Berufungsgericht annimmt, daß sie bei einem geschickten Operateur nur einen geringen Ge-

[285] So im Urteil vom 5. November 1914, IV 287/14 (WarnRspr 1915, Nr. 22) für den Fall einer heilbaren Lungentuberkulose und im Urteil vom 3. Mai 1917, VI 95/17 (WarnRspr 1917, Nr. 210) für den Fall einer unheilbaren Knochentuberkulose.
[286] IV 502/20 (RGZ 103, 322).
[287] IV 151/26 (WarnRspr 1926, Nr. 159).
[288] IV 285/33 (WarnRspr 1934, Nr. 39).

fahrenquotienten hinsichtlich der Lebensgefahr mit sich gebracht haben würde, (...) Daß in der Rekonvaleszenz noch Überraschungen kommen konnten, spricht nicht gegen die Behebbarkeit des Leidens, denn unbedingte Sicherheit für einen erfolgreichen Ausgang einer großen Operation kann schwerlich jemals verheißen werden und braucht auch nicht zu bestehen, wenn ein Leiden als durch chirurgischen Eingriff behebbar bezeichnet werden soll. Es muß vielmehr genügen, wenn nach ärztlicher Erfahrung die Wahrscheinlichkeit besteht, daß der Patient durch den chirurgischen Eingriff geheilt werden wird. Liegt eine solche Wahrscheinlichkeit vor, so kann von einem Dauerleiden nicht gesprochen werden."
Bei der Feststellung, ob eine Krankheit dauerhaft war, oder, falls sie heilbar war, zumindest dauerhafte Folgen hinterlassen würde, legte das Reichsgericht nunmehr verstärkt das Augenmerk auf die Gefährdung der Gesundheit des Nachwuchses. Stand mit größter Wahrscheinlichkeit fest, dass es in Folge einer früheren Erkrankung zur Schädigung der zukünftigen Generation kommen würde, galt die Krankheit als persönliche Eigenschaft i.S.d. § 1333 BGB. So entschied der 4. Senat am 20. Dezember 1934[289] in einem Fall von heilbarer Unterleibstuberkulose der Ehefrau zugunsten des Anfechtungsklägers: „Zur Zeit der Eheschließung war die Klägerin an Unterleibstuberkulose erkrankt. Daß dieses Leiden unheilbar sei, vermag das Berufungsgericht nicht festzustellen. Wohl aber stellt es fest, daß das Leiden der Klägerin, auch wenn es geheilt werden sollte, mit größter Sicherheit die Folge haben wird, daß an die Erzeugung von Nachkommen, jedenfalls aber von gesunden (d.h. nicht mit der Anlage zur Tuberkulose behafteten) Nachkommen nicht gedacht werden kann. Hiernach ist im Rechtssinn als hinreichend sicher anzunehmen, daß das Leiden der Klägerin auch im Falle seiner Heilung ihren körperlichen Zustand dauernd in einer Weise beeinflussen wird, daß die Erzeugung von Nachkommen oder jedenfalls von Nachkommen, die nicht mit der Anlage zur Tuberkulose behaftet sind, in der Ehe ausgeschlossen ist. Dadurch wird eine persönliche Eigenschaft im Sinne des § 1333 BGB begründet." Dieses Urteil zeigt, dass, entsprechend der nationalsozialistischen Familienideologie, die Erzeugung gesunden Nachwuchses als wichtigstes Kriterium bei der Frage, ob eine Ehe wegen der Krankheit eines Gatten trennbar war, in den Mittelpunkt rückte.
Eine Entscheidung vom 14. März 1935[290] zeigt aber, dass die abstrakte Gefährdung der Erzeugung gesunden Nachwuchses als Folge einer Krankheit dem Reichsgericht nicht genügte, um diese Krankheit als persönliche Eigenschaft i.S.d. § 1333 BGB zu betrachten. In diesem Falle war die beklagte Ehefrau vor der Ehe während einer Schwangerschaft an Tripper erkrankt. Zum Zeitpunkt der Eheschließung war diese Geschlechtskrankheit jedoch bereits ausgeheilt. Als wahrscheinliche Folge dieser Erkrankung litt die Beklagte an einer Rückwärts-

[289] IV 238/34 (RGZ 146, 241).
[290] IV 328/34 (RGZ 147, 211).

verlagerung der Gebärmutter, die die Unfruchtbarkeit der Frau befürchten ließ. Wegen der Gefahren für die zukünftige Generation bzw. sogar die Gefahr der Unfruchtbarkeit betrachtete das Berufungsgericht, das OLG Naumburg, eine frühere Geschlechtskrankheit einer Frau, namentlich eine während einer Schwangerschaft aufgetretene, stets als persönliche Eigenschaft i.S.d. § 1333 BGB. Das Reichsgericht rügte diese Auffassung wie folgt: „Nach der ständigen Rechtsprechung des Reichsgerichts begründet eine vorübergehende Erkrankung vor der Ehe, auch eine Geschlechtskrankheit, in der Regel noch nicht die Anfechtung aus § 1333 BGB (vgl. RGZ. Bd. 146 S. 241). Anders verhält es sich, wenn die Krankheit dauernde Folgen hinterlassen hat. Dann können diese Folgen eine persönliche Eigenschaft im Sinne des § 1333 BGB ausmachen. Dazu ist erforderlich, daß solche Folgen festgestellt werden. Eine dahin gehende Feststellung hat das Berufungsgericht nicht getroffen. Die wenn auch große Wahrscheinlichkeit der Unfruchtbarkeit genügt nicht, wenn sie nicht den Schluß zu rechtfertigen vermag, daß sie im vorliegenden Fall auch tatsächlich eingetreten ist."

Auch unter der Geltung des EheG1938 behielt das Reichsgericht den Grundsatz, dass eine überstandene Krankheit nur dann als Aufhebungsgrund in Frage kam, wenn sie dauerhafte Folgen hinterließ, bei. In einer Entscheidung vom 15. März 1941[291] hob das Reichsgericht ein die Aufhebung aussprechendes Urteil des Kammergerichts auf, das wegen einer syphilitischen Erkrankung der Ehefrau, die vor der Eheschließung aber schon völlig ausgeheilt war, ergangen war. Dazu führte das Reichsgericht aus: „Zu Unrecht geht ferner der Vorderrichter ersichtlich davon aus, daß die frühere syphilitische Erkrankung der Beklagten ohne weiteres einen Grund zur Aufhebung der Ehe nach § 37 EheG darstelle (...) Ein solcher Umstand ist eine von dem beklagten Ehegatten vor der Eheschließung überstandene Krankheit nur, wenn sie eine dauernde Gesundheitsschädigung oder eine die Gefahr erneuter Erkrankung in sich schließende Beeinträchtigung hinterlassen hat. (...) War die Krankheit der Beklagten aber vor der Eheschließung wirklich ausgeheilt, so vermag die bloße abstrakte Möglichkeit, daß sich später doch entgegen der auf medizinischer Erfahrung beruhenden Erwartung doch schwere Folgen zeigen könnten, die Aufhebung der Ehe nicht zu begründen. Anders würde es liegen, wenn zwar die Krankheit in ihrer akuten Form abgeheilt war, aber nachweisbar eine Schwächung des Körpers oder sonst eine organische Veränderung zurückgelassen hatte, welche die Gefahr neuer Erkrankung in sich schloß, so daß die Krankheit im Zeitpunkt der Eheschließung noch fortwirkte. Ein dahin gehender Rückschluß kann auch schon aus dem späteren Auftreten von Folgeerscheinungen der Krankheit gezogen werden. Irgendwelche Feststellungen in dieser Hinsicht aber hat das Berufungsgericht nicht getroffen. Es führt sogar an anderer Stelle des Urteils aus, daß die frühere

[291] IV 19/41 (SeuffA 95, S. 106).

Krankheit der Beklagten während der Ehe bisher erkennbare Folgen nicht gehabt habe." Das neue EheG1938 führte somit nicht zu einer Änderung der Rechtsprechung bezüglich der Voraussetzungen von körperlichen Krankheiten.

bb. Die einzelnen körperlichen Krankheiten

(1) Tuberkulose

Eine der Krankheiten, die in der juristischen Literatur oftmals als Beispiel einer Erkrankung aufgeführt wurde, die sich als persönliche Eigenschaft i.S.d. § 1333 BGB darstellte, war die Tuberkulose.[292] Auch in der medizinischen Literatur zur Eheanfechtung wurde diese Krankheit aufgeführt. Während *Gaupp* 1908 die Krankheit als unheilbar und damit stets als Anfechtungsgrund anerkannte[293], sah *Heller* 1927 große Schwierigkeiten bei der Eheanfechtung wegen Tuberkulose, da schwer festzustellen sei, wann die Erkrankung begonnen habe und wie schwer sie sei[294].
Das wichtigste Kriterium für das Reichsgericht bei Anfechtungsklagen wegen Irrtums über eine Erkrankung an Tuberkulose war die Feststellung des medizinischen Sachverständigen über die Unheilbarkeit der Erkrankung. So versagte es in einer Entscheidung vom 5. November 1914[295] dem klagenden Ehemann das Anfechtungsrecht, da die Lungentuberkulose der Ehefrau nur ein leichter, nicht unheilbarer Fall der Krankheit gewesen sei: „Das Berufungsgericht hat aber ferner festgestellt, daß es sich bei der Beklagten überhaupt nur um einen leichten tuberkulösen Lungenspitzkatarrh gehandelt hat, bei dem die Aussichten auf eine dauernde völlige Heilung recht günstig waren und der auch als geheilt oder zum mindestens als völlig inaktiv zu betrachten ist. Wenn demnach auch unterstellt würde, daß die Erkrankung der Beklagten bereits bei der Eheschließung vorhanden gewesen ist, so würde diese Krankheit, da sie nur leicht und nicht unheilbar war, nicht als eine persönliche Eigenschaft im Sinne des § 1333 BGB anzusprechen und zur Begründung eines Rechtes zur Anfechtung der Ehe nicht geeignet sein."
Kam das ärztliche Gutachten aber zu dem Schluss, dass das Leiden nicht heilbar war, dann stellte sich die Tuberkuloseerkrankung für das Reichsgericht als persönliche Eigenschaft i.S.d. § 1333 BGB dar. So bestätigte der 6. Senat des Reichsgerichts in einem Urteil vom 3. Mai 1917[296] die Anfechtbarkeit der Ehe im Falle vom Knochentuberkulose: „nach aller ärztlicher Erfahrung müsse aber

[292] Neubecker, Archiv f. Bürgerl. Recht, 31. Band (1908), S. 270 ff.; Staudinger/Engelmann, 2. Aufl., S. 82; Kaufhold, S. 60; v. Eynern, S. 54
[293] Gaupp, S. 369.
[294] Heller, Arzt und Eherecht, S. 95 f.
[295] IV 287/14 (WarnRspr 1915, Nr. 22).
[296] VI 95/17 (WarnRspr 1917, Nr. 210).

angenommen werden, daß die Beklagte unheilbar tuberkulös erkrankt sei und daß sich die Krankheit schon vor der Eheschließung bis zu einem die Heilung ausschließendem Grade entwickelt habe."

Nach 1933 wurde die Anfechtung bzw. ab 1938 die Aufhebung der Ehe verstärkt damit begründet, dass die Tuberkulose „mit größter Sicherheit die Folge haben wird, daß an die Erzeugung von gesunden Nachkommen nicht gedacht werden kann[297]". So trennte das Reichsgericht in zwei Urteilen vom 20. Dezember 1934[298] (Unterleibstuberkulose der Frau) und 7. November 1940[299] (Lungentuberkulose des Mannes) die Ehen, ohne das hier die Unheilbarkeit der Krankheit festgestellt wurde.

Weitere körperliche Krankheiten, die das Reichsgericht wegen ihrer Unheilbarkeit als persönliche Eigenschaften i.S.d. § 1333 BGB einstufte, waren die multiple Sklerose[300] und die Parkinsonsche Krankheit[301].

(2) Geschlechtskrankheiten

Eine besondere Rolle bei der Anfechtung der Ehe wegen körperlicher Erkrankungen spielten die Geschlechtskrankheiten. Dies lag zum einen an der großen Verbreitung dieser Krankheiten, so sollen 1902 10 bis 11 % der Berliner und 3 % der deutschen Bevölkerung schon einmal an Syphilis erkrankt gewesen sein[302]. 1927 schätzte *Heller*[303] die Erkrankungsrate der männlichen Großstadtjugend bei Syphilis auf 30 % und bei Tripper sogar auf 95 (!) %. Zum anderen hafteten den Erkrankten zusätzlich zu den Krankheitssymptomen noch der sittliche Makel des Erwerbs dieser Krankheiten an, da die Ansteckung zumeist durch vor- oder außerehelichen Geschlechtsverkehr erfolgt war[304]. *Heymann* sprach sogar von einer „besonderen Abscheu des Volkes (... aus) berechtigter, sittlicher Berücksichtigung des regelmäßigen Entstehungsgrundes der Erkrankungsfälle, die Einschätzung der Krankheit als Begleiterscheinung der Prostitution[305]".

In den ersten Urteilen zur Eheanfechtung wegen Geschlechtskrankheiten, zwei Entscheidungen des 4. Senats vom 11. April 1904[306] und vom 2. Februar

[297] Liebnitz, DJ 1935, S. 1524.
[298] IV 238/34 (RGZ 146, 241; JW 1935, S. 696).
[299] IV 134/40 (RGZ 165, 121).
[300] Urteil vom 9. März 1933, IV 17/33 (WarnRspr 1933, Nr. 81).
[301] Urteil vom 20. Februar 1930, IV 552/29 (WarnRspr 1930, Nr. 97).
[302] So Heymann, DJZ 1902, S. 110.
[303] Heller, Arzt und Eherecht, S. 100.
[304] v. Eyern, S. 53; Heymann, DJZ 1902, S. 111; einschränkend Heller, DJZ 1902, S. 246.
[305] Heymann, DJZ 1902, S. 111.
[306] IV 39/04 (JW 1904, S. 284).

1905[307], in denen jeweils die Ehefrau wegen syphilitischer Erkrankung des Mannes die Ehe angefochten hatten, sah das Reichsgericht diese Krankheit als Eheanfechtungsgrund an. Grundlage dieser Entscheidungen waren die Sachverständigengutachten, die die Erkrankungen als besonders schwer und gefährlich wegen ihrer Unheilbarkeit und Vererblichkeit bezeichneten[308]. Als weiteres Argument wurde vor allem die Gefahr der „Ansteckung mit einer gefährlichen und ekelhaften Krankheit[309]" angeführt.

Im Gegensatz zu diesen Entscheidungen stellte die medizinische und juristische Literatur aber schon am Anfang des Jahrhunderts fest, dass es sich bei der Syphilis keineswegs um eine unheilbare Krankheit handelte, sondern, dass sie sogar völlig ausheilen konnte[310]. Heller sah daher in einer früheren, überstandenen Syphilis keinen Anfechtungsgrund[311]. Andere Autoren wie *Heymann*[312] oder *von Eynern*[313] sprachen sich wegen der mit der Ansteckung verbundenen sittlichen Verfehlung auch im Falle der überstandenen Krankheit für die Möglichkeit der Anfechtung der Ehe aus, ausgenommen den Fall der „unverschuldeten Ansteckung[314]". Gaupp wies darauf hin, dass die Syphilis zwar völlig ausheilen könne, die Ausheilung aber auch sehr schwer feststellbar sei. So bestünde auch nach Jahren noch die Gefahr der Ansteckung oder des Auftretens von Folgeerscheinungen der Krankheit[315].

Das Reichsgericht hatte erstmals in einer Entscheidung vom 23. März 1921[316] zu der Frage Stellung zu nehmen, ob die Anfechtung wegen einer vor der Ehe ausgeheilten Syphilis des anderen Ehegatten zulässig war. Da sich die Krankheit nicht mehr als unheilbar darstellte, konnte dieses Kriterium nicht mehr für eine Anfechtung sprechen. Auch auf die Ansteckungsgefahr für den gesunden Partner oder die Gefahr der Übertragung auf die Kinder kam es bei der Beantwortung der Frage nach der Anfechtbarkeit der Ehe nach Ansicht des Reichsgerichts nicht an. Als entscheidend sah es der 4. Senat nunmehr an, ob sich zum Zeitpunkt der Eheschließung Symptome zeigten, die sich mit Sicherheit als Folgeerscheinungen der geheilten Geschlechtskrankheit darstellten. Die Anfechtbarkeit der Ehe im Falle einer früheren Geschlechtskrankheit war also davon abhängig, ob die Krankheit noch in Form von typischen Folgeerscheinungen

[307] IV 606/04 (JW 1905, S. 175).
[308] So im Urteil vom 11. April 1904.
[309] So das Urteil vom 2. Februar 1905.
[310] Gaupp, S. 281; Heller, DJZ 1902, S. 246; Heymann, DJZ 1902, S. 111; v. Eynern, S. 54.
[311] Heller, DJZ 1902, S. 246.
[312] Heymann, DJZ 1902, S. 111 ff.
[313] v. Eynern, S. 53.
[314] v. Eynern, S. 54.
[315] Gaupp, S. 381.
[316] IV 502/20 (RGZ 103, 322).

den körperlichen Zustand der betreffenden Person beeinflusste. Diese Feststellung hatte ein ärztlicher Sachverständiger zu treffen.
Da das Gutachten in dem vom Reichsgericht am 23. März 1921 zu entscheidenden Fall keine solchen Folgeerscheinungen festgestellt hatte, kam es zur Abweisung der Anfechtungsklage[317].
Als eine typische Folgeerscheinung der Syphilis stellte sich nach Ansicht des Reichsgerichts die „Dementia paralytica" dar, so dass der 4. Senat in einer Entscheidung vom 24. Juni 1926[318] die Anfechtbarkeit der Ehe feststellte: „Da, wie das im Berufungsurteil als zutreffend gewürdigte Gutachten des Sachverständigen ergibt, die Beklagte im Sommer 1924 an Dementia paralytica gelitten hat und diese Krankheit nach feststehender Anschauung der Wissenschaft stets die Folge einer früheren Erkrankung an Syphilis ist, muß davon ausgegangen werden, daß trotz der äußeren Heilung die latenten Nachwirkungen der Erkrankung die ganze Zeit über, also auch zur Zeit der Heirat noch fortbestanden und insofern den körperlichen Zustand der Beklagten weiter beeinflußt haben. Alsdann liegt aber eine persönliche Eigenschaft im Sinne des § 1333 BGB vor."
Nach 1933 und auch unter der Geltung des EheG1938 änderte das Reichsgericht diese Rechtsprechung nicht. So bestätigte der 4. Senat am 1. Dezember 1938[319] ein eheauflösendes Urteil des Kammergerichts in einem Fall festgestellter progressiver Paralyse als Folge einer syphilitischen Erkrankung der Ehefrau. In einer Entscheidung vom 15. März 1941[320] hob das Reichsgericht ein Urteil des Kammergerichts auf, in dem dieses eine frühere Syphiliserkrankung ohne Feststellung bleibender Folgen als zur Aufhebung ausreichend bezeichnet hatte.

b. Geistige Krankheiten

aa. Allgemeine Voraussetzungen

(1) 1900–1920

Dass auch geistige Krankheiten persönliche Eigenschaften i.S.d. § 1333 BGB sein konnten, war allgemein anerkannt[321].
Wie aber diese geistige Krankheit beschaffen sein musste, um als Anfechtungsgrund anerkannt zu werden, war erstmals Gegenstand eines reichsgerichtlichen Urteils vom 13. Februar 1908[322].

---

317 Ebenso in dem Urteil vom 16. Januar 1932, V 309/31 (SeuffA 86, S. 246).
318 IV 151/26 (WarnRspr 1926, Nr. 159).
319 IV 163/38 (WarnRspr 1939, Nr. 76).
320 IV 19/41 (SeuffA 95, S. 106).
321 So Sauer, S. 205; Dernburg, S. 64; Endemann, Familienrecht, S. 207.
322 IV 307/08 (WarnRspr 1908, Nr. 323; Recht 1908, Nr. 1212).

In diesem Fall hatte der Ehemann seine Anfechtungsklage mit der Tatsache begründet, dass die Beklagte „von jeher an einer gewissen Störung auf intellektuellem Gebiete, die sich namentlich in einer Schwäche des Gedächtnisses und des Urteils äußert, gelitten hat“, und damit, dass die Beklagte vor Abschluss der Ehe an chorea minor (Veitstanz) erkrankt war.
Das Berufungsgericht hatte dem Eheanfechtungsbegehren stattgegeben.
Das Reichsgericht bestätigte das Urteil des Berufungsgerichts mit der Begründung, dass die Erkrankung an chorea „in Verbindung mit dem Grundleiden eine besondere und erheblich schwerere Krankheitsform geschaffen hatte. (...) es kommt hierfür in Betracht, daß eine Wiederkehr der Choreakrankheit und ein schädlicher Einfluß dieses Krankheitszustandes auf die Nachkommenschaft der Mutter zu besorgen ist. Die objektive Erheblichkeit des Irrtums kann hiernach nicht zweifelhaft sein“.
Zu den allgemeinen Voraussetzungen der Anfechtbarkeit der Ehe wegen eines Irrtums über eine Geisteskrankheit des Ehegatten führte das Urteil aus: „Das Überstehen einer Krankheit ist etwas Vorübergehendes und kann den Begriff einer bleibenden Eigenschaft einer Person nicht erfüllen. Ebensowenig stellt eine vorübergehende Geistes- oder Gemütsstörung oder eine bloße Anlage zur Geisteskrankheit als eine Eigenschaft i.S. des § 1333 sich dar. Auch ein bloße geistige Minderwertigkeit kann regelmäßig zur Anfechtung der Ehe wegen Irrtums nicht genügen“.
Das Reichsgericht forderte, wie bei den körperlichen Krankheiten Dauerhaftigkeit bzw. Unheilbarkeit der Erkrankung, um sie als persönliche Eigenschaft anzuerkennen, auch musste die Krankheit von einer gewissen Schwere sein; „bloße geistige Minderwertigkeit“ sollte hier nicht genügen.
Unzureichend war auch die „bloße Anlage zur Geisteskrankheit“, die Krankheit musste bei der Eheschließung schon ausgebrochen sein.
Damit beschränkte das Reichsgericht die Möglichkeit der Eheanfechtung nach § 1333 BGB auf solche Fälle, bei denen es sich um eine schwere, dauerhafte bzw. unheilbare Krankheit handelte, die bereits bei der Eheschließung zum Ausbruch gekommen sein musste.
Schon vor der Geltung des BGB hatte das Reichsgericht (zumindest unter Geltung des protestantischen Eherechts) strenge Anforderungen an eine Ungültigerklärung der Ehe wegen Geisteskrankheit erhoben.
So hatte das Reichsgericht in einem Urteil des 3. Senats vom 13. Januar 1891[323] festgestellt: „ Es mag sein, daß sich der Rechtsgrundsatz ausgebildet hat, daß die Geisteskrankheit eines Ehegatten, die sich vor dem Eheschluß vorübergehend zeigte, dann als Ehenichtigkeitsgrund angesehen werden kann, wenn solche während der Ehe in Stumpfsinn, Blödsinn oder auch in unheilbaren Wahnsinn ausartet. Niemals ist man aber so weit gegangen, daß man eine vor

[323] III 236/90 (RGZ 27, 158).

Eingehung der Ehe vorhanden gewesene, dem anderen Teil unbekannt gebliebene, vorübergehende Geistesstörung eines Ehegatten für sich allein oder in Verbindung mit späteren ähnlichen Störungen als ausreichend zur Ehetrennung erachtet oder gar eine Ehe für ungültig erklärt hätte, bei welcher ein Ehegatte mit der Anlage zur Geisteskrankheit erblich belastet war und infolge besonderer Veranlassung vor und nach Eingehung der Ehe zeitweise geistig erkrankte".
In der Literatur fand die strenge Ansicht des Reichsgerichts bezüglich der Anforderungen an Unheilbarkeit und Schwere der Erkrankung Zustimmung. *Gaupp* sprach sich aus Sicht des Mediziners gegen einen generellen Ausschluss der Anfechtbarkeit der Ehe wegen einer bei Eheschließung bestehenden Anlage zur Geisteskrankheit aus: „Aber ich möchte doch glauben, daß hier eine generelle Entscheidung nicht gegeben werden kann. Jeder erfahrene Nervenarzt und wohl auch jeder erfahrene Anwalt wird in seiner Klientel schon Fälle erlebt haben, in denen er den Eindruck gewann, daß hier ein Ehegatte sich durch seine Verheiratung mit einer (bezw. einem) Degenerierten das Leben völlig ruiniert habe und daß der Fortbestand der Ehe eine absolute Unmöglichkeit sei. Dabei sind in solchen Fällen die Bedingungen zur Ehescheidung häufig nicht gegeben und auf die offene Frage, wie denn der geschädigte Ehegatte zu einer solchen Ehe gekommen sei, bekommt man dann regelmäßig die Antwort: ja, vor der Verheiratung hat man das nicht so gemerkt; erst nachher haben andere es mir gesagt, sie hätten sich gewundert, wie ich einen solchen Menschen habe heiraten können; er, bezw. sie hatte sich vorher mehr zusammengenommen, der ganze Defekt trat beim dauernden Zusammenleben zutage. Ich zweifle nicht daran, daß der konservative Geist, aus dem der eherechtliche Teil des BGB heraus geboren wurde, derartige Zustände schwerer seelischer Degeneration nicht im Auge hatte, als die Formulierung des § 1333 entstand. Aber ich zweifle ebenso wenig daran, daß durch eine weitherzige Auslegung dieses Paragraphen unendliches Elend in der Welt verhütet bezw. beseitigt werden könnte, daß jetzt in stummer Qual ertragen wird, niemand zu Nutze und niemand zum Segen. Denn man muß der Wirklichkeit sehr ferne stehen, um zu glauben, durch ein gesetzliches Zusammenklammern derartiger unrettbar verfehlter Ehen könnten sittliche Werte gerettet werden, die sonst verloren gehen.[324]" Jedoch lehnte er die Anfechtbarkeit der Ehe wegen bloßer erblicher Belastung mit einer Krankheit ohne späteren Krankheitsausbruch als zu weitgehend ab: „Denn es ist nicht zu leugnen, daß schwer Belastete trotzdem bisweilen völlig gesund bleiben. (...) Es ist also heute noch daran festzuhalten, daß im allgemeinen die Gesetze der Vererbung noch so unklar sind, daß die bloße erbliche Belastung und auch ihre Kombination mit Degenerationszeichen im Einzelfalle nicht hinreichen, um damit eine Anfechtungsklage zu begründen[325]."

---

[324] Gaupp, S. 384 f.
[325] Gaupp, S. 386; ähnlich auch Endemann, Familienrecht, S. 207.

In den folgenden Jahren hatte sich das Reichsgericht insbesondere mit der Frage zu beschäftigen, inwieweit ein Ehegatte, bei dessen Ehepartner zwar bei Eheschließung noch keine Geisteskrankheit bestanden hatte, der damals aber schon mit einer Anlage zu dieser Krankheit behaftet war, zur Eheanfechtung nach § 1333 BGB berechtigt war.

(a) Urteil vom 11. März 1909, IV 293/08[326]

Schon ein Jahr nach der Entscheidung vom 13. Februar 1908, in der das Reichsgericht die bloßes Anlage zu einer Geisteskrankheit nicht als persönliche Eigenschaft i.S.d. § 1333 BGB anerkannt hatte, erklärtes es in der Begründung des Urteils vom 11. März 1909, dass auch eine Anfechtung wegen einer Veranlagung zu einer geistigen Erkrankung nicht generell ausgeschlossen sei. Es führte aus, dass „eine Anlage dann einer vorhandenen Geisteskrankheit gleichgestellt werden kann, falls die Anlage nach der gewöhnlichen Entwicklung der Dinge zur Krankheit führen muß.“ In diesem Falle hatte der Ehemann die Anfechtungsklage erhoben, nachdem seine Frau nach sieben Jahren Ehe entmündigt worden war. Der ärztliche Sachverständige hatte ausgeführt, dass die Beklagte zum Zeitpunkt der Eheschließung noch geistig gesund war, jedoch die Anlage zu der später ausgebrochenen Krankheit schon in sich trug. Diese hysterische Veranlagung hätte jedoch nicht mit Notwendigkeit zum Ausbruch der Krankheit führen müssen, vielmehr könnte in einem günstigen Milieu auch eine so veranlagte Frau eine gute Ehefrau und Mutter werden, ohne dass die Krankheit je ausbrechen würde. Das Reichsgericht lehnte daher eine Anfechtbarkeit der Ehe ab.

(b) Urteil vom 24. Februar 1910, IV 230/09[327]

Ein weiteres Jahr später hatte das Reichsgericht einen Fall zu entscheiden, bei dem der Ehemann auf die Scheidungsklage seiner Frau widerklagend die Ehe angefochten hatte, weil seine Frau, was ihm bei Eingehung der Ehe unbekannt war, aus einer mit Geisteskrankheit schwer belasteten Familie stammte. Nachdem die Ehe in der Berufungsinstanz für nichtig erklärt worden war, hob das Reichsgericht am 24. Februar 1910 das Berufungsurteil mit folgender Begründung auf: „Eine zur Zeit der Eheschließung bei der Klägerin bereits bestehende Geisteskrankheit würde allerdings eine im Sinne des § 1333 BGB erhebliche persönliche Eigenschaft gewesen sein; eine dahin gehende Feststellung ist jedoch nicht getroffen worden. Es ist nicht einmal festgestellt, daß bei der Klägerin persönlich Zeichen einer Veranlagung zur Geisteskrankheit wahrnehmbar

[326] Nicht veröffentlicht.
[327] RGZ 73, 134; JW 1910, S. 334; Recht 1910, Nr. 1389.

sind; es liegt nichts vor als die unbestimmte Besorgnis des zukünftigen Ausbruchs einer Geisteskrankheit in Anbetracht in ihrer Familie vorgekommener Fälle von derartigen Erkrankungen. Das ist keine persönliche Eigenschaft im Sinne des § 1333 BGB. Selbst eine etwa durch nachherige Erkrankung feststellbare persönliche Veranlagung zur Geisteskrankheit stellt an und für sich noch nicht eine dem Wesen einer Person anhaftende Eigenschaft im Sinne des § 1333 BGB dar. Es kann hier dahingestellt bleiben, ob eine Ausnahme für den Fall gemacht werden könnte, daß eine zu der in Betracht kommenden Zeit vorhandene Anlage so beschaffen war, daß sie mit Notwendigkeit nach der gewöhnlichen Entwicklung in absehbarer Zeit zum Ausbruch der Geisteskrankheit führen mußte (Urteil des erkennenden Senats vom 11. März 1909 IV 293/08). Von einer solchen Notwendigkeit könnte in dem vorliegenden Falle nach den Feststellungen des Berufungsgerichts selbst dann keine Rede sein, wenn eine Veranlagung zur Geisteskrankheit hätte angenommen werden können. Denn nach nahezu 6-jähriger Dauer der Ehe hat der Sachverständige, dessen Gutachten das Berufungsgericht für maßgebend erklärt, an der Klägerin selbst noch nicht die geringste Spur einer geistigen Erkrankung entdecken können".

Der 4. Senat hatte hier noch einmal festgestellt, dass er eine persönliche Veranlagung zu einer Geisteskrankheit grundsätzlich nicht als persönliche Eigenschaft i.S.d. § 1333 BGB anerkannte, selbst wenn sich diese Anlage durch eine spätere Erkrankung feststellen ließ.

Auch zeigte das Reichsgericht deutlich, dass es das Ergebnis des Urteils vom 11. März 1909 keinesfalls als Grundsatz verstanden haben wollte. Vielmehr ließ es sich nur die Möglichkeit der Ausnahme des Grundsatzes, dass die Anlage zur Krankheit keine persönliche Eigenschaft darstellte, für besonders schwerwiegende Fälle offen.

(c) Urteile vom 24. November 1910, IV 671/09[328] und 9. Mai 1912, IV 560/11[329]

In zwei Urteilen aus den Jahren 1910 und 1912 bestätigte das Reichsgericht seine ablehnende Haltung zur Eheanfechtung wegen bloßer Anlage zur geistigen Erkrankung.

In dem Urteil vom 24. November 1910 stellte das Reichsgericht zwar eine Anlage zu einer Geisteskrankheit fest, verneinte aber, dass diese notwendig zu einer Geisteskrankheit führen musste. Dazu wurde ausgeführt: „Es müsse auch hier eine gewisse Disposition oder Schwäche des Nervensystems bestanden haben, damit infolge mißlicher oder widriger Verhältnisse der Organismus von einer Geisteskrankheit befallen werden konnte. Eine solche Veranlagung habe

[328] WarnRspr 1911, Nr. 85; Recht 1911, Nr. 3657.
[329] WarnRspr 1912, Nr. 310; Gruchot 65, S. 999.

die Klägerin gehabt, die (...) immer eine etwas empfindsame, sensible Natur gewesen sei und sich leicht aus dem seelischen Gleichgewicht habe bringen lassen. Es handelt sich hiernach um eine bloße Anlage zur Geisteskrankheit, nicht um eine bereits im Anfangsstadium vorhanden gewesene Geisteskrankheit. (...) Allein im vorliegenden Falle hat der Vorderrichter (...) festgestellt, daß die Veranlagung der Klägerin nicht notwendig zur Geisteskrankheit zu führen brauchte."

Dem Urteil vom 9. Mai 1912 lag folgender Sachverhalt zugrunde: Der Ehemann hatte die 1906 geschlossene Ehe im September 1909 mit der Behauptung angefochten, dass seine Ehefrau zur Zeit der Eheschließung „geisteskrank oder mindestens geistesschwach" gewesen sei. Die Beklagte hatte sich im Jahre 1899, also mehrere Jahre vor der Eheschließung, sieben Monate wegen Geisteskrankheit in einer Heilanstalt befunden. Nach Klageabweisung durch das Landgericht hatte das Oberlandesgericht Stettin die Ehe für nichtig erklärt.

Das Reichsgericht führte dazu aus: „Das Berufungsgericht hat, ohne auf die bezeichneten Beweisanerbieten einzugehen, die Ehe gemäß § 1333 BGB für nichtig erklärt und dies wie folgt begründet: da die Geisteskrankheit mindestens sieben Monate bestanden habe und die volle Heilbarkeit sehr zweifelhaft sei, so liege eine persönliche Eigenschaft der Beklagten vor, deren Kenntnis den Kläger von der Eingehung der Ehe abgehalten haben würde. Es ist der Revision beizupflichten, daß damit keine ausreichende Begründung für das Vorliegen einer persönlichen Eigenschaft der Beklagten gegeben ist. Soweit eine früher einmal vorhanden gewesene, inzwischen zur Heilung gelangte Krankheit in Frage kommt, kann eine solche weder sprachlich noch im Rechtssinne als eine der Person anhaftende Eigenschaft bezeichnet werden. (...) Es scheint allerdings, daß das Berufungsgericht annehmen will, es haben bei der Beklagten zur Zeit der Eheschließung noch eine Disposition zur neuerlichen Erkrankung und die Gefahr einer Vererbung der krankhaften Anlage auf die Kinder bestanden; hierin könnte gegebenenfalls eine Eigenschaft im Sinne des § 1333 erblickt werden; denn es bildet zwar die bloße Veranlagung zur geistigen Erkrankung eine derartige Eigenschaft nicht, wohl aber kann eine solche dann angenommen werden, wenn jene Veranlagung mit einer früher zutage getretenen und dann wieder zurückgegangenen geistigen Erkrankung zusammenhängt (WarnRspr. 1908, Nr. 323). Aber das Berufungsgericht hätte sich einer ausdrücklichen Feststellung darüber nicht entziehen dürfen, welche Eigenschaft der Beklagten zur Zeit der Eheschließung tatsächlich bestanden habe".

Damit stellte das Reichsgericht klar, dass weder eine überstandene Krankheit noch die bloße Anlage zu einer geistigen Erkrankung eine persönliche Eigenschaft i.S.d. § 1333 BG darstellte, dass aber eine früher ausgebrochene Geisteskrankheit, die bei Eheabschluss zurückgegangen war und bei der die Disposition zur erneuten Erkrankung bestand, zur Eheanfechtung berechtigte, da diese

Krankheit zwar zurückgegangen sei, jedoch nicht als überstanden oder ausgeheilt angesehen werden konnte.
Das Urteil vom 9. Mai 1912 brachte erstmals „die Gefahr einer Vererbung der krankhaften Anlage auf die Kinder“ als Argument für eine mögliche Anfechtbarkeit der Ehe ins Spiel, ein Gesichtspunkt, der in den vorherigen Entscheidungen keine Rolle gespielt hatte.

(2) 1920–1933

In einer Reihe von Entscheidungen Anfang der zwanziger Jahre änderte das Reichsgericht seine Herangehensweise an das Problem der Anlage zur Geisteskrankheit. Während es in den vorherigen Urteilen darum ging, ob und wieweit sich die Krankheitsanlage überhaupt als persönliche Eigenschaft darstellte, rückte nunmehr in den Mittelpunkt, wie die Anlage zur Geisteskrankheit mit dem „Wesen der Ehe“ vereinbar war.

(a) Urteil vom 5. Februar 1920, VI 390/19[330]

In einer Entscheidung des 6. Senats vom 5. Februar 1920 führte das Reichsgericht dazu aus: „Zwar stellt das Berufungsgericht auf Grund des Gutachtens fest, daß die Beklagte schon bei der Eingehung der Ehe mindestens mit einer Anlage zur Geisteskrankheit behaftet war, die nach der gewöhnlichen Entwicklung der Dinge zur Geisteskrankheit führen mußte. Es ist auch rechtlich nicht zu bezweifeln, daß auch eine Krankheitsanlage eine solche persönliche Eigenschaft eines Ehegatten darstellen kann, die i.S.d. § 1333 BGB zur Anfechtung der Ehe zureicht. Aber ob eine bloße Krankheitsanlage wirklich als Anfechtungsgrund bewertet werden kann, hängt stets von den näher darzulegenden tatsächlichen Verhältnissen ab. Denn nicht jedwede Geistesanlage, die in der ärztlichen Wissenschaft nach pathologischen Begriffen als anormaler, sogar krankhafter Zustand bezeichnet wird, darf kritiklos ohne weiteres auch als Grund zur Anfechtung einer Ehe zugelassen werden. Rechtlich kommt es in dieser Beziehung wesentlich auf die besondere Eigenart der Geistesanlage und auf die Art und Schwere ihrer späteren Entwicklung an, namentlich auch darauf, ob ein solcher ärztlich als krankhaft erklärter Geisteszustand an sich sowohl wie in seiner Erscheinungsweise tatsächlich nach der Lebensauffassung und der allgemeinen Erfahrung überhaupt und von vornherein mit dem Wesen der Ehe unverträglich erscheint[331]“.

[330] JW 1920, S. 555.
[331] Mit fast ähnlicher Formulierung auch Urteil des 6. Senats vom 28. Juni 1920; VI 147/20 (Gruchot 65, S. 95).

Nach Meinung des 6. Senats stellte die Anlage zur Geisteskrankheit, die nach der „gewöhnlichen Entwicklung der Dinge notwendig zur Geisteskrankheit führen mußte“, eine persönliche Eigenschaft i.S.d. § 1333 BGB dar. Ob diese aber, als mit dem Wesen der Ehe unvereinbar, zur Anfechtung der Ehe berechtigen sollte, war je nach Einzelfall unter besonderer Berücksichtigung der Eigenart der Anlage und der Art und Schwere ihrer späteren Entwicklung zu entscheiden.

Damit machte auch der 6. Senat deutlich, dass die Anfechtung der Ehe nach § 1333 BGB wegen Irrtums über die Anlage des Ehegatten zu einer Geisteskrankheit nicht generell möglich war. Nur in besonderen Fällen, in denen die Anlage mit Notwendigkeit zum Ausbruch der Krankheit führen musste und auch so beschaffen war, dass die aus der Anlage zu erwartende Krankheit zu einer mit dem Wesen der Ehe unverträglichen Gestaltung des konkreten ehelichen Lebens führen würde, sollte eine Anfechtung der Ehe möglich sein.

Ob eine mögliche Vererbbarkeit der krankhaften Anlage zur Anfechtung führen könne, hob der 6. Senat nicht hervor. Dies sah Opet auch als Hauptkritikpunkt seiner Anmerkung zum Urteil vom 5. Februar 1920 an: „Vom rechtlich-moralischen Standpunkt ist gegen diese Auffassung nichts einzuwenden, angreifbar ist sie aber vom biologischen Standpunkt. Selbst bei milder Ausprägung der Symptome, die eine eheliche Lebensgemeinschaft, wie sie das Reichsgericht verlangt, durchaus möglich macht und damit die Anfechtung gemäß § 1333 ausschließt, sind nach den Erfahrungen der Psychiatrie die endogenen, aus der krankhaften Veranlagung herauswachsenden Geisteskrankheiten für die Nachkommen verhängnisvoll: sie haben die Tendenz zur Vererbung auf die folgenden Generationen. Die Nichtzulassung der Anfechtung in solchen Fällen bedeutet also eine schwere Schädigung der Volkskraft. Es wäre wünschenswert, daß die Berücksichtigung der „verständigen Würdigung des Wesens der Ehe“ dem biologischen Standpunkt die gebührende Beachtung verschaffte und auch leichtere Formen endogener Psychose zu den persönlichen Eigenschaften i.S. des § 1333 zählte.[332]“

(b) Entscheidungen des 5. Senats vom 4. Juni 1921, V 45/21[333] und 14. Dezember 1921, V 296/21[334]

In zwei Entscheidungen aus dem Jahr 1921 hatte sich der 5. Senat des Reichsgerichts mit der Frage der Anfechtung der Ehe wegen Irrtums über die Anlage zu einer geistigen Erkrankung zu beschäftigen. Beide Urteile zeigen, dass sich

[332] Opet, JW 1920, S. 555.
[333] JW 1922, S. 162.
[334] JW 1922, S. 1199; Recht 1922, 972.

der 5. Senat im Vergleich zu den früheren Urteilen der anderen Senate für eine leichtere Trennbarkeit der Ehen aussprach.
Der Entscheidung des 5. Senats vom 4. Juni 1921 lag folgender Sachverhalt zugrunde: Der Ehemann hatte die 1916 geschlossenen Ehe angefochten, nachdem er erfahren hatte, dass seine Ehefrau 1909 „an Nervenschwäche oder Hysterie in erheblichem Maße gelitten hatte". Der Mann hatte vier heranwachsende Söhne in die Ehe mitgebracht und war bei der Eheschließung davon ausgegangen, dass seine zukünftige Ehefrau in der Lage sei, einen Haushalt zu leiten. Das Berufungsgericht hatte die Klage abgewiesen, da die Beklagte im Oktober 1916, zur Zeit der Eheschließung, nachweislich nicht nervenkrank gewesen war.
Der 5. Senat hob das Berufungsurteil auf und führte wie aus: „Wenn von einer dauernden, das Leiden zu einer Eigenschaft der Beklagten stempelnden Krankheit nach dieser vom Berufungsgericht für die Zeit von 1909 bis 1916 getroffenen Feststellung man allerdings nicht sprechen kann, so legen aber die unter das Zeugnis des Sanitätsrates Dr. F. gestellten Behauptungen die Annahme nahe, daß die Beklagte, ohne dauernd an dieser hochgradigen Nervenschwäche zu leiden, doch dauernd und möglicherweise ohne Aussicht auf völlige Beseitigung an einer starken Anfälligkeit nach dieser Richtung leidet, mit einer dauernden Veranlagung für dieses Leiden behaftet ist. Das dauernde Behaftetsein mit einer starken Anfälligkeit für ein nervöses Leiden, das die Frau für die voraussichtlich längere Zeit seines Auftretens unfähig macht, die ihr nach § 1356 BGB obliegenden Pflichten der Leitung des gemeinschaftlichen Hauswesens und der Verrichtung von Arbeiten darin zu erfüllen, soweit eine solche Tätigkeit nach den Verhältnissen, in denen, wie hier, die Ehegatten leben, üblich ist, kann sehr wohl als eine persönliche Eigenschaft i.S. des § 1333 BGB anzusprechen sein."
Der 5. Senat ließ nunmehr die starke Anfälligkeit für ein nervöses Leiden, das sich nicht als unheilbar, sondern nur möglicherweise ohne Aussicht auf völlige Beseitigung darstellte, als Anfechtungsgrund zu, wenn dadurch die Ehefrau voraussichtlich längere Zeit ihren häuslichen Pflichten nicht erfüllen konnte.
Wieruszowski[335] kritisierte diese deutlich leichteren Voraussetzungen, die der 5. Senat an die Eheanfechtung stellte, als „viel zu weit gehend". Er plädierte für die Anwendung „besonderer Vorsicht und Feinfühligkeit" auf dem Gebiet der Anfechtung der Ehe und befürchtete eine uferlose Ausdehnung der Anwendbarkeit des § 1333 BGB auf den reinen Verdacht einer späteren geistigen Erkrankung.
In der Entscheidung vom 14. Dezember 1921 hob der 5. Senat des Reichsgerichts ein Urteil des OLG Köln auf, in welchem die Klage eines Ehemannes auf Anfechtung der Ehe nach § 1333 BGB mit der Begründung abgelehnt worden

---

[335] Wieruszowski, JW 1922, S. 162.

war, dass die angeborene Veranlagung der Ehefrau nach gewöhnlichem Verlauf nicht zur geistigen Erkrankung hätte führen müssen.
Dazu führte der 5. Senat aus: „Nun findet sich in mehreren Urteilen des 4. Zivilsenats allerdings der Ausspruch, daß eine bloße Veranlagung zu geistiger Erkrankung, die noch nicht eine bereits im Anfangsstadium befindliche Geisteserkrankung dargestellt habe, zur Eheanfechtung nicht ausreiche, daß es aber anders sein könne, wenn es sich um eine Veranlagung gehandelt habe, die zur geistigen Erkrankung hätte führen müssen (vgl. Warn. 1911 Nr. 85 und die dort genannten Urteile, ferner RGZ 73, 135). Indes damit hat keineswegs als Grundsatz aufgestellt werden sollen, daß die konstitutionelle Anlage zu geistiger Erkrankung immer nur dann als eine die Anfechtung berechtigende persönliche Eigenschaft im Sinne des § 1333 gelten könne, wenn sie schon mit Notwendigkeit, d.h. also nach dem gewöhnlich eintretenden Verlaufe der Dinge den Ausbruch geistiger Erkrankung zur Folge haben müsse. Hält man sich vielmehr die Vorschrift des § 1333 BGB selbst vor Augen, die das Vorhandensein einer solche persönlichen Eigenschaft voraussetzt, die den anderen Ehegatten bei Kenntnis der Sachlage und bei verständiger Würdigung des Wesens der Ehe von Eingehung der Ehe abgehalten haben würde, dann kann das entscheidende Kriterium für Beantwortung der Frage, ob in einem entsprechenden Falle das Anfechtungsrecht gegeben sei, nur darin gefunden werden, ob die geltend gemachte Veranlagung zur geistigen Erkrankung von solcher Beschaffenheit war, daß die Kenntnis von ihr den anderen Ehegatten, sofern er das Wesen der Ehe und ihre Anforderungen verständig erwog, bestimmt hätte, von Eingehung der Ehe Abstand zu nehmen."
Der 5. Senat sah es also nicht als notwendige Voraussetzung für die Anfechtbarkeit einer Ehe nach § 1333 BGB wegen der Veranlagung zu einer Geisteskrankheit an, dass die Anlage mit Notwendigkeit zum späteren Krankheitsausbruch führen musste. Den Ehegatten bei verständiger Würdigung vom Wesen der Ehe von der Eingehung der Ehe abzuhalten, wäre nach Ansicht des 5. Senats auch schon bei solchen Krankheitsanlagen geeignet, „wenn genügender Anhalt zu der Annahme vorlag, daß sich schon nach dem gewöhnlichen Verlaufe der Dinge und insbesondere auf Grund der im Wesen der Ehe schon an sich begründeten Vorgänge die Veranlagung des anderen Teils zu einer geistigen Erkrankung voraussichtlich entwickeln würde. Unter solchen Umständen die Ehe einzugehen, kann verständlicherweise niemand zugemutet werden".
Bei der Frage nach der Anfechtbarkeit der Ehe wegen der Anlage zu einer Geisteskrankheit spielte, so der 5. Senat in der Urteilsbegründung vom 14. Dezember 1921, auch die Gefahr einer Vererbung auf die Nachkommenschaft eine wichtige Rolle: „Aus begreiflichen Gründen kann niemand zugemutet werden, daß er die Ehe eingeht, wenn mit mehr oder weniger Gewißheit zu erwarten ist, daß sich die Veranlagung zu geistiger Erkrankung von dem anderen Ehegatten auf die voraussichtliche Nachkommenschaft im Wege der Vererbung übertragen

wird, und auf die Erzielung einer Nachkommenschaft ist doch die Ehe ihrem Wesen nach gerichtet. Das Hervorgehen einer Nachkommenschaft mit einer Belastung in Rede stehender Art wäre nicht nur im Interesse aller Beteiligten, sondern im Interesse der Allgemeinheit etwas durchaus nicht Wünschenswertes". Auch bei der Frage der Vererblichkeit der krankhaften Geistesanlage sollte die Anfechtbarkeit der Ehe nicht nur auf eindeutig nachweisbar vererbbare beschränkt bleiben. Dem 5. Senat genügte die „Erwartung der Vererbung mit mehr oder weniger Gewißheit". Zur Begründung einer leichteren Trennbarkeit einer Ehe wegen geistiger Erkrankung führte dieses Urteil zum ersten Mal neben den Interessen der Ehegatten nun auch die Interessen der Allgemeinheit an der Erzeugung gesunden Nachwuchses an.

(c) Urteile anderer Senate des Reichsgerichts Ende der zwanziger Jahre

Eine Reihe von Urteilen anderer Senate aus den Jahren 1927 bis 1929 lässt erkennen, dass sich diese entgegen der Ansicht des 5. Senats für eine deutlich engere Anwendung des § 1333 BGB bei Krankheitsanlagen aussprachen.

(aa) Urteil des 7. Senats vom 20. Januar 1927, VII 54/26[336]

Der Entscheidung des 7. Senats vom 20. Januar 1927 lag folgender Sachverhalt zugrunde: Die Ehefrau hatte die Ehe wegen eines Irrtums über die angeborene, unheilbare psychopatische Veranlagung ihres Ehemannes angefochten. Zwar hatte sie die Symptome der Erkrankung ihres Mannes, Willensschwäche und Unfähigkeit zur geregelten Arbeit, schon bei der Eheschließung gekannt. Sie sah jedoch seinen „depressiven Gemütszustand" als Folge einer im Krieg erlittenen Verschüttung an und rechnete mit der Möglichkeit der Heilung. Erst später erfuhr sie von einem ärztlichen Gutachten, welches nach dem Krieg festgestellt hatte, dass die Ursache der Erkrankung ihres Mannes in der angeborenen psychopatischen Veranlagung lag. Das OLG Stuttgart gab daraufhin der Klage der Ehefrau statt.
Die Revision des Beklagten führte zur Zurückverweisung.
Zur Begründung verwies der 7. Senat auf die Entscheidungen bis 1920, nicht jedoch auf die späteren Urteile des 5. Senats und führte aus: „Sowohl eine psychopatische Veranlagung wie eine Kriegsbeschädigung kann nach Art und Folge so schwer sein, daß sie als eine persönliche Eigenschaft im Sinne des § 1333 BGB zu werten sind. Es kann aber auch umgekehrt die eine wie die andere Krankheit leichterer Natur sein. (...) Denn mag die Klägerin die eine oder die andere oder beide Ursachen des Seelenzustandes des Beklagten zur Zeit der Eheschließung gekannt oder nicht gekannt haben, so ergibt sich hieraus nicht, ob

[336] WarnRspr 1927, Nr. 32.

sein Zustand überhaupt von so schwerer Art gewesen ist und er notwendig so schwere Folgen nach sich ziehen mußte, daß dadurch ein dem sittlichen Wesen der Ehe entsprechendes Gemeinschaftsleben ausgeschlossen wurde."

(bb) Urteil des 4. Senats vom 13. Februar 1928, IV 557/27[337]

Ein Urteil des 4. Senats vom 13. Februar 1928 ließ die Frage, ob die Anlage zur Krankheit mit Notwendigkeit auch zur Erkrankung führen musste, zwar ausdrücklich offen, gelangte aber zur Abweisung der Anfechtungsklage, da in diesem Fall das ärztliche Gutachten festgestellt hatte, dass die nach der Eheschließung ausgebrochene Krankheit (Schizophrenie) nur möglicherweise ihre Ursache in der Veranlagung des Ehegatten hatte: „Keineswegs ist aber das streitige Ergebnis gegeben, wenn, wie hier festgestellt, die Anlage nichts weiter ergibt als die bloße (wie der Gutachter sich ausdrückt: vage) Möglichkeit einer künftigen Erkrankung."

(cc) Urteil des 8. Senats vom 11. Februar 1929, VIII 351/28[338]

Auch der 8. Senat forderte in einer Entscheidung vom 11. Februar 1929 den notwendigen Ausbruch der Krankheit aufgrund der Anlage.
Das Reichsgericht hob ein Urteil des OLG Celle auf, welches die Anfechtungsklage der Ehefrau mit der Begründung abgelehnt hatte, dass der Beklagte bei Eingehung der Ehe geistig gesund gewesen sei. An anderer Stelle hatte das OLG aber eine schwere, angeborene Psychopathie des Beklagten festgestellt.
Der 8. Senat führte dazu aus: „Wenn das Berufungsgericht feststellt, daß der Beklagte bereits 1910 die Landes-Heil- und Pflegeanstalt hat aufsuchen müssen, und wenn es für das vom Beklagten 1926 und 1927 gezeigte hemmungslose Verhalten eine schwere angeborene (!) Psychopathie für ausschlaggebend erachtet, wenn es andererseits den Beklagten z.Z. der Eingehung der Ehe (1915) als gesund bezeichnet, dann ist die Möglichkeit nicht ausgeschlossen, daß es dabei den Begriff der persönlichen Eigenschaft des § 1333 BGB verkannt hat. Zwar kann seiner abstrakten Ausführung, daß in einer entfernten Möglichkeit einer zukünftigen geistigen Erkrankung noch keine persönliche Eigenschaft erblickt werden könne, nicht widersprochen werden. Es hätte sich indessen unter Ausnutzung aller im Zeitpunkte seiner Entscheidung zu Gebote stehenden Erkenntnisquellen auch der Prüfung unterziehen müssen, ob hier trotz des Angeborenseins der Psychopathie, trotz ihrer Anzeichen von 1910 und trotz ihres verheerenden Auftretens 1926 lediglich eine solch entfernte Möglichkeit gegeben, oder ob nicht doch ein der unmittelbaren Wahrnehmung sich entziehender

[337] DRZ 1928, Sp. 128.
[338] HRR 1929, Nr. 1010.

Zustand anzunehmen war, der sich zu der heute vorhandenen Krankheit herausbilden mußte. Denn in rechtlicher Beziehung ist die besondere Eigenart der Geistesanlage und die Art und Schwere ihrer späteren Entwicklung maßgeblich."

(dd) Urteil des 7. Senats vom 28. Juni 1929, VII 14/29[339]

Noch deutlicher als der 8. Senat formulierte der 7. Senat in einer Entscheidung vom 28. Juni 1929 die Voraussetzungen der Anfechtbarkeit der Ehe wegen der Anlage zu einer geistigen Erkrankung.
Der Entscheidung lag folgender Sachverhalt zugrunde: Der Ehemann hatte zunächst die Scheidung der 1913 geschlossenen Ehe nach § 1568 BGB wegen Beleidigung und Verleumdung beantragt. Nachdem das Landgericht aus diesem Grunde die Scheidung ausgesprochen hatte, legte die beklagte Ehefrau mit dem Antrag auf Klageabweisung Berufung ein. Sie machte geltend, dass sie wegen einer geistigen Erkrankung für ihre Handlungen nicht verantwortlich gewesen sei. Daraufhin focht der Ehemann die Ehe nach § 1333 BGB wegen Irrtums über die geistige Gesundheit der Beklagten an und verlangte äußerstenfalls die Scheidung nach § 1569 BGB wegen mehr als dreijähriger Geisteskrankheit der Beklagten.
Das OLG Königsberg hatte aufgrund der ärztlichen Gutachten festgestellt, dass die geistige Erkrankung ihren Ursprung in der schon vor der Eheschließung vorhandenen psychopatischen Veranlagung der Beklagten hatte. Da sich aber, nach Ansicht des Gerichts, kein überzeugender Anhaltspunkt dafür ergeben hatte, dass diese Veranlagung mit Naturnotwendigkeit zu der ausgebrochenen Krankheit habe führen müssen, war die Anfechtungsklage abgewiesen und die Scheidung nach § 1568 BGB ausgesprochen worden.
Die Revision des Klägers führte zur Aufhebung und Zurückverweisung.
Der 7. Senat führte dazu aus: „Das Reichsgericht hat sich über Eheanfechtungen wegen krankhafter geistiger und seelischer Veranlagung eines Ehegatten, die unbedenklich unter den Begriff der persönlichen Eigenschaft nach § 1333 BGB einzureihen ist, wiederholt ausgesprochen. (...) Im wesentlichen stimmen diese Erkenntnisse darin überein, daß es für die Anfechtung der Ehe darauf ankommt, ob der Ehegatte schon zur Zeit der Eheschließung mit Geisteskrankheit oder mit der Veranlagung behaftet war, die nach der gewöhnlichen Entwicklung zur Geisteskrankheit führen mußte, daß aber § 1333 BGB nicht anwendbar ist, wenn nur bei Hinzutritt mißlicher und widriger Verhältnisse die Anlage eine Geisteskrankheit auslöst."
Im folgenden ging das Gericht ausführlich darauf ein, ob der Anfechtungskläger ausdrücklich darlegen musste, dass die festgestellte Anlage auch wirklich die

[339] RGZ 125, 172.

Ursache eines späteren Ausbruches der Krankheit war: „Hatte die später erkennbar ausgebrochenen Geisteskrankheit – wie das Berufungsgericht feststellt – ihren Ursprung in einer Veranlagung der Beklagten, die schon bei der Ehescheidung vorhanden war, so beruht ihr Ausbruch zweifellos auf natürlicher Notwendigkeit, es sei denn, daß anzunehmen wäre, es hätten besondere widrige Umstände den Krankheitsausbruch verursacht. Solche Umstände sind vom Berufungsgericht nicht festgestellt; es ist auch nicht ersichtlich, daß der Sachverhalt dafür besondere Anhaltspunkte geboten hätte. (...) Eine besondere Beweispflicht des Anfechtungsklägers in dieser Richtung wäre jedoch nur dann anzuerkennen, wenn bestimmte Anhaltspunkte für derartige Schädigungen hervorträten. Beim Fehlen darauf hinweisender Umstände bedarf es aber nicht, wie das Oberlandesgericht meint, noch besonderer überzeugender Anhaltspunkte dafür, daß die Veranlagung mit Naturnotwendigkeit zu der ausgebrochenen Krankheit habe führen müssen."

Das Reichsgericht verlangte für eine Anwendbarkeit des § 1333 BGB zwar, dass die Veranlagung ursächlich für den späteren Krankheitsausbruch war. Dafür genügte aber nunmehr die Feststellung einer Krankheitsanlage vor der Eheschließung. Wenn es später zur Erkrankung kam, hatte der Anfechtungsbeklagte zu beweisen, dass die Anlage nicht nach gewöhnlichem Verlauf zum Ausbruch geführt hatte, sondern dass die Erkrankung nur durch Hinzutritt widriger oder misslicher Umstände ausgebrochen war. Wenn der Beklagte also nicht nachweisen konnte, dass er bei einem „gewöhnlichen Verlauf der Dinge" nicht erkrankt wäre, galt die Anlage als notwendige Ursache für die später erfolgte Erkrankung.

Diese Umkehr der Beweislast brachte eine deutliche Erleichterung für den Anfechtungskläger, da es für den Beklagten sehr schwer war, zu beweisen, dass die tatsächlich ausgebrochene Krankheit nicht notwendig nur aufgrund der vorhanden Anlage zutage getreten war.

Bis zur Machtergreifung der Nationalsozialisten im Januar 1933 hielt das Reichsgericht an dieser Rechtssprechung fest. So stellte der 7. Senat in einer Entscheidung vom 28. Juni 1932[340] fest: „Die Anfechtung einer Ehe wegen Irrtums über persönliche Eigenschaften des anderen Teils ist im Falle einer fortschreitenden Krankheit nur dann begründet, wenn der Entwicklungsstand der Krankheit zur Zeit der Eheschließung schon derartig war, daß er unabhängig davon, ob sich die Krankheit weiter entwickele und wie dies etwa geschehe, beim Vorliegen eines für die Eheschließung ursächlichen Irrtums die Anfechtungsklage begründet erscheinen läßt, oder wenn der körperliche oder geistige Zustand des anderen Ehegatten zur Zeit der Eheschließung nach dem gewöhnlichen Lauf der Dinge mit Notwendigkeit zu einer Entwicklungsstufe führen

[340] VII 75/32 (WarnRspr 1932, Nr. 151); in diesem Sinne auch: Urteil vom 7. April 1930, VIII 18/30 (Recht 1930, Nr. 1510).

mußte, die beim Vorliegen der anderen Voraussetzungen die Anfechtung wegen Irrtums begründen würde."

(3) Die Rechtsprechung nach 1933

Das national-sozialistische Eheverständnis legte besonderen Wert auf die „Erbgesundheit" der Ehe. Nur eine Ehe, aus der ein gesunder Nachwuchs hervorgehen konnte, galt als schutz- und förderungswürdig.
Unter den Einfluss des Nationalsozialismus kam es daher zu einschneidenden Veränderungen der Rechtsprechung zur Eheanfechtung wegen der Anlage zu einer geistigen Erkrankung. Besonderer Schwerpunkt sollte hierbei die Frage der Vererbbarkeit der Krankheitsanlage auf die zukünftigen Generationen haben.

(a) Urteile des 4. Senats vom 9. Oktober, IV 165/33[341] und 4. Dezember 1933, IV 293/33[342]

1933, im ersten Jahr unter der nationalsozialistischen Herrschaft, hielt das Reichsgericht jedoch noch daran fest, dass die Veranlagung zu einer geistigen Erkrankung nur dann eine persönliche Eigenschaft i.S.d. § 1333 BGB darstellte, wenn sie nach dem gewöhnlichen Verlauf notwendig zur Erkrankung führen musste, unabhängig davon, ob diese Anlage vererbbar war.
Am 9. Oktober 1933 hatte das Reichsgericht zu einer Eheanfechtung wegen geistiger Erkrankung der Ehefrau Stellung zu nehmen, bei der das Sachverständigengutachten ergeben hatte, dass die beklagte Ehefrau zur Zeit der Eheschließung nur an einer „gewissen geistigen Minderwertigkeit" gelitten hatte, die sich erst durch das ehewidrige Verhalten des Klägers zu einer ernsthaften Erkrankung ausgeweitet hatte. Dazu führte der 4. Senat aus: „Bei dem geringen Grade von geistiger Minderwertigkeit, wie ihn das Berufungsgericht für den Zeitpunkt der Heirat festgestellt hat, würde sich auch dann keine andere rechtliche Beurteilung ergeben, wenn (wie der Berufungsrichter ohne weiteres annimmt) die erörterte geistige Verfassung sich auf etwaige Nachkommen übertragen haben würde. Ebensowenig ist dazu die Tatsache geeignet, daß im Verlaufe der Ehe sich bei der Beklagten ein Verfolgungswahn herausgebildet hat, der sie zu der wahnhaften Vorstellung geführt hat, daß ihre Nebenbuhlerin ihr nach dem Leben trachte, und der auf dem hierdurch begrenzten Gebiete eine Geisteskrankheit der Beklagten begründete. Es handelt sich hierbei nicht um den normalen Ablauf der Dinge; jener Zustand wurde vielmehr durch das eigene schuldhafte

[341] WarnRspr 1933, Nr. 179; JW 1933, S. 2764.
[342] WarnRspr 1934, Nr. 11.

Verhalten des Klägers herbeigeführt. Denn wie der Sachverständige und mit ihm erkennbar auch das Berufungsgericht annehmen, ist diese geistige Störung erst durch die fortgesetzten ehewidrigen Beziehungen des Klägers zu der E. ausgelöst worden."

In diesem Sinne entschied das Reichsgericht auch am 4. Dezember 1933 in einem ähnlich gelagerten Fall: „Gegen die Ansicht des Berufungsgerichts, daß es für die Frage der Eheanfechtung bei einer zur Zeit der Eheschließung vorhandenen, möglicherweise auf erblichen Belastungen beruhenden bloßen Anlage zu einer geistigen Erkrankung darauf ankommt, ob die Anlage nach der gewöhnlichen Entwicklung der Dinge notwendig zur Geisteskrankheit führen müsse, sind rechtliche Bedenken nicht zu erblicken. Eine persönliche Eigenschaft im Sinne des § 1333 ist nicht vorhanden, wenn nur eine unbestimmte Besorgnis des künftigen Ausbruchs einer Geisteskrankheit besteht oder wenn der Ausbruch nur für den Fall des Eintritts mißlicher, die Entwicklung der Anlage begünstigender Verhältnisse zu besorgen ist. (...) Unter diesen rechtlichen Gesichtspunkten hat das Berufungsgericht den vorliegenden Fall geprüft. Es gelangt auf Grund der eingeholten ärztlichen Gutachten zur Feststellung, daß erst besonders ungünstige Umstände, zum Teil auch das wenig rücksichtsvolle, verständnislose Verhalten des Klägers die Geisteskrankheit der Beklagten zum Ausbruch gebracht haben. Diese mit der Revision nicht angreifbaren Feststellungen rechtfertigen die Verneinung der Anfechtbarkeit."

Das Festhalten des Reichsgerichts an der vor 1933 geltenden Rechtsprechung führte zur Kritik in der Literatur.

Henke sprach sich in einer Stellungnahme zum Urteil vom 9. Oktober 1933 dafür aus, die Anfechtung der Ehe auch schon dann zuzulassen, wenn „im medizinischen Sinne die begründete Besorgnis des Ausbruchs der Geisteskrankheit gegeben ist[343]". In der vom Reichsgericht geforderten Voraussetzung der notwendigen Erkrankung nach der gewöhnlichen Entwicklung der Dinge sah er eine im Gesetz nicht enthaltene Begrenzung der Eheanfechtungsgründe. Zur Begründung der von ihm geforderten leichteren Anfechtungsmöglichkeit führte er die veränderten politischen Verhältnisse an: „Es kann keinem Ehepartner zugemutet werden, die Ehe fortzusetzen, obgleich er ständig befürchten muß, das irgendein von seinem oder seines Ehegenossen Willen unabhängiges außergewöhnliches Ereignis, das Seelen- oder Geistesleben des anderen erst völlig in Verwirrung bringt, da zweifellos die Kenntnis einer solchen Veranlagung jeden ernst Denkenden von der Eingehung der Ehe abgehalten haben würde. Gilt dieser Satz schon für vergangene ruhige Zeiten, so muß er um so mehr für eine Epoche, wo an jeden Volksgenossen außergewöhnliche Anforderungen im allgemeinen und im Bereiche der Ehe im besonderen gestellt werden, in erhöhtem Maße gelten, wenn man berücksichtigt, daß in einer Zeit der Eugenik die Staats-

[343] Henke, JW 1933, S. 2764.

tendenz nicht der mühseligen Erhaltung des abnormen und krankhaft Schwachen, sondern der Förderung eines starken Volksganzen gilt.[344]"

(b) Urteil des 4. Senats vom 18. Juni 1934, IV 98/34[345]

Eine grundlegende Änderung seiner Rechtsprechung vollzog das Reichsgericht mit der Entscheidung vom 18. Juni 1934, die die Voraussetzungen der Anfechtbarkeit der Ehe wegen Irrtums über eine Anlage zu einer geistigen Erkrankung, die eine „Erbkrankheit" darstellte, deutlich erleichterte.
Der Entscheidung lag folgender Sachverhalt zugrunde: Der Ehemann hatte die 1926 geschlossene Ehe, aus der zwei Kinder hervorgegangen waren, wegen geistiger Erkrankung seiner Frau angefochten. Das ärztliche Gutachten hatte festgestellt, dass die Beklagte seit 1931 an Schizophrenie gelitten hat und dass sie von Geburt an mit einer Anlage zu dieser Krankheit behaftet war. Nicht festgestellt werden konnte jedoch, ob die Krankheitsanlage nach gewöhnlichem Verlauf zum Ausbruch hätte führen müssen. Trotzdem hatte das Landgericht Essen die Ehe für nichtig erklärt. Die Berufung und die Revision der Beklagten blieben ohne Erfolg.
Das Reichsgericht führte dazu aus: „Es (das Berufungsgericht) ist (...) zu der Überzeugung gelangt, daß sich die erblich bedingte Erkrankung auf die gesamte Nachkommenschaft vererbt, ohne daß sie bei allen in die Erscheinung zu treten braucht, daß sie aber bei der Nachkommenschaft immer wieder zum Ausbruch kommen wird. Die Auffassung, daß aus diesem Grunde eine persönliche Eigenschaft i.S.d. § 1333 BGB vorliege, ist rechtlich nicht zu beanstanden. Es handelt sich hier nicht um den Fall einer bloßen Veranlagung zur Geisteskrankheit, für den in der Rechtsprechung eine persönliche Eigenschaft dann bejaht worden ist, wenn die Anlage nach dem gewöhnlichen Verlauf zur wirklichen Erkrankung führen muß. Vielmehr ist eine erblich überkommene Krankheit und die Gewissheit festgestellt worden, daß die Nachkommenschaft erbkrank sein wird. Daß die Krankheit schon bei der Beklagten zum Ausbruch gekommen ist, stellt dabei eine Tatsache von nicht entscheidender Bedeutung dar. Wesentlich ist, daß der gesamte Nachwuchs erbkrank wird und daß periodisch die Krankheit zum Ausbruch kommt. Daher geht auch der Hinweis der Revision fehl, der Ausbruch bei der Beklagten sei darauf zurückzuführen, daß ihr Ehemann und dessen Schwester sie wegen einer weiteren Schwangerschaft zur Verzweiflung getrieben und so den Krankheitsausbruch bei ihr verursacht hätten. Das Berufungsgericht hat denn auch in Übereinstimmung mit dem Sachverständigen der als wahr unterstellten Tatsache nur eine mitwirkende Ursächlichkeit für den Ausbruch der Krankheit beigemessen."

---

[344] Henke, JW 1933, S. 2764.
[345] RGZ 145, 11.

Nunmehr war es bei Feststellung der Veranlagung zu einer vererbbaren Krankheit unerheblich, ob die Krankheit nur durch widrige Umstände ausgebrochen war oder überhaupt ausbrechen würde. Allein die Tatsache, dass sich die Krankheitsanlage weiter vererben würde, war als Anfechtungsgrund ausreichend.

Dieses Urteil stieß auf fast einhellige Zustimmung in der Literatur.

Liebnitz maß dieser Entscheidung grundlegende Bedeutung zu, das Reichgericht hatte mit diesem Urteil „endlich die Bedeutung der Veranlagung zu einer Geisteskrankheit für das Recht der Eheanfechtung anerkannt[346]".

Grunau, der es zwar begrüßte, dass das Reichsgericht „der Vererbung des Leides und der Anlage eine ausschlaggebende Rolle zugewiesen[347]" hatte, sprach sich dafür aus, bei Vorhandensein einer Anlage zu einer Erbkrankheit nur grundsätzlich, und nicht in jedem Fall, ein Anfechtungsrecht zu gewähren[348]. Am Urteil des Reichsgerichts rügte er, dass die Tatsache, dass das pflichtwidrige Verhalten des Klägers erst den Ausbruch der Krankheit verursachte, als unerheblich abgetan wurde: „Es widerspricht Treu und Glauben, wenn sich jemand durch sein eigenes Verhalten, sei es auch unabsichtlich, einen Rechtsbehelf verschafft: Einwand unstatthafter Rechtsausübung. (...) Es widerspricht allen Grundsätzen des Nationalsozialismus von der Heiligkeit der Ehe und von Treu und Glauben, wenn ein selbst pflichtvergessener Ehegatte die Lehren des Nationalsozialismus über die Erbkrankheiten und die Ziele des Nationalsozialismus hinsichtlich gesunder und fruchtbarer Ehen dazu ausnutzt, um sich seiner Ehepflichten zu entziehen[349]".

Maßfeller, der die Entscheidung des Reichsgerichtes im allen Belangen für richtig hielt, wandte sich wie folgt gegen die Kritik Grunaus: „Man würde die persönlichen Interessen der Frau über die Interessen des Volkes stellen, dem natürlich die Auflösung einer Ehe, in der erblich belastete Kinder gezeugt werden, mehr dient als das Bestehenbleiben der Ehe und die Versorgung der Frau. (...) Man muß doch immer im Auge behalten, daß äußere Einwirkungen die Krankheit nur auslösen, aber nicht neu entstehen lassen. Das Erbbild der Frau ist durch die Belastung seitens des Mannes nicht verändert worden. Diese kranken Erbanlagen würden sich aber auf die Kinder auch dann vererbt haben, wenn die Krankheit noch nicht oder infolge einer Manifestationsschwankung vielleicht überhaupt nicht sichtbar geworden wäre[350]."

Anderthalb Jahre nach Machtantritt der Nationalsozialisten hatten sich die nationalsozialistischen Ansichten über die Bedeutung der Erbgesundheit in der Rechtsprechung des Reichsgerichts durchgesetzt. § 1333 BGB gab nunmehr

---

[346] Liebnitz, DJ 1935, S. 1522.
[347] Grunau, JW 1935, S. 3081.
[348] Grunau, JW 1935, S. 3082.
[349] Grunau, JW 1935, S. 3083.
[350] Maßfeller, DJ 1936, S. 1287.

dem gesunden Ehegatten die Möglichkeit der Trennung von seinem „erblich belasteten“ Ehepartner, ohne dass dieser selbst erkranken musste.
Das Reichsgericht unterschied nach dem Urteil vom 18. Juni 1934 zwischen Anlagen zu Geisteskrankheiten, die sich auf die Nachkommenschaft vererben und solchen, die nicht vererbbar waren.

(c) Die nichtvererbbaren Krankheitsanlagen

Während das Vorliegen einer ererbten und vererbbaren Krankheitsanlage nunmehr stets als persönliche Eigenschaft angesehen wurde, hielt das Reichsgericht zunächst daran fest, dass nur solche nichtvererbbare Anlagen zu einer Geisteskrankheit, die nach gewöhnlichem Verlauf zur Erkrankung führen mussten, zur Anfechtung der Ehe nach § 1333 BGB berechtigten.

(aa) Urteil des 4. Senats vom 6. Mai 1935, IV 10/35[351]

So hob das Reichsgericht in einer Entscheidung vom 6. Mai 1935 ein die Nichtigkeit der Ehe aussprechendes Urteil des OLG Stuttgart auf, da laut Sachverständigengutachten die als nichtvererbbar festgestellte Krankheitsanlage nur „mit gewisser Wahrscheinlichkeit“ zum Ausbruch geführt habe. Auch bestätigte das Reichsgericht, dass nur Anlagen zu dauerhaften geistigen Erkrankungen die Voraussetzungen des § 1333 BGB erfüllen. Dazu führte es aus: „Zu Bedenken gibt auch die Annahme des Berufungsgerichts Anlaß, daß sich der Kläger über eine persönliche Eigenschaft der Beklagten im Sinne des § 1333 BGB geirrt habe. Bereits in seinem ersten Gutachten hatte der Sachverständige Dr. K hervorgehoben, daß der derzeitige Gesundheitszustand der Beklagten zweifellos ein recht guter sei; von irgendeinem krankhaften Defekt könne keine Rede sein; abgesehen davon, daß sie an der Realität früherer krankhafter Erlebnisse zum Teil festhalte, biete sie zur Zeit überhaupt keine deutlichen Krankheitsanzeichen. Diese Auffassung des Sachverständigen machte eine Prüfung nach der Richtung erforderlich, ob es sich bei der Beklagten überhaupt um eine dauernde geistige Erkrankung und nicht nur um eine heilbare und daher bloß vorübergehende geistige Störung gehandelt hat. Eine nur vorübergehende Geistesstörung würde keine persönliche Eigenschaft im Sinne des § 1333 BGB darstellen, falls nicht etwa ein Anhalt dafür gegeben wäre, daß sie sich zu einer dauernden entwickeln wird.“

---

[351] WarnRspr 1935, Nr. 118.

(bb) Urteil des 4. Senats vom 30. September 1935, IV 132/35[352]

Mit einem Urteil vom 30. September 1935 gab aber das Reichsgericht schon drei Monate später sein Festhalten an den strengen Voraussetzungen bezüglich der Notwendigkeit des späteren Ausbruchs aufgrund der Anlage auf. Zur Begründung führte der 4. Senat auch die Rechtsprechung des 5. Senats aus dem Jahre 1921 an, die in den Fällen von Anlagen zu Geisteskrankheiten eine leichtere Trennbarkeit der Ehe angenommen hatte[353].
Zu diesem Punkt führte der 4. Senat aus: „Das Reichsgericht hat in ständiger Rechtsprechung die Anwendbarkeit des § 1333 BGB verneint, wenn zur Zeit der Eheschließung nur eine unbestimmte Besorgnis des künftigen Ausbruchs einer Geisteskrankheit bestand oder wenn der Ausbruch nur für den Fall des Eintritts besonders widriger, die Entwicklung der vorhandenen Anlage begünstigender Verhältnisse zu besorgen war (vgl. aus neuerer Zeit WarnRspr. 1934, Nr. 11; DRZ Rspr. 1935, Nr. 507). Hieran wird festgehalten. Wenn als Umkehr jener Verneinung in einer größeren Zahl der einschlägigen Entscheidungen der Satz aufgestellt ist, es komme darauf an, ob die bei der Eheschließung vorhanden Anlag nach der gewöhnlichen Entwicklung der Dinge mit Notwendigkeit zur Geisteskrankheit führen mußte, so erscheint diese Abgrenzung allerdings zu eng. Bei der Bedeutung, die der Ehe und der geistigen Gesundheit beider Ehegatten für die Volksgemeinschaft zukommt, rechtfertigt sich die Annahme des in Rede stehenden Tatbestandmerkmals des § 1333 schon dann, wenn zur Zeit der Eheschließung die begründete Besorgnis bestand, daß sich aus einer vorhandenen Anlage schon nach dem gewöhnlichen Verlauf der Dinge und insbesondere auf Grund der aus dem Wesen der Ehe als einer vollkommenen Lebensgemeinschaft schon an sich entspringenden Anforderungen auch ohne das Hinzutreten besonders widriger Verhältnisse eine Geisteskrankheit entwickeln werde. Denn eine Anlage von solcher Beschaffenheit hätte den anderen Ehegatten bei Kenntnis der Sachlage und bei verständiger Würdigung des Wesens der Ehe von der Eingehung der Ehe abhalten müssen. In ähnlichem Sinne hat sich der V. Zivilsenat bereits in einer Entscheidung vom 14. Dezember 1921 (JW 1922, S. 1199, Nr. 6) ausgesprochen."
Dieses Urteil gab dem Anfechtungskläger eine weitere Beweiserleichterung. Statt des, besonders bei einer noch nicht ausgebrochenen Krankheit sehr schwer erbringbaren Nachweises der Notwendigkeit der späteren Erkrankung sollte nunmehr die begründete Besorgnis der Ursächlichkeit zwischen Anlage und Erkrankung genügen. Diese schon 1933 von Henke[354] geforderte Beweiserleichterung zeigt, dass das Reichsgericht, selbst wenn es sich nicht um eine „Erb-

[352] RGZ 148, 395; DJ 1935, S. 1828.
[353] Siehe zur Rechtsprechung des 5. Senats: 2. Teil, C., I., 4., b., aa., (2), (b).
[354] Henke, JW 1933, S. 2764.

krankheit“ handelte, die Möglichkeit, sich von einem geistig kranken Partner mittels § 1333 BGB zu trennen, immer weiter vereinfachte.
Dementsprechend fand dieses Urteil in der Literatur Zustimmung.
Maßfeller begrüßte diese Entscheidung vor allem aus Sicht der ärztlichen Sachverständigen. Diese könnten, so Maßfeller, vielfach nicht mit unbedingter Sicherheit den Krankheitsausbruch prognostizieren. Daher müsste es genügen, dass die Anklage nach den Erfahrungen der ärztlichen Wissenschaft in aller Regel zum Krankheitsausbruch führte.[355]

(d) Die vererbbaren Krankheitsanlagen

(aa) Urteile des 4. Senats vom 28. Februar 1935, IV 332/34[356] und 18. Juli 1935, IV 107/35[357]

In zwei Entscheidungen vom 28. Februar 1935 und 18. Juli 1935 bestätigte das Reichsgericht den in der Entscheidung vom 18. Juni 1934 aufgestellten Grundsatz, dass die Frage, ob der mit der Anlage behaftete Gatte wirklich erkrankt war oder noch erkranken wird, bei Vorliegen einer Anlage zu einer Erbkrankheit unerheblich war.
In der Entscheidung vom 28. Februar 1935 hatte der auf Eheanfechtung klagende Ehemann geltend gemacht, seine Frau sei mit der Anlage zu Schizophrenie belastet. Bei der Beklagten seien zwar keine Anzeichen einer Erkrankung sichtbar, ihre Familie sei aber erblich belastet, insbesondere ihre Mutter, die längere Zeit in einer Heilanstalt verbracht hatte. Weiter führte der Kläger an, dass die Beklagte 1930 ein Kind mit einem Wasserkopf und mehreren Missbildungen geboren hatte, das schon sechs Wochen nach der Geburt verstorben war. Die Klage war in allen Vorinstanzen abgewiesen worden, unter anderem hatte das Berufungsgericht ausgeführt, dass der Kläger nichts für das Auftreten einer geistigen Störung bei der Beklagten selbst beigebracht habe.
Das Reichsgericht hob das Berufungsurteil aus verfahrensrechtlichen Gründen auf und verwies die Sache in die Vorinstanz zurück.
Zur Frage, ob die Krankheit sich bei der Beklagten selbst zeigen musste, führte der 4. Senat aus: „Es kommt auch nicht entscheidend darauf an, ob bei der Beklagten selbst Anzeichen einer geistigen Störung hervorgetreten sind. Sie kann die Trägerin einer periodisch zum Ausbruch kommenden Krankheit sein, die sich auf die Nachkommenschaft überträgt und diese erbkrank macht. Dies allein

[355] Maßfeller DJ 1935, S. 1828.
[356] WarnRspr 1935, Nr. 70 – der Sachverhalt dieser Entscheidung liegt auch dem Urteil des 4. Senats vom 3. Dezember 1936, IV 220/36 (RGZ 153, 78) zugrunde.
[357] WarnRspr 1935, Nr. 147; DJ 1935, S. 1302.

würde schon die Annahme einer persönlichen Eigenschaft der Beklagten im Sinne des § 1333 rechtfertigen (vgl. RGZ Bd. 145, S. 12[358])."
Die Entscheidung vom 18. Juli 1935 befasste sich mit der Anfechtungsklage eines Ehemannes, dessen Frau an Schizophrenie litt. Obwohl das Sachverständigengutachten festgestellt hatte, dass die beklagte Ehefrau zur Zeit der Eheschließung mit der Anlage zu einer Erbkrankheit behaftet war, hatte das OLG Bamberg die Klage mit der Begründung abgewiesen, dass die schlechte Behandlung der Beklagten durch den Kläger während der Ehe die Wirkung der geistigen Erkrankung der Beklagten herbeigeführt habe.
Unter Bezugnahme auf seine neuere Rechtsprechung gab das Reichsgericht der Revision des Klägers statt: „Diese Auffassung (des Berufungsgerichts) widerspricht der in wiederholten Entscheidungen des Reichsgerichts (RGZ Bd. 145, S. 11; Warn Rspr. 1935, Nr. 70) niedergelegten Erkenntnis, daß eine Frau, auch wenn bei ihr selbst Anzeichen einer geistigen Störung nicht hervorgetreten sind, die Trägerin einer periodisch zum Ausbruch kommenden Krankheit, eben der Schizophrenie, sein kann, die sich auf die Nachkommen vererbt, und diese erbkrank macht. Dann liegt eine persönliche Eigenschaft der Frau im Sinne des § 1333 BGB vor. Für einen solchen Fall der Erbkrankheit hat das oben besprochene Erfordernis, daß die zur Zeit der Eheschließung vorhanden gewesene Anlage nach dem gewöhnlichen Verlauf zum Ausbruch einer Geisteskrankheit führen muß, keine Geltung. Es ist unter jener Voraussetzung auch nicht von rechtlich entscheidender Bedeutung, ob der während der Ehe tatsächlich eingetretene Ausbruch durch das Verhalten des Mannes gegenüber der Frau ausgelöst worden ist."
Die durch die beiden Urteile vorgenommene Bestätigung der Entscheidung vom 18. Juni 1934 fand in der Literatur einhellige Zustimmung[359].

(bb) Urteile des 4. Senats vom 19. September 1935, IV 174/35[360] und 5. März 1936, IV 298/35[361]

Die folgenden Urteile zeigen, dass das Reichsgericht zwar die Voraussetzungen einer Eheanfechtung wegen Irrtums über die Anlage zu einer Erbkrankheit deutlich erleichtert hatte, dass es aber immer noch sehr strenge Anforderungen an den Beweis des Vorliegens einer zur Zeit der Eheschließung bestehenden und sich auf die Nachkommenschaft vererbbaren Krankheitsanlagen stellte. Die in

---

[358] Urteil vom 18. Juni 1934, IV 98/34 (RGZ 145, 11) – siehe zu dieser Entscheidung: 2. Teil, C., I., 4., b., aa., (3), (b).
[359] Maßfeller, DJ 1935, S. 1302; Liebitz, DJ 1935, S. 1522.
[360] WarnRspr 1935, Nr. 163; JW 1936, S. 249.
[361] RGZ 151, 1.

einem anderen Rechtsstreit festgestellte Tatsache, dass der Ehegatte an einer Erbkrankheit leidet, sollte nicht genügen.
So lehnte das Reichsgericht in zwei Entscheidungen vom 19. September 1935 und 5. März 1936 die Anfechtbarkeit der Ehe mangels Nachweises des Vorliegens einer Krankheitsanlage ab. In beiden Fällen begründete der klagende Ehemann sein Klagebegehren mit der Feststellung, dass die Ehefrau nach § 1 Abs. 2 des Gesetzes zur Verhütung erbkranken Nachwuchses auf Anordnung des Gesundheitsgerichts unfruchtbar gemacht wurde. Damit sei das Vorliegen einer Erbkrankheit, die der Frau zumindest als Anlage seit der Geburt anhaftete, bewiesen.
Dem Reichsgericht genügte diese Feststellung für die Anwendung des § 1333 BGB jedoch nicht.
So führte der 4. Senat in der Entscheidung vom 19. September 1935 dazu aus: „Das Oberlandesgericht hat geglaubt, aus der wirklich eingetretenen Erkrankung der Beklagten an diesem Leiden wegen der Vererblichkeit der Anlage hierzu bereits das Bestehen einer solchen persönlichen Eigenschaft bei ihr zur Zeit ihrer Verehelichung entnehmen zu können, obschon der vernommene ärztliche Sachverständige sich nicht bloß dahin ausgesprochen hatte, es sei nicht anzunehmen, daß die Erkrankung bereits bei Eingehung der Ehe bestanden hätte, sondern auch keinerlei Feststellung über die erbliche Belastung der Beklagten in dieser Hinsicht getroffen hatte. Zur Begründung bezieht sich das Berufungsgericht lediglich auf die oben angeführte Reichsgerichtsentscheidung. Dabei hat es indes nicht beachtet, daß das Bestehen einer solchen ererbten Veranlagung bei der Beklagten nicht eine Rechtsfrage ist, sondern eine Tatfrage, die das Reichsgericht für den damals zu entscheidenden Fall überhaupt nicht erörtert, sondern nach dem seinen Urteil zugrunde gelegten Sachverhalt als bejaht vorausgesetzt hat. Vor allem aber hat es verkannt, daß die Vererblichkeit einer krankhaften Anlage noch nicht ihr Ererbtsein beweist, sondern mit ihrem sprunghaften Entstehen an einer Stelle der Geschlechterfolge recht wohl vereinbar ist und auch ihren nachträglichen Erwerb durch irgendwelche Einwirkungen von außen her bei ihrem ersten Träger nicht schlechthin ausschließt.“
Das Urteil vom 5. März 1936 nahm insbesondere dazu Stellung, ob und inwieweit der Beschluss des Erbgesundheitsgerichts, der das Vorliegen einer Erbkrankheit bestätigte, für das Reichsgericht bindend war. Dazu führte das Reichsgericht aus: „Wenn das Berufungsgericht auf die Tatsache, daß im Jahre 1934 das Erbgesundheitsgericht die Überzeugung vom Vorhandensein von Schizophrenie bei der Klägerin gewonnen und deshalb die Unfruchtbarmachung der Klägerin angeordnet hat, die Feststellung begründet, daß die Erbmasse der Klägerin bereits bei Eingehung der Ehe krank gewesen sei, so wird dabei vom Berufungsgericht nicht genügend die völlige Verschiedenheit der Aufgaben berücksichtigt, die dem Erbgesundheitsgericht und die dem ordentlichen Gericht zugewiesen sind, das im Ehestreitverfahren über die Berechtigung zur Anfech-

tung einer Ehe zu entscheiden hat. Die Tätigkeit der Erbgesundheitsgerichte dient der Ausmerzung von Erbkrankheiten, welche die rassische Kraft des Volkes schwächen. Die Erbgesundheitsgerichte sollen durch Anordnung der Unfruchtbarmachung eine allmähliche Reinigung des Volkskörpers von krankhaften Erbanlagen bewirken. (...) Im Gegensatz zu dieser der Verwirklichung der nationalsozialistischen Bevölkerungs- und Rassenpolitik dienenden, auf gegenwärtige Tatbestände sich beziehenden Aufgabe der Erbgesundheitsgericht handelt es sich bei der Erörterung des Vorhandenseins einer Geisteskrankheit im Eheanfechtungsstreit um ein Tatbestandsmerkmal, das, weil es auf sein Vorhandensein zur Zeit der Eheschließung ankommt, zeitlich mehr oder weniger weit zurückliegt und dem nicht für sich allein, sondern nur im Zusammenhang mit einer Reihe anderer im Gesetz (§ 1333 BGB) vorgesehener Voraussetzungen rechtserhebliche Bedeutung zukommt; (...) Bei dieser Verschiedenheit des Zweckes und der Ausgestaltung des Erbgesundheitsverfahrens und des Ehestreitverfahrens genügt die Feststellung in der Begründung des Beschlusses des Erbgesundheitsgerichts vom 19. Juli 1934, daß bei der Klägerin Schizophrenie vorliegt, nicht, um die Feststellung des Berufungsgerichts zu rechtfertigen, daß die Klägerin bereits bei der Eheschließung im Jahre 1919 mit einer kranken Erbmasse behaftet war."

Heftige Kritik an diesen beiden Urteilen übte *Maßfeller*[362]. Er sah in der Feststellung des Erbgesundheitsgerichts, dass eine Erbkrankheit vorliegt, einen genügenden Beweis dafür, dass bei dem betreffenden Ehegatten diese Krankheit mindestens als Anlage auch schon zur Zeit der Eheschließung bestanden hatte. Zum einen verwies Maßfeller auf die Zusammensetzung der Erbgesundheitsgerichte, die mit einem Juristen und zwei Ärzten, die in Zweifelsfällen noch einen besonders erfahrenen Spezialarzt hinzuziehen konnte, am ehesten in der Lage seien, dass Vorliegen einer Erbkrankheit festzustellen[363]. Außerdem wandte sich Maßfeller gegen die Feststellung des Reichsgerichts, dass das Vorliegen einer Erbkrankheit noch nicht ihr Ererbtsein beweise. Er erkannte zwar an, dass eine Erbkrankheit durch Mutation neu entstehen konnte, und daher nicht immer ererbt sein musste, jedoch hielt er diese Möglichkeit für so unwahrscheinlich, dass sie im Prozess zu vernachlässigen sei: „Vielmehr besteht eine so große Wahrscheinlichkeit für das Ererbtsein der Anlage, daß demgegenüber die entfernte Möglichkeit einer Mutation praktisch nicht in Betracht kommen kann. Gewiß läßt sich eine Mutation nicht mit mathematischer Sicherheit ausschließen, aber, da es sich um biologische Vorgänge handelt, können wir mathematische Gewißheit nicht verlangen. Jedenfalls kann man vom Anfechtungskläger nicht den Nachweis verlangen, daß keine Mutation vorliegt, man müßte hierfür die Beweispflicht sicher dem Anfechtungsgegner aufbürden. Nach dem heuti-

[362] Maßfeller, JW 1936, S. 3044 ff.; ders., DJ 1936, S. 1289.
[363] Maßfeller, JW 1936, S. 3045.

gen Stande der medizinischen Wissenschaft wird ein solcher Nachweis aber kaum geführt werden können. (...) Das Ergebnis der bisherigen Ausführungen läßt sich also dahin zusammenfassen, daß, wenn im Eheanfechtungsprozeß oder in einem Verfahren nach dem Gesetz zur Verhütung erbkranken Nachwuchses eine Erbkrankheit, insbesondere eine der in § 1 Abs. 2 des ErbkrNachwGes aufgezählten Krankheiten zweifelsfrei diagnostiziert worden ist, damit der Nachweis als geführt angesehen werden muß, daß die Krankheit schon im Zeitpunkt der Eheschließung – wenigstens als Anlage – bestanden hat, und daß die Wahrscheinlichkeit der Übertragung der Anlage auf Nachkommen besteht.[364]"

(cc) Urteil des 4. Senats vom 30. Juli 1936, IV 109/36 [365]

Gegenüber den stark kritisierten Urteilen vom 19. September 1935 und 5. März 1936 sah *Maßfeller* in der Entscheidung vom 30. Juli 1936 eine „erfreuliche Rückkehr zur bewährten früheren Rechtsprechung[366]".
In dieser Entscheidung gab das Reichsgericht der Revision des klagenden Ehemannes statt. Dieser hatte geltend gemacht, dass seine Ehefrau, die seit 1929 an Schizophrenie litt, schon zur Zeit der Eheschließung 1925 mit der Anlage zu dieser Krankheit behaftet war. Das Landgericht Hamburg hatte der Klage stattgegeben. Auf die Berufung der Beklagten hatte das Oberlandesgericht die Anfechtungsklage abgewiesen und die Ehe auf Widerklage der Beklagten wegen Ehebruchs des Klägers geschieden. Obwohl das ärztliche Gutachten festgestellt hatte, dass die Ehefrau von Geburt an Anlageträgerin der Krankheit war, hatte das Oberlandesgericht die Anfechtungsklage mit der Begründung abgewiesen, dass der Kläger durch sein eigenes ehebrecherisches Verhalten den offenen Krankheitsausbruch hervorgerufen habe.
Das Reichsgericht hob das Berufungsurteil auf und stellte die landgerichtliche Entscheidung wieder her. Unter Hinweis auf die Urteile vom 18. Juli 1934, 30. September 1935 und 18. Juli 1935 stellte es nochmals fest, dass die bei Eheschließung vorhandene Anlage zu einer geistigen Erbkrankheit, unabhängig davon, ob es während der Ehe zum Ausbruch der Krankheit kam oder ob der Ausbruch nur durch Hinzutreten besonderer Umstände erfolgte, stets als persönliche Eigenschaft i.S.d. § 1333 BGB anzusehen war.
Ob dieses Urteil aber, wie es Maßfeller ausdrückte, im Gegensatz zu den Entscheidungen vom 19. September 1935 und 5. März 1936 eine Rückkehr zur bewährten Rechtsprechung darstellte, ist zweifelhaft. Die beiden genannten Urteile zweifelten nicht daran, dass die Anlage zu einer geistigen Erbkrankheit als persönliche Eigenschaft i.S.d. § 1333 BGB anzusehen war. Sie ließen nur dafür

[364] Maßfeller, DJ 1936, S. 1289.
[365] RGZ 152, 147; JW 1936, S. 3043.
[366] Maßfeller, JW 1936, S. 3045.

nicht als Beweis genügen, dass die Erkrankung des Ehegatten während der Ehe erfolgte, sondern forderten vom Anfechtungskläger den Nachweis, dass zur Zeit der Eheschließung die Anlage zur Krankheit schon bestanden hatte. Dieser Nachweis war im vorliegenden Fall durch das Sachverständigengutachten geführt. Insoweit ist hier keine Veränderung der Rechtsprechung zu erkennen.
Wenn ein Ehegatte zur Zeit der Eheschließung Anlageträger einer Erbkrankheit war, hatte der andere Gatte die Möglichkeit der Eheanfechtung nach § 1333 BGB, wenn er die Anlage seines Gatten für diesen Zeitpunkt nachweisen konnte.

(dd) Urteil vom 3. Dezember 1936, IV 220/36[367]

Eine weitere Beweiserleichterung für den Anfechtungskläger erkannte das Reichsgericht aber wenige Monate später in einem Urteil vom 3. Dezember 1936 für den Fall an, dass die Krankheit während der Ehe zum Ausbruch kam.
Der Entscheidung lag der Sachverhalt des Urteils vom 28. Februar 1935 zugrunde[368]. Auf die Zurückverweisung durch das Reichsgericht hatte das Kammergericht die Anfechtungsklage des Ehemannes abermals abgewiesen. Das Gericht hatte schwere Zweifel an der erblichen Belastung der Beklagten, so dass es eine persönliche Eigenschaft i.S.d. § 1333 BGB nicht angenommen hatte. Außerdem erschien es dem Kammergericht angemessen, die Anfechtungsmöglichkeit der Ehe auf die Fälle während der Ehe manifest gewordener Erbkrankheiten zu beschränken.
Unter Hinweis auf seine Rechtsprechung aus den letzten zwei Jahren widersprach das Reichsgericht dieser Feststellung des Kammergerichts: „Diese Rechtsprechung des erkennenden Senats geht dahin, daß es als eine persönliche Eigenschaft des anderen Ehegatten im Sinne des § 1333 BGB anzusehen ist, wenn er Träger einer periodisch zum Ausbruch kommenden Krankheit ist, die sich auf die Nachkommen vererbt und diese erbkrank macht, und daß wegen eines Irrtums hierüber beim Vorliegen der übrigen Voraussetzungen die Ehe angefochten werden kann; unter einem Krankheitsträger wird hier – wie sich aus den angeführten Entscheidungen ergibt – der Träger einer Anlage zu einer Erbkrankheit verstanden, auch wenn bei ihm selbst keine Anzeichen einer geistigen Störung hervorgetreten sind."
Allerdings unterschied das Reichsgericht bezüglich der Beweisanforderungen die Fälle, in denen die Krankheit bereits ausgebrochen war, von denjenigen, bei denen beim beklagten Ehegatten noch keine Anzeichen einer Erkrankung zu erkennen waren. Im ersten Falle waren die Beweisanforderungen deutlich geringer: „Diejenigen Fälle, in denen eine Manifestation der Erbkrankheit bei dem

[367] RGZ 153, 78.
[368] IV 332/34 (WarnRspr 1935, Nr. 70) – S.o.

anderen Ehegatten bereits stattgefunden hat, unterscheiden sich jedoch in bezug auf die Anforderungen, die an die Beweisführung des anfechtenden Ehegatten zwecks erfolgreicher Durchführung seiner Anfechtungsklage zu stellen sind, erheblich von der anderen Gruppe, wo bei dem anderen Ehegatten keine Anzeichen einer geistigen Störung hervorgetreten sind. In den erstgenannnten Fällen bedarf es zunächst keines weiteren Nachweises, als daß es sich um eine Erbkrankheit handelt und von welcher Art diese ist. Nach den Erfahrungen der erbbiologischen Wissenschaft wird dann häufig der Schluß gezogen werden können, daß die ausgebrochene Krankheit ihrem Wesen nicht nur vererblich, sondern auch ererbt ist und daher der erkrankte Ehegatte Träger dieser Krankheitsanlage auch schon zur Zeit der Eheschließung gewesen sein muß; wird nachgewiesen, daß es sich um eine der in § 1 Abs. 2 des Gesetzes zur Verhütung erbkranken Nachwuchses vom 14. Juli 1933 (RGBl. I S. 529) aufgeführten Krankheiten handelt, so wird im Schrifttum sogar die Ansicht vertreten, dass dieser Schluß als zwingend zu betrachten sei (Maßfeller DJ 1936 S. 1288/1299 u. in JW 1936 S. 3044flg.;Gütt-Linden-Maßfeller S. 105). Sind dagegen bei dem anderen Ehegatten keinerlei Anzeichen einer geistigen Erkrankung aufgetreten, so ist ein Tatbestand, aus dem einfache Rückschlüsse auf das Vorhandensein einer krankhaften Erbanlage desselben gezogen werden können, nicht vorhanden. Es obliegt daher hier dem Anfechtungskläger, auf andere Weise den Nachweis zu führen, daß der andere Ehegatte Träger einer solchen Anlage ist, die sich auf die Nachkommen vererbt. Eine lückenlose Führung dieses Nachweises kann hier, wo die Tatsachen, aus denen erbbiologische Schlußfolgerungen gezogen werden sollen, weiter hergeholt werden müssen als im vorigen Fall, niemals verlangt werden. Der Anfechtungskläger muß aber doch so viel dartun, daß nach den Erfahrungen der ärztlichen Wissenschaft mit größter Wahrscheinlichkeit anzunehmen ist, daß der andere Ehegatte Anlageträger ist und dessen Nachkommen dadurch in erheblich höherem Maße der Gefahr einer geistigen Erkrankung ausgesetzt sind als die Durchschnittsbevölkerung."

Das Reichsgericht bestätigte die Abweisung der Anfechtungsklage durch das Kammergericht. Da die Beklagte keinerlei Anzeichen einer geistigen Erkrankung zeigte, war die Tatsache, dass die Mutter der Beklagten an einer Geisteskrankheit litt, nicht als Beweis ausreichend, dass auch die Beklagte bei der Eheschließung mit der Anlage zu dieser Krankheit behaftet war.

Das Urteil fand in der Literatur Zustimmung[369]. Auch *Maßfeller*, der sich stets für eine leichtere Trennbarkeit von Ehe nach § 1333 BGB bei Erbkrankheiten ausgesprochen hatte, merkte hierzu an: „Bei dem heutigen Stand der erbbiologischen Forschung wird man der Entscheidung des Reichsgerichts beitreten müssen[370]."

[369] So z.B. Liebnitz, DJ 1937, S. 1467.
[370] Maßfeller, JW 1937, S. 618.

(ee) Urteil vom 13. Oktober 1938, IV 81/38[371] – Einfluss des EheG1938 auf die Rechtsprechung des Reichsgerichts zur Anlageproblematik

Am 6. Juli 1938 trat das EheG1938 in Kraft, das neben der Ablösung der Anfechtung der Ehe durch die Eheaufhebung auch geänderte Voraussetzungen für diese neue Form der Annullierung der Ehe geschaffen hatte[372].
In einem Urteil vom 13. Oktober 1938 nahm der 4. Senat des Reichsgerichts dazu Stellung, inwieweit sich die neue Gesetzeslage auf die reichsgerichtliche Rechtsprechung bezüglich der Anlage zu einer vererbbaren Geisteskrankheit auswirkte.
Dem Urteil lag folgender Sachverhalt zugrunde: Die Parteien hatten im Mai 1934 die Ehe geschlossen. Der klagende Ehemann hatte die Ehe mit der Begründung angefochten, dass die Ehefrau durch ihre Mutter und Großmutter, die beide an Schizophrenie gelitten hatten, erblich belastet sei. Das Landgericht hatte der Klage stattgegeben, das OLG Karlsruhe hatte sie abgewiesen.
Unter Bezugnahme auf die durch das reichsgerichtliche Urteil vom 3. Dezember 1936 festgelegten Beweisgrundsätze hatte das Berufungsgericht zwar festgestellt, dass die Beklagte, die selbst nicht manifest erkrankt war, mit überwiegender Wahrscheinlichkeit Anlageträgerin sei. Allerdings hätte aber das ärztliche Gutachten keinen Beweis geliefert, dass die nur von mütterlicher Seite stammende Teilanlage der Beklagten zu einer Gefährdung der Nachkommen führen würde. Die Gefahrerhöhung für die Kinder der Beklagten sei kaum höher als die der Durchschnittsbevölkerung, daher könne von einer erheblichen Erkrankungsgefahr nicht gesprochen werden.
Gegen das Urteil des OLG Karlsruhe legte der Kläger Revision ein und stellte nach Inkrafttreten des EheG1938 die Klage auf Anfechtung der Ehe in eine Eheaufhebungsklage um.
Zunächst bestätigte das Reichsgericht die Entscheidung des Berufungsgerichts auf Grundlage des § 1333 BGB. Danach ging es auf die geänderte Gesetzeslage ein. Dazu führte es aus: „Von dieser Auffassung des § 37 des neuen Ehegesetzes ausgehend, muß zunächst unbedenklich anerkannt werden, daß es ein die Person des anderen Ehegatten betreffender Umstand ist, wenn er Träger der Anlage zu einer Erbkrankheit ist, auch wenn bei ihm selbst die Krankheit nicht in Erscheinung getreten ist. Der für die richtige Würdigung dieses Umstandes wesentliche Gesichtspunkt kann, da die Beklagte selbst sich nicht in einem die Ehe beeinträchtigenden Zustande befindet, nur die Gefährdung der Nachkommenschaft sein. Diesem Gesichtspunkt muß daher bei der Frage, ob nach neuem Recht eine Klage auf Aufhebung der Ehe wegen der Anlageträger-Eigenschaft des anderen Ehegatten gerechtfertigt ist, dieselbe ausschlaggebende und entscheidende Bedeutung zukommt wie nach bisherigem Recht bei der auf die An-

371 RGZ 158, 268.
372 Siehe 1. Teil, C., IV.

lageträger-Eigenschaft des anderen Gatten gegründeten Anfechtungsklage. Unter richtiger Würdigung des Wesens der Ehe würde dem Eheaufhebungsbegehren des Klägers im vorliegenden Fall dann stattzugeben sein, wenn die aus der Ehe der Parteien zu erwartende Nachkommenschaft durch die hier gegebenen Umstände in einem dem Durchschnitt nennenswert übersteigendem Maße krankheitsgefährdet erscheint. Das braucht noch nicht schon deswegen angenommen zu werden, weil die Krankheitserwartungszahl für die aus der Ehe der Parteien etwa hervorgehenden Kinder im Hinblick auf die Tatsache der manifesten Erkrankung der Mutter der Beklagten an Schizophrenie nach den Ergebnissen der erbprognostischen Forschung 2,42 % oder 3 % beträgt, während sie bei der Durchschnittsbevölkerung in Deutschland auf 0,8 % errechnet ist. Es bleibt vielmehr auch vom Standpunkt des neuen Eherechts aus richtig, daß nach dem heutigen Stande der erbbiologischen Erkenntnis der sichere Schluß auf eine die Aufhebung der Ehe rechtfertigende erbliche Mehrgefährdung der Nachkommenschaft im allgemeinen aus der Tatsache allein, daß ein Elternteil des anderen Ehegatten erscheinungsbildlich an Schizophrenie erkrankt ist, nicht gezogen werden kann."

Trotz der neuen Rechtslage, die eine noch leichtere Trennbarkeit von unerwünschten Ehen zum Ziel hatte[373], sah das Reichsgericht keine Veranlassung, von seiner Rechtssprechung abzuweichen.

Die Anlage zur vererbbaren Geisteskrankheit war, wie auch schon vor dem EheG38 als persönliche Eigenschaft, ein die Person des anderen betreffender Umstand, der zur Eheaufhebung berechtigte. Jedoch hielt das Reichsgericht weiter daran fest, dass strenge Beweisregeln für die Gefahr der Weitervererbung auf die Nachkommenschaft für den Fall zu fordern waren, bei dem der beklagte Ehegatte selbst nicht manifest erkrankt war.

Die Einführung des EheG1938 führte somit zu keiner weiteren Veränderung der Rechtsprechung auf diesem Gebiet.

bb. Einzelne Geisteskrankheiten

(1) Hysterie

Die krankhafte Hysterie wurde vom Reichsgericht mehrfach als persönliche Eigenschaft i.S.d. § 1333 BGB anerkannt[374]. So formulierte der 6. Senat in der Entscheidung vom 10. Juni 1918: „Die (...) Feststellung beruht auf dem ärztlichen Gutachten, das zu der Frage ergangen ist, inwiefern die Beklagte für ihr

---

[373] Siehe 1. Teil, C., IV.

[374] Urteile des Reichsgerichts vom 10. Juni 1918, VI 68/18 (WarnRspr 1918, Nr. 209), 14. Januar 1920, V 349/19 (LZ 1920, Sp. 649), 6. Juli 1931, VIII 203/31 (WarnRspr 1931, Nr. 164) und 30. April 1936, IV 9/36 (WarnRspr 1936, Nr. 107).

Handeln und Wesen die volle Verantwortlichkeit trifft, und das an der Hand des sorgfältig und gründlich aufgenommenen Befundes zu dem Ergebnis gelangt, daß die Frau nicht etwa nur an Nervosität im landläufigen Sinne des Wortes leide, daß vielmehr eine ausgesprochene Hysterie vorliege, ein klar umschriebener Krankheitszustand, der an der Grenze der geistigen Erkrankung stehe, der eine besondere Abartung der geistigen Persönlichkeit darstelle und zeitweise sich steigere zu wirklichen, wenn auch vorübergehenden Zuständen von Geistesstörung und Bewußtlosigkeit. (...) Zu der Frage, ob die Krankheit heilbar sei, hat der Dr. G erklärt, einzelne Erscheinungsformen der Krankheit können vorübergehend beseitigt werden, aber die hysterische Konstitution selbst bleibe und insoweit sei die Krankheit als nicht heilbar zu bezeichnen".
Ebenfalls als persönliche Eigenschaft i.S.d. § 1333 BGB erkannte das Reichsgericht unheilbare Neurasthenie[375], chorea minor (Veitstanz)[376] und Epilepsie[377] an, jedoch kam es im letzteren Fall auf die Häufigkeit und Heftigkeit der Anfälle an.

(2) Schizophrenie

Während die Schizophrenie vor 1933 im Zusammenhang mit der Anfechtung der Ehe nach § 1333 BGB in Literatur und Rechtsprechung nur eine geringe Rolle spielte[378], rückte diese Krankheit nach der nationalsozialistischen Machtergreifung immer mehr in den Mittelpunkt der Diskussion um die Eheanfechtung wegen geistiger Krankheiten, insbesondere die vererbbare Veranlagung zu dieser Krankheit. Schizophrenie galt als eine Erbkrankheit gemäß § 1 Abs. 2, Nr. 2 des Gesetzes zur Verhütung erbkranken Nachwuchses, nach dem Kranke durch Entscheidung des Erbgesundheitsgesetzes zwangssterilisiert werden konnten.
In einem Urteil vom 18. Juni 1934[379] erkannte der 4. Senat des Reichsgerichts die Schizophrenie als persönliche Eigenschaft i.S.d. § 1333 BGB an, obwohl die Krankheit bei der beklagten Ehefrau erst fünf Jahre nach der Eheschließung in Erscheinung trat. Nach Ansicht des Gerichts haftete der Frau aber seit ihrer Geburt die Anlage zu dieser Erkrankung an. Außerdem bemerkte das Gericht, dass es bei der Feststellung der Anlage zu dieser Krankheit sogar unerheblich sei, ob die Krankheit überhaupt schon ausgebrochen sei, da die Schizophrenie

[375] Urteil vom 22. Dezember 1923, V 235/23 (WarnRspr 1923/24, Nr.127).
[376] Urteil vom 13. Februar 1908, IV 307/07 (WarnRspr 1908, Nr. 323).
[377] Urteil vom 28. Februar 1918, IV 391/17 (LZ 1918, Sp. 913).
[378] So wollte Heller 1927 nur dann eine Anfechtung zulassen, wenn vor Eheschließung erhebliche Symptome und erbliche Belastung bestanden hatte, Heller, Arzt und Eherecht, S. 89.
[379] IV 98/34 (RGZ 145, 11).

als Erbkrankheit den gesamten Nachwuchs erbkrank machen würde. Dieses Urteil fand durchweg ein positives Urteil in der Literatur.[380]
Die Einordnung der Schizophrenie als Erbkrankheit führte dazu, dass einige Vertreter der Literatur bei Feststellung der Erkrankung oder der Feststellung der Anlage grundsätzlich eine persönliche Eigenschaft i.S.d. § 1333 BGB annahmen, ohne dass es eines weiteren Beweises bedurfte, ob diese Anlage schon bei Eheschließung bestanden hatte[381]. *Maßfeller* erklärte, dass die „Wissenschaft von der menschlichen Erblehre" nachgewiesen hätte, dass der betreffende Kranke zwingend mit dieser „Erbkeimschädigung" geboren wurde[382]. Nach Bauer war die Schizophrenie „demnach eine Krankheit, die ausnahmsweise nicht nach den Verhältnissen des einzelnen Falls zu bemessen ist, sondern in jedem Fall als persönliche Eigenschaft im Sinne des § 1333 BGB gilt[383]".
Das Reichsgericht folgte dieser Literaturmeinung jedoch nicht. In zwei Urteilen vom 19. September 1935[384] und 5. März 1936[385] stellte der 4. Senat fest, dass zwar die Erbanlage zur Schizophrenie zur Zeit der Eheschließung für die Anfechtung der Ehe genügte, dass aber das spätere Auftreten der Krankheit noch nicht das Vorhandensein einer Anlage zum Zeitpunkt der Eheschließung bewies. Obwohl das Reichsgericht die Schizophrenie als Erbkrankheit einordnete, ging es davon aus, dass der Betroffene nicht notwendig mit der Anlage zu dieser Krankheit geboren wurde, sondern schloss auch ein „sprunghaftes Entstehen (...) und (einen) nachträglichen Erwerb durch irgendwelche Einwirkungen von außen" nicht aus[386].
Auch in Fällen, in denen der anfechtende Ehegatte die Veranlagung seines Gatten damit beweisen wollte, dass schon Elternteile des beklagten Ehegatten an dieser Krankheit gelitten hätten und daher die krankhafte Anlage zur Schizophrenie weitervererbt hätten, erkannte das Reichsgericht eine Veranlagung des beklagten Gatten nur dann an, „wo aus dem Vorkommen manifester Erkrankungen bei den Blutsverwandten des Anfechtungsgegners der empirisch sichere Schluß auf die erhebliche Gefährdung der Nachkommen gezogen werden kann[387]". Eine solche Schlussfolgerung war nach Maßfeller nur dann möglich, „wenn entweder beide Elternteile schizophren waren, oder zwar nur ein Elternteil schizophren war, die Person selbst aber als schizophrenieähnlicher Psychopath oder sonst geistig abnormer Typ anzusehen ist, oder zwar nur ein Elternteil

[380] Siehe dazu 2. Teil, C., I., 4., b., aa.
[381] So Maßfeller, DJ 1935, S. 1303; Bauer, S. 28; dagegen Grunau, JW 1935, S. 3082.
[382] Maßfeller, DJ 1935, S. 1303.
[383] Bauer, S. 28.
[384] IV 174/35 (WarnRspr 1935, Nr. 163; JW 1936, S. 249).
[385] IV 298/35 (RGZ 151, 1).
[386] So das Urteil vom 19. September 1935.
[387] So das Urteil des 4. Senats vom 3. Dezember 1936, IV 220/36 (RGZ 153, 78; JW 1937, S. 616).

schizophren war, die Person selbst aber schon ein Kind geboren hat, das schizophren oder schizophrenieähnlicher Psychopath ist[388]". Somit war eine Anfechtung der Ehe wegen Schizophrenie nicht möglich, wenn nur ein Elternteil des beklagten Gatten an Schizophrenie gelitten hatte und der beklagte Gatte noch keinerlei Anzeichen dieser Krankheit zeigte[389].

(3) Allgemeine Geistesschwäche, Schwachsinn

In der Literatur der ersten Jahre der Geltung des BGB wurde vielfach auch allgemeine Geistesschwäche oder Schwachsinn als persönliche Eigenschaft i.S.d. § 1333 BGB erwähnt[390]. *Gaupp* sah den angeborenen Schwachsinn als „schwere geistige Anomalie" an[391]. Jedoch bezweifelte er, dass die richterliche Praxis seinen Standpunkt teilen werde: „Ich glaube kaum fehl zu gehen, wenn ich annehme, daß die Geneigtheit unserer Gerichte, in einem derartigen Fall der Anfechtungsklage stattzugeben, nicht allzugroß sein würde[392]".
Das Reichsgericht erkannte die allgemeine Geistesschwäche nur in besonders schweren Fällen oder in Zusammenhang mit anderen Geisteskrankheiten als persönliche Eigenschaft i.S.d. § 1333 BGB an. In einer Entscheidung vom 13. Februar 1908[393] stellte der 4. Senat fest, dass eine bloße geistige Minderwertigkeit regelmäßig nicht zur Anfechtung der Ehe führen konnte. Da in diesem Fall aber zu der Geistesschwäche noch eine andere schwere Geisteskrankheit (chorea) hinzukam, so das Reichsgericht, bedeutete „die geistige Schwäche mehr als eine bloße Minderwertigkeit".
In zwei späteren Urteilen vom 28. Januar 1915[394] und vom 4. Juni 1923[395] erkannte der 4. Senat nur eine nahe an der Grenze der Unzurechnungsfähigkeit liegende Geistesschwäche als persönliche Eigenschaft i.S.d. § 1333 BGB an.
Nach 1933 hielt das Reichsgericht zunächst an dieser Rechtsprechung fest. So formulierte das Gericht in einer Entscheidung vom 9. Oktober 1933[396]: „Dem Berufungsgericht kann auch in der Auffassung nicht entgegengetreten werden, daß ein Schwachsinn leichterer Art, wie er hier festgestellt ist, im allgemeinen nicht zu jenen Eigenschaften gehöre. Nach dem Gutachten des Sachverständigen (...) war im maßgebenden Zeitpunkt der Eheschließung keine echte syste-

---

[388] Maßfeller, JW 1937, S. 619.
[389] So auch unter Geltung des EheG1938 das Urteil des 4. Senats vom 13. Oktober 1938, IV 81/38 (RGZ 158, 268; DJ 1938, S. 1959).
[390] So z.B. Kaufhold, S. 61; Staudinger/Engelmann, 2. Aufl., S. 82; Planck, 4. Aufl., S. 82.
[391] Gaupp, S. 375.
[392] Gaupp, S. 376.
[393] IV 307/07 (WarnRspr 1908, Nr. 323).
[394] IV 448/15 (nicht veröffentlicht).
[395] IV 742/22 (nicht veröffentlicht).
[396] IV 165/33 (WarnRspr 1933, Nr. 179; JW 1933, S. 2764).

matisierte Paranoia, keine krankhafte Störung der Geistestätigkeit vorhanden, sondern nur eine gewisse geistige Minderwertigkeit mit krankhafter Bildung überwertiger Ideen, wie sie Menschen in sehr hoher Zahl haben."

Dieses Urteil führte zu Kritik in der Literatur. *Henke* rügte die ständige Rechtsprechung des Reichsgerichts bezüglich der Eheanfechtung als zu eng, insbesondere bei geistigen Erkrankungen forderte er, „daß in einer Zeit der Eugenik die Staatstendenz nicht der mühseligen Erhaltung des abnormen und krankhaft Schwachen, sondern der Förderung eines starken Volksganzen gilt[397]".

Aus einer Entscheidung vom 30. September 1935[398], es handelte sich um einen Fall schwerer Geistesschwäche, lässt sich schlussfolgern, dass das Reichsgericht zwei Jahre später die Rechtsprechung, nach der die Anfechtbarkeit der Ehe bei einem schweren Fall von Geistesschwäche nur als Ausnahme der Regel galt, dass allgemeine Geistesschwäche nicht zur Anfechtung der Ehe berechtigte, geändert hatte. Nunmehr nahm das Reichsgericht an, „daß nicht jede leichte Form des Schwachsinns hierzu ausreicht". Somit war jetzt die leichte Form die Ausnahme, die die generell gegebene Anfechtbarkeit ausschloss.

Unter Geltung des EheG1938 stellte das Reichsgericht in einem Urteil vom 11. November 1940[399] fest, dass auch ein „Schwachsinn der leichtesten Art" wegen der Möglichkeit der erblichen Belastung einen Anfechtungsgrund darstellen konnte.

(4) Geisteskrankheiten, die keine persönliche Eigenschaft darstellten

Nicht als persönliche Eigenschaft i.S.d. § 1333 BGB wurde vom Reichsgericht in einem Urteil von 28. Juni 1920[400] die schwere Melancholie anerkannt. Als Begründung führte das Gericht an, dass es sich bei dieser Krankheit nicht um ein unheilbares bzw. dauerhaftes Leiden handelte. Ebenfalls nicht als Anfechtungsgrund wurde in einem Urteil vom 3. November 1924[401] eine „krankhafte Charakteranomalie (...), die sich in erhöhter Reizbarkeit, Eigensinn, gesteigertem Selbstgefühl, Rechthaberei und dem Unvermögen, sich neuen Verhältnissen anzupassen, äußere" betrachtet. Allerdings schloss das Reichsgericht für einen solchen Fall die Anfechtung der Ehe nicht generell aus, da es die Ablehnung der Anfechtbarkeit damit begründete, dass die Charakteranomalie der beklagte Ehefrau zur Zeit der Eheschließung nicht in einem Grade vorhanden gewesen war, der ein eheliches Zusammenleben unmöglich gemacht hätte.

---

[397] Henke, JW 1933, S. 2764.
[398] IV 132/35 (RGZ 148, 395).
[399] IV 174/40 (WarnRspr 1941, Nr. 39).
[400] IV 147/20 (Gruchot 65, S. 95).
[401] IV 281/24 (Gruchot 68, S. 324).

5. Beischlafunfähigkeit

Schon aus den Materialien zum BGB ergab sich, dass der Irrtum eines Ehegatten über die Beischlafunfähigkeit des anderen Gatten die Anfechtbarkeit der Ehe begründen konnte[402]. Da auch große Teile des alten Rechts in der Beischlafunfähigkeit einen Grund zur Auflösung einer Ehe sahen[403], war es vor den ersten Entscheidungen des Reichsgerichts einhellige Meinung in der Literatur, diesen körperlichen Mangel als persönliche Eigenschaft i.S.d. § 1333 BGB anzuerkennen[404].

a. Beim Mann

In zwei Entscheidungen vom 5. Februar 1906[405] und 11. April 1906[406] sah der 4. Senat des Reichsgerichts den Irrtum der Frau über die Beischlaffähigkeit ihres Gatten als Eheanfechtungsgrund gemäß § 1333 BGB an. In beiden Entscheidungen betonte das Gericht aber, dass die zum Zeitpunkt der Eheschließung bestandene Unfähigkeit, den ehelichen Beischlaf zu vollziehen, nur dann eine persönliche Eigenschaft darstellte, wenn sie sich als ein dauerhaftes und unheilbares Gebrechen charakterisierte[407].

Welche Bedeutung das Reichsgericht der tatsächlichen Vollziehung des ehelichen Beischlafes beimaß, zeigt, dass es auch in Fällen, in denen nach ärztlichem Gutachten der Ehemann durchaus körperlich zum Beischlaf in der Lage gewesen wäre, der Anfechtungsklage stattgab. So stellte das Reichsgericht in einer Entscheidung vom 19. Februar 1912[408] die sexuelle Empfindungslosigkeit des Mannes der körperlichen Beischlafunfähigkeit gleich. Der beklagte Ehemann hatte zugegeben, „niemals eine sinnliche Neigung zu Frauenzimmern“ verspürt zu haben und sich „während der ganzen Dauer der Ehe nicht nur des Beischlafes, sondern auch jeder geschlechtlichen Annäherung an die Klägerin enthalten zu haben“. Das Reichsgericht bestätigte das die Ehe auflösende Urteil des Berufungsgerichts wie folgt: „Der Berufungsrichter sieht daher durch die eigene Auslassung der Parteien und durch die Beweisergebnisse als erwiesen, daß der Beklagte zwar nicht an einer Impotenz im medizinischen Sinne, wohl aber an

---

402 Motive IV, S. 77; Protokolle II, Bd. 4, S. 78.

403 So evangelisches und katholisches Eherecht, bayrisches Recht, Preußisches ALR, sächs.BGB, siehe 1. Teil, A., I., II. und V.

404 So z.B. Endemann, Familienrecht, S. 204 (Anm. 41); Dernburg, S. 64; v. Eynern, S. 52; Knoblauch, S. 63; Kaufhold, S. 59.

405 IV 375/05 (JW 1906, S.167).

406 IV 502/05 (JW 1906, S. 355).

407 So ebenfalls derselbe Senat in einer Entscheidung vom 17. März 1910, IV 281/09 (JW 1910, S. 474).

408 IV 236/11 (WarnRspr 1912, Nr. 216).

völliger sexueller Empfindungslosigkeit leide und zur Zeit der Eingehung der Ehe gelitten habe. Diese stehe, soweit die praktische Gestaltung des Geschlechtslebens in Betracht komme, der Impotenz gleich. (...) Daß es sich dabei einen der Person des Beklagten anhaftenden Mangel handelt, darf füglich nicht bezweifelt werden. Es macht in dieser Beziehung nicht aus, ob die Schwäche des Beklagten in der äußeren Beschaffenheit der Organe oder bei deren normaler Entwicklung in ihrer auf seelischen Eigenschaften beruhenden Funktionsunfähigkeit, vielleicht auch in ihrer Beschaffenheit des Nervensystems ihren Ursprung hat." Die Unfähigkeit zum Beischlaf musste also keinesfalls physischer Natur sein.

Um die Anfechtbarkeit der Ehe zu begründen, genügte dem Reichsgericht auch eine nur dem Ehegatten gegenüber bestehende Unmöglichkeit der Beischlafvollziehung. Ein generelles Unvermögen wurde nicht verlangt. So führte das Reichsgericht in einer Entscheidung vom 12. April 1911[409], in diesem Fall hatte der beklagte Ehemann glaubhaft geltend gemacht, dass er „vor einiger Zeit mit einer Frauensperson den Beischlaf vollzogen habe und dies auch bezüglich einer weiteren Frauensperson wahrscheinlich sei", aus: „Hiernach kommt nur eine solche Beischlafunfähigkeit in Frage, welche ausschließlich in der Person des Beklagten selbst begründet ist, und es fragt sich, ob diese als persönliche Eigenschaft im Sinne des § 1333 BGB anzusehen ist, auch wenn sie nur gegenüber der Klägerin besteht. Das ist zu bejahen. Für die Frage der Anwendbarkeit der erwähnten Gesetzesbestimmungen ist lediglich das von Belang, ob der Ehegatte gerade für die Ehe, die er eingegangen hat, tauglich oder untauglich ist. Ob außerhalb der in Betracht kommenden Ehe Beischlafunfähigkeit besteht, kann nicht ins Gewicht fallen. Von dem hier maßgeblichen Gesichtspunkt aus gesehen, muß vielmehr die sogenannte relative Impotenz ebenso gut als eine der Person anhaftende Eigenschaft angesehen werden, wie die absolute Impotenz, und rechtfertigt ebenso wie diese die Anwendung des § 1333 BGB." Diese Feststellung bestätigte das Reichsgericht ebenfalls in zwei weiteren Urteilen vom 11. Dezember 1915[410] und (unter Geltung des EheG1938) vom 29. Oktobers 1941[411].

Zur Anfechtung einer Ehe wegen Beischlafunfähigkeit des Mannes bedurfte es auch in Fällen psychischer bzw. relativer Impotenz der Feststellung der Dauerhaftigkeit dieses Zustandes. Die Feststellung des ärztlichen Gutachtens, dass der Ehemann körperlich durchaus zum Beischlaf in der Lage sei, bedeutete nach Ansicht des Reichsgerichts jedoch nicht, dass das Leiden behebbar war. So hob der 9. Senat des Reichsgerichts am 22. April 1931[412] auf die Revision der klagenden Ehefrau ein die Anfechtungsklage abweisendes Urteil des OLG Karls-

---

409 IV 509/10 (WarnRspr 1911, Nr. 332).
410 IV 118/15 (WarnRspr 1916, Nr. 84).
411 IV 109/41 (WarnRspr 1942, Nr. 10).
412 IX 570/30 (WarnRspr 1931, Nr.124).

ruhe auf, in welchem das OLG durch die Feststellung des ärztliche Gutachtens, dass nur ein Fall psychischer Beischlafunfähigkeit vorlag, von einer Behebbarkeit des Leidens ausging. Dazu führte der 9. Senat aus: „Das Oberlandesgericht wird dem nicht gerecht, wenn es in seinen Gründen feststellt, daß es sich um psychische, also behebbare Impotenz handle. Diese Folgerung hat der Sachverständige nicht gezogen. Sie stände auch mit der allgemeinen Lebenserfahrung im Widerspruch. Denn auch eine psychische Impotenz kann Dauereigenschaft sein, was auch das Oberlandesgericht an anderer Stelle ausführt. Das Oberlandesgericht setzt statt des Gutachtens des Sachverständigen psychische, also keine organische in Mißverständnis dieses Gutachtens die Überzeugung psychische, also behebbare Impotenz. Auf diesem Mißverständnis beruht seine Entscheidung."
Auch das Unvermögen des Mannes, den Geschlechtsakt zu beenden, sah das Reichsgericht als persönliche Eigenschaft i.S.d. § 1333 BGB an. In einer Entscheidung des 6. Senats vom 8. Juli 1915[413] begründete das Reichsgericht die Anfechtbarkeit der Ehe wegen des „beschränkt vorhandenen Zustands der Impotenz" mit einer möglichen Gesundheitsgefährdung der Ehefrau: „Der nicht vollendete Akt ist etwas Unnatürliches, für die Frau je nach Umständen möglicherweise sogar etwas Gesundheitsschädliches, die Unfähigkeit des Mannes, den Akt zu vollenden, mithin jedenfalls ein Umstand, welcher die Herstellung einer dem Wesen der Ehe entsprechenden natürlichen Gemeinschaft ausschließt."

b. Bei der Frau

Genauso wie bei der Unfähigkeit des Mannes zum Beischlaf erkannte das Reichsgericht die Beiwohnungsunfähigkeit der Frau als persönliche Eigenschaft i.S.d. § 1333 BGB an, wenn es sich um einen dauerhaften Zustand handelte[414]. *Gaupp* forderte vor der Feststellung der Unheilbarkeit des Leidens einen ärztlichen Heilungsversuch, da er die Beiwohnungsfähigkeit der Frau in deutlich mehr Fällen als beim Mann durch „sowohl neurologische als auch gynäkologische Behandlung" für wiederherstellbar hielt[415].
So lehnte auch das Reichgericht in einer späteren Entscheidung[416] die Anfechtbarkeit einer Ehe wegen Beiwohnungsunfähigkeit der Frau für den Fall ab, bei dem der körperliche Mangel zum Zeitpunkt der Eheschließung ohne größere Gefahr für die Frau durch ärztlichen Eingriff hätte behoben werden können.

---

[413] VI 112/15 (WarnRspr 1915, Nr. 238).
[414] So das Reichsgericht in Entscheidungen vom 7. November 1907, IV 116/07 (RGZ 67, 56; JW 1907, S. 835) und 11. Mai 1911, IV 479/10 (WarnRspr 1911, Nr. 380).
[415] Gaupp, S. 377.
[416] Urteil des 4. Senats vom 21. Dezember 1933, IV 285/33 (WarnRspr 1934, Nr. 39).

Auch bei der Frau erkannte das Reichsgericht die Beiwohnungsunfähigkeit aus rein psychischen Gründen an. Der 4. Senat entschied am 16. Oktober 1911[417] zugunsten der Anfechtungsklage des Mannes, da es als erwiesen ansah, dass die Ehefrau aus Angst vor dem Beischlaf beiwohnungsunfähig sei. Dazu führte das Gericht aus: „Diese übermäßige Empfindlichkeit mit ihrer Folgeerscheinung hat nach Annahme des Kammergericht hier ihren Grund in einer hysterischen Grundlage oder, wie es an der erwähnten Stelle heißt, auf schwerer seelischer Störung beruhenden, schwer überwindlichen Angst der Beklagten vor dem natürlichen Geschlechtsverkehr. Inwieweit die Beischlafunfähigkeit wegen dieser Grundlage weniger ein Eheanfechtungsgrund sollte bilden können, als wenn sie andere, insbesondere rein örtliche Ursachen hätte, ist nicht einzusehen".
Ebenso bestätigte der 5. Senat in einer Entscheidung vom 22. Dezember 1923[418] ein Urteil des OLG Hamm, welches die Anfechtbarkeit der Ehe bejaht hatte, da die Frau aufgrund einer ererbten schweren Neurasthenie, deren Krankheitsbild von einer besonderen Furcht vor einer Schwangerschaft beherrscht war, nicht zur Vollziehung eines normalen Geschlechtsverkehrs in der Lage war.
Auch die Tatsache der Lebensgefahr, die für die Frau nach ärztlichem Gutachten für den Fall einer Schwangerschaft bestünde und die die Frau trotz bestehender Beiwohnungsfähigkeit bewogen hatte, sich dem Geschlechtsverkehr mit ihrem Gatten zu entziehen, berechtigte den Ehemann bei Unkenntnis dieses Zustandes zur Zeit der Eheschließung zur Anfechtung der Ehe[419]. *Wieruszowski* pflichtete dieser Entscheidung bei, der eheliche Geschlechtsverkehr als tiefster und innigster Ausdruck der ehelichen Lebensgemeinschaft sei in diesem Falle dauernd verhindert[420].

c. Keine Anfechtbarkeit bei altersbedingter Unfähigkeit und „reiner Ungeschicklichkeit"

Wenn wegen des fortgeschrittenen Alters eines Ehegatten mit dessen Beischlafunfähigkeit zu rechnen war, lehnte das Reichsgericht die Anfechtbarkeit der Ehe ab.
In einer Entscheidung des 4. Senats von 7. Januar 1909[421] führte das Reichsgericht aus, die klagende Ehefrau hätte bei Eheabschluss, zu diesem Zeitpunkt war der beklagte Mann 55 Jahre alt, mit einer eingeschränkten Beischlaffähigkeit ihres Gatten rechnen müssen. Die irrige Annnahme einer das Maß seines Alters übersteigenden Beischlaffähigkeit könnte die Anfechtungsklage nicht begründen. In einer späteren Entscheidung vom 29. April 1929[422] begründete der 8.

[417] IV 12/11 (WarnRspr 1912, Nr. 32).
[418] V 235/23 (WarnRspr 1923/24, Nr. 127).
[419] So der 5. Senat in einer Entscheidung vom 11. Juni 1921, V 91/21 (JW 1922, S. 163).
[420] Wierunszowski, JW 1922, S. 163.
[421] IV 193/08 (WarnRspr 1909, Nr. 218).
[422] VIII 126/29 (DRZ 1929, Sp. 268 f.).

Senat die Ablehnung der Anfechtbarkeit folgendermaßen: „Wenn man also im vorliegenden Fall berücksichtigt, daß zur Zeit des Eheschlusses der Kläger fast 72 Jahre und die Beklagte 60 Jahre alt war, daß also beiderseits eine Hoffnung auf Kindererzeugung als dem vornehmlichen Zweck der Ehe von vornherein fernliegend war, so wird anzunehmen sein, daß eine derartige zwischen zwei alten Leuten durch die Ehe begründete Lebensgemeinschaft ihrem Wesen nach weniger darauf abgestellt gewesen sein wird, der Befriedigung des sinnlichen Triebs zu dienen, daß sie vielmehr von Anfang an, namentlich auch für die weitere Zukunft, die Grundlage gegenseitiger Hilfeleistung, Unterstützung und Pflege zu bilden bestimmt war."
Auch bei der Feststellung einer „reinen Ungeschicklichkeit" zur Ausübung des Geschlechtsverkehrs lehnte das Reichsgericht die Anfechtbarkeit der Ehe ab. Am 13. Mai 1931[423] hatte der 9. Senat einen Fall zu entscheiden, bei dem die klagende Ehefrau geltend gemacht hatte, dass es aufgrund der körperlichen und geistigen Beschaffenheit des Mannes während der über zwei Jahren bestandenen ehelichen Gemeinschaft nie zum Beischlaf gekommen sei, so dass die Klägerin noch Jungfrau sei. Trotz festgestellter körperlicher und geistiger Mängel des Ehemannes kam das ärztliche Gutachten zu dem Schluss, dass nicht dieser Zustand die eheliche Beiwohnung verhindert hatte, sondern dass das „Mißlingen auf einen anderen Grunde, nämlich auf der bei beiden Ehegatten vorhandenen Ungeschicklichkeit beruhe". Diese Ungeschicklichkeit, so das Reichsgericht, sei aber keine dauernde Eigenschaft, da sie durch ärztlichen Rat und Hilfe unschwer zu beseitigen sei. Eine Anfechtbarkeit der Ehe nach § 1333 BGB kam daher nicht in Betracht.

6. Zeugungs- oder Gebärunfähigkeit

Während in Literatur und Rechtsprechung zu Anfang des Jahrhunderts Einigkeit bestand, dass die Beischlafunfähigkeit eine persönliche Eigenschaft i.S.d. § 1333 BGB darstellte, war umstritten, ob auch die Zeugungs- bzw. Gebärunfähigkeit bei uneingeschränkter Beischlaffähigkeit als Anfechtungsgrund anerkannt werden sollte. Im Mittelpunkt der Diskussion stand die Frage, ob die Fortpflanzung oberster Zweck der Ehe sei. Das BGB beinhaltete keine dahingehende Bestimmung, wie sie noch der II. Teil des ALR enthielt[424]. Dementsprechend versagte der 4. Senat des Reichsgerichts in einer Entscheidung vom 11. April 1906[425] der Ehefrau das Anfechtungsrecht trotz nachgewiesener Zeugungsunfähigkeit des Mannes. Dazu führte das Gericht aus: „Als Folge der ehe-

---

[423] IX 57/31 (WarnRspr 1931, Nr. 143).
[424] § 1. „Der Hauptzweck der Ehe ist die Erzeugung und die Erziehung der Kinder."
[425] IV 504/05 (JW 1906, S. 389).

lichen Lebensgemeinschaft, zu der das BGB die Ehegatten verpflichtet, ergibt sich allerdings in der Mehrzahl der Ehen, keineswegs jedoch in allen Ehen, die Erzeugung von Kindern. Diese bildet aber nach dem Strandpunkt des BGB nicht den obersten Zweck der Eheschließung. Hiernach ist es nicht rechtsirrig, wenn das Berufungsgericht zu dem Ergebnis gelangt ist, der hier in Betracht kommende trotz ungeschmälerter Beiwohnungsfähigkeit von jeher bestehende Mangel der Fortpflanzungsfähigkeit des einen Ehegatten stelle bei verständiger Würdigung des Wesens der Ehe nicht eine solche persönliche Eigenschaft dar, die den anderen Ehegatten ohne weiteres und unter allen Umständen von der Eingehung der Ehe bei Kenntnis der Sachlage abgehalten haben würde."

In der Literatur fand dieses Urteil ein geteiltes Echo. Bei einigen Autoren stieß es auf Zustimmung[426]. *Endemann* begründete seine Haltung mit den „sittlichen Anschauungen", die der Anfechtbarkeit der Ehe aus diesem Grunde widersprechen würde.

Andere Autoren stimmten diesem Urteil nicht zu[427]. Besonders harsche Kritik an der Entscheidung des Reichsgerichts übte *Gaupp*: „Nicht das ‚erbärmliche Behagen zu zweien', wie es Nietzsche einst mit bitterem Hohn genannt hat, ist der wahrhaft höchste Zweck der Ehe, sondern die Fortpflanzung zweier gesunder, nach körperlicher und geistiger Eigenart zusammenpassender Menschen, die Erzeugung und Erziehung eines kräftigen Nachwuchses unter den günstigen Bedingungen der staatlich und gesellschaftlich anerkannten Lebensgemeinschaft.[428]" Durch das Urteil vom 11. April 1906 hätte das Reichsgericht gezeigt, dass „ihm bei Beurteilung der Ehe das Recht auf Geschlechtsgenuß höher steht als das Recht auf Fortpflanzung und Erzeugung legitimer Nachkommen. Ich glaube mich nicht zu täuschen, wenn ich annehme, daß die ethischen Anschauungen der Zukunft einen anderen Weg gehen werden, als den, welchen das Reichsgericht mit dieser seiner Entscheidung gegangen ist.[429]"

Etwa zehn Jahre später sollte sich diese Prognose bestätigen. Am 11. November 1918[430] hatte der 6. Senat des Reichsgerichts einen Fall zu entscheiden, bei dem der klagende Ehemann geltend machte, sich zum Zeitpunkt der Eheschließung im Irrtum über den körperlichen Zustand seiner Frau befunden zu haben. Er habe nicht gewusst, dass seiner Frau vor der Ehe durch einen operativen Eingriff die Gebärmutter entfernt worden war und sie dadurch dauerhaft gebärunfähig geworden sei. Während die Vorinstanzen die Klage unter Hinweis auf die herr-

---

[426] So z.B. Endemann, Familienrecht, S. 208 (Fn. 48 c); Dernburg, S. 64 (Fn. 8); Schmidt, S. 108.

[427] So führte der Kommentar von Staudinger sowohl vor als auch nach der Entscheidung des Reichsgerichts die Zeugungsfähigkeit als Anfechtungsgrund an, Staudinger/Engelmann, 2. Aufl., S. 82; 7./8. Aufl., S. 101.

[428] Gaupp, S. 378 f.

[429] Gaupp, S. 367.

[430] VI 242/18 (RGZ 94, 123).

schende Rechtsprechung abgewiesen hatten, hatte die Revision des Mannes Erfolg. Das Reichsgericht erklärte nunmehr, dass eine Ehe „vornehmlich zum Zwecke der Kindererzeugung abgeschlossen wird“ und somit ein Irrtum über die Gebärfähigkeit die Anfechtung der Ehe gemäß § 1333 BGB begründen konnte. Dass diese Entscheidung im Widerspruch zur eigenen Rechtsprechung stehe, bestritt das Reichsgericht. Das Urteil vom 11. April 1906 sei „in der Rechtslehre vielfach mißverstanden worden“. Aus ihm könnte nicht der Schluss gezogen werden, dass ein Mangel der Zeugungs- bzw. Gebärfähigkeit keinen Eheanfechtungsgrund darstelle[431].

Demgegenüber ist allerdings einzuwenden, dass nunmehr das Reichsgericht im Gegensatz zur Entscheidung von 1906 die Erzeugung von Kindern als obersten Zweck einer Ehe anerkannte. Insoweit stellt die Entscheidung vom 11. November 1918 eine Änderung der reichsgerichtlichen Rechtsprechung dar[432]. Eine Begründung, nunmehr die Erzeugung von Nachkommen in den Mittelpunkt der Ehe zu stellen, gab der 6. Senat in der Entscheidung gleich mit: „Diesem Standpunkt ist um so mehr beizupflichten, als gerade während der Zeit des gegenwärtigen Weltkriegs die Bedeutung einer richtigen Bevölkerungspolitik immer mehr hervorgetreten ist, und als auch schon gesetzgeberische Arbeiten im Gange sind, die darauf abzielen, jede künstliche Verhinderung der Fortpflanzung mit allen Mitteln des Straf- und Verwaltungsrechts zu bekämpfen.“

Ebenso wie bei der Beischlafunfähigkeit musste auch die Zeugungs- bzw. Gebärunfähigkeit dauerhaft sein, um die Anfechtbarkeit einer Ehe zu begründen. Daher musste der 2. Senat des Reichsgerichts in einer Entscheidung vom 17. April 1928[433] der Anfechtungsklage des Ehemannes den Erfolg versagen, da die Unfruchtbarkeit der Frau jederzeit durch einen ärztlichen Eingriff behebbar gewesen wäre.

Eine deutliche Erweiterung der Anfechtbarkeit der Ehe wegen Unfruchtbarkeit stellte die Entscheidung des 4. Senats vom 11. März 1926[434] dar. Während bisher die Unfruchtbarkeit zum Zeitpunkt der Eheschließung bestanden haben musste, um die Anfechtbarkeit zu begründen, hatte das Reichsgericht nunmehr einen Fall zu entscheiden, bei dem die operative Entfernung der Gebärmutter der Frau und somit die Unfruchtbarkeit erst während der Ehe zustande gekommen war. Der klagende Ehemann machte geltend, dass die spätere Operation der Frau aufgrund einer schon zur Zeit der Eheschließung bestandenen Gebärmuttergeschwulst (Myom) vorgenommen wurde.

---

[431] So auch Mitteis, der dem Reichsgericht bescheinigte, „von Anfang an einen einheitlichen Standpunkt in dieser Frage bewahrt“ zu haben, Mitteis, S. 194.

[432] Die neue Rechtsprechung bestätigte auch der 4. Senat in einer Entscheidung vom 14. Dezember 1922, IV 145/22 (Recht 1923, Nr. 746).

[433] II 490/27 (LZ 1928, Sp. 832).

[434] IV 552/25 (WarnRspr 1926, Nr. 159; JW 1927, S. 1191).

Das Reichsgericht führte dazu aus, dass auch eine bei Eheschließung vorhandene Erkrankung oder Veränderung des Körpers, deren Weiterentwicklung in ihrem natürlichen Verlauf den späteren Eintritt der Unfruchtbarkeit zur notwendigen Folge hatte, als persönliche Eigenschaft i.S.d. § 1333 BGB der schon bei Eheschließung bestandenen Unfruchtbarkeit gleichzusetzen sei. Trotzdem versagte das Reichsgericht der Anfechtungsklage den Erfolg, da es laut Sachverständigengutachten nicht sicher war, ob die Beseitigung der Geschwulst nicht auch ohne die Entfernung der Gebärmutter und daher auch unter Erhaltung der Gebärfähigkeit hätte vorgenommen werden können.
Nunmehr genügte dem Reichsgericht also der, freilich zu beweisende, körperliche Zustand zur Zeit der Eheschließung, der die spätere Zeugungs- bzw. Gebärfähigkeit zur notwendigen Folge hatte. Diese Erweiterung der Anfechtbarkeit der Ehe begrüßte *v. Blume*, ihm ging sie jedoch noch nicht weit genug. Statt der Feststellung, dass die Unfruchtbarkeit notwendige Folge des körperlichen Zustandes zum Zeitpunkt der Eheschließung sei müsse, forderte er die Anfechtbarkeit bereits bei der Feststellung der Wahrscheinlichkeit des Zustandes zum Zeitpunkt der Eheschließung als Ursache der späteren Unfruchtbarkeit[435].
Dieser Forderung v. Blumes erfüllte das Reichsgericht aber erst 1935. In einer Entscheidung vom 14. März 1935[436] führte das Reichsgericht aus, dass eine Abweichung der weiblichen Geschlechtsorgane, in diesem Fall eine Verlagerung der Gebärmutter, schon dann eine persönliche Eigenschaft i.S.d. § 1333 BGB darstellen würde, wenn mit großer Wahrscheinlichkeit anzunehmen war, dass dieser Zustand die Unfruchtbarkeit der Frau zur Folge hatte.
Diese weitere Erleichterung der Anfechtbarkeit der Ehe stand im Einklang mit der nationalsozialistischen Eheauffassung, die die Fortpflanzung und die Kindeserziehung nunmehr vollständig in den Mittelpunkt der Aufgaben einer Ehe rückte. Die damit einhergehende gesellschaftliche Abwertung kinderloser Ehen hatte zur Folge, dass diese Ehen auch immer leichter zu trennen waren. Die Entscheidung des Reichsgerichts stieß daher bei der zeitgenössischen Literatur durchweg auf Zustimmung[437]. Zunehmend forderten Teile der Literatur weiterhin, als Anfechtungsgrund anstelle der Fortpflanzungsfähigkeit die Fähigkeit zur Erzeugung erbgesunder Kinder zu stellen[438].

[435] v. Blume, JW 1927, S. 1191.
[436] IV 328/24 (RGZ 147, 211; JW 1935, 1842).
[437] So Matzke, JW 1935, S. 1843; Bauer, S. 23; etwas einschränkend Liebnitz, der feststellte, dass eine Gebärmutterverlagerung in vielen Fällen nicht zur Unfruchtbarkeit führen würde. Daher sei es für die ärztlichen Sachverständigen sehr schwer, eine nachträgliche Prognose der Gefahr für die Fruchtbarkeit der Frau durch solche Verlagerungen zu treffen, DJ 1935, S. 1524.
[438] Maßfeller, DJ 1936, S. 1289; Soergel, 7. Aufl., S. 403; zur Rechtsprechung wegen Erbkrankheiten siehe 2. Teil, C., I., 4., b., aa., (3), (d).

Weitere Veränderungen der Rechtsprechung, insbesondere durch das neue EheG38 hat das Reichsgericht nicht vorgenommen. So lehnte der 4. Senat in einer Entscheidung vom 5. Juni 1940[439] die Aufhebbarkeit der Ehe ab, da die zum Zeitpunkt der Ehe bestandene Unfruchtbarkeit der Frau durch eine Operation leicht hätte beseitigt werden können und somit kein dauerhafter Zustand vorlegen habe.

7. Sittliche Eigenschaften

a. Allgemeine Voraussetzungen

Neben körperlichen und geistigen Eigenschaften waren in der frühen Literatur zum BGB auch einhellig sittliche Eigenschaften als Anfechtungsgründe gemäß § 1333 BGB anerkannt[440]. Die erste Feststellung des Reichsgerichts bezüglich sittlicher Eigenschaften traf der 4. Senat in der Entscheidung vom 6. Oktober 1902[441]. Dazu führte das Gericht aus: „(...) es ist nicht abzusehen, warum nicht auch ein bloßer sittlicher Makel, der üble Ruf, den sich ein Ehegatte durch ein in die Zeit vor der Eheschließung fallendes Verhalten zugezogen hat, unter Umständen als Eigenschaft, über welche der andere Ehegatte bei Eingehung der Ehe geirrt hat, für die Anfechtungsklage in Betracht kommen kann. Wenn das Berufungsgericht dieses, wie es den Anschein hat, schlechthin und grundsätzlich verneinen will, würde dies normwidrig sein."

Anders aber, als bei den körperlichen und geistigen Krankheiten, die durch ärztliche Gutachten feststellbar waren, musste das Gericht das Vorliegen negativer sittlicher Eigenschaften aus Handlungen schlussfolgern[442]. Dabei begründete nicht der Irrtum über diese Handlungen das Anfechtungsrecht, sondern der Irrtum über die sittliche Eigenschaft, die anhand begangener Handlungen festgestellt wurde.

Zunächst forderte das Reichsgericht mehrere gleichartige Handlungen, um einen sicheren Schluss auf die Charaktereigenschaft des beklagten Gatten ziehen zu können. In einer Entscheidung vom 14. März 1907[443], der klagende Ehemann hatte geltend gemacht, dass seine Ehefrau vor der Ehe aus wirtschaftlichen Interessen einem älteren verheiratetem Mann „fortgesetzt weitgehende intime Annäherungen namentlich auf gemeinschaftlich unternommenen Reisen" gestattet

---

439 IV 71/40 (Warn 1940, Nr. 113).

440 So z.B. Staudinger/Engelmann, 2. Aufl., S.83; Schmidt, S.108; Endemann, S. 203; Kaufhold, S. 61.

441 IV 206/02 (RGZ 52, 306).

442 So auch die Formulierung des Reichsgericht aus der Entscheidung vom 7. April 1919, VI 221/14 (RGZ 95, 289).

443 VI 381/06 (JW 1907, S. 257 – hier falsches Aktenzeichen: 38/06).

hatte, führte der 4. Senat dazu aus: „Richtig ist, daß eine bloß gelegentliche Verfehlung noch nicht die Annahme einer persönlichen Eigenschaft im Sinne des § 1333 BGB würde begründen können, hierzu vielmehr ein der Person als etwas Bleibendes anhaftende Eigenschaft, welche als Ausfluß ihres inneren Wesens sich darstellt, erforderlich ist." Im selben Sinn urteilte das Reichsgericht in einer Entscheidung vom 12. April 1911[444], indem es einen einmaligen Bordellbesuch des späteren Ehemannes als einmalige Verfehlung betrachtete, aus der keine Feststellung auf eine bestehende negative Charaktereigenschaft zu ziehen sei. Gleichzeitig schloss aber das Gericht die Möglichkeit nicht mehr aus, dass auch bei nur einer besonders schweren Verfehlung eine Schlussfolgerung auf eine persönliche Eigenschaft i.S.d. § 1333 BGB möglich sei. Dabei sollte aber der Schluss aus einer Einzelhandlung die Ausnahme bleiben. So formulierte der 6. Senat in einer Entscheidung vom 7. April 1919[445]: „Wird eine Mehrheit gleichartiger Handlungen festgestellt, so wird der Schluß auf eine Eigenschaft des Menschen, sich nach der Richtung dieser Handlung zu betätigen, gerechtfertigt erscheinen. Eine Einzelhandlung schlimmster Art kann immer noch eine Gelegenheitshandlung sein, etwa auf Verführung von außen beruhen und den Eigenschaften der Person fremd bleiben. Bei einer Reihe von Handlungen ist dagegen von vornherein ein Zusammenhang mit dem Wesen des Menschen, von dem sie ausgingen, anzunehmen."

Die erste Feststellung einer negativen Charaktereigenschaft als Schlussfolgerung einer einzelnen Verfehlung traf der 4. Senat des Reichsgerichts in einer Entscheidung vom 26. März 1914[446]. Die Ehefrau hatte die Ehe mit der Begründung angefochten, dass ihr späterer Ehemann während der Verlobungszeit ein Liebesverhältnis mit einem 16 Jahre alten Dienstmädchen aufgenommen hatte, und sich durch den Bruch der Verlöbnistreue der schwere Charakterfehler des Mannes gezeigt hätte. Gegen das vom OLG Dresden ergangene Urteil, das die Nichtigkeit der Ehe ausgesprochen hatte, erhob der Beklagte Revision unter anderem mit der Begründung, dass diese bloß gelegentliche Verfehlung noch nicht die Annahme einer persönlichen Eigenschaft begründen könne. Dem widersprach das Reichsgericht wie folgt: „Es (das Berufungsgericht) mißt der festgestellten einzelnen Verfehlung Bedeutung nur in dem Sinne bei, daß es aus ihr auf eine dem Beklagten als etwas Bleibendes anhaftende Eigenschaft, nämlich auf einen schweren Charakterfehler, glaubt schließen zu können, und dagegen läßt sich rechtlich nichts einwenden." Noch deutlicher zeigt ein Urteil des 5. Senats vom 22. November 1919[447], dass bei bedeutsamen Einzelverfehlungen ein Schluss auf einen Charakterfehler sehr wohl möglich war. In diesem Fall hatte der Ehemann vor der Ehe seiner späteren Ehefrau ehrenwörtlich verspro-

---

[444] IV 369/10 (JW 1911, S. 543).
[445] VI 221/14 (RGZ 95, 289).
[446] IV 627/13 (JW 1914, S. 646).
[447] V 246/19 (WarnRspr 1920, Nr. 165).

chen, dass die aus der Ehe zu erwartenden Kinder in der apostolischen Religion getauft und erzogen werden sollten, obwohl er ebenfalls einem katholischen Geistlichen versprochen hatte, die Kinder katholisch taufen und erziehen zu lassen. Der 5. Senat bestätigte das die Ehe auflösende Urteil des OLG Düsseldorf, da der Beklagte „in einer so ernsten und wichtigen Angelegenheit (...) ehrenwörtliche Erklärungen und Zusicherungen von schlechthin entgegengesetzten Inhalten abgegeben haben soll", dass das Gericht annehmen konnte, „daß diese Handlungsweise einen sittlichen Makel offenbart und damit zugleich eine sittliche Eigenschaft an den Tag gelegt haben würde, die jeden, der das Wesen der Ehe in verständiger Weise würdige, von Eingehung der Ehe abgehalten haben würde." Somit ließ das Reichsgericht auch den Schluss auf eine negative Charaktereigenschaft aufgrund einer einzelnen Handlung zu. Dieses sollte aber die Ausnahme bleiben. So stellte der 5. Senat des Reichsgerichts in einer Entscheidung vom 18. Juni 1932[448] fest, dass es bei der Beurteilung negativer Charaktereigenschaften weniger auf die einzelnen Verfehlungen ankomme, sondern dass vielmehr das „Gesamtverhalten des beklagten Gatten" betrachtet werden sollte und aus diesem dann das Vorliegen einer persönlichen Eigenschaft i.S.d. § 1333 BGB zu schlussfolgern sei.
Nach 1933 war die Frage, ob aus Einzelhandlungen auf negative Eigenschaften geschlossen werden konnte, zwar nicht Gegenstand einer reichsgerichtlichen Entscheidung, aus der zeitgenössischen Literatur lässt sich jedoch schließen, dass nach 1933 und auch unter Geltung des EheG1938 keine Änderung der bestehenden Rechtsprechung erfolgen sollte, so dass weiterhin die Feststellung einer persönlichen Eigenschaft aus einer einzelnen Handlung die Ausnahme von der Regel war, wonach erst aus einer Mehrzahl gleichartiger Handlungen auf eine negative Charaktereigenschaft zu schließen war[449].

b. Sittlicher Makel aufgrund sexuellen Verhaltens vor der Ehe

Die Mehrzahl der Eheanfechtungsklagen wegen Irrtums über eine sittliche Eigenschaft des Ehegatten hatte ein „sexuelles Fehlverhalten" des beklagten Gatten zum Anlass. Aufgrund der vorherrschenden Moralvorstellungen zur Beginn des 20. Jahrhunderts zeigten sich deutliche Unterschiede in der Beurteilung der Verwerflichkeit sexueller Handlungen von Männern und Frauen. Während eine sexuelle Betätigung des Mannes vor seiner Ehe nur in besonderen Fällen zur Anfechtung der Ehe berechtigte, wurde bei der Frau sehr viel schneller ein „moralischer Makel" festgestellt.

---

[448] V 91/32 (WarnRspr 1932, Nr. 167).

[449] So für § 1333 BGB: Soergel, 7. Aufl., S. 403; RGRK-Hallamik, 8. Aufl., S. 31; für § 37 EheG1938: RGRK-Hallamik, 9. Aufl., S. 79.

aa. Der Frau

(1) Fehlende Jungfräulichkeit

Der Irrtum des Mannes über die Jungfräulichkeit seiner zukünftigen Ehefrau wurde in dem zu betrachtenden Zeitraum stets als Irrtum über eine persönliche Eigenschaft i.S.d. § 1333 BGB angesehen. Laut *Gordon* war es zur Zeit des Kaiserreiches jedoch unerheblich, ob die fehlende Jungfräulichkeit eine körperliche oder sittliche Eigenschaft sei, und erst nach 1918 diskussionswerte Frage[450]. Bei genauerer Betrachtung der frühen Literatur zum § 1333 BGB zeigt sich jedoch, dass die überwiegende Anzahl der Autoren die fehlende Virginität eindeutig als sittliche Eigenschaft einordnete[451].
Das Reichsgericht erkannte in einer Reihe von Entscheidungen[452] den Mangel der Jungfräulichkeit stets als Eigenschaft i.S.d. § 1333 BGB an. Diese Urteile zeigen, dass auch das Reichsgericht nicht den Irrtum über die reine körperliche Unversehrtheit als Anfechtungsgrund betrachteten, vielmehr erwähnte es den durch den Verlust der Jungfernschaft erworbenen „sittlichen Makel, (...) den Verlust des guten Rufes[453]“. In drei dieser sechs Entscheidungen hielten es die Richter allerdings für unwahrscheinlich, dass die Ehegatten bei Kenntnis der fehlenden Virginität ihrer Braut von der Eheschließung Abstand genommen hätten, und so wurde trotz Feststellung einer persönlichen Eigenschaft i.S.d. § 1333 BGB die Anfechtungsklage abgewiesen[454].

(2) Sittliche Verfehlungen trotz Wissen von der mangelnden Virginität

Auch, wenn die Ehefrau nicht jungfräulich geheiratet hatte und ihr Ehemann dies gewusst hatte, war eine Irrtumsanfechtung der Ehe nicht ausgeschlossen. Nach Ansicht des Reichsgerichts gab es Handlungen, die die besondere moralische Makelhaftigkeit der Frau erkennen ließen und den Mann, der über die fehlende Jungfräulichkeit hinweggesehen hatte, bei Kenntnis dieser Handlungen von der Eheschließung abgehalten haben würde.

---

[450] Gordon, S. 62 und S. 94.

[451] So, neben Knoblauch, S. 62, (laut Gordon der einzige Vertreter dieser Ansicht, Gordon, S. 62, Fn. 3) auch Rietschel, AcP 104 (1909), S. 355; Kaufhold, S.61; v.Eynern, S. 46 und S. 51; Schmidt, S.108; a.A. Staudinger/Engelmann, 2. Aufl., S. 82; 7./8. Aufl., S.102; 9. Aufl., S. 117, der eine körperliche Eigenschaft annahm.

[452] So die Entscheidungen vom 9. Mai 1901, IV 76/01 (RGZ 48, 157); 14. Januar 1904, IV 259/03 (JW 1904, S. 114); 12. Dezember 1907, IV 209/07 (Recht 1908, Nr. 537); 4. Oktober 1909, IV 599/08 (WarnRspr 1909, Nr. 559); 10. Oktober 1910, IV 559/09 (WarnRspr 1910, Nr. 449; JW 1910, S. 1004) und 18. Dezember 1911, IV 397/11 (JW 1912, S. 244).

[453] So die Entscheidung vom 14. Januar 1904.

[454] So in den Entscheidungen vom 14. Januar 1904, 12. Dezember 1907 und 18. Dezember 1911.

(a) Bruch der Verlöbnistreue

Eine solche besonders verwerfliche Handlung sah das Reichsgericht im Bruch der Verlöbnistreue durch die zukünftige Ehefrau[455] und bei Ehebruch in einer früheren Ehe[456]. So formulierte der 8. Senat in der Entscheidung vom 7. April 1930: „Dieses Verhalten, das dem Kläger erst Ende 1928 zur Kenntnis gekommen sei, offenbare ein erhebliches Maß von Leichtfertigkeit und Vertrauenswürdigkeit, (...) Wenn das Berufungsgericht aus diesem Verhalten auf eine sittliche Minderwertigkeit, also auf eine persönliche Eigenschaft im Sinne des § 1333 BGB schließt, so ist darin ebenso wenig ein Rechtsverstoß zu erblicken wie in der Feststellung, daß dem Kläger diese sich im Verhältnis zu einem Dritten äußernde Leichtfertigkeit und Vertrauensunwürdigkeit der Beklagten trotz der beiderseitigen freien Auffassung von dem Geschlechtsverkehr der Brautleute untereinander erst nach Eheschluß zur Kenntnis gelangt sind. Die Annahme, daß bei objektiver und subjektiver Würdigung des Wesens der Ehe der Kläger bei voller Kenntnis der Sachlage die Ehe nicht eingegangen sein würde, liegt im wesentlichen gleichfalls auf tatsächlichem Gebiet und ist daher nicht angreifbar."

(b) Prostitution

Ebenso sicher schloss das Reichsgericht aus der früheren, dem Mann bei Eheschließung nicht bekannten, Prostitution der Ehefrau, „dem Nachgehen der Gewerbsunzucht", auf eine „sittliche Minderwertigkeit", die den Mann zur Anfechtung berechtigte[457].

(c) Wilde Ehe

Eine negative sittliche Eigenschaft gemäß § 1333 BGB war nach Ansicht des Reichsgerichts auch dann anzunehmen, wenn die Ehefrau vor ihrer Ehe mit einem anderen Mann in „wilder Ehe" gelebt hatte. Dies zeigen reichsgerichtliche Urteile sowohl aus der Kaiserzeit, während der Weimarer Republik als auch zur Zeit des Nationalsozialismus[458]. *Gordon* führte das Urteil vom 3. Dezember 1926 als Beispiel für seine Aussage an, dass, obwohl sich nach dem Krieg die

---

[455] So die Urteile des 8. Senats vom 7. April 1930, VIII 35/30 (WarnRspr 1930, Nr. 110); 11. Dezember 1930, VIII 507/30 (WarnRspr 1931, Nr. 44) und des 4. Senats vom 22. Juni 1933, IV 88/33 (WarnRspr 1933, Nr. 130).

[456] Entscheidung des 4. Senats vom 15. November 1906, IV 357/06 (JW 1907, S. 3).

[457] So die Entscheidung des 8. Senats von 10. Juni 1929, VIII 171/29 (WarnRspr 1929, Nr. 162).

[458] Entscheidungen des 6. Senats vom 12. Mai 1915, VI 21/15 (JW 1915, S. 780), vom 3. Dezember 1926, VI 389/26 (LZ 1927, Sp. 389) und des 4. Senats vom 15. März 1937, IV 313/36 (WarnRspr. 1937, Nr. 79).

gesellschaftlichen Konventionen gelockert hatten, das Reichsgericht seine Rechtsprechung auf diesem Gebiet noch verschärfte[459]. Bei genauerer Betrachtung dieses Urteils kann diese Meinung jedoch nicht geteilt werden.
Gordon stützt seine Schlussfolgerung vor allem auf die Stellungnahme des 6. Senats zur „wilden Ehe“ vom 3. Dezember 1926, welche die in solchen Verhältnissen lebende Frau als „sittlich unterwertig“ bezeichnete: „Das entscheidende Merkmal ist also, daß sich die wilde Ehe in voller Öffentlichkeit abspielt, daß sich die Kenntnis von diesem Treiben auch unbeteiligten Personen geradezu aufdrängt, daß die Allgemeinheit durch diesen Angriff auf ihr sittliches Empfinden schwer verletzt wird und deshalb das in wilder Ehe lebende Mädchen für sittlich unterwertig erachtet“. Das Reichsgericht verwies auf die Revision der Beklagten das Urteil an das OLG Königsberg zurück, da es Zweifel hatte, ob das „entscheidende Merkmal“ der „wilden Ehe“, das gemeinsame Zusammenleben in der Öffentlichkeit hier gegeben sei. Ohne dieses Merkmal könne nicht von einer wilden Ehe und somit auch nicht von einer sittlichen Minderwertigkeit der Ehefrau gesprochen werden. Im Gegensatz dazu stellte das Urteil vom 12. Mai 1915 aus dem Zusammenleben in einer Wohnung und dem geschlechtlichen Verkehr fest, dass die beklagte Ehefrau in „wilder Ehe“ gelebt hatte, auch ohne auf das Merkmal des Abspielens der Beziehung in der Öffentlichkeit einzugehen. Das Gericht führte dazu aus, „daß, wenn eine Frau (...) monatelang mit einem Mann, mag sie mit ihm auch verlobt sein, in wilder Ehe zusammenlebt und geschlechtlichen Verkehr pflegt, dieses Verhalten doch geeignet ist, einen anderen Mann abzustoßen, der eine Heirat mit eben dieser Frauensperson einzugehen beabsichtigt. Es ist deshalb nicht für rechtsirrig zu erachten, daß das Berufungsgericht die Beklagte für sittlich bescholten erachtet und dem Kläger einen rechtmäßigen Eheanfechtungsgrund nach § 1333 BGB zuerkennt, wenn er sich in Unkenntnis der Tatsache befand, die die Beklagte als sittlich minderwertig erscheinen ließen“. Auch schon zur Zeit des Kaiserreiches schloss also das Reichsgericht aus unmoralischen Handlungen auf „sittliche Minderwertigkeit“ und nicht erst, wie Gordon feststellte, nach 1918. Auch zur Zeit des Nationalsozialismus erblickte das Reichsgericht in einem früheren Zusammenleben in „wilder Ehe“ einen „erheblichen der Klägerin anhaftenden sittlichen Mangel und deshalb eine persönliche Eigenschaft im Sinne des § 1333 BGB[460]“.

(d) Geschlechtsverkehr zwischen zwei Ehen

Ebenfalls als Anfechtungsgrund erkannte das Reichsgericht den Irrtum eines Mannes, der eine geschiedene bzw. verwitwete, also nicht mehr jungfräuliche Frau geheiratet hatte, über das Sexualleben seiner Ehefrau zwischen den beiden

[459] Gordon, S. 95.
[460] So das Reichsgericht in der Entscheidung vom 15. März 1937, IV 313/36.

Ehen an. So formulierte der 4. Senat in einem frühen Urteil vom 20. September 1900[461]: „Den klagebegründenden Irrthum über eine solche persönliche Eigenschaft der Beklagten, die er bei Eingehung der Ehe habe voraussetzen dürfen, findet Kläger in seiner Unkenntnis von dem damaligen geschlechtlichen Verkehre der Beklagten mit dem Agenten A., in der zwischen ihrer früheren und ihrer jetzigen Ehe liegenden Zeit und der daraus sich ergebenden geschlechtlichen Bescholtenheit der Beklagten. Das Berufungsgericht geht zutreffend davon aus, daß ein Irrthum der Verlobten über die, durch die sittliche Natur der Ehe bedingte, geschlechtliche Unbescholtenheit der Braut wesentlich sein und deshalb den ersteren zur Anfechtung der Ehe nach Maßgabe des angeführten § 40 berechtigen kann[462]".
Das Urteil des 4. Senats vom 13. Juli 1911[463] sah sogar den Geschlechtsverkehr der verwitweten Beklagten mit zwei Männern, mit denen sie jeweils zur Zeit des Verkehrs verlobt war, als persönliche Eigenschaft i.S.d. § 1333 BGB an: „Hat die Beklagte den beiden vorgenannten Personen, mit denen sie nacheinander, ohne daß es zur Eheschließung kam, innerhalb der zwei ersten Jahre nach dem Tod ihres ersten Mannes verlobt war, den Geschlechtsverkehr gestattet, so kann ihr der Vorwurf nicht erspart werden, daß sie sich als eine in geschlechtlicher Hinsicht leicht zugängliche Frau erwiesen hat. Darin zeigte sich eine persönliche Eigenschaft der Beklagten."

(e) Geschlechtsverkehr mit mehreren Männern

Als sittliche Eigenschaft i.S.d. § 1333 BGB sah es das Reichsgericht an, wenn der Ehemann bei Eheschließung nur von einem einmaligen Geschlechtsverkehr der Frau Kenntnis hatte, und sich später herausstellte, dass die Ehefrau mit mehreren Männern geschlechtlichen Umgang hatte. So formulierte der 6. Senat in einer Entscheidung vom 16. Mai 1917[464]: „Denn es macht einen wesentlichen Unterschied aus, ob sich ein Mädchen zumal wie hier in sehr jugendlichem Alter und wohl infolge des häuslichen und unbeaufsichtigten Zusammenseins mit einem Burschen einer einmaligen Verführung unterlegen ist, oder ob sie sittlich soweit verderbt und gesunken war, daß sie sich mehreren Männern preisgege-

---

[461] IV 145/00 (Gruchot 45, S. 835).
[462] Nach Art. 198 des Einführungsgesetzes zum BGB war die Gültigkeit der Ehe, da sie vor dem 1. Januar 1900 geschlossen worden war, nach den bisherigen Gesetzen (hier nach § 40 ALR II 1) zu beurteilen. Das Reichsgericht stellte jedoch fest, dass es auch nach § 1333 BGB zu keinem anderen Ergebnis gekommen wäre: „abgesehen hiervon, wird aber auch der von dem Kläger geltend gemachte, in § 40 des ALR II 1 vorgesehenen Anfechtungsgrund des Irrthums in wesentlichen persönlichen Eigenschaften des anderen Ehegatten in § 1333 des BGB ebenfalls anerkannt."
[463] IV 689/10 (JW 1911, S. 812).
[464] VI 108/17 (WarnRspr 1917, Nr. 209).

ben hat. In dem Verhalten des Mädchens können sich in dem einem oder in dem andern Fall persönliche Eigenschaften ausprägen, die für die Frage eines Ehebundes mit ihr von ganz verschiedener Bedeutung sein können. Es ist sehr wohl denkbar und wird durch manche Erfahrung bestätigt, daß ein Mann sich zwar entschließt, einem Mädchen, mit dem er die Ehe eingehen will, einen einmaligen Fehltritt nachzusehen, daß er aber eine Eheschließung weit von sich weisen würde, wenn das Mädchen mit mehreren Männern geschlechtlichen Umgang gehabt hätte." Auch in späteren Urteilen schloss das Reichsgericht aus dem vorehelichen Geschlechtsverkehr mit mehreren Männern auf „mangelnde Beherrschung in geschlechtlichen Dingen[465]".

Zwei Urteile aus dem Jahr 1929[466] zeigen, dass das Reichsgericht nicht schlechthin eine sittliche Bescholtenheit der Frau wegen vorehelichem Geschlechtsverkehr annahm. Fand dieser Geschlechtsverkehr mit einem Verlobten in sicherer Erwartung einer späteren Ehe statt, dann, so das Reichsgericht, könne nicht generell von einem sittlichen Makel der Frau gesprochen werden und nach den Umständen des Einzelfalls auch trotz unbestrittenem vorehelichen Geschlechtsverkehr der Frau dem Mann das Anfechtungsrecht versagt sein. Wenn die Frau jedoch mit ihrem Verlobten über einen längeren Zeitraum eine geschlechtliche Beziehung unterhalten hatte, war eine persönliche Eigenschaft der Frau i.S.d. § 1333 BGB anzunehmen, so das Reichsgericht in einer Entscheidung vom 3. April 1933[467]: „ Auszugehen ist mit dem Berufungsgericht zunächst davon, daß es einen Unterschied bedeutet, ob die damals erst 19-jährige Beklagte sich nur in dem einen Falle in L. ihrem Verlobten F., der seinen Einfluß auf sie ausgenutzt hatte, hingegeben hat, oder ob sie in einem über ein Jahr andauernden Verhältnis geschlechtlicher Art zu ihm gestanden hat. Es ist sehr wohl denkbar, daß ein Mann sich entschließt, einem Mädchen, mit dem er die Ehe eingehen will, einen einmaligen Fehltritt nachzusehen, daß er aber eine Eheschließung ablehnen würde, wenn er wüßte, daß das Mädchen mit einem anderen Manne – sei es auch mit ihrem Verlobten – ein länger währendes geschlechtliches Verhältnis unterhalten hat (...). Hatte die Beklagte sich, wie festgestellt, ihrem damaligen Verlobten F. wiederholt, wenn auch stets nur auf dessen Drängen, hingegeben, so hat sie sich damit als eine in geschlechtlicher Hinsicht leicht zugängliche Frau erwiesen. Darin zeigt sich eine persönliche Eigenschaft der Beklagten, die, wie das Berufungsgericht mit Recht angenommen hat, die Anfechtung der Ehe nach § 1333 BGB zu begründen vermag."

---

[465] So in der Entscheidungen vom 8. Oktober 1934, IV 84/34 (WarnRspr 1934, Nr. 179); ähnlich auch das Urteil vom 1. März 1937, IV 281/36 (WarnRspr 1937, Nr. 77).

[466] Entscheidung des 7. Senats vom 8. März 1929, VII 478/28 (WarnRspr 1929, Nr.77) und des 4. Senats vom 23. September 1929, IV 177/28 (HHR 1929, Nr. 2001).

[467] IV 23/33 (WarnRspr 1933, Nr. 80).

(f) Sittlicher Makel auch ohne Geschlechtsverkehr

Vereinzelt gab das Reichsgericht auch Eheanfechtungsklagen des Ehemannes wegen sittlicher Bescholtenheit der Frau statt, obwohl der Ehefrau kein vorehelicher Geschlechtsverkehr zur Last gelegt werden konnte. So hatte der 4. Senat am 14. März 1907[468] einen Fall zu entscheiden, bei dem der Ehemann seinen Klageantrag darauf stützte, dass seine spätere Ehefrau einen „alten Lüstling" auf mehreren Reisen begleitet hatte und dort „unschickliche Annäherungen" geduldet hatte. Das Reichsgericht führte dazu aus: „Es wird hier unter Heranziehung des Inhalts der zwischen der Beklagten und ihrer Mutter gewechselten Briefe als erwiesen bezeichnet, daß die Beklagte bewußt sich dazu hergegeben hat, einem alten Lüstling, dessen unlautere Absichten sie völlig durchschaute, fortgesetzt weitgehende intime Annäherungen namentlich auf gemeinschaftlich unternommenen Reisen zu gestatten, nur um ihn finanziell in ihrem und ihrer Mutter Interesse ausbeuten zu können, besonders sich ausgiebig von ihm freihalten und beschenken zu lassen. Daß das Alleinsein der Beklagten mit M. auf den in den Jahren 1901 und 1902 unternommenen Reisen, wobei sie in einem Hotel in nebeneinander liegenden Zimmern mit durchgehender Verbindung genächtigt haben, in hohem Maße unschicklich ist, (...) ist nicht zu bezweifeln. Es kommt hierfür nicht darauf an, ob es, was der Berufungsrichter nicht als erwiesen annimmt, zu einem geschlechtlichen Verkehre zwischen ihnen gekommen ist. (...) Der Beklagten fällt hiernach eine niedrige Denk- und Handlungsweise darin zur Last, daß sie zur Erlangung äußerer Vorteile kein Bedenken trägt, ihren guten Ruf und ihre geschlechtliche Ehre zu gefährden. Wenn der Berufungsrichter hierin einen schweren Charakterfehler findet, so kann dies nicht als rechtsirrtümlich bezeichnet werden.[469]". Spätere Urteile wegen sittlicher Bescholtenheit ohne vollzogenen Geschlechtsverkehr zeigen aber, dass ein sittlicher Makel vor allem durch den vorehelichen Geschlechtsverkehr begründet wurde und die Anfechtung wegen sexueller Betätigung ohne Geschlechtsverkehr doch eher die Ausnahme darstellte[470]. So formulierte der 4. Senat in der Entscheidung vom 13. Mai 1935: „Die hiergegen von der Revision erhobenen Bedenken sind zunächst insofern begründet, als von einer ziemlich hemmungslosen Unbeherrschtheit einer Frau auf geschlechtlichem Gebiet nur gesprochen werden kann, wenn sie sich dem Geschlechtsverkehr mit Männern, die ihr gerade begehrenswert erscheinen, tatsächlich hingibt. Soweit ist es hier nach den Feststellungen des Berufungsgerichts nicht gekommen. Festgestellt ist lediglich, daß die Beklagte im Alter von 17 Jahren stark sinnlich veranlagt war und unter dem

[468] IV 381/06 (JW 1907, S. 257 – hier falsches Aktenzeichen: 38/06).

[469] Im selben Sinne auch die Entscheidung vom 4. Februar 1915, IV 434/14 (LZ 1915, Sp. 1111).

[470] So die Entscheidungen des 8. Senats vom 13. November 1930, VIII 340/30 (WarnRspr 1931, Nr. 9) und des 4. Senats vom 13. Mai 1935, IV 16/35 (WarnRspr 1935, Nr. 119).

Einfluß reichlich genossenen Alkohols und aufregender Unterhaltung mit jungen Männern am Wirtstisch ihre Selbstbeherrschung so weit verleiten konnte, daß sie sich einem Manne zum außerehelichen Geschlechtsverkehr hingab. Darin mag eine persönliche Eigenschaft der Beklagten im Sinne des § 1333 BGB zu finden sein.“

(g) Voreheliche Abtreibung

Als ein weiterer sittlicher Makel der Ehefrau, der bei Irrtum als persönliche i.S.d. § 1333 BGB zur Anfechtung berechtigte, sah das Reichsgericht eine frühere Abtreibung der Frau an[471]. Während es in der Entscheidung vom 24. November 1920 noch an einem Beweis einer früheren Abtreibung fehlte, sah der 4. Senat in der Entscheidung vom 4. Februar 1924 auch in einem untauglichen Abtreibungsversuch der Ehefrau eine persönliche Eigenschaft. Die Frau hatte in der irrigen Annahme, schwanger zu sein, ein „aus Wacholder oder Lebensbaum bereitetes Getränk“ zu sich genommen, um abzutreiben. Das Berufungsgericht hatte daraufhin die Anfechtungsklage des Ehemannes zurückgewiesen, da keine Schwangerschaft bestanden hatte und der Ehemann vom vorehelichen Verkehr seiner Frau zum Zeitpunkt der Ehe Kenntnis gehabt hatte. Außerdem habe es sich nicht um einen strafbaren Abtreibungsversuch gehandelt. Auf die Revision des Ehemannes hob das Reichsgericht die Entscheidung des Berufungsgerichts mit folgender Begründung auf: „Das Berufungsgericht irrt aber, wenn es die Strafbarkeit der Tat der Beklagten, wie sie unterstellt wird, verneint. Denn nach ständiger Rechtsprechung des Reichsgerichts genügt es zum strafbaren Versuch der Abtreibung, daß eine Nichtschwangere sich für schwanger und das von ihr zum Zwecke der Abtreibung angewandte Mittel für tauglich hält. Abgesehen davon hat die Revision recht, wenn sie ausführt, die Handlungsweise der Beklagten beweise eine sittliche Auffassung und eine Charaktereigenschaft der Beklagten, welche bei verständiger Würdigung des Wesens der Ehe einen Mann von normalen sittlichen Empfinden von der Eheschließung mit der Beklagten abgehalten hätte, ganz ohne Rücksicht darauf, ob die Beklagte sich mit dem Strafgesetz im Widerspruch gesetzt hätte oder nicht.“

(h) Voreheliche Mutterschaft

Ob auch die Tatsache, dass die Ehefrau vor der Ehe ein nichteheliches Kind zur Welt gebracht hatte, zur Anfechtung der Ehe berechtigte, war erstmals am 2.

---

[471] So in den Urteilen vom 24. November 1920, V 246/20 (nicht veröffentlicht), 4. Februar 1924, IV 269/23 (Recht 1924, Nr. 646) und 5. November 1928, VIII 226/28 (HRR 1929, S. 200).

Juni 1910[472] Inhalt einer reichsgerichtlichen Entscheidung. Der 4. Senat wies die Revision der Ehefrau gegen das die Anfechtbarkeit bejahende Urteil des OLG Düsseldorf zurück. Es erkannte die nichteheliche Mutterschaft als Anfechtungsgrund an. Obwohl die Veröffentlichung in der Juristischen Wochenschrift dieses Urteil dem § 1333 BGB zuwies, begründete der 4. Senat die Anfechtbarkeit der Ehe wegen arglistiger Täuschung nach § 1334 BGB. Dieser verlangte, im Gegensatz zur Irrtumsanfechtung über persönliche Eigenschaften, die Täuschung über Umstände, die einem Partner bei Kenntnis der Sachlage und bei verständiger Würdigung des Wesens der Ehe von der Eingehung der Ehe abgehalten haben würden[473]. Ob das Reichsgericht die Mutterschaft in dieser Entscheidung auch unter den engeren Begriff der persönlichen Eigenschaft gefasst hätte, ist zweifelhaft. Erst 1922 hatte der 7. Senat des Reichsgerichts eine Eheanfechtungsklage wegen vorehelicher Mutterschaft der Frau zu entscheiden, die ausschließlich auf § 1333 BGB gestützt war[474]. Das Reichsgericht stellte fest, dass die Mutterschaft, für sich allein betrachtet, da der Ehemann bei Eheschließung Kenntnis vom vorehelichen Geschlechtsverkehr seiner Frau gehabt hatte, nicht unter dem bisher vorherrschenden engen Eigenschaftsbegriff zu fassen war. Es entschloss sich daher, die Eigenschaftsbestimmung weiter zu fassen: „Legt man den § 1333 dahin aus, daß unter den Begriff der persönlichen Eigenschaften auch solche persönlichen Verhältnisse eines Ehegatten zu rechnen sind, die in seiner Persönlichkeit ihre eigentliche Wurzel haben und sich von ihr nicht trennen lassen, so fällt auch die Mutterschaft darunter, und zwar diese für sich allein betrachtet, ohne Rücksicht auf den mit ihr verbundenen Verlust der Jungfräulichkeit." Einschränkend begründete das Reichsgericht seine Entscheidung aber vor allem damit, dass in diesem Fall das Kind der Frau noch am Leben sei und somit die Gefahr bestünde, dass das Kind die Ehe störend beeinflussen könnte: „Es mußte dann mit der Wahrscheinlichkeit oder doch mindestens mit der Möglichkeit gerechnet werden, daß das Kind eines Tages auftreten und durch Geltendmachung seiner Kindesrechte gegenüber der Mutter und seinen etwaigen ehelichen Halbgeschwistern die Familienruhe in unangenehmer Weise stören, die Beklagte in der Öffentlichkeit bloßstellen und die Ehegatten in ihrem Bekanntenkreis in eine schiefe und peinliche Lage bringen würde." Ob die Ehe auch anfechtbar gewesen wäre, wenn das Kind nicht mehr leben würde, erscheint daher zweifelhaft.

Wieruszowski[475] kritisierte an dieser Entscheidung vor allem, dass „das Hauptgewicht darauf gelegt ist, daß die Beklagte Mutter eines noch lebenden Kindes" gewesen sei und bezweifelte, dass die Beantwortung der Frage, ob das Kind noch lebe oder tot sei, einen Einfluss auf „die Wertung (...), die der Mutter-

---

[472] IV 387/09 (JW 1910, S. 707).

[473] Siehe zur Anfechtung wegen arglistiger Täuschung; 2. Teil, D.

[474] Urteil vom 12. Mai 1922, VII 479/21 (RGZ 104, 335).

[475] Wieruszowski, JW 1924, S. 677.

schaft für die Persönlichkeit der Beklagten zukommt", haben würde. Auch *Mitteis* lehnte einer Anfechtung aus diesem Grund ab: „sollte die Mutterschaft wirklich eine Veränderung im Charakter der Frau herbeiführen, so doch höchstens eine für die Ehe günstige[476]".
In einer Reihe späterer Urteile bejahte das Reichsgericht eine persönliche Eigenschaft i.S.d. § 1333 BGB, wenn die Ehefrau Mutter eines noch lebenden Kindes war[477], während es in einem Fall einer früheren Todgeburt[478] und in einem Fall eines vor der Eheschließung gestorbenen Kindes[479] eine persönliche Eigenschaft der Frau nicht annahm, diese jedoch für solche Fälle nicht generell ausschließen wollte.
Erst in der Entscheidung vom 23. Mai 1938[480] erklärte der 4. Senat, dass auch die Tatsache einer vorehelichen Geburt eines inzwischen verstorbenen Kindes eine persönliche Eigenschaft der Frau darstellte, dass aber in einem solchen Fall weitere Anforderungen an objektive und subjektive Erheblichkeit dieser Eigenschaft für die Frage, ob der Ehemann bei Kenntnis dieser Tatsache die Ehe nicht geschlossen hätte, zu stellen wären, als wenn das Kind noch leben würde. Das Gericht führte dazu aus: „Mit Recht hat das Berufungsgericht aber weiter ausgeführt, daß dann, wenn das Kind nicht mehr am Leben ist, die Bedenken und Gefahren, die in dem Falle RGZ Bd. 104, S. 335 vom Reichsgericht erwogen worden sind, im wesentlichen ausgeräumt oder doch abgeschwächt sind. Dies ist von erheblicher Bedeutung für die Beurteilung der zum Anfechtungstatbestand des § 1333 BGB gehörenden weiteren Voraussetzung, daß sich der Mann bei Kenntnis der vorehelichen Mutterschaft der Frau bei verständiger Würdigung des Wesens der Ehe von der Eingehung der Ehe hätte abhalten lassen. Hierzu stellt das Berufungsgericht fest, daß der damals 38 Jahre alte Kläger nach seiner Rückkehr aus dem Kriege mit der um ein Jahr jüngeren Beklagten in geschlechtliche Beziehungen getreten sei, diesen Verkehr drei Monate fortgesetzt und dann mit ihr die Ehe geschlossen habe, die eine Liebesheirat gewesen sei. Ihm sei bekannt gewesen, daß die Beklagte bereits verlobt gewesen und daß ihr Verlobter im Kriege gefallen sei. Der Kläger sei, ohne danach zu fragen, als sicher davon ausgegangen, daß die Beklagte, als sie sich ihm zum ersten Male hingegeben habe, nicht mehr jungfräulich gewesen sei. Andererseits sei das Kind der Beklagten schon im Jahre 1908, also 11 Jahre vor der Eheschließung, geboren und in dem selben Jahr wieder gestorben. Die Gefahr, daß das Kind

[476] Mitteis, S. 193.
[477] So in den Entscheidungen vom 14. Februar 1927, IV 658/26 (Recht 1927, Nr. 912); 22. Oktober 1930, IX 127/30 (JW 1931, S. 1362) – hier hatte der Ehemann zum Zeitpunkt der Eheschließung Kenntnis von einem Kind, während die Frau zwei voreheliche Kinder geboren hatte – und vom 11. Februar 1937, IV 279/36 (WarnRspr 1937, Nr. 52).
[478] Entscheidung vom 25. Juni 1923, IV 465/22 (LZ 1923, Sp. 647).
[479] Urteil des 4. Senates vom 8. Dezember 1932, IV 290/32 (nicht veröffentlicht).
[480] IV 48/38 (JW 1938, S. 2209).

irgendwann in die Erscheinung treten und den ehelichen Frieden stören oder das sein Vorhandensein sonst wie zu einer Bloßstellung oder zu anderen Unannehmlichkeiten für den Kläger führen könnte, habe also von vornherein nicht bestanden. Nach der besonderen Lage des Falles sei mithin nicht anzuerkennen, daß die im Jahre 1908 erfolgte Geburt eines noch im selben Jahre wieder verstorbenen Kindes der Beklagten den Kläger bei verständiger Würdigung des Wesens der Ehe von der Eingehung der Ehe abgehalten haben würde."

(i) Schwangerschaft zum Zeitpunkt der Eheschließung bzw. Schwangerschaft von einem anderen Mann

Am 7. Oktober 1926[481] hatte das Reichsgericht einen Fall zu entscheiden, bei dem der Kläger geltend gemacht hatte, die Ehe nur eingegangen zu sein, da er angenommen hatte, dass die beklagte Frau schwanger sei. In Wirklichkeit hatte jedoch keine Schwangerschaft vorgelegen und auch eine Täuschungsabsicht der Frau konnte nicht festgestellt werden. Der 4. Senat lehnte die Anfechtbarkeit der Ehe ab. Er wollte die bei Eheschließung bestehende Schwangerschaft einer Frau nur in besonderen Fällen als persönliche Eigenschaft anerkennen: „Eine zur Zeit der Eheschließung bestehende Schwangerschaft der Ehefrau bildet als solche in der Regel ohne weiteres noch keine persönliche Eigenschaft i.S.d. § 1333 BGB. Aus der Tatsache der Schwangerschaft kann aber unter Umständen eine derartige Eigenschaft hergeleitet werden, dann nämlich, wenn sie als Ausfluß oder Betätigung des eignen Wesens der Ehefrau, als ein wesentlicher, nicht zufälliger Bestandteil ihrer Persönlichkeit erscheint. Insbesondere kann, wenn ein anderer Mann der Schwängerer ist, der mit der Schwangerschaft verbundene Verlust der Jungfräulichkeit, die eingetretene Bescholtenheit oder die Mutterschaft das Vorliegen einer persönlichen Eigenschaft in diesem Sinne begründen. Von alledem ist hier, wo der Ehemann selbst vor der Heirat mit der Beklagten verkehrt hat und die angebliche Schwangerschaft hervorgerufen haben soll, nicht die Rede."

v. Blume kritisierte in einer Urteilsanmerkung das Nichtanerkennen der Schwangerschaft als persönliche Eigenschaft und führte zum Nachweis seiner Ansicht den zweifelhaften Vergleich der Anfechtung eines Kaufvertrages über eine trächtige Kuh an: „Wenn nun jemand ein Mädchen gerade deshalb heiraten will, weil er annimmt, daß es schwanger sei, so irrt er allerdings über eine persönliche Eigenschaft des Mädchens, falls die Schwangerschaft nicht besteht. Es geht ihm nicht anders als dem Bauern, der eine Kuh irrtümlicherweise als trächtig kaufte: Es handelt sich zwar um einen Irrtum im Motiv. Aber dieser Fall des Motivirrtums ist eben vom Gesetz als Anfechtungsgrund behandelt worden.[482]"

[481] IV 133/26 (JW 1927, S. 1192 (Nr. 5); Recht 1926, Nr. 2439).
[482] v. Blume, JW 1927, S. 1192.

Einen weiteren Fall dieser Art hatte das Gericht nicht mehr zu entscheiden. Daß aber, wenn die Schwangerschaft der Frau von einem anderen Mann herrührte, eine persönliche Eigenschaft der Frau gegeben sei, wie es das Urteil vom 7. Oktober 1926 schon angedeutet hatte, stellte das OLG Breslau in einer Entscheidung vom 13. April 1937[483] fest.

bb. Beim Mann

(1) Vorehelicher Geschlechtsverkehr

Von seinen ersten Entscheidungen an beurteilte das Reichsgericht den durch vorehelichen Geschlechtsverkehr erworbenen sittlichen Makel des Mannes anders als den der Frau. In zwei Urteilen vom 3. November 1902[484] und vom 14. März 1904[485] erklärte der 4. Senat, dass ein vorehelicher Geschlechtsverkehr des Mannes, selbst wenn dabei ein uneheliches Kind gezeugt worden war, nicht als persönliche Eigenschaft i.S.d. § 1333 BGB anzusehen war. Der Entscheidung vom 14. März 1904 lag der Tatbestand zugrunde, dass der beklagte Ehemann vor der Eheschließung mit einem unverheirateten Dienstmädchen ein Kind gezeugt und dass er außerdem mit einer verheirateten Frau ehebrecherisch verkehrt hatte. Sowohl das Landgericht Lübeck als auch das Oberlandesgericht Hamburg hatten die Anfechtungsklage abgewiesen. Zur Beurteilung des vorehelichen Geschlechtsverkehrs hatte das Berufungsgericht ausgeführt: „Der außereheliche Geschlechtsverkehr Unverheirateter wird, insoweit es sich um besonders geartete Fälle, wie den der Verführung unbescholtener Mädchen handelt, an und für sich aus natürlichen Gründen nur in Ansehung des weiblichen Geschlechts von den herrschenden Rechts- und Moralitätsbewusstsein der modernen Gesellschaft unter dem Gesichtspunkt geschlechtlicher Bescholtenheit als ein Merkmal sittlichen Defektes allgemein anerkannt. Kann hiernach ein solches Verhalten auf seiten eines Mannes an und für sich nicht als der Mangel einer i.S. des § 1333 BGB wesentlichen sittlichen Eigenschaft desselben in Betracht kommen, so kann hierbei aus logischen Gründen auch der Frage keine Bedeutung beigemessen werden, ob jener außereheliche Geschlechtsverkehr in seinen Folgen zu der Geburt eines Kindes geführt hat oder nicht.“ Dieser Begründung stimmte das Reichsgericht wie folgt zu: „Nicht zu beanstanden sind die Ausführungen des Berufungsrichters, mit denen er ablehnt, den vorehelichen Geschlechtsverkehr des Beklagten mit der unverheirateten Kl. und den Umstand, daß er mit dieser ein Kind erzeugt hat, als Anfechtungsgründe i.S.

[483] Urteil des OLG Breslau vom 13. April 1937, 5 U 2380/36 (HRR 1937, Nr. 1084), Staudinger/Klippel, 12. Aufl., § 32 EheG, Rn. 78 führte diese Entscheidung fälschlicherweise als Urteil des Reichsgerichts an.
[484] IV 268/02 (JW 1902, Beil., S. 285).
[485] IV 351/03 (JW 1904, S. 204; SeuffA 59, 458).

von § 1333 BGB gelten zu lassen." Dagegen sah das Reichsgericht durch das Verhältnis des Beklagten mit einer verheirateten Frau einen sittlichen Makel als gegeben an: „Dagegen ist der Revision beizutreten, wenn sie Verletzung des Gesetzes rügt, soweit es sich um Beurteilung des dem Beklagten zur Last fallenden, vor Eingehung der Ehe unterhaltenen ehebrecherischen Verkehrs mit der Lehrersfrau Br. handelt. Der Berufungsrichter verkennt nicht, daß sich der Beklagte dadurch sowohl mit der sittliche Anschauung der Gesellschaft als mit dem Strafgesetz in Widerspruch gesetzt hat. Er will aber die Anfechtung der Ehe nur zulassen, wenn das Verhalten des Beklagten auf eine allgemeine Neigung zu geschlechtlichen Ausschweifungen oder auf eine derartige Nichtachtung des Instituts der Ehe zurückzuführen wäre, daß von ihm die Erfüllung der durch die eigene Eheschließung zu übernehmenden Treupflicht nicht wohl zu erwarten sein würde. (...) Dabei ist übersehen, daß nach den durchaus berechtigten Anschauungen der bürgerlichen Gesellschaft unsittliches oder unehrenhaftes Handeln den Täter mit einem Makel behaftet, der ihn dauernd in der öffentlichen Meinung herabsetzt, gleichviel ob wiederholte Verfehlungen derselben Art von ihm zu erwarten sind oder nicht." In der Literatur fand diese unterschiedliche Behandlung von Männern und Frauen allgemeine Zustimmung[486].

In späteren Urteilen bestätigte das Reichsgericht seine Rechtsprechung, dass vorehelicher Geschlechtsverkehr des Mannes an sich keine persönliche Eigenschaft darstellte[487], dass jedoch der Bruch der Verlöbnistreue[488] oder ein Ehebruch[489] als sittliche Makel anzusehen waren, die die Ehefrau bei Irrtum zur Anfechtung der Ehe berechtigten.

Während die ungleiche Beurteilung der Verwerflichkeit vorehelicher sexueller Handlungen allgemein gebilligt wurde, regte sich in den zwanziger Jahren Kritik daran, dass das Reichsgericht in Fällen von vorehelichen ehebrecherischen Verhältnissen sowohl bei Frauen als auch bei Männern eine persönliche Eigenschaft i.S.d. § 1333 BGB annahm. Zwei Veröffentlichungen aus dem Jahr 1925[490] zeigen, dass die Literatur zu einer noch weitergehenden Ungleichbehandlung der Geschlechter neigte. *Pagenstecher* und *Rosenthal* führten das Beispiel einer wegen Ehebruchs auf Scheidung verklagten Ehefrau an, die daraufhin Nachforschungen über das Vorleben ihres Mannes angestellt hatte und von einem lange vor ihrer Ehe stattgefundenen Geschlechtsverkehr ihres Mannes

---

[486] So Knoblauch, S. 65; Wolf, S. 308; etwas einschränkend: v.Eynern, S. 46, der in Einzelfällen die Anfechtung zulassen wollte; Rietschel, AcP 104 (1909), S. 356, der die Möglichkeit einer Gleichbehandlung der Geschlechter in fernerer Zukunft nicht ausschließen wollte und Kaufhold, S. 62, der die verschiedene Behandlung von Frau und Mann zwar als unbegründet, aber von den „heutigen Anschauungen" gedeckt sah.

[487] So z.B. in der Entscheidung vom 12. April 1911, IV 396/10 (JW 1911, S. 543).

[488] So das Urteil des 4. Senats vom 26. März 1914, IV 627/13 (JW 1914, S. 646).

[489] Entscheidung vom 19. Juni 1919, IV 77/19 (WarnRspr 1919, Nr. 174).

[490] Pagenstecher, JW 1925, S. 355 f. und Rosenthal, LZ 1925, Sp. 1245 ff.

mit einer verheirateten Frau Kenntnis erlangt hatte. Diese untreue Ehefrau, so die beiden Autoren, könnte Jahre nach diesem Vorfall die Ehe anfechten, ohne dass ihr späterer Ehebruch für sie einen Nachteil darstellen würde, während der in der Ehe stets treue Gatte für einen längst vergessenen Vorfall bestraft würde. Pagenstecher und Rosenthal plädierten grundsätzlich für eine weniger strenge Beurteilung des vorehelichen Geschlechtslebens des Mannes. Rosenthal führte dazu aus: „Dieselbe Frau, die ihre Ehe- und Mutterpflicht aufs schwerste verletzt hat, soll, wenn sie einen vorehelichen Ehebruch in Erfahrung bringt, das höchste sittliche Postament besteigen dürfen, von dem herab sie die versöhnende Hand nicht auszustrecken braucht. Sie mag schon vor ihrer Ehe leichtfertige Anschauungen gehabt und diese in ihrer Ehe praktisch erprobt haben: Die vorehelichen Ereignisse zwingen angeblich zur Nichtigsprechung der Ehe, auch wenn der Frau die sittlichen Bedenken gegen ihren Mann erst aufgestiegen sind, nachdem er sie beim Ehebruch ertappt hat. In manchen Kulturländern besteht ein Gesetz, das gemäß der einzig natürlichen, von zahllosen feinempfindenden Frauen geteilten Anschauung den Ehebruch der Frau schwerer wertet als denjenigen des Mannes. Es ist ein Zeichen der nachlassenden Selbstsicherheit der Gattung ‚Mann', wenn sie, vielleicht unter der Einwirkung einer mißverstandenen Ritterlichkeit, ein Recht schafft, das schließlich dazu führen muß, die – allen kraftvoll aufstrebenden Nationen selbstverständliche – Vormachtstellung des männlichen Geschlechts zu beseitigen.[491]"
Das Reichsgericht kam dieser Kritik insoweit entgegen, als es in einer späteren Entscheidung 1931[492] einen lange zurückliegenden Ehebruch des Mannes in seiner ersten Ehe, obwohl aus diesem ein wenige Jahre nach der Geburt verstorbenes Kind hervorgegangen war, nicht als persönliche Eigenschaft anerkannte. Dazu führte der 8. Senat aus: „Während der langen Zwischenzeit hat sich der Beklagte in geschlechtlicher Hinsicht einwandfrei geführt. Das Berufungsgericht kann deshalb nicht anerkennen, daß aus der zeitlich weit zurückliegenden Eheirrung des Beklagten nach objektivem Maßstab, entnommen den Anforderungen, die nach dem sittlichen Wesen entsprechend der natürlichen Lebensauffassung an die Lebensgemeinschaft der Ehe zu stellen sind, ein zur Zeit des neuen Eheabschlusses noch gegebene ungünstige Eigenschaft des Beklagten im Sinne des § 1333 BGB zu folgern sei."

(2) Sittlicher Makel durch „anormale" sexuelle Betätigung vor der Ehe

Als persönliche Eigenschaft i.S.d. § 1333 BGB erkannte das Reichsgericht den dem Mann anhaftenden sittlichen Makel durch vorehelichen homosexuellen

[491] Rosenthal, LZ 1925, Sp. 1247.
[492] Entscheidung des 8. Senats vom 26. November 1931, VIII 338/31 (LZ 1932, Sp. 391).

Verkehr an[493]. Für den Beweis einer solchen homosexuellen Betätigung vor der Eheschließung reichte in der Entscheidung vom 12. Oktober 1916 dem 4. Senat der Umgang mit als homosexuell bekannten Männern aus: „Rechtlich verlangt das Berufungsgericht als Tatbestand, der die Anwendung des § 1333 BGB rechtfertigen könne, eine gleichgeschlechtliche Veranlagung des Mannes, die zur Betätigung geführt hat; beischlafähnliche Handlungen seien nicht unbedingt erforderlich, vielmehr reiche schon der Verkehr mit gleichgeschlechtlich bekannten und sich betätigenden Leuten aus, zumal wenn man dadurch in den Verruf eines Päderasten gerät; mit einem derart pervers veranlagten und pervers verkehrenden Manne werde keine richtig empfindende Frau die Ehe eingehen. Der Rechtsbegriff der persönlichen Eigenschaft im Sinne des § 1333 BGB ist hierbei richtig erfasst."
Ebenfalls als schweren sittlichen Makel sah das Reichsgericht vor der Ehe vorgenommene unsittliche Handlungen des Ehemannes mit Minderjährigen an[494]. Dabei spielte es bei der Frage der sittlichen Bescholtenheit keine Rolle, dass die päderastischen Betätigungen schon mehrere Jahre zurücklagen, oder wie im Falle der Entscheidung vom 6. Oktober 1902 nicht strafrechtlich verfolgt wurden und dies auch wegen Verjährung nicht mehr möglich war[495].
In den dreißiger Jahren ließ das Reichsgericht erkennen, dass auch der „hemmungslose Hang des Mannes zur Selbstbefriedigung[496]" oder die „Neigung des Mannes zu ausschließlich anormalem Geschlechtsverkehr mit Frauen[497]" als sittliche Defekte für eine Eheanfechtung in Frage kommen konnten. Alle drei Entscheidungen führten jedoch nicht zur Nichtigerklärung der Ehe, da die Ehefrauen die sittlichen Mängel ihrer Männer nicht beweisen konnten.
1940 erkannte der 4. Senat in einer Entscheidung vom 1. Juni[498] den Hang des beklagten Ehemannes zum Exhibitionismus als einen Umstand gemäß § 37 EheG1938 an.

---

[493] So in den Urteilen vom 26. November 1914, IV 296/14 (LZ 1915, Sp. 532; Gruchot 59, S. 751); 12. Oktober 1916, IV 127/16 (WarnRspr 1917, Nr. 43); 7. April 1919, VI 221/14 (RGZ 95, 289) und unter Geltung des EheG1938: Urteil des OLG Königsberg vom 28. Oktober 1938, 4 U 186/38 (HRR 1939, Nr. 142), laut Staudinger/Klippel, 12. Aufl., § 32 EheG, Rn. 51 fälschlicherweise ein Urteil des Reichsgerichts.

[494] So die Urteile des 4. Senats vom 6. Oktober 1902, IV 206/02 (RGZ 52, 306) und 4. April 1910, IV 476/09 (JW 1910, S. 475; Recht 1910, Nr. 1753).

[495] Im Falle der Entscheidung vom 4. April 1910 hatte der beklagte Mann eine zweijährige Gefängnisstrafe verbüßt.

[496] So in den Urteilen vom 13. Mai 1931, IX 57/31 (WarnRspr 1931, Nr. 143) und 1. November 1934, IV 163/34 (WarnRspr 1934, Nr. 189).

[497] Urteil vom 4. Juli 1935, IV 36/35 (WarnRspr 1935, Nr. 146).

[498] IV 680/39 (RGZ 164, 106).

c. Weitere sittliche Eigenschaften

Neben Schlussfolgerungen auf negative Charaktereigenschaften aufgrund sexueller Verfehlungen vor der Ehe, beurteilte das Reichsgericht auch andere Handlungen als Ausdruck eines sittlich verwerflichen Charakters.
In einer Entscheidung vom 3. Juli 1905[499] erkannte der 4. Senat den „Hang zur Begehung von Betrügereien“ als Anfechtungsgrund gemäß § 1333 BGB an. Der beklagte Ehegatte war wegen Urkundenfälschung und Betrug in zwei Fällen, wegen Betrugs in 26 Fällen und wegen versuchten Betrugs in drei Fällen rechtskräftig zu sechs Jahren und sechs Monaten Gefängnis verurteilt worden. In dieser Vielzahl von strafbaren Handlungen sah das Reichsgericht wie auch die Vorinstanzen unzweifelhaft einen „Hang des Beklagten zur fortgesetzten Begehung von Betrügereien, der als Charakterfehler (...) gekennzeichnet wird.“
Auch der „Hang zur Begehung von Diebstählen“ stellte nach reichsgerichtlicher Ansicht eine persönliche Eigenschaft i.S.d. § 1333 BGB dar. Dies stellte der 4. Senat in zwei Entscheidungen vom 13. Juni 1912[500] und vom 19. Januar 1914[501] fest. In beiden Fällen hatte sich nach der Eheschließung herausgestellt, dass die beklagte Ehefrau während ihrer früheren Tätigkeit als Dienstmagd mehrfach ihre Dienstherren bzw. mit ihr arbeitendes Dienstpersonal bestohlen hatte. Außerdem hatte das Gericht in beiden Fällen bei der Ehefrau einen „Hang zur Lügenhaftigkeit“ festgestellt, so dass es ohne Zweifel das Vorliegen einer persönlichen Eigenschaft bejahte. Während diese beiden Urteile die Diebstähle als Zeichen eines „minderwertigen Charakters“ einordneten, stellte eine Entscheidung vom 8. Mai 1933[502] die diebische Veranlagung der beklagten Ehefrau als krankhaft dar. Der 4. Senat hatte einen Fall zu entscheiden, in der die Ehefrau während der Ehe Wertsachen von Familienangehörigen entwendet hatte. Die Eheleute lebten zu dieser Zeit in guten wirtschaftlichen Verhältnissen und „jeder vernünftige Wunsch wurde der Beklagten von dem Kläger bewilligt.“ In dieser Entscheidung wurde nicht auf eine sittliche persönliche Eigenschaft eingegangen, sondern die Diebstähle als Zeichen einer krankhaften diebischen Veranlagung angesehen. Ein ärztliches Gutachten hatte eine solche krankhafte Neigung festgestellt, die, so das Gutachten, auch schon im Zeitpunkt der Eheschließung bestanden haben musste.
Als weitere sittliche Eigenschaft, die zur Anfechtung berechtigte, sah das Reichsgericht den „Mangel an Aufrichtigkeit“ bzw. den „Hang zur Lügenhaftigkeit“ an. So erkannte der 6. Senat einen solchen Charakterfehler bei einer Frau, die ihren früheren Liebhaber ihrem Mann als alten Jugendfreund vorge-

---

[499] IV 96/05 (JW 1905, S. 532).
[500] IV 603/11 (WarnRspr 1912, Nr. 395).
[501] IV 401/13 (LZ 1914, Sp. 768).
[502] IV 31/33 (WarnRspr 1933, Nr.100).

stellt und dabei den früheren Geschlechtsverkehr verschwiegen hatte[503] und der 4. Senat bei einer Frau, die ihren Bräutigam über ihr Alter getäuscht hatte[504], an.

d. Irrtumsanfechtung aufgrund Täuschung über Vermögensverhältnisse

Am 23. März 1903[505] hatte der 4. Senat zu der Frage Stellung zu nehmen, ob auch aus der Täuschung über Vermögensverhältnisse ein Schluss auf negative Charaktereigenschaften zu ziehen sei, welcher die Anfechtbarkeit der Ehe ermöglichte. Die Täuschung über die Vermögensverhältnisse selbst war gemäß § 1334 Abs. 2 BGB als Eheanfechtungsgrund ausgeschlossen und somit nach einhelliger Meinung auch die Anfechtung nach § 1333 BGB wegen Irrtums über die Vermögensverhältnisse des anderen Gatten[506]. Da Täuschung und Irrtum über Vermögensverhältnisse keinen Anfechtungsgrund bildeten, hatte das Berufungsgericht die Anfechtungsklage der Ehefrau mit der Begründung abgewiesen, dass bei einer Täuschung über die Vermögensverhältnisse auch keine Anfechtung wegen Irrtums über den Charakter des anderen Gatten möglich sei. Auf die Revision des Ehemannes hob das Reichsgericht dieses Urteil mit folgender Begründung auf: „Dem Berufungsrichter ist zuzugeben, daß selbstverständlich der bloße Irrtum über die Vermögensverhältnisse des anderen Teils nicht als Anfechtungsgrund im Sinne von § 1333 dienen kann, ja sogar einem durch Täuschung erzeugten Irrtum diesen Inhalts im § 1334 Abs.2 der Anfechtungserfolg abgesprochen ist. Auch mag sein, daß die nackte Behauptung einer derartigen, vielleicht durch bloßes Stillschweigen begangenen Täuschung schwerlich jemals ausreichen wird, um den Vorwurf eines so hohen Grades von Unwahrhaftigkeit, wie ihn der Berufungsrichter nach dem oben Ausgeführten mit Recht erfordert, genügend zu begründen. Es muß aber als rechtsirrtümlich bezeichnet werden, wenn die Möglichkeit, eine solche Schlußfolgerung auch aus der Täuschung über Vermögensverhältnisse abzuleiten, von vornherein zurückgewiesen wird. Ganz gewiß lassen sich Fälle denken, wo z.B. aus der Beharrlichkeit der Täuschung, aus der Verwerflichkeit und Raffiniertheit der Täuschungsmittel und dergleichen auf eine vollkommene Verlogenheit und Ehrlosigkeit des Täuschenden geschlossen werden muß. Es wäre ein unerträgliches, durch die Fassung des Gesetzes keineswegs gebotenes Ergebnis, wenn den rechtschaffenen, gröblich getäuschten Ehegatten, dem auch § 1568 BGB nicht zur Seite stände, dennoch zugemutet werden müßte, mit einem so geeigenschafteten Gatten – etwa einem entlarvten offenbaren Schwindler, auf den auch der Berufungsrichter exemplifiziert – die Ehe fortzusetzen.“ Bei einer besonders

[503] Urteil vom 4. November 1927, VI 239/27 (WarnRspr 1927, Nr. 179).
[504] Urteil vom 20. Juli 1935, IV 71/35 (WarnRspr 1935, Nr. 120).
[505] IV 395/02 (JW 1903, Beil., S. 70).
[506] So z.B. Kaufhold, S. 63; Staudinger/Engelmann, 2. Aufl., S. 82; Sauer, S. 209.

schweren Täuschung über die Vermögensverhältnisse sollte nach Ansicht des Reichsgerichts also auch eine Anfechtung wegen Irrtums über den Charakter möglich sein. Dieses Urteil fand in der Literatur durchweg Zustimmung[507]. Knoblauch sah es als Milderung der „Härte des Gesetzes" an, da nach seiner Meinung „ein bedingungsloser Ausschluß der Anfechtbarkeit wegen Täuschung über Vermögensverhältnisse zu unbilligen Härten führte"[508]. Jedoch war eine Anfechtung nicht schon bei jeder Vermögenstäuschung möglich, sondern nur wenn sich dadurch ein „schwerer Charakterfehler" zeigte. Diesen Grundsatz behielt das Reichsgericht in einer Reihe von Entscheidungen bei[509], auch unter Geltung des § 37 EheG1938[510].

8. Konfession – Rasse – speziell deutsch-jüdische Mischehen

a. Vor 1933

Vor 1933 galt die Zugehörigkeit zu einer bestimmten „Rasse" oder Konfession nach herrschender Meinung nicht als Eigenschaft i.S.d. § 1333 BGB[511]. Nur in den ersten Jahren nach Inkrafttreten des BGB sprachen sich einige Vertreter der Literatur für eine weite Auslegung des Begriffs der persönlichen Eigenschaft aus, der auch bestimmte persönliche Verhältnisse wie die Religionszugehörigkeit erfassen sollte[512]. Diese Vertreter wollten jedoch fast ausschließlich den Irrtum eines Ehegatten über die Konfession und religiöse Einstellung des anderen Gatten bei Eheabschluss als Anfechtungsgrund der Ehe anerkennen[513], nur *Seidlmayer* bejahte einen „Irrtum über die Rasse[514]".
Eine reichsgerichtliche Entscheidung zu dieser Thematik lag bis 1933 nicht vor.

---

[507] So v. Eynern, S. 45; Staudinger/Engelmann, 2. Aufl., S. 85; Opet/v. Blume, S. 65; Sauer, S. 209; etwas eingeschränkt: Schmidt, S. 112.

[508] Knoblauch, S.69.

[509] So in den Urteilen vom 13. Juni 1912, IV 603/11 (WarnRspr 1912, Nr. 395), vom 15. Dezember 1930, VIII 419/30 (JW 1931, S. 1340) und vom 14. November 1932, VIII 309/32 (WarnRspr 1933, Nr. 27).

[510] Urteil vom 17. Dezember 1941, IV 157/41 (WarnRspr 1942, Nr. 11).

[511] So z.B. Staudinger/Engelmann, 2. Aufl., S. 83; 9. Aufl., S. 119; Warneyer, § 1333, Anm. II a.E.

[512] Siehe dazu: 2. Teil, C., I.

[513] so Endemann, S. 204, Fn. 39; Kaufhold, S. 64; Rietschel, AcP 104 (1909) S. 363; Opet/v. Blume, S. 62.

[514] Seidlmayer, JhJb. 46 (1904), S. 217.

b. Nach 1933[515]

aa. Die Konstruktion Wöhrmanns

Nach der nationalsozialistischen Machtergreifung war es *Wöhrmann*, der sich für die Möglichkeit der „Auflösung der Ehe zwischen Juden und Ariern" über § 1333 BGB aussprach[516]. Die Lösung dieser Ehe, so Wöhrmann, sei ohne Zweifel „im Interesse des neuen nationalen Staates", aber über die bestehenden Scheidungsvorschriften nicht zu realisieren, da diese nach § 1568 BGB ein Verschulden erforderten und dieses nicht im „Jude sein" erblickt werden könnte[517]. Jedoch sei eine Anfechtung gemäß § 1333 BGB möglich, da die Rasse eine persönliche Eigenschaft i.S.d. § 1333 BGB darstellen würde. Wöhrmann erkannte zwar, dass in den überwiegenden Fällen den arischen Ehegatten die jüdische Herkunft ihres Partners bei der Eheschließung bekannt war, so dass ein Irrtum über die „Rasse" nicht vorlag. Er hielt es jedoch für ausreichend, wenn der arische Gatte sich über die Bedeutung des Rassenunterschieds geirrt habe. Dieses sei zweifelsohne bei großen Teilen der Bevölkerung der Fall gewesen, die nur einen Religionsunterschied angenommen hätten und daher in Unkenntnis des „Rassenverrats" gelebt hätten. Erst durch die Politik der neuen Regierung wäre „jedem Deutschen das Bewußtsein von der Notwendigkeit der eigenen Rassereinheit gekommen". Somit wäre eine Anfechtung der Ehe gemäß § 1333 BGB auch noch viele Jahre nach Schließung der Mischehe noch möglich.
Die Einordnung der Rasse als persönliche Eigenschaft i.S.d. § 1333 BGB fand Zustimmung in der Literatur[518]. *Schumacher* und *Jung* lehnten jedoch die Konstruktion Wöhrmanns von der erst spät gewonnenen Entdeckung eines Irrtums über die Bedeutung des Rassenunterschieds ab. Bei der Beurteilung des Vorliegens eines Irrtums sei auf die Einstellung zur Zeit der Eheschließung abzustellen, daher könnte eine nunmehr veränderte Einstellung des Volkes zur Rassenproblematik keinen nachträglichen Irrtum zum Zeitpunkt der Eheschließung begründen. Die Aufhebung bestehender Mischehen sei daher nur durch eine Änderung der Gesetzeslage zu realisieren[519].

---

515 Sehr ausführlich zur Anfechtung der „Rassenmischehe" nach 1933: Hetzel, S. 43 ff. und Blümel, S. 8 ff.

516 Wöhrmann, JW 1933, S. 2041.

517 Wöhrmann, a.a.O.

518 So Schumacher, DJZ 1933, Sp. 1493; Jung, JW 1933, S. 2368; Bauer, S. 33.

519 Schumacher, a.a.O., Sp. 1494; Jung, a.a.O., S. 2368; wobei Jung eine solche Gesetzesänderung befürwortete, während Schumacher aus Rücksicht auf sittliche und religiöse Anschauungen dies nicht empfahl.

bb. Die ersten Entscheidungen des Reichsgerichts vom 12. Juli 1934

Am 12. Juli 1934 hatte das Reichsgericht erstmals zur Mischehenproblematik Stellung zu nehmen, es hatte an diesem Tag gleich fünf Fälle[520] zu entscheiden, bei denen ein arischer Ehegatte die Anfechtung der Ehe mit seinem jüdischen Partner begehrte.
Der Entscheidung IV 94/34 lag der Sachverhalt zugrunde, dass der anfechtenden Ehemann bei Eheschließung gewusst hatte, dass seine Frau Jüdin war. Er hatte sich, wie von Wöhrmann beschrieben, auf einen Irrtum über die Bedeutung dieses Rassenunterschieds berufen. Das Landgericht Heidelberg hatte die Anfechtungsklage abgewiesen, das Oberlandesgericht Karlsruhe ihr stattgegeben. Zunächst stellte der 4. Senat fest, dass die Zugehörigkeit zu einer Rasse eine persönliche Eigenschaft i.S.d. § 1333 BGB darstellen würde: „Wegen der besonderen Eigentümlichkeiten der verschiedenen Rassen erscheint die Zugehörigkeit zu einer Rasse, insbesondere zur jüdischen Rasse, nach der natürlichen Lebensauffassung als wesentlicher Bestandteil der Persönlichkeit eines Menschen und damit als persönliche Eigenschaft im Sinne der angegebenen Gesetzesvorschrift. Unter Eheleuten erhält die Rassenverschiedenheit besondere Bedeutung dadurch, daß die Rasseneigenschaften sich auch auf die Nachkommen vererben können. Hat also ein arischer Ehegatte bei der Eheschließung nicht gewußt, daß der andere der jüdischen Rasse angehört, so hat er sich in einem Irrtum über eine persönliche Eigenschaft des anderen befunden, der ihn beim Vorliegen der sonstigen Voraussetzungen des § 1333 BGB zur Anfechtung der Ehe berechtigt.“ Das Reichsgericht schloss ferner auch die von Wöhrmann beschriebene Möglichkeit eines Bedeutungsirrtums über die Rassenverschiedenheit nicht gänzlich aus, doch stellte es fest, dass eine Anfechtbarkeit aus diesem Grunde regelmäßig zu verneinen sei. Nur, wenn der arische Ehegatte „unter dem Einfluß kirchlicher Lehren vom Rasseunterschied nichts wußte, sondern angenommen hatte, der andere Teil gehöre lediglich einer anderen Religion an“, oder der Rassenunterschied infolge „primitiven Denkens nur ganz ungenügend erfaßt“ worden sei, wäre eine Anfechtbarkeit der Ehe denkbar. Weiter stellte das Reichsgericht für den Anfechtungskläger erschwerend fest, dass das nationalsozialistische Programm von 1920 schon „die Verschiedenheit der deutschen und der jüdischen Rasse mit allem Nachdruck“ betont habe und somit „den Rassebegriff und die Vorstellung von einem Gegensatz der Rassen ins Volk getragen hat“. Auf die Revision der beklagten Ehefrau stellte das Reichsgericht das landgerichtliche Urteil wieder her.

[520] Die Urteile des 4. Senats IV 94/34 (RGZ 145, 1), IV 89/34 (RGZ 145, 8), IV 115/34 (SeuffA 88, S. 310), IV 103/34 (WarnRspr 1934, Nr. 136) sowie das des 5. Senats V 104/35 (WarnRspr 1934, Nr. 135).

Die Entscheidungen IV 115/34, IV 103/34 und V 104/34 führten ebenfalls mit Verweis auf die grundlegenden Ausführungen des Urteils IV 94/34 zur Abweisung der Anfechtungsklagen.
Die ebenfalls am 12. Juli 1934 ergangene Entscheidung IV 89/34 erscheint in Bezug zu den anderen Urteilen dagegen widersprüchlich. Auf die Revision des Anfechtungsklägers hob das Reichsgericht ein Urteil des Kammergerichts auf, welches die Anfechtungsklage des Ehemannes abgewiesen hatte. Das Berufungsgericht hatte, ohne das Vorliegens einer persönlichen Eigenschaft sicher festzustellen, die Anfechtbarkeit der Ehe abgelehnt, da auf jeden Fall die Anfechtungsfrist des § 1339 BGB abgelaufen sei. Der anfechtende Gatte habe spätestens 1926 seinen angeblichen Irrtum über die Bedeutung der Zugehörigkeit der Beklagten zur jüdischen Rasse erkannt, so dass spätestens 1926 die sechsmonatige Anfechtungsfrist zu laufen begonnen habe. Das Reichsgericht folgte der Argumentation der Revision, die geltend gemacht hatte, dass eine Eheanfechtungsklage wegen Irrtums über die Bedeutung des Unterschieds zwischen deutscher und jüdischer Rasse vor dem „Durchbruch der nationalsozialistischen Bewegung keine Aussicht auf Erfolg gehabt hätte". Da erst durch das Gesetz zur Wiederherstellung des Berufsbeamtentums vom 7. April 1933 Folgerungen aus der Rassenverschiedenheit gezogen wurden, so das Reichsgericht, war die Anfechtungsfrist gemäß §§ 203, 1339 III BGB bis dahin gehemmt.
Die Urteile vom 12. Juli 1934 verdeutlichen, dass nach Ansicht des Reichsgerichts ein Bedeutungsirrtum zwar nicht generell auszuschließen war, er jedoch regelmäßig nicht vorlag, da schon seit dem nationalsozialistischen Programm der „Rassegedanke" in Volk verwurzelt war. Wenn aber ein solcher Irrtum im Einzelfall zu bejahen war, dann, so das Reichsgericht, sollte die Anfechtungsfrist nicht etwa ab der nationalsozialistischen Machtergreifung laufen, sondern war bis zum Tag des ersten nationalsozialistischen Gesetzes mit negativen Auswirkungen für Angehörige der „nichtarischen Rasse" gehemmt.
Die Ansicht des Reichsgerichts, dass bestehende Mischehen im Regelfall nicht über einen Bedeutungsirrtum gemäß § 1333 BGB anfechtbar waren, führte zur Kritik in der Literatur[521]. Die einer Anfechtung von Mischehen sehr viel freundlicher eingestellten Autoren kritisierten vor allem die reichsgerichtliche Aussage, dass seit des Parteiprogramms der NSDAP von 1920 die Bedeutung der Rasseunterschiede in der Bevölkerung bekannt gewesen sei. So verwies *Mößmer* darauf, dass die nationalsozialistische Rasselehre vor 1933 auf heftigen Widerstand gestoßen sei, und durch den Einfluss fast der gesamten, meist in jüdischer Hand befindlichen Presse nur von einem verhältnismäßig kleinen Bruchteil der Bevölkerung erfasst werden konnte[522]. Auch hätten die übrigen Parteien, Teile der Kirche und intellektuelle Kreise die unermüdliche Aufklä-

---

[521] So Mößmer, Ztschr.d.Ak.f.dt.Recht 1934, S. 90; Matzke, JW 1934, S. 2598; Fraeb, DRZ 1934, S. 268 f.
[522] Mößmer, a.a.O., S. 90.

rungsarbeit der NSDAP erfolgreich bekämpft[523]. Daher würde die Vermutung in den meisten Fällen dafür sprechen, dass sich der arische Eheteil sehr wohl in Unkenntnis des Inhalts und der Bedeutung des Rassenunterschieds zur Zeit der Eheschließung befunden habe. Nach *Fraeb* wäre die Entdeckung eines solchen Irrtums auch immer noch möglich[524].

cc. Aufrechterhaltung der strengen Anforderungen an den Bedeutungsirrtum

Das Reichsgericht hielt trotz dieser Kritik zunächst an seiner Rechtsprechung bezüglich des Irrtums über die Bedeutung der Rassenungleichheit fest. So versagte es in den Entscheidungen vom 20. April 1936[525] und 29. März 1937[526] dem arischen Ehegatten das Anfechtungsrecht. Dabei sah es zwar die Möglichkeit eines Irrtums über die Rassenbedeutung nicht nur noch in Ausnahmesituationen als gegeben an, jedoch sei die Anfechtungsfrist des § 1339 BGB Jahre nach der nationalsozialistischen Machtergreifung bereits verstrichen, da spätestens 1933 den Klägern die Bedeutung der Zugehörigkeit ihrer Ehefrauen zur jüdischen Rasse bewusst gewesen sein musste. Die Kläger hatten geltend gemacht, dass sie durch die Nürnberger Gesetze vom September 1935 erst ihren Bedeutungsirrtum erkannt hätten, da durch diese Gesetze deutsch-jüdische Mischehen nunmehr in schärfster Form durch den Gesetzgeber missbilligt worden seien. Damit schlossen sie sich der Ansicht *Schäfers* an, der nach Erlass der Nürnberger Gesetze erklärt hatte: „Erst das Gesetz zum Schutze des deutschen Blutes und der deutschen Ehre hat in seiner einzigartigen Weise allen deutschen Volksgenossen die Bedeutung der Rasse für Ehe, Familie und damit für den Staat als Volk richtig aufgezeigt. Erst durch das Verbot der Eheschließung zwischen Ariern und Juden und der Bestrafung des Geschlechtsverkehrs zwischen ihnen als Rassenschande ist die Rassenfrage eindeutig geklärt worden. Deshalb muß man den arischen Partnern einer Mischehe auch heute noch die Möglichkeit geben, ihre Ehe gemäß § 1333 BGB anzufechten.[527]" Diese Ansicht teilte das Reichsgericht jedoch nicht. Es verneinte die Relevanz der neuen Gesetze für die Entdeckung eines Bedeutungsirrtums über die Rasse, sondern setzte diese Erkenntnis schon 1933 voraus. *Maßfeller* unterstützte diese Rechtsprechung. Die Nürnberger Gesetze, so argumentierte er, seien nur die Folgerung der schon längst im Volk erkannten Bedeutung des Rassenunterschieds und der Rassenmischung. Somit würde keine neue Anfechtungsfrist durch die Nürnberger Rassengesetzgebung zu laufen beginnen[528].

---

[523] Mößmer, a.a.O., S. 90.
[524] Fraeb, a.a.O., S. 269.
[525] IV 17/36 (DJ 1936, S. 1129).
[526] IV 32/37 (WarnRspr 1937, Nr. 102).
[527] Schäfer, JW 1936, S. 166.
[528] Maßfeller, DJ 1936, S. 1131.

dd. Auch Irrtum bei Unkenntnis des rassischen Ursprungs

Während das Reichsgericht bei seiner strengen Beurteilung des Bedeutungsirrtums bezüglich der jüdischen Abstammung blieb, erleichterte es durch die Entscheidung vom 22. August 1935[529] dem arischen Gatten die Lösung von einem Partner, dessen „rassischer Ursprung" möglicherweise jüdisch war. In diesem Fall ließ sich nicht mehr klären, ob die beklagte Ehefrau aus der Verbindung ihrer Mutter mit einem arischen Mann, dem späteren Ehemann der Mutter, oder mit einem jüdischen Viehhändler abstammte. Mit beiden Männern hatte die Mutter der Beklagten während der fraglichen Empfängniszeit geschlechtlich verkehrt. Das Oberlandesgericht Köln hatte die Anfechtungsklage des Ehemannes abgewiesen, da dieser die Zugehörigkeit seiner Frau zur jüdischen Rasse nicht nachweisen konnte. Auf die Revision des Klägers hob das Reichsgericht dieses Urteil auf. Es führte dazu aus: „Geht man von diesem erweiterten Begriff der persönlichen Eigenschaft aus, so kann von einer solchen auch dann gesprochen werden, wenn der rassischen Ursprung einer Person insofern in ein unaufklärbares Dunkel gehüllt ist, als nicht festgestellt werden kann, welcher von zwei rasseverschiedenen Männern, die der unverheirateten Mutter während der gesetzlichen Empfängniszeit beigewohnt haben, der Erzeuger gewesen ist. Es handelt sich dabei keineswegs nur um eines jener nebensächlichen persönlichen Verhältnisse, die, wie die Vermögensverhältnisse, die Persönlichkeit als solche nicht berühren. Liegt bei einem Eheschließenden die nicht zu widerlegende Möglichkeit vor, daß er von seinem Erzeuger her einer fremden, insbesondere der jüdischen Rasse angehört, so geht diese ihm anhaftende Eigentümlichkeit auf die aus der Ehe zu erwartenden Kinder über. Es liegt daher jedenfalls ein von der Persönlichkeit nicht zu trennendes persönliches Verhältnis des Eheschließenden vor, das nach allgemeiner Lebensauffassung, zumal vom nationalsozialistischen Standpunkt aus, sehr wohl geeignet erscheint, den anderen Teil bei verständiger Würdigung des Wesens der Ehe von der Eheschließung abzuhalten."

Dieses Urteil stieß in der Literatur auf einhellige Zustimmung[530]. Das Reichsgericht hatte dem Anfechtungsbeklagten die Beweislast seiner arischen Abstammung zugeschoben. Damit reichte schon der Verdacht der Rassenverschiedenheit, um erfolgreich einen Eheanfechtungsprozess zu führen. Zweieinhalb Jahre nach der nationalsozialistischen Machtübernahme war somit nicht nur die Zugehörigkeit zur jüdischen, sondern auch die reine Möglichkeit der „nichtarischen Abstammung" persönliche Eigenschaft i.S.d. § 1333 BGB.

---

[529] IV 128/35 (RGZ 148, 193).

[530] Maßfeller, DJZ 1936, Sp. 611 f.; Klemm, DR 1939, S. 1901; Soergel, 7. Aufl., S. 405; Achilles/Greif, 16. Aufl., S. 640.

ee. Aufgabe der strengen Anforderungen an den Bedeutungsirrtum unter Geltung des EheG1938

Unter Geltung des EheG1938 gab das Reichsgericht seine strengen Anforderungen an den Bedeutungsirrtum Schritt für Schritt auf. Am 4. Mai 1939[531] hatte das Reichsgericht einen Fall zu entscheiden, bei der die arische Klägerin die Aufhebung ihrer 1916 mit einem jüdischen Mann geschlossenen Ehe mit der Begründung begehrte, sie habe erst durch den Anschluss Österreichs an das nationalsozialistische Deutsche Reich die Belehrung erhalten, dass die rassische Verschiedenheit sich für die eheliche Lebensgemeinschaft und für die Entwicklung des Volkes ungünstig auswirken würde. Das Landgericht und das Oberlandesgericht Wien hatten das Bestehen eines Irrtums gemäß § 37 EheG1938 verneint. Das Reichsgericht bejahte dagegen einen Irrtum über persönliche Umstände, ohne dabei auf die hohen Anforderungen einzugehen, die es selbst noch 1934 an das Vorliegen eines solchen Bedeutungsirrtums gestellt hatte. Statt dessen erkannte es die Bedeutung der Rassenverschiedenheit als einen schon zum Zeitpunkt der Eheschließung die Person des beklagten Mannes betreffenden Umstand an, der auch nicht erst durch den politischen Umbruch und die Unterweisung der Klägerin hervorgerufen wurde, sondern diese Unterweisung habe die Klägerin nur die Unrichtigkeit ihrer bisherigen Beurteilung dieser Umstände erkennen lassen.

Während teilweise dieses Urteil nur als Fortführung der bisherigen reichsgerichtlichen Rechtsprechung für das nunmehr zum Deutschen Reich gehörenden Österreich angesehen wurde[532], sahen andere Autoren in der Ersetzung des Begriffs der „persönlichen Eigenschaften" durch den der „die Person betreffenden Umstände" eine Erweiterung der Aufhebungsmöglichkeiten[533].

In weiteren Entscheidungen[534] erkannte der 4. Senat des Reichsgerichts nunmehr auch Auswirkungen der nach § 37 EheG1938 wesentlichen Umstände als Aufhebungsgründe an, vor allem Nachteile, die sich aus der Zugehörigkeit eines Ehegatten zur jüdischen „Rasse", insbesondere wegen der zunehmenden staatlichen Repressalien, ergaben, so dass eine Entdeckung des Irrtums über diese Auswirkungen immer noch, trotz Bekanntsein der jüdischen Abstammung des Partners bei der Heirat, ohne das Problem der Verfristung möglich war. Damit hatte das Reichsgericht endgültig jeden Widerstand gegen die Forderungen, lange bestehende Mischehen über die Aufhebungsvorschriften des EheG1938 zu ermöglichen, aufgegeben.

---

[531] IV B 15/39 (RGZ 160, 270).

[532] So Rilk, DR 1939, S. 1715.

[533] So Frantz, DR 1941, S. 1029; RGRK/Hallamik, 9. Aufl., S. 80.

[534] Urteile vom 19. Juni 1939, IV 33/39; 27. November 1939, IV 682/39 und vom 30. November 1939, IV 326/39 (alle nicht veröffentlicht).

Auch auf die Möglichkeit des § 37 Abs. 2 EheG1938, den Ausschluss der Aufhebbarkeit der Ehe aus sittlichen Erwägungen mit Rücksicht auf die bisherige Gestaltung des ehelichen Lebens, konnten sich die nichtarischen Ehepartner nicht berufen, da, so das Reichsgericht in einer Entscheidung vom 14. November 1940[535], bei Mischehen zwischen einem deutschblütigen und einem jüdischen Eheteil die Eheaufhebung stets sittlich gerechtfertigt sei.

II. Irrtum

Neben dem Vorhandensein einer persönlichen Eigenschaft erforderte der Tatbestand des § 1333 BGB, dass sich der anfechtende Gatte zum Zeitpunkt der Eheschließung über diese persönliche Eigenschaft im Irrtume befunden hatte.

1. Irrtumsbegriff

Reichsgericht und Literatur sahen einen Irrtum sowohl in einer falschen Vorstellung des Ehegatten als auch bei bloßer Unkenntnis der persönlichen Eigenschaft des anderen Gatten als gegeben an[536]. Das Reichsgericht stellte erstmals in einer Entscheidung des 2. Senats vom 22. Dezember 1905[537]fest, dass es für einen Irrtum i.S.d. § 119 BGB keinen Unterschied machen würde, ob der Mangel, der den Irrtum hervorrief, in einer Verfälschung oder in einem gänzlichen Fehlen der entscheidenden Vorstellung bestanden hatte. *Kaufhold* erklärte diese weite Auslegung des Irrtumsbegriffs wie folgt: „Die Rechtswissenschaft faßt den Begriff des Irrtums weiter als die Sprache des Lebens und die Philosophie. Gewöhnlich versteht man unter Irrtum nur Falschwissen, das darin besteht, daß die Vorstellung vom wahren Sachverhalt durch eine unwahre verdrängt wird. Bei dieser Art des Irrtums muß also überhaupt eine, wenn auch unwahre Vorstellung dem Irrenden vorschweben, die aber durch ihre Existenz die Bildung einer richtigen Erkenntnis verhindert. Hiervon ist das Nichtwissen als das Fehlen einer jeden Vorstellung von dem Zustande der Dinge zu unterscheiden. Das Gesetz begreift sowohl Falschwissen als auch Nichtwissen unter dem Ausdruck Irrtum und spricht, um den Gegensatz zu bezeichnen, von Kenntnis der Sachlage. Im gegebenen Falle braucht daher nicht untersucht werden, ob der Irrende

[535] IV 170/40 (nicht veröffentlicht).
[536] so RGRK/Erler, 6. Aufl., S. 44; Soergel, 7. Aufl., S. 405; auch unter Geltung des § 37 EheG1938 keine Änderung: RGRK/Hallamik, 9. Aufl., S.81.
[537] II 395/05 (RGZ 62, 201).

von dem tatsächlichen Vorhandensein der persönlichen Eigenschaft überhaupt etwas geahnt, oder ob er die Eigenschaft verkannt hat, weil er ihre äußeren Anzeichen nicht beurteilen konnte.[538]" Dass diese weite Auslegung des Begriffs Irrtum auch für den § 1333 BGB galt, zeigt insbesondere ein Urteil des Reichsgerichts vom 24. Juni 1926[539]. Hier hatte sich der Ehemann keine Vorstellung über den Gesundheitszustand seiner Frau gemacht und erst nach Eheschließung von einer früheren Syphiliserkrankung der Ehefrau mit dauerhaften Folgeerscheinungen erfahren. Das Reichsgericht begründete das Vorliegen eines Irrtums wie folgt: „Wenn auch der eigentliche Irrtum in der Vorstellung von etwas Falschem besteht, so ist ihm doch die unbewußte Nichtkenntnis einer Tatsache (Unwissenheit) regelmäßig gleichzusetzen. (...) Das gilt insbesondere im Fall des § 1333 BGB. Den Kläger berechtigt somit die Tatsache allein zur Anfechtung, daß er bei Eheschluß den wahren Sachverhalt, nämlich die syphilitische Erkrankung der Beklagten und ihre latente Fortdauer nicht gekannt hat, mag er sich auch über den Gesundheitszustand seiner Verlobten in dieser Richtung eine besondere Vorstellung nicht gebildet haben."

2. Kein Irrtum bei Argwohn

Kein Irrtum war nach Ansicht des Reichsgerichts gegeben, wenn ein Ehegatte bei Eheschließung die persönliche Eigenschaft des anderen zwar nicht kannte, aber sie für möglich oder wahrscheinlich hielt, oder sogar mit ihr rechnete[540].

3. Irrtum über Tragweite bzw. Bedeutung trotz Kenntnis der Eigenschaft

Reichsgericht und Literatur[541] erkannten auch in Fällen, in denen der anfechtende Ehegatte die Tatsachen, die die Eigenschaft des anderen Gatten ausmachten, bei Eheschließung gekannt hatte oder von ihnen länger als sechs Monate vor Erhebung der Anfechtungsklage Kenntnis erlangt hatte, einen Irrtum des anfechtenden Gatten an, wenn sich dieser über die Tragweite oder die Bedeutung dieser Eigenschaft nicht im klaren gewesen war.

---

[538] Kaufhold, S. 43 f.
[539] IV 151/26 (WarnRspr 1926, Nr. 159; JW 1927, S. 1191).
[540] So die Entscheidungen des 4. Senats vom 18. Dezember 1911, IV 397/11 (JW 1212, S. 244), des 6. Senats vom 5. November 1926, VI 301/26 (JW 1927, S. 2124, LZ 1927, Sp. 167) und des 8. Senats vom 15. Dezember 1930, VIII 419/30 (JW 1931, S. 1340).
[541] So Kaufhold, S. 45.

a. Vor 1933

Vor 1933 kam dieser Bedeutungsirrtum nur in wenigen Fällen zur Anwendung, in denen gerade die Unheilbarkeit bzw. Dauerhaftigkeit eines Zustandes das entscheidende Kriterium der persönlichen Eigenschaft darstellte. So entschied das Reichsgericht am 11. April 1904[542] (unheilbares Geschlechtsleiden), am 26. Januar 1910[543] (unheilbare Hysterie) und am 22. Dezember 1923[544] (unheilbare Neurasthenie) zugunsten der Anfechtungskläger, obwohl diese sehr früh von den Erkrankungen ihrer Partner Kenntnis erlangt hatten und daher die Anfechtbarkeit nach § 1339 BGB nicht mehr möglich war. Die klagenden Ehegatten hatten jedoch glaubhaft geltend gemacht, zunächst von heilbaren Erkrankungen ausgegangen zu sein und erst später, direkt nach ärztlicher Aufklärung über die Unheilbarkeit der Leiden ihrer Gatten, die Ehe angefochten zu haben. Da nach Ansicht des Reichsgerichts nur unheilbare Erkrankungen persönliche Eigenschaften darstellten[545], sah das Gericht in allen Fällen den Zeitpunkt der Kenntnis von der Unheilbarkeit erst als Entdeckung des zur Zeit der Eheschließung bestandenen Irrtums der klagenden Gatten über den Körperlichen bzw. geistigen Gesundheitszustand ihrer Partner an. Die frühere Kenntnis von einer vermeidlich heilbaren Krankheit war dagegen unbeachtlich. Im selben Sinn entschied der 7. Senat des Reichsgerichts am 16. Oktober 1928[546] zugunsten des klagenden Ehemannes, der den beiwohnungsunfähigen Zustand seiner Ehefrau zunächst für behebbar gehalten hatte, und erst fast zwei Jahre nach der Eheschließung, nachdem er die Gewissheit von der Dauerhaftigkeit dieser Eigenschaft erlangt hatte, die Anfechtungsklage erhoben hatte.

b. Nach 1933

Nach 1933 diente der Irrtum über die Tragweite oder Bedeutung der persönlichen Eigenschaft vor allem dazu, die Möglichkeit der Trennung politisch unerwünschter deutsch-jüdischer Rassenmischehen zu erleichtern, indem vorgebracht wurde, der arische Partner hätte sich über die Bedeutung des Rassenunterschieds bei Eheschließung geirrt und erst durch die nationalsozialistische Rassenpolitik seinen Irrtum erkannt[547]. Das Reichsgericht erkannte diesen Bedeutungsirrtum über den Rassenunterschied zunächst mit deutlichen Einschränkungen, unter Geltung des EheG1938 dann vollständig an[548].

---

542 IV 39/04 (JW 1904, S. 284).
543 IV 180/09 (WarnRspr 1910, Nr. 122).
544 V 235/23 (WarnRspr 1923/24, Nr. 127).
545 Siehe dazu 2. Teil, C., 4., a., aa.
546 VII 286/28 (WarnRspr 1928, Nr. 176).
547 Wöhrmann, JW 1933, S. 2041.
548 Siehe dazu ausführlich 2. Teil, C. I., 8., a., bb.

Bei der Tragweite anderer persönlicher Eigenschaften übte das Reichsgericht hingegen weiter Zurückhaltung. So verneinte der 4. Senat in einer Entscheidung vom 8. April 1937[549] die Anfechtbarkeit der Ehe, bei der die Ehefrau geltend gemacht hatte, erst durch die Anordnung der Sicherheitsverwahrung von der Eigenschaft ihres Mannes als Gewohnheitsverbrecher Kenntnis erlangt zu haben, während ihr die zahlreichen Vorstrafen schon wesentlich länger bekannt gewesen waren. Auch unter Geltung des EheG1938 änderte sich diese Zurückhaltung im Gegensatz zu den Fällen von Rassenmischehen zunächst nicht. So verneinte das Reichsgericht am 1. Juni 1940[550] die Aufhebbarkeit einer Ehe, die die klagende Ehefrau mit der Begründung begehrte, die Inhaftierung ihres Mannes im Konzentrationslager wegen exhibitionistischer Handlungen, von denen sie schon längere Zeit Kenntnis gehabt hatte, und die damit verbundene gesellschaftliche Isolierung (deutlicher Rückgang der Kundschaft ihres Geschäfts, Lösung der Verlobung der Tochter mit SS-Hauptsturmführer) hätten sie erst die Bedeutung dieses Umstandes erkennen lassen, wie folgt: „Zwar ist dem Berufungsgericht darin zu folgen, daß nicht nur die Veranlagung des Beklagten zum Exhibitionismus einen Umstand bildet, auf den nach § 37 EheG die Aufbebung gestützt werden kann, sondern daß nach der Rechtsprechung des erkennenden Senats unter Umständen auch die Auswirkungen dieser Veranlagung einen Aufhebungsgrund bilden können. Als solche Auswirkungen, die tatsächlich noch eine Rolle spielen könnten, da die Klägerin sie erst innerhalb eines Jahres vor Klageerhebung oder doch vor Eingang ihres Gesuchs um Bewilligung des Armenrechts für die Klageerhebung erfahren hat, kommen nach dem Berufungsurteil in Frage die Unabsehbarkeit der Vorbeugungshaft, geschäftliche Nachteile und Nachteile für die Familie der Klägerin. (...) So kann nach der Rechtsprechung des erkennenden Senats unter Umständen derjenige, der die nicht rein deutschblütige Abstammung des anderen Ehegatten bei der Eheschließung gekannt hat oder, falls er sie erst später erfahren hat, die Klagefrist hat verstreichen lassen, trotzdem die Aufhebung der Ehe verlangen, wenn er sich auf – erst später in Erscheinung getretene – tiefgreifende Folgen dieser Abstammung berufen kann, die ihn erst zur vollen Erkenntnis seines Irrtums brachten. (...) So liegt die Sache hier aber nicht. Das, was hier als mittelbare Folge des Hanges des Beklagten zum Exhibitionismus und als unmittelbare Folge der gegen ihn verhängten Vorbeugungshaft neuerdings eingetreten ist, ergibt nichts Neues von irgendwelcher Bedeutung für die Beurteilung des schon bei der Eheschließung vorhanden gewesenen Hanges. Zwar mag es, wie das oben genannte Beispiel von den Auswirkungen einer Erbanlage zeigt, nicht darauf ankommen, ob die Auswirkungen als mögliche voraussehbar waren und vorhergesehen wurden, doch darf es sich, wenn ein neues Aufhebungsrecht begründet sein soll,

[549] IV 317/36 (RGZ 154, 253).
[550] Urteil des 4. Senats, IV 680/40 (RGZ 164, 106).

jedenfalls nicht um solche Auswirkungen handeln, die als regelmäßige, ja selbstverständliche schon in der Sache selbst liegen, wie es hier der Fall ist. Allein auf die Tatsache, daß der Beklagte Exhibitionist ist, daß er sich als solcher noch nach der Eheschließung betätigt hat und daß er vorbeugungshalber in Schutzhaft gebracht worden ist, kann sich die Klägerin, wie auch das Berufungsgericht nicht verkennt, wegen Fristablaufs nicht mehr berufen. Daß aber eine solche Vorbeugungshaft nur als dauernde einen Sinn haben konnte und daß sich aus der Verbringung des Familienoberhauptes ins Konzentrationslager aller Voraussicht nach Nachteile für das Geschäft und die Familie ergeben würden, lag von vornherein auf der Hand und kann auch der Klägerin nicht verborgen geblieben sein. Darauf, wie dann im einzelnen die Entwicklung verlief und ob die Klägerin gerade diese Einzelheiten ins Auge gefaßt hat, kann es nicht ankommen."

Im selben Sinn verneinte das Reichsgericht am 5. Juni 1940[551] die Aufhebbarkeit einer Ehe, die der Ehemann mit der Begründung beantragt hatte, sich erst nach über zehn Jahren Ehe der Bedeutung des Altersunterschieds zu seiner Frau, diese war acht Jahre älter als der Kläger, bewusst geworden zu sein.

Eine Lockerung dieses Standpunkts brachte das Urteil des 4. Senats vom 12. November 1941[552]. Hier erklärte das Reichsgericht, dass die Feststellung des Urteils vom 1. Juni 1940, dass ein Ehepartner, der von strafbaren Handlungen seines Gatten gewusst hatte, sich nicht auf einen Irrtum über die Auswirkungen und Bedeutung der später erfolgten Bestrafung berufen konnte, nur eine Regel sei, und nur unter bestimmten Umständen ein Bedeutungsirrtum bejahrt werden könne. Der klagende Ehemann hatte glaubhaft geltend gemacht, nicht mit einer Bestrafung seiner Frau wegen über Jahre fortgesetzten Betrugs und Untreue gerechnet zu haben, sondern von „der Einstellung des Strafverfahrens gegen die Beklagte auf Grund des Gnadenerlasses des Führers vom September 1939" ausgegangen zu sein. Erst die dann erfolgte Verurteilung der Ehefrau zu anderthalb Jahren Gefängnis, so das Reichsgericht, hat ihn die richtige Vorstellung von der tiefgreifenden Bedeutung und den einschneidenden Folgen dieser Taten seiner Frau für seine Ehe erkennen lassen. Die Entscheidung wurde von Rechtsanwalt *v. Scanzoni* stark kritisiert[553]. Eine Ausdehnung des Aufhebungsanspruches unabhängig von der sittlichen Wertung nur aufgrund der erfolgten Auswirkungen des früheren Tuns, so v. Scanzoni, würde den Kreis der Aufhebungsmöglichkeiten in einen vom Gesetzgeber nicht gewollten Raum ohne Grenzen erweitern.

Dieses Urteil des Reichsgerichts zeigt, dass es unter der Geltung des EheG1938 mit der weniger engen Bestimmung des Irrtums über die Person des anderen Gatten betreffenden Umstände zu einer deutlichen Erweitung der Trennungsmöglichkeiten von Ehen durch Aufhebung kam. Nunmehr waren auch Irrtümer

---

[551] IV 71/40 (WarnRspr 1940, Nr. 113).
[552] IV 146/41 (DR 1942, S. 841).
[553] v. Scanzoni, DR 1942, S. 842.

über Folgen und Auswirkungen von Eigenschaften als „Umstände der Person" zu betrachten und auch die durch § 40 EheG1938 schon auf ein Jahr erweiterte Frist stellte durch die späte Erkenntnis der Bedeutung eines Umstande kein großes Hindernis mehr dar.

III. Kausalität

Nicht jeder Irrtum über eine persönliche Eigenschaft führte automatisch zur Nichtigerklärung der Ehe. § 1333 BGB verlangte einen Irrtum über solche persönliche Eigenschaften, die den irrenden Gatten bei Kenntnis der Sachlage und bei verständiger Würdigung des Wesens der Ehe von der Eingehung der Ehe abgehalten haben würden.
Literatur und Rechtsprechung sahen dabei das Kriterium der „verständigen Würdigung des Wesens der Ehe" als objektive Vorraussetzung der Anfechtbarkeit einer Ehe, und das Kriterium „bei Kenntnis der Sachlage" als subjektive Voraussetzung an, die beide vorliegen mussten, um die Nichtigerklärung der Ehe zu erreichen[554]. Das Reichsgericht erklärte diese doppelte Voraussetzung in einer Entscheidung vom 14. Januar 1904[555] wie folgt: „Die Voraussetzung für die Anwendbarkeit dieser Vorschrift ist hiernach (...) eine zweifache. Es wird einmal verlangt, daß der Anfechtende über solche „persönlichen Eigenschaften" des anderen Ehegatten geirrt hat, deren Mangel „bei verständiger Würdigung des Wesens der Ehe", also an sich und objektiv, geeignet war, den Eheschließungswillen aufzuheben. Es ist aber weiterhin zweitens erforderlich, daß auch von dem subjektiven Standpunkte des Irrenden aus das Fehlen der fraglichen Eigenschaft dergestalt erheblich war, daß eine Kenntnis von diesem Fehlen ihn vor Schließung der Ehe voraussichtlich abgehalten hätte. Das Gesetz geht von der Annahme aus, daß jeder, der eine Ehe eingehen will, sich Wesen und Bedeutung der Ehe klar macht. Er soll erwägen, daß die Ehe eine sittliche Lebensgemeinschaft, und zwar, wegen der dabei in Betracht kommenden leiblichen und geistigen Beziehungen, eine solche der engsten und innigsten Art ist. Hieraus aber folgt, daß eine solche Überlegung (eine „verständige Würdigung des Wesens der Ehe") ihn der Regel nach abhalten wird, eine Ehe mit einer Person zu schließen, von welcher er weiß, daß sie mit einem schweren sittlichen Makel behaftet ist."

---

[554] So Staudinger/Engelmann, 2. Aufl., S. 83; Scheiff, S. 664, Fn. 2; Wolf, S. 308; Dernburg, S. 64; Kaufhold, S. 49 ff., S. 56 ff.; nur v. Eynern lehnte eine objektive Betrachtung der verständigen Würdigung des Wesens der Ehe ab, S. 26.
[555] IV 259/03 (JW 1904, S. 114).

1. Subjektive Kausalität

Neben dem Bestehen eines Irrtums über persönliche Eigenschaften war gemäß § 1333 BGB subjektiv zu prüfen, ob der irrende Ehegatte bei Kenntnis der damaligen Sachlage die Ehe nicht eingegangen wäre. Dabei war von der konkreten Denk- und Empfindungsweise des Klägers zum Zeitpunkt der Eheschließung auszugehen. So versagte das Reichsgericht in einer Entscheidung vom 15. April 1907[556] einer Ehefrau die Anfechtbarkeit der Ehe, obwohl sie sich zum Zeitpunkt der Eheschließung über den Gesundheitszustand ihres Mannes, der bereits unheilbarer Epileptiker war, geirrt hatte. Das Reichsgericht führte dazu aus, dass die vom Beklagten schwangere Frau aus Furcht vor dem mit einer unehelichen Geburt verbundenen Makel den Mann auch bei Kenntnis seines Leidens geheiratet hätte.

In Entscheidungen vom 14. Januar 1904[557] und 12. Dezember 1907[558] bezweifelten die Richter, dass die klagenden Ehemänner bei Kenntnis der fehlenden Jungfräulichkeit ihrer zukünftigen Ehefrauen die Eheschließungen verweigert hätten. In der Entscheidung vom 14. Januar 1904 stellte das Gericht über den Kläger fest, dass er sich „aus einem bei ihm hervorgetretenen Sensationsbedürfnis, also aus einem ihm innewohnenden Hang und vielleicht auch noch außerdem infolge der gewinnbringenden äußeren Erscheinung der Beklagten und mit Rücksicht darauf, daß ihre äußeren Verhältnisse durch Verheiratung eine völlige Änderung erfuhren, sich hierüber hinweggesetzt haben würde." Das Urteil vom 12. Dezember 1907 bescheinigte dem Kläger sogar solche „überaus laxen" sittliche Auffassungen, so dass auch die Kenntnis der fehlenden Jungfräulichkeit und einer unehelichen Fehlgeburt der Frau ihn nicht von der Eheschließung abgehalten hätten.

Umgekehrt nahm das Reichsgericht aber eine subjektive Erheblichkeit des Irrtums an, wenn die Klägerin ihrem Verlobten zwar ein vor dem Verlöbnis bestandenes Liebesabenteuer mit einer anderen Frau verziehen hatte, dieser ihr aber während der Verlöbniszeit untreu geworden war[559]. Die Aussage der Frau, frühere Beziehungen des Mannes seien ihr nicht wichtig, so das Reichsgericht, bedeutet nicht, dass sie ihn auch bei Kenntnis des Verlöbnistreuebruchs geheiratet hätte. Ebenso könne auch bei einem Ehemann, der seiner Frau einen einmaligen vorehelichen Geschlechtsverkehr verziehen hatte, nicht geschlossen werden, dass er sich nicht daran gestört hätte, wenn er von mehreren Liebesverhältnissen seiner Frau Kenntnis gehabt hätte[560].

---

[556] IV 464/06 (Recht 1907, Nr. 2564).
[557] IV 259/03 (JW 1904, S. 114).
[558] IV 209/07 (Recht 1908, Nr. 537).
[559] So in der Entscheidung vom 26. März 1914, IV 627/13 (JW 1914, S. 646).
[560] So der 2. Senat in einer Entscheidung vom 21. Oktober 1927, II 71/27 (WarnRspr 1927, Nr. 181).

Auch nach 1933 und bei Entscheidungen über Rassenmischehen ging das Reichsgericht auf das Kriterium der subjektiven Kausalität des Irrtums für die Eheschließung ein. In einer der fünf dazu erfolgten Entscheidungen am 12. Juli 1934[561], IV 103/34[562], hatte der arische Kläger die Anfechtungsklage damit begründet, zum Zeitpunkt der Eheschließung über die Auswirkungen des Rassenunterschied zwischen ihm und seiner jüdischen Frau im Irrtum gewesen zu sein und erst später diesen Irrtum entdeckt zu haben. Der Ehemann hatte zwar zugegeben, vor seiner Heirat mittellos gewesen zu sein und durch das Geld seiner Frau die Möglichkeit bekommen zu haben, sich eine eigene wirtschaftlichen Existenz aufzubauen. Trotzdem gab er an, dass er bei seinem jetzigen Kenntnisstand eine Jüdin nicht geheiratet hätte. Das Reichsgericht verwies auf die Ausführungen des OLG Naumburg, welches festgestellt hatte, dass der Ehemann „nicht ein Charakter sei, der idealen Erwägungen zuliebe seine materiellen Interessen und persönlichen Vorteile geopfert haben würde, wenn er im Jahre 1919 unter den damaligen Verhältnissen, aber mit seinen jetzigen angeblichen Erkenntnissen vor der Frage gestanden hätte, ob er mit der Klägerin die Ehe abschließen wollte." Es sei demnach erwiesen, „daß der Beklagte nach seiner ganzen Denkart und seine Anschauungen, auch wenn ihm die Auswirkungen einer solchen Mischehe im Hinblick auf die Folgen biologischer Art bewußt gewesen wären, sich dadurch von der Eheschließung nicht abhalten lassen, sondern daß er unter den Verhältnissen des Jahres 1919 seinen materiellen Interessen den Vorzug gegeben und die Klägerin trotzdem geheiratet haben würde."

2. Objektive Kausalität

Neben der Prüfung, ob die Kenntnis der persönlichen Eigenschaft des Ehegatten den anfechtenden Ehepartner von der Eheschließung abgehalten hätte, verlangte § 1333 BGB, dass der Irrende auch „bei verständiger Würdigung des Wesens der Ehe diese nicht eingegangen wäre". Dieses Kriterium war nach Ansicht des Reichsgerichts ein objektives. So formulierte der 4. Senat in einer Entscheidung vom 23. März 1903[563] wie folgt: „Dieser Maßstab ist ein objektiver, insofern dabei auf das Wesen der Ehe als einer rechtlichen und sittlichen Lebensgemeinschaft (§ 1353 BGB) Bezug genommen wird. Als solche legt sie beiden Seiten die Pflicht auf, gegen Schwächen des anderen Teils, die in der Unvollkommenheit der menschlichen Natur begründet sind, ohne doch den Bestand der Ehe selbst in Frage zu stellen, Nachsicht zu üben. Zugleich muß für jeden in die Ehe

---

[561] Siehe dazu 2. Teil, C., I., 8., a., bb.
[562] WarnRspr 1934, Nr. 136.
[563] IV 395/02 (JW 1903, Beilage S. 70).

tretenden Gatten die verständige Würdigung des Wesens der Ehe im Zusammenhalt mit der alltäglichen Lebenserfahrung den Gedanken nahe legen, daß gewisse Enttäuschungen über Charaktereigenschaften des anderen Teils kaum ganz ausbleiben werden." Auch der überwiegende Teil der Literatur sah dieses Kriterium als objektives an[564]. Nur *v. Eynern* schloss eine objektive Würdigung aus und wollte das Wesen der Ehe ausschließlich subjektiv aus Sicht der Eheleute bestimmen[565].

Die objektive Würdigung des Wesens der Ehe beinhaltete laut *Kaufhold* folgendes: „Unter verständiger Würdigung ist die Wertschätzung zu verstehen, die bei einem normal einsichtsvollen Menschen vorausgesetzt werden kann. Es braucht keine Auffassung der Ehe in ihrer reinsten Form vorzuliegen, wie sie nur bei geistig und sittlich hochstehenden Menschen vorkommen wird. Der Standpunkt eines Durchschnittsmenschen mit hinreichender Verstandes- und Herzensbildung genügt.[566]"

Nach Ansicht des Reichsgerichts diente das Kriterium der verständigen Würdigung des Wesens der Ehe vor allem dazu, „alle willkürlichen, der persönlichen Stimmung entsprungenen Anfechtungsgelüste" abzuwehren und „die Anfechtungsansprüche auf das durch die Ehe als einer vorwiegend sittlichen Einrichtung gebotene Maß" zurückzuführen[567].

So versagte das Reichsgericht in einer Entscheidung vom 25. April 1921[568] einer Ehefrau das Recht zur Anfechtung der Ehe, welches die Frau mit der Begründung geltend gemacht hatte, ihr Mann habe einen gewalttätigen Charakter und neige zur Trunksucht. Das Gericht führte aus, dass in einer Ehe gewisse Enttäuschungen über Eigenschaften des anderen Teils nicht ausbleiben werden. Der beklagte Ehemann habe, was die Beklagte gewusst habe, als Soldat mehrere Jahre am Weltkrieg teilgenommen. Damit hätte die Klägerin einen Mann geheiratet, „dem die Freude am Trinken und gewisse Derbheiten nicht fremd sind, wie sie das Soldatenleben mit sich bringt." Diese Eigenschaft hätte die Klägerin bei einer verständigen Würdigung des Wesens der Ehe von einer Eheschließung nicht abgehalten.

In einer Entscheidung vom 26. November 1931[569] sah der 8. Senat einen über zehn Jahre vor der Eheschließung begangenen Ehebruch des Mannes in erster Ehe nicht als objektiv erhebliche persönliche Eigenschaft an. Das Gericht führte dazu aus: „Das Berufungsgericht kann deshalb nicht anerkennen, daß aus der zeitlich weit zurückliegenden Eheirrung des Beklagten nach objektivem Maß-

---

564 So Staudinger/Engelmann, 2. Aufl., S. 83; Knobloch, S. 61; Kaufhold, S. 56; Wolf, S. 308.

565 v. Eynern, S. 26.

566 Kaufhold, S. 56.

567 So der 4. Senat in einer Entscheidung vom 10. Juni 1909, IV 409/08 (Recht 1909, Nr. 2272).

568 VI 10/21 (LZ 1921, Sp. 455).

569 VIII 338/31 (LZ 1932, Sp. 391).

stab, entnommen den Anforderungen, die nach dem sittlichen Wesen der Ehe entsprechend der natürlichen Lebensauffassung an die Lebensgemeinschaft der Ehe zu stellen sind, eine zur Zeit des neuen Eheabschlusses noch gegebene ungünstige Eigenschaft des Beklagten im Sinne § 1333 BGB zu folgern sei. Es mag richtig sein, daß die Klägerin, als sie nach ihrer Verehelichung mit dem Beklagten von diesen Verhältnissen hörte, dies sehr schwer nahm, daß sie sofort erklärte, sie würde den Beklagten nicht geheiratet haben, wenn sie es gewußt hätte. Das Berufungsgericht legt dem aber kein entscheidendes Gewicht bei, da eine gesteigerte Empfindlichkeit der Klägerin ihr Anfechtungsrecht gegenüber dem objektiven Maßstabe nicht erweitern könne."

Obwohl bei der verständigen Würdigung des Wesens der Ehe ein objektiver Maßstab anzulegen war, waren sich Literatur[570] und Rechtsprechung einig, dass auch die besonderen Verhältnisse und Umstände des konkreten Einzelfalls zu berücksichtigen waren. So gab der 8. Senat des Reichsgerichts in einer Entscheidung vom 29. April 1929[571] der Klage eines Ehemannes nicht statt, der Anfechtung seiner Ehe mit der Begründung begehrt hatte, dass seine Frau nicht beiwohnungsfähig sei. Die mangelnde Beiwohnungsfähigkeit einer Frau war vom Reichsgericht in einer Reihe von Entscheidungen als persönliche Eigenschaft anerkannt worden, die einen Mann bei verständiger Würdigung des Wesens der Ehe vom Abschluss der Ehe abgehalten haben würde[572]. Hier war jedoch nach Ansicht des Reichsgerichts zu berücksichtigen, dass der Kläger bei der Heirat bereits 72 Jahre und die Beklagte 60 Jahre alt waren. Bei einem solch fortgeschrittenen Alter, so der erkennende Senat, sei die durch die Ehe begründete Lebensgemeinschaft ihrem Wesen nach weniger auf die Befriedigung sinnlicher Triebe als vielmehr zur gegenseitiger Hilfeleistung, Unterstützung und Pflege begründet. Daher hätte sich der 72 Jahre alte Mann, sobald er sich auf den durch das Wesen der Ehe gebotenen Standpunkt gestellt hätte, auch bei Kenntnis der Beiwohnungsunfähigkeit der Frau nicht von der Eheschließung abhalten lassen.

Das 1938 in Kraft getretene EheG1938 ersetzte den Begriff der „verständigen Würdigung" des § 1333 BGB durch den der „richtigen Würdigung des Wesens der Ehe" in § 37 EheG1938. Damit sollte die Würdigung der Umstände des Einzelfalls gegenüber eines ausschließlich objektiven Maßstabes auf Grundlage der sittlichen und völkischen Weltanschauung des Nationalsozialismus in den Hintergrund treten[573]. Dies formulierte der 4. Senat des Reichsgerichts in einer Entscheidung vom 13. Oktober 1938[574] wie folgt: „Damit ist unverkennbar der Wille des Gesetzgebers zum Ausdruck gebracht, daß bei der abwägenden

[570] So z.B. Kaufhold, S. 56; Endemann, S. 205; Opet/v. Blume, S. 63.
[571] VIII 126/29 (DRZ 1929, Sp. 268).
[572] Siehe dazu 2.Teil, C., I., 5., b.
[573] Siller, S. 34, v. Scanzoni, Ehegesetz, § 37 Rn. 9 f.
[574] IV 81/38 (RGZ 158, 268).

Beurteilung des einzelnen Falles der Würdigung unter allgemeingültigen sittlichen und völkischen Gesichtspunkten gegenüber verstandesmäßigen, unter Umständen mehr auf die Interessenlage des Einzelfalls abgestellten Betrachtungen, das größere Gewicht zukommen soll." Diese Gesetzesänderung führte jedoch in der Praxis nicht zu größeren Veränderungen, da das Reichsgericht schon vor Einführung des EheG1938 insbesondere bezüglich der Eheanfechtung aufgrund von Rassenunterschieden und Erbkrankheiten die nationalsozialistische Auffassung von Rassereinheit und Erbgesundheit als Maßstab der „verständigen Würdigung des Wesens der Ehe" angelegt hatte, ohne auf andere Anschauungen zu diesen Themen einzugehen[575]. Trotzdem zeigt die Änderung des Wortlautes der Vorschrift, dass der nationalsozialistische Gesetzgeber noch stärker als bisher in die Gestaltungsfreiheit der einzelnen Ehegatten eingreifen wollte, indem er statt einer auf die Verhältnisse des Einzelfalls eingehende Würdigung einen absolut einheitlichen nach ausschließlich völkischer Betrachtungsweise zu würdigenden Maßstab anlegte.

D. § 1334 Abs. 1 BGB – Arglistige Täuschung

I. Täuschungsgegenstand

§ 1334 Abs. 1 BGB verlangte eine arglistige Täuschung über solche Umstände, die den Ehegatten bei Kenntnis der Sachlage und bei verständiger Würdigung des Wesens der Ehe von der Eingehung der Ehe abgehalten haben würden.
Die Literatur in den ersten Jahren nach Inkrafttreten des BGB war sich einig, dass wegen der bei § 1334 Abs. 1 BGB im Gegensatz zu § 1333 BGB hinzugetretenen List des täuschenden Ehegatten[576], der Ausdruck „Umstand" deutlich weiter gefasst sein sollte, als der von § 1333 BGB gebrauchte Ausdruck „persönliche Eigenschaften"[577]. Insbesondere sollten als Umstände i.S.d. § 1334 Abs. 1 BGB auch persönliche Verhältnisse des anderen Teils aufzufassen sein und sogar, Verhältnisse, die nicht in der Person des anderen Ehegatten, sondern in seiner Familie, ja sogar außerhalb des Letzteren liegen können[578]. Als Beispiele des gegenüber § 1333 BGB erweiterten Anwendungsbereiches wurden insbesondere die gesellschaftliche Stellung und Bestrafungen von Familienmitgliedern genannt[579].

---

575 Siehe dazu 2. Teil, C., I., 8., a., bb., (4) sowie 2. Teil, C., I., 4., b., aa., (3).
576 Endemann, Familienrecht, S. 210.
577 So Scheiff, S. 665; Schmidt, S. 111; Dernburg, S. 66, Rn. 17; Knoblauch, S. 66.
578 Schmidt, S. 111.
579 Scheiff, S. 665; Dernburg, S. 66, Rn. 17; Endemann, S. 210, Rn. 58.

Das Reichsgericht erkannte in einer Reihe von Entscheidungen Umstände i.S.d. § 1334 Abs. 1 BGB an, die für das Gericht keine persönlichen Eigenschaften i.S.d. § 1333 BGB darstellten. So sollte auch die Täuschung über eine zwar schwere, jedoch heilbare Krankheit den getäuschten Ehegatten zur Anfechtung berechtigen[580]. Der 4. Senat begründete dies in der Entscheidung vom 1. Juni 1920 wie folgt: „Was das Reichsgericht in ständiger Rechtsprechung (...) für die Erfüllung des Begriffs der persönlichen Eigenschaft in § 1333 durch eine Krankheit erfordert hat, daß dazu regelmäßig Unheilbarkeit des Leidens gehöre, gilt freilich nicht für den Begriff des Umstandes i.S.d. § 1334. Als ein Umstand, der den ihn kennenden Ehegatten bei verständiger Würdigung des Wesens der Ehe von der Eheschließung abgehalten haben würde, kann sich vielmehr eine Krankheit des anderen Ehegatten, insbesondere eine chronische (lang dauernde, schleichende) Krankheit auch dann darstellen, wenn sie heilbar ist."

Als weitere Beispiele für eine weite Auslegung des Begriffs „Umstand" i.S.d. § 1334 Abs. 1 BGB nannte das Reichsgericht auch die durch Täuschung hervorgerufene Annahme des Mannes, seine Verlobte sei von ihm schwanger[581], die Täuschung über eine bereits 13 Jahre zurückliegende Fehlgeburt der Frau[582] und in einem Urteil vom 2. Juni 1910[583] auch die voreheliche Mutterschaft der Ehefrau, die erst 1924 durch Öffnung des engen Eigenschaftsbegriffs auch zur Anfechtung gemäß § 1333 BGB berechtigte.

Als außerhalb der Person liegender Umstand erkannte das Reichsgericht auch die Bestrafung naher Angehöriger als Eheanfechtungsgrund i.S.d. § 1334 Abs. 1 BGB an[584].

Gemäß § 1334 Abs. 2 BGB war die Anfechtung der Ehe aufgrund einer Täuschung über Vermögensverhältnisse nicht möglich. Diesen generellen Ausschluss eines Anfechtungsgrundes milderte das Reichsgericht jedoch dadurch ab, dass es in besonders schweren Fällen der Täuschung über Vermögensverhältnisse die Anfechtung der Ehe gemäß § 1333 BGB wegen eines Irrtums über den Charakter des zukünftigen Ehegatten zuließ[585].

[580] So die Urteile des 4. Senats vom 1. Juli 1920, IV 64/20 (Recht 1921, Nr. 1383) und des 5. Senats vom 4. Juni 1921, V 45/21 (JW 1922, S. 162, Nr. 4).

[581] Urteile vom 2. Juni 1920, V 23/20 (JW 1920, S. 823) und vom 7. Oktober 1926, IV 133/26 (JW 1927, S. 1192, Nr. 5; Recht 1926, Nr. 2439).

[582] Urteil vom 25. Juni 1923, IV 465/22 (LZ 1923, Sp. 647).

[583] IV 387/09 (JW 1910, S. 707).

[584] So der 8. Senat in einer Entscheidung vom 14. November 1932, VIII 309/32 (WarnRspr 1933, Nr. 27).

[585] Siehe dazu 2. Teil, C., I., 7., d.

Die Täuschungshandlung des § 1334 Abs. 1 BGB, das Hervorrufen oder Unterhalten eines Irrtums, konnte grundsätzlich sowohl durch positives Tun, also durch eine unwahre Äußerung, als auch durch Unterlassen, also dem Verschweigen eines Umstandes, der geeignet war, den anderen Gatten bei Kenntnis von der Eingehung der Ehe abzuhalten, geschehen[586]. Das Reichsgericht machte jedoch bei der Täuschung durch Verschweigen Einschränkungen. Es vertrat die Ansicht, dass das bloße Verschweigen ungünstiger Tatsachen im Allgemeinen den Tatbestand der arglistigen Täuschung nicht erfüllen würde[587]. Nur, wenn ein Ehegatte die Pflicht zur Offenbarung eines ungünstigen Umstandes gegenüber seinem zukünftigen Ehepartners hatte, und den Umstand nicht preisgab, sollte nach Ansicht des Reichsgerichts eine Anfechtung der Ehe nach § 1334 Abs. 1 BGB möglich sein: „Bestand aber für die Beklagte keine Rechtpflicht zur Offenbarung, so kann in ihrem bloßen Verschweigen, ohne das die Enthüllung der Wahrheit durch ein gewisses Tun verhindert wurde, keine arglistige Täuschung gefunden werden, selbst dann nicht, wenn sie sich die Möglichkeit vor Augen hielt, daß der Kläger bei Kenntnis des wahren Sachverhalts vom Verlöbnis zurücktreten würde. Die Anfechtungsklage läßt sich daher auf § 1334 nicht stützen[588].“

Wann jedoch eine solche Offenbarungspflicht vorlag, richtete sich nach den Umständen des Einzelfalls. Grundsätzlich, so das Reichsgericht, bestünde unter Brautleuten kein rechtlicher Zwang, dem anderen Teil vor Eheschließung seine Verhältnisse und besonders auch die seiner Familie zu offenbaren[589].

Das Reichsgericht bejahte eine Offenbarungspflicht insbesondere bei Nachfrage des anderen Teils[590] oder, wenn dem verschweigenden Teil bewusst war, dass der zukünftige Ehepartner besonders strenge Ansichten bezüglich des verschwiegenen Umstandes hatte[591].

---

[586] Dernburg, S. 66; Endemann, S. 209, Rn. 55.

[587] So das Reichsgericht im Urteil vom 6. Oktober 1902, IV 206/02 (RGZ 52, 306), ebenso in den Urteilen vom 17. März 1913, IV 567/12 (WarnRspr 1913, Nr. 348) und vom 7. Mai 1931, IV 57/31 (WarnRspr 1931, Nr. 126).

[588] So der 2. Senat des Reichsgerichts in einer Entscheidung vom 3. April 1928, II 488/27 (DRZ 1928, Sp. 206).

[589] So der der 4. Senat in einem Urteil vom 10. Januar 1910, IV 262/09 (Recht 1910, Nr. 713) und der 2. Senat am 3. April 1928, II 488/27 (DRZ 1928, Sp. 206).

[590] Urteil des 4. Senats vom 7. Mai 1931, IV 57/31 (WarnRspr 1931, Nr. 126).

[591] Urteil des 4. Senats vom 19. Oktober 1925, IV 268/25 (WarnRspr 1926, Nr. 91); in diesem Fall hatte der Mann seiner Verlobten deutlich gemacht, dass er keine Frau heiraten würde, in deren Familie Fälle von Geisteskrankheiten aufgetreten seien. Daraufhin verschwieg die Frau mehrere Fälle von Geisteskrankheit in ihrer nahen Verwandtschaft.

Auch bei anderen Umständen, die nach Ansicht des Reichsgerichts für den Entschluss des anderen Teils zur Eheschließung erheblich waren, nahm das Gericht eine Pflicht zur Offenbarung an, so bei einer erst kurz vor Eheschließung festgestellten eigenen Erkrankung an Gonorrhö[592] oder bei eigener Beischlafunfähigkeit[593].

Keine Offenbarungspflicht nahm das Reichsgericht insbesondere an, wenn die die Umstände begründenden Tatsachen oder Vorfälle zeitlich weit zurücklagen. So verneinte das Gericht bei einer lang zurückliegenden Bestrafung wegen päderastischer Neigung[594], wegen länger zurückliegender Erkrankungen[595], sowie in einem Fall einer früheren Bestrafung des Vaters der Ehefrau wegen Vergewaltigung seiner Tochter[596] die Offenbarungspflichten der verschweigenden Ehegatten. Als Begründung führte das Reichsgericht an, dass der verschwiegene Umstand aufgrund der langen zeitlichen Differenz nur noch geringen Einfluss auf die Ehe haben werde und daher vor der Eheschließung nicht ungefragt der Erwähnung bedürfe. So formulierte der 2. Senat des Reichsgerichts in der Entscheidung vom 3. April 1928: „Ferner lag die letzte, auch gegen die Beklagte selbst gerichtete Straftat des Vaters und seine Verurteilung von der im August 1922 erfolgten Eheschließung der Parteien an gerechnet 14 Jahre zurück; zur Zeit der Eheschließung waren seit der Verbüßung dieser Zuchthausstrafe auch schon 6 Jahre verflossen. Bei dieser Sachlage und, da außerdem die Ehe der Eltern der Beklagten längst geschieden und sie das unschuldige, durch Gewaltanwendung mißbrauchte Opfer des naturwidrigen Begehens ihres Vater gewesen war, lag die Annahme für sie nicht allzu fern, daß jenen üblen Vorkommnisse endgültig der Vergangenheit angehörten und dem Kläger als ihrem damaligen Verlobten ohne Frage danach nicht mitgeteilt zu werden brauchten."

Nach der nationalsozialistischen Machtergreifung, als ab 1934 das Reichsgericht den Irrtum über die „Rasseneigenschaft" als persönliche Eigenschaft i.S.d. § 1333 BGB bejahte, war damit auch die Täuschung des zukünftigen Ehepartners über die eigene „Rassereinheit" Anfechtungsgrund der Ehe. Bezüglich der Offenbarungspflicht von Umständen i.S.d. § 1334 Abs. 1 BGB entschied der 4. Senat des Reichsgerichts am 16. Januar 1936[597], dass die Tatsache der Abstammung von einem jüdischen oder halbjüdischen Vater dem zukünftigen Gatten unaufgefordert mitzuteilen ist und dass somit die Verheimlichung dieser „nichtarischen" Herkunft eine arglistige Täuschung darstellen würde.

---

592 Urteil vom 18. Februar 1932, IV 429/31 (WarnRspr 1932, Nr. 121).

593 Urteil vom 21. November 1912, IV 298/12 (Recht 1913, Nr. 359).

594 Urteil vom 6. Oktober 1902, IV 206/02 (RGZ 52, 306).

595 So der 4. Senat am 9. Mai 1912, IV 560/11 (WarnRspr 1912, Nr. 310) im Fall einer Geisteskrankheit und der 8. Senat am 21. April 1931, VIII 538/30 (WarnRspr 1931, Nr. 125) bei einer zwölf Jahre zurückliegenden Syphiliserkrankung.

596 Urteil des 2. Senats vom 3. April 1928, II 488/27 (DRZ 1928, Sp. 206).

597 IV 205/35 (WarnRspr 1936, Nr. 59).

Der den § 1334 Abs. 1BGB ersetzende § 38 Abs. 1 EheG1938 verwendete statt der Formulierung „bei verständiger Würdigung des Wesens der Ehe" nunmehr „bei richtiger Würdigung des Wesens der Ehe"[598]. Diese Änderung brachte *Rilk* zur Annahme, dass die bisherige Praxis des Reichsgerichts, eine generelle Offenbarungspflicht unter Brautleuten abzulehnen, überholt sei[599]. Statt dessen forderte er, aufgrund der veränderten Bedeutung der Ehe im nationalsozialistischen Staat[600], eine Pflicht jedes zukünftigen Ehegatten zur Offenbarung seiner Verhältnisse gegenüber dem anderen Teil generell anzunehmen: „Es ist ganz allgemein die Forderung aufzustellen, daß jeder Verlobte verpflichtet ist, dem anderen Verlobten oder dem anderen Teil seine Verhältnisse insoweit zu offenbaren, als dies für den Abschluß der Ehe für den anderen Verlobten von Erheblichkeit ist. Die heutige weltanschauliche Auffassung von dem Wesen der Ehe bedingt es, von jedem Verlobten die Rechtspflicht zur Mitteilung zu fordern. Mag man diese Rechtpflicht für das allgemeine Vertragsrecht fordern oder nicht, die Interessen der Gemeinschaft werden dadurch nicht berührt. Es ist jedoch für die auf der Ehe aufbauende Volksgemeinschaft von großer Bedeutung, daß man eine solche Rechtspflicht zur Offenbarung von dem Verlobten fordert. Es ist auch schließlich kein vernünftiger Grund einzusehen, warum eine solche Rechtspflicht nicht gefordert werden kann, die jeder anständige Volksgenosse als etwas so Selbstverständliches empfindet, daß er gar nicht daran denkt, eine Ehe einzugehen, ohne dem anderen Teil gegenüber völlige Klarheit über seine Person, seinen Gesundheitszustand usw. gegeben zu haben.[601]"
Andere Vertreter der Literatur stimmten Rilk nur insoweit zu, als sie eine Offenbarungspflicht bei solchen Umständen als selbstverständlich anerkannten, die elementar im Sinne der nationalsozialistischen Eheauffassung waren, wie z.B. bei „nichtarischer" Abstammung oder bei Erbkrankheiten[602]. Hier habe der Verlobte „um der gesunden Fortpflanzung willen" ein Recht darauf, vor der Eheschließung Klarheit zu erhalten[603]. Eine generelle Offenbarungspflicht lehnte der Großteil der Literatur jedoch ab[604].
Das Reichsgericht selbst blieb bei seiner Ansicht, nach den Umständen des einzelnen Falls zu entscheiden. Am 15. Dezember 1943[605] hatte der 4. Senat einen Fall zu entscheiden, bei dem der Mann vor der Ehe verheimlicht hatte, dass er bereits ein uneheliches Kind gezeugt hatte und auch Unterhalt für dieses bezahl-

---

598 Siehe 1.Teil, C., IV.
599 Rilk, Eherecht, S. 195.
600 Siehe dazu 1.Teil, C.
601 Rilk, Eherecht, S. 195.
602 So z.B. RGRK/Hallamik, 9.Aufl., S. 85; v. Scanzoni, Ehegesetz, § 38 Rn. 3.
603 v. Scanzoni, Ehegesetz, § 38 Rn. 3.
604 So Achilles/Greif, 16. Aufl., S. 644; RGRK/Hallamik, 9. Aufl., S. 85; v. Scanzoni, Ehegesetz, § 38 Rn. 3.
605 IV 236/43 (DR 1944, 416).

ten musste. Nach Ansicht des Reichsgerichts stellte das Unterlassen dieser Mitteilung keine arglistige Täuschung i.S.d. § 38 EheG1938 dar: „Die Pflichten des außerehelichen Vaters reichen nicht so weit, daß dadurch die Ehe des Mannes in persönlicher Hinsicht erheblich berührt wird. Auch wenn der Vater in Liebe am dem Gedeihen und der Erziehung seines Kindes Anteil nimmt, braucht sein Verhältnis zu dem Kind auf die Ehe keinerlei Schatten zu werfen und den inneren Frieden zu stören. Das persönliche Verhältnis der Ehegatten kann sich ungehindert dem Wesen der Ehe entsprechend entwickeln und die Ehe ihren Zweck und vollen Wert im Dienst der Allgemeinheit erreichen. An Achtung büßt ein Mann durch seine außereheliche Vaterschaft nichts ein. Soweit aber seine Pflichten vermögensrechtlicher Natur sind, kommt ihnen nach dem Grundsatz des § 38 Abs. 3 EheG eine irgendwie erhebliche Bedeutung überhaupt nicht zu. Grundsätzlich ergibt sich daher aus der Vaterschaft des Mannes zu einem unehelichen Kind einer anderen Frau auch keine Offenbarungspflicht des Mannes vor Abschluß der Ehe. Nur ausnahmsweise wird eine solche Pflicht anzunehmen sein, wenn die Frau dem Mann irgendwie zu verstehen gegeben hat, daß sie diesem Punkt besondere Bedeutung beilege und wünsche, daß er frei von jeder derartigen Bindung sei. Dann ist allerdings der Mann verhalten, die Frau über das Bestehen solcher Beziehungen aufzuklären, und seine unwahren Angaben vermögen einen Anspruch der Frau auf Aufhebung der Ehe wegen Täuschung zu begründen. Im vorliegenden Fall aber fehlt es an jeden Anhalt dafür, daß etwa dem Mann bekannt war, daß die Frau dieser Frage ein besonderes Gewicht beilege.“ Eine allgemeine Ausweitung der Offenbarungspflicht hatte das EheG38 somit nicht zur Folge.

III. Arglist

Das Reichsgericht nahm arglistiges Verhalten an, wenn ein Verlobter bei dem anderen Teil einen Irrtum hervorrief oder unterhielt und ihn dadurch vorsätzlich zur Eingehung der Ehe bestimmen wollte, die dieser ohne die Täuschung nicht eingegangen wäre[606].

Bei der Vorstellung, die der Täuschende bezüglich des Verhaltens seines zukünftigen Gatten bei Kenntnis der wahren Sachlage haben musste, reichte jedoch Eventualvorsatz aus. So genügte es für die Annahme einer arglistigen Täuschung, wenn ein Ehegatte in berechnender Weise nur auf die Möglichkeit

[606] So z.B. der 4. Senat in den Urteilen vom 17. März 1913, IV 567/12 (WarnRspr 1913, Nr. 348) und vom 30. April 1925, IV 562/24 (RGZ 111, 5).

hin, dass die Eheschließung sonst nicht zustande kommen würde, beim zukünftigen Gatten einen Irrtum erregte oder unterhielt[607].

Das Reichsgericht verneinte jedoch dann die Arglist des täuschenden Gatten, wenn dieser fahrlässig davon ausgegangen war, der andere Teil werde sich auch bei Kenntnis des wahren Sachverhalts nicht von der Eheschließung abhalten lassen, während es in Wirklichkeit ohne den Irrtum nicht zum Abschluss der Ehe gekommen wäre. So bestätigte das Reichsgericht am 21. April 1931[608] ein die Anfechtungsklage abweisendes Urteil des OLG Naumburg, bei dem die klagende Ehefrau geltend gemacht hatte, ihr Ehemann habe ihr vor der Ehe eine frühere syphilitische Erkrankung arglistig verschwiegen. Das OLG hatte die Klage abgewiesen, da es davon ausgegangen war, der Beklagte habe die Erkrankung nicht verschwiegen, um seine Verlobte zum Abschluss der Ehe zu bestimmen. Das Reichsgericht äußerte sich dazu wie folgt: „Das Berufungsgericht hat es als völlig glaubhaft bezeichnet, daß der Beklagte das vor 12 Jahren und seitdem nicht wieder aufgetretene Leiden für vollständig beseitigt und die Möglichkeit, daß sich später noch Folgeerscheinungen herausbilden könnten, für ausgeschlossen erachtet hat, und es hat weiter ausgeführt, daß bei einer solchen Beurteilung seines Zustandes seitens des Beklagten kein Anlaß zu der Annahme bestehe, er sei davon ausgegangen, daß die Klägerin, wenn sie den Sachverhalt vor der Eheschließung erfahren hätte, anderer Auffassung gewesen wäre. Damit entfällt aber auch die Möglichkeit einer Feststellung, daß er sich bewußt gewesen sei, die Klägerin könne sich durch die Kenntnis von seiner so weit zurückliegenden Erkrankung von der Eheschließung mit ihm abhalten lassen. Soweit die Revision hiergegen ankämpft, bewegt sie sich unzulässigerweise auf tatsächlichem Gebiet. Soweit sie aber geltend macht, der Beklagte hätte sich doch sagen müssen, daß die Klägerin bei Kenntnis der Sachlage sich schwerlich zur Eheschließung entschließen würde, handelt es sich höchstens um eine Fahrlässigkeit des Beklagten, nicht aber um ein Bestimmen der Klägerin durch ihn zur Eheschließung mittels arglistiger Täuschung."

In der Literatur war umstritten, ob zur Arglist i.S.d. § 1334 Abs. 1 BGB eine Schädigungsabsicht des täuschenden Ehegatten gehören musste. So vertrat *Staudinger/Engelmann* die Ansicht, die Täuschung sei nur arglistig, „wenn sie in der Absicht geschieht, dem Getäuschten etwas Arges anzutun, dessen Interessen zuwiderzuhandeln, nicht also, wenn sie zum Besten des Getäuschten erfolgte[609]". Andere Autoren nahmen stets eine arglistige Täuschung an, wenn der Ehegatte den Irrtum erregte oder unterhielt, um die Eheschließung herbeizuführen. Ob der täuschende Gatte handelte, um seinem Verlobten etwas Negatives

[607] So das Reichsgericht in der Entscheidung vom 21. November 1912, IV 298/12 (Recht 1913, Nr. 359).

[608] VIII 538/30 (WarnRspr 1931, Nr. 125).

[609] Staudinger/Engelmann, 2. Aufl., S. 84; 7./8. Aufl., S. 105.

anzutun oder ob dies im guten Willen auf eine glückliche Ehe geschah, sei dabei unbeachtlich[610].

Das Reichsgericht verzichtete auf das Erfordernis der Schädigungsabsicht. In der Entscheidung vom 30. April 1925[611], in diesem Fall hatte das OLG Breslau die Klage des Ehemannes mit der Begründung abgewiesen, die Ehefrau habe die Täuschung über eine frühere Bestrafung ihres Vaters nicht arglistig begangen, da sie im Hinblick auf eine glückliche Ehe für beide Seiten gehandelt habe, nahm der 4. Senat des Reichsgerichts ausführlich zu dieser Frage Stellung: „Im Schrifttum wird allerdings zu § 1334 BGB auch die Meinung vertreten, daß die Täuschung nur dann eine arglistige sei, wenn sie in der Absicht geschehe, dem Getäuschten etwas Arges anzutun, seinen Interessen zuwider zu handeln. (...) Aber § 1334 verlangt nichts weiter, als daß der Getäuschte zur Abschließung einer Ehe bestimmt werden soll, die er ohne die Täuschung nicht abschließen würde. Auf die Vorstellung, welchen Verlauf die durch Täuschung herbeigeführte Ehe nehmen werde, kommt es nicht an. Die Hoffnung, daß die so zustande gekommene Ehe späterhin einen für beide Teile günstigen Verlauf nehmen und daß der Getäuschte an ihr festhalten werde, wird fast immer bestehen. Wollte man das Erfordernis aufstellen, daß erwiesen werden müßte, der Täuschende habe darauf abgezielt, eine den Interessen des Getäuschten nachteilige Ehe herbeizuführen, so würde damit das Anfechtungsrecht aus § 1334 unerträglich eingeschränkt. In der Beratung der II. Kommission (Prot. Bd. 4 S. 77) hat man die Anfechtung für den Fall als berechtigt erklärt, daß der Mann die Braut über die von ihr zur Bedingung gemachte Zustimmung ihrer Eltern zur Eheschließung getäuscht habe. Dabei ist sicher nicht daran gedacht worden, daß der Braut noch außer der erschlichenen Einwilligung in die Eheschließung weiterhin etwas Arges angetan, ihren Interessen zuwidergehandelt werden sollte.

Auch in der Rechtslehre wird überwiegend die Meinung vertreten, daß schon die Herbeiführung einer vom anderen Teil in dieser Weise nicht gewollten Eheschließung den Tatbestand der arglistigen Täuschung erfülle.

Der Begriff der arglistigen Täuschung kann bei § 1334 nicht anders umgrenzt werden als bei § 123 BGB. Dort ist aber die Rechtsprechung darüber einig, daß eine auf Schädigung gerichtete Absicht nicht erforderlich ist. (...) Läßt aber das Gesetz schon bei einem gewöhnlichen Vertrag die Anfechtung wegen Arglist ohne den Nachweis einer Schädigungsabsicht zu, so muß das noch viel mehr bei der höchstpersönlichen Angelegenheit einer Eheschließung gelten." Die Auffassung des Reichsgerichts fand in der Literatur breite Zustimmung[612]. Neben dem Hoffen auf eine glückliche Ehe nahm das Reichsgericht auch dann eine arglistige Täuschung an, wenn der täuschende Teil, ohne den anderen schädigen zu

[610] So Schmidt, S. 110; Opet/v. Blume, S. 64; Knoblauch, S. 67.

[611] IV 562/24 (RGZ 111, 5).

[612] So z.B. RGRK/Erler, 6. Aufl., S. 46; Achilles/Greif, 12. Aufl., S. 697; v. Scanzoni, Ehegesetz, § 38 Rn. 2; a.A. nur Rilk, Eherecht, S. 194.

wollen, aus Scham, eine frühere Liebesbeziehung beichten zu müssen[613], oder „aus mangelndem Mut, Aufregung begründet in der Tatsache einer neuen Schwangerschaft und deren Gefahren für die Zukunft[614]" handelte und damit die Lösung des Verlöbnisses verhinderte.

E. §§ 1337, 1339 BGB – Bestätigung der Ehe und Anfechtungsfrist

Die §§ 1337 und 1339 BGB stellten keine weiteren Anfechtungsgründe dar, sie spielten in der reichsgerichtlichen Praxis jedoch eine große Rolle. Nach § 1337 Abs. 2 BGB war die Anfechtung einer Ehe in den Fällen von § 1333 oder § 1334 BGB ausgeschlossen, wenn der anfechtungsberechtigte Ehegatte nach Entdeckung des Irrtums bzw. der Täuschung die Ehe bestätigt hatte, nach § 1339 Abs. 1 i.V.m. Abs. 2 BGB war die Anfechtung ausgeschlossen, wenn seit Entdeckung des Irrtums bzw. der Täuschung mehr als sechs Monate vergangen waren.

Zweck dieser Normen war es, im Interesse der beteiligten Ehegatten möglichst bald Klarheit über den Fortbestand einer anfechtbaren Ehe zu schaffen. Der Schwebezustand über die Ehe, der zwischen Entdeckung des Irrtums bzw. der Täuschung und der Geltendmachung des Anfechtungsrechts bestand, sollte möglichst kurz sein, dabei sollte jedoch der Anfechtungsberechtigte sorgfältig das Für und Wider seiner Entscheidung abwägen können[615]. An die einmal getroffene Entscheidung aber, die Ehe trotz Kenntnis des Makels fortzusetzen, sollte der irrende bzw. getäuschte Ehegatte gebunden sein.

I. Entdeckung des Irrtums bzw. der Täuschung

Entscheidendes Kriterium bei der Frage des Ausschlusses des Anfechtungsrechts war der Zeitpunkt, an dem der anfechtungsberechtigte Gatte seinen Irrtum bzw., im Falle des § 1334 BGB, die Täuschung entdeckte. Vielfach, insbesondere bei der Frage der Langwierigkeit bzw. Unheilbarkeit von Krankheiten, verlief der Prozess der Erkenntnisgewinnung des Irrtums i.S.v. § 1333 BGB über einen längeren Zeitraum, teilweise über Jahre.

---

[613] So schon in der Entscheidung vom 14. Mai 1919, V 45/19 (Recht 1919, Nr. 1977).
[614] So in der Entscheidung vom 22. Oktober 1930, IX 127/30 (JW 1931, S. 1362).
[615] So der 4. Senat in der Entscheidung des Reichsgerichts vom 28. November 1927, IV 603/27 (JW 1928, S. 896); in diesem Sinne auch Mitteis, S. 199 f.

Nach der Rechtsprechung des Reichsgerichts war im Falle des Irrtums über eine persönliche Eigenschaft der Irrtum entdeckt, wenn der anfechtungsberechtigte Ehegatte die volle Kenntnis der Sachlage erlangt hatte, die ihn zur Anfechtung berechtigte. Da eine Krankheit sich erst dann als zur Anfechtung berechtigende Eigenschaft darstellte, wenn sie dauerhaft bzw. unheilbar war[616], war der Irrtum somit erst entdeckt, wenn der gesunde Ehegatte von der Unheilbarkeit der Krankheit erfahren hatte, selbst, wenn ihm die Krankheit schon länger bekannt war, er jedoch von einem behebbaren Leiden ausgegangen war[617].
Gleiches galt bei Impotenz des Mannes bzw. Beiwohnungsunfähigkeit der Frau. Auch in diesen Fällen begann die Anfechtungsfrist erst ab dem Zeitpunkt der Erkenntnis, dass es sich bei dem Zustand der Beiwohnungsunfähigkeit um einen dauerhaften Zustand handelte. Bis zu dieser Erkenntnis aber konnte naturgemäß ein längerer Zeitraum verstreichen. So formulierte das Reichsgericht dazu in der Entscheidung vom 11. April 1906[618] wie folgt: „Zur Anfechtung der Ehe aus dem von ihr geltend gemachten Grunde war Klägerin nur berechtigt, wenn Beklagter nicht etwa bloß augenblicklich und vorübergehend, sondern dauernd und unheilbar zur ehelichen Beiwohnung unfähig war, die Entdeckung des Irrtums und damit die Frist zur Erhebung der Klage konnte mithin erst beginnen, sobald Klägerin die Überzeugung hiervon erlangte und zwar in einem Grade, daß sie nunmehr zur Klage schreiten mußte, wenn sie sich nicht zur Fortsetzung der Ehe entschließen wollte. Bei Beantwortung der Frage aber, wann Klägerin die Sachlage derart erkannt habe, darf nicht außer acht gelassen werden, daß zur Geltendmachung von Tatsachen, wie sie hier in Rede stehen, die Überwindung einer natürlichen Scheu gehört, und daß man einer jungen Frau – Klägerin ist erst 23 Jahre alt – die Erhebung einer auf derartige Tatsachen gestützten Klage billigerweise erst zumuten darf, wenn sie volle Gewißheit hierüber erlangt hat."
Voraussetzung für die Entdeckung des Irrtums bzw. der Täuschung war die tatsächliche Kenntnis der zur Anfechtung berechtigenden Eigenschaften bzw. Umstände. Nicht ausreichend für die Entdeckung waren Vermutungen oder Gerüchte, die dem anfechtungsberechtigten Gatten zugetragen wurden. Dazu führte der 4. Senat in einer Entscheidung vom 4. Oktober 1909[619] aus: „Die allein festgestellte Tatsache, daß dem Beklagten vor dem 11. Oktober 1906 ein Gerücht zu Ohren gekommen sei, kommt rechtlich einer Entdeckung des Irrtums nicht gleich. Diese erfordert, daß der Beklagte das, was er gehört, auch für wahr

---

[616] Siehe zur Anfechtbarkeit wegen Krankheiten: 2. Teil, C., I., 4.
[617] So das Reichsgericht z.B. in den Entscheidungen vom 11. April 1904, IV 39/04 (JW 1904, S. 284), 22. Dez. 1923, V 235/23 (WarnRspr 1923/24, Nr. 127), 24. Okt. 1927, IV 410/27 (WarnRspr 1927, Nr. 182) und 8. Juni 1931, VIII 128/31 (WarnRspr 1931, Nr. 184).
[618] IV 502/05 (JW 1906, S. 355); für den umgekehrten Fall der Beiwohnungsunfähigkeit der Frau: Urteil des 7. Senats vom 16. Oktober 1928, VII 286/28 (WarnRspr 1928, Nr. 176).
[619] IV 599/08 (WarnRspr 1909, Nr. 559; JW 1909, S. 690); ähnlich auch: Urteil vom 28. Mai 1934, IV 70/34 (WarnRspr 1934, Nr. 105).

gehalten hat. Früher kann ihm die Unrichtigkeit seiner bisherigen gegenteiligen Meinung nicht zum Bewußtsein gekommen, er also seines Irrtums nicht gewahr geworden sein."
Auch eine fahrlässige Unkenntnis des Anfechtungsberechtigten war nicht mit der Entdeckung des Irrtums gleichzusetzen. Das Reichsgericht stellte zunächst nicht auf das „Kennenmüssen", sondern auf die volle tatsächliche Kenntnis ab. So führte der 4. Senat im Urteil vom 26. Januar 1910[620] aus: „Geradezu rechtsirrig ist endlich, wenn der Berufungsrichter den Tatbestand des 1339 Abs. 2 schon deshalb als gegeben ansehen will, weil der Kläger seinen Irrtum nach der Belehrung durch Dr. H. oder doch bei der zweiten Trennung der Parteien im Juli 1906 hätte erkennen müssen. Das BGB stellt das Kennenmüssen, d.h. die durch Fahrlässigkeit verschuldete Unkenntnis (§ 122 Abs. 2) nur in besonderen Fällen der wirklich erlangten Kenntnis vom wahren Sachverhalt gleich. Es bedarf kaum der Ausführung, daß von einer Entdeckung des Irrtums im Sinne von § 1339 nicht die Rede sein kann, solange der Irrende mit oder ohne Verschulden noch tatsächlich im Irrtum verweilt. Das angefochtene Urteil erweist sich mithin in mehrfacher Hinsicht als unhaltbar."
Diese Rechtsprechung begünstigte den anfechtungsberechtigten Gatten, da die Frist zur Anfechtung erst ab der endgültigen Kenntnis der vollen Sachlage, mithin erst nach vielen Jahren der Ehe begann. Um den „unerfreulichen Schwebezustand der Anfechtbarkeit einer Ehe bald zu beendigen", schränkte das Reichsgericht diese weite Auslegung der Entdeckung des Irrtums in den zwanziger Jahren ein. In einer Entscheidung vom 28. November 1927[621] stellte es fest, dass der Irrtum schon entdeckt sei, wenn Anhaltspunkte bekannt waren, die einen über die bloße Vermutung hinausgehenden Schluss gestatteten und vernünftigerweise zur Anfechtung ausreichten. Zur Begründung führte der 4. Senat aus: „Das Berufungsgericht geht in dieser Beziehung mit Recht davon aus, daß von einer Entdeckung des Irrtums nicht die Rede sein kann, solange der Ehegatte mit oder ohne Verschulden noch tatsächlich im Irrtum verweilt; fahrlässige Unkenntnis (Kennenmüssen) steht der Kenntnis hier nicht gleich. Im Anschluß daran wird im Berufungsurteil entscheidendes Gewicht darauf gelegt, wann der Kläger die Überzeugung von der Empfängnisunfähigkeit seiner Frau erlangt hat, und seiner Hoffnung darauf, daß die Ehe noch fruchtbar werden könne, die Bedeutung beigelegt, daß sie die Annahme einer Entdeckung des Irrtums ausschließe. Damit sind die Anforderungen an die Erfüllung jenes Rechtsbegriffes überspannt. Die Entdeckung des Irrtums braucht nicht auf Grundlagen zu beruhen, wie sie zur Herstellung voller Gewißheit erforderlich sind; vielmehr muß es nach dem Zwecke der §§ 1337, 1339, den unerfreulichen Schwebezustand der Anfechtbarkeit einer Ehe so bald zu beendigen, wie es mit den berechtigten

[620] IV 180/09 (WarnRspr 1910, Nr. 122).
[621] IV 603/27 (JW 1928, S. 896).

Belangen des Anfechtungsberechtigten vereinbar ist, genügen, wenn für das Bestehen des Anfechtungsgrundes Anhaltspunkte bekannt werden (nicht bloß hätten bekannt werden müssen), die einen über die bloße Vermutung hinausgehenden Schluß gestatten und bei vernünftiger Überlegung zur gesetzmäßigen Geltendmachung der Anfechtbarkeit ausreichen können."
Dieses Urteil führte zur Kritik in der Literatur. *Endemann* gab zu bedenken, dass, wenn volle Gewissheit der den Irrtum begründenden Tatsachen nicht verlangt würde, praktisch das Kennenmüssen der tatsächlichen Kenntnis gleichgesetzt werde und dass sich das Reichsgericht damit selbst widerspräche: „Der einleitenden Feststellung, daß es darauf ankommt, ob der Anfechtungsberechtigte tatsächlich noch im Irrtum befangen ist, muß durchaus zugestimmt werden. Ebenso der Bemerkung, daß Kennenmüssen dem Kennen nicht gleichsteht. Damit scheint jedoch die weitere und abschließende Behauptung, eine volle Gewißheit sei nicht zu verlangen, vielmehr genüge, daß für das Bestehen des Anfechtungsgrundes Anhaltspunkte bekannt werden, die einen über die Vermutung hinausgehenden Schluß gestatten und bei vernünftiger Überlegung zur Geltendmachung der Anfechtung ausreichen können, nicht im Einklang zu stehen. Wenn diese Fassung künftig als führender Leitsatz gebraucht werden soll, so scheint es unvermeidlich, daß praktisch aus dem Entdecken ein Entdeckenkönnen oder -müssen wird.[622]".
Neben der Entdeckung des Irrtums war die tatsächliche Kenntnis, ein Eheanfechtungsrecht zu haben, nicht Voraussetzung für den Fristbeginn i.S.d. § 1339 BGB oder die Bestätigung der Ehe nach § 1337 Abs. 2 BGB. Das Reichsgericht nahm an, dass bei der Entdeckung eines so schwerwiegenden Irrtums, der zur Anfechtung der Ehe führen konnte, sich der anfechtungsberechtigte Ehegatte zumindest bewusst war, dass es wegen dieses Irrtums ein Mittel geben musste, um sich aus dieser Ehe zu befreien. In einer Entscheidung vom 12. November 1908[623], der klagende Ehemann, dem seine Frau schon in der Hochzeitsnacht gebeichtet hatte, vor der Ehe ein außereheliches Kind geboren zu haben, hatte vorgebracht, dass er trotz früher Entdeckung des Irrtums erst viel später erfahren habe, dass er aus diesem Grunde die Ehe anfechten könne, nahm der 4. Senat dazu ausführlich Stellung: „Die Rüge der Revision, der Berufungsrichter habe die §§ 1337 ff. BGB, insbesondere durch unrichtige Anwendung des § 1337 Abs. 2, verletzt, ist nicht begründet. Allerdings hat die Bestätigung eines anfechtbaren Rechtsgeschäfts ihrem Begriffe nach zur Voraussetzung, nicht nur daß der Anfechtungsberechtigte mit der ihn zur Anfechtung berechtigenden Tatsache bekannt, sondern auch daß er in gewissem Maße sich seines Anfechtungsrechtes selbst bewußt ist. Sie besteht in der Kundgebung des Willens, bei dem Rechtsgeschäfte ungeachtet seiner Anfechtbarkeit stehen zu bleiben. Die

---

[622] Endemann, JW 1928, S. 897; ähnlich auch: Mitteis, S. 200.
[623] IV 69/08 (RGZ 69, 410).

Bestätigung kommt daher sachlich einem Verzichte auf das Anfechtungsrecht gleich und erfordert wie dieser, daß der Bestätigende übersieht, was er durch seine Willenskundgebung preisgibt, also entweder das Anfechtungsrecht kennt, oder doch zum mindesten von der Vorstellung aus handelt, es könne ihm möglicherweise ein Recht zustehen, dessen er sich für den Fall seines Bestehens begebe. (...) Nun hat aber bereits in dem vorhin erwähnten Urteile vom 20. Mai 1908 der V. Zivilsenat des Reichsgerichts darauf hingewiesen, daß in gewissen Fällen mit der Kenntnis von der die Anfechtung begründenden Tatsachen ohne weiteres auch die Kenntnis von der Anfechtbarkeit gegeben sei. Der jetzt erkennende Senat trägt kein Bedenken, dieses grundsätzliche Zusammenfallen der Kenntnis von dem Anfechtungsgrunde mit dem für die Bestätigung erforderlichen Mindestgrade einer Kenntnis von dem Anfechtungsrechte überall da als vorhanden anzunehmen, wo es sich um die Anfechtung einer Ehe wegen Irrtums handelt. Denn jeder Irrtum, der nach § 1333 BGB einen geeigneten Grund zur Anfechtung der Ehe bildet, ist von so schwerwiegender Art, daß wer immer eine Ehe eingeht, bei seiner Entdeckung sich zum mindesten dessen bewußt sein muß, es bestehe nach der Rechtsordnung irgend ein Mittel, mittels dessen er sich von der Fessel einer unter solchen Umständen eingegangenen Ehe zu befreien vermöge. Daß dieses Bewußtsein sich bereits zu einer genaueren Vorstellung von dem Wesen, dem Inhalt und den gesetzlichen Bedingungen der Anfechtung entwickelt hat, ist zur Herstellung der Voraussetzungen einer Bestätigung nicht erforderlich. Legt daher ein Ehegatte, nachdem er einen derartigen Irrtum entdeckt hat, ein Verhalten an den Tag, worin der Wille, die Ehe fortzusetzen, seinen unzweideutigen Ausdruck findet, tut er dies insbesondere in der Weise, daß er, unbeirrt durch die gemachte Entdeckung, längere Zeit hindurch die Rechte eines Ehegatten dem anderen Teile gegenüber in Anspruch nimmt und ausübt, so bestätigt er damit die Ehe."

Nach der nationalsozialistischen Machtergreifung und speziell nach Anerkennung der „Rassenzugehörigkeit" als persönliche Eigenschaft durch das Reichsgericht im Jahre 1934 diente der Irrtum des § 1333 BGB insbesondere dazu, die Lösung der politisch nunmehr unerwünschten deutsch-jüdischen Mischehen zu ermöglichen. Dem standen jedoch die §§ 1337 und 1339 BGB grundsätzlich entgegen, da viele Ehegatten bei Eheschließung gewusst hatten, dass sie einen jüdischen Partner geheiratet hatten bzw. nach dieser Erkenntnis viele Jahre mit diesem Partner zusammen gelebt hatten. Aus diesem Grunde hatten auch die Anfechtungsklagen wegen Irrtums über die Rasse zunächst keinen Erfolg.[624]

Unter dem politischen Druck und nach dem Vorbild der in den Fällen der Rassenmischehe zur Anfechtbarkeit tendierenden Literatur begann die Rechtsprechung schließlich, die die Anfechtbarkeit ausschließenden Normen dadurch zu umgehen, dass der zur Anfechtung berechtigte Irrtum sich nicht lediglich auf

[624] Siehe dazu ausführlicher: 2.Teil, C., I., 8., a., bb., (2).

die „Rassenzugehörigkeit" bezog, sondern dass ein Irrtum bejaht wurde, wenn sich der arische Gatte trotz Kenntnis des Rassenunterschieds über die Tragweite oder die Bedeutung des Rassenunterschieds im nationalsozialistischen Staat im Irrtum befunden habe. Damit konnte die Entdeckung des Irrtums zeitnah vor die Erhebung der Anfechtungsklage gestellt werden. Dies führte schließlich zur völligen Bedeutungslosigkeit der inzwischen durch das EheG1938 auf ein Jahr angehobenen Aufhebungsfrist des § 40 EheG1938 in Fällen arisch-jüdischer Mischehen.[625]

Die zeitliche Verlegung der Entdeckung des Irrtums durch das Anerkennen des Irrtums über die Tragweite oder die Bedeutung einer persönlichen Eigenschaft wurde außerhalb der deutsch-jüdischen Mischehen zunächst nicht anerkannt. Auch unter Geltung des EheG1938 übte das Reichsgericht bei dem Irrtum über die Tragweite anderer Umstände i.S.d. § 37 EheG1938 zunächst Zurückhaltung, bevor es durch Urteil vom 12. November 1941[626] die Aufhebbarkeit einer Ehe bejahte, bei der sich der klagende Ehegatte, der schon längere Zeit von Straftaten seiner Ehefrau Kenntnis gehabt hatte, auf den Standpunkt gestellt hatte, dass erst die Bestrafung der Ehefrau zu anderthalb Jahren Gefängnis ihm die richtige Vorstellung von der tief greifenden Bedeutung der Taten seiner Frau für die Ehe habe erkennen lassen.[627]

II. Bestätigung

Die Bestätigung der Ehe gemäß § 1337 Abs. 2 BGB nach Entdeckung des Irrtums bzw. der Täuschung bedurfte nicht der für die Eheschließung vorgeschriebenen Form und konnte somit auch stillschweigend erfolgen[628].

Als Hauptbeispiel der stillschweigenden Bestätigung wurde in der Literatur in den ersten Jahren nach Inkrafttreten des BGB immer die „freiwillige Leistung der ehelichen Pflicht[629]", also die Vollziehung des ehelichen Beischlafes trotz Kenntnis der zur Anfechtung berechtigenden Tatsachen angesehen.

Auch das Reichsgericht erkannte die Durchführung des ehelichen Geschlechtsverkehrs in der Regel als Bestätigung der Ehe an, während nur die Fortsetzung der äußeren Lebensgemeinschaft nicht ohne weiteres als Bestätigung anzuerkennen sei. Dazu führte der 5. Senat in der Entscheidung vom 19. Januar

---

[625] Siehe dazu ausführlicher: 2.Teil, C., I., 8., a., bb., (5).

[626] IV 146/41 (DR 1942, S. 841).

[627] Zu dieser Entwicklung ausführlicher: 2.Teil, C., II., 3., b.

[628] Türcke/Niedenführ/Winter, § 1337, Amn. 2; Plank/Unzner, S. 89.

[629] So z.B. Knoblauch, S. 89; Plank/Unzner, S. 89; Altsmann, S. 459.

1921[630] aus: „Die zeitweilige Fortsetzung der äußeren Lebensgemeinschaft, zumal das Verbleiben der Frau in der ehelichen Wohnung, kann allerdings auch auf wirtschaftlichen oder konventionellen Gründen beruhen und läßt deshalb nicht stets mit Sicherheit auf einen Bestätigungswillen schließen. Eine Verkennung dieser Tatsache ist aber aus dem Urteil nicht ersichtlich. Es stellt ein durch Jahre fortgesetztes, nicht nur äußerliches, sondern in bestem Einvernehmen sich vollziehendes Zusammenleben fest, bei welchem auch die intimste und das Verhältnis speziell als ein eheliches charakterisierende Art des Verkehrs, nämlich der Geschlechtsverkehr, nicht fehlte. Dessen fortdauernde, einträchtige Ausübung muß aber in der Regel als Bekundung der Absicht, die Ehe fortzusetzen, angesehen werden.“ Als Fortsetzung der Geschlechtsgemeinschaft und damit als Bestätigung der Ehe sah das Reichsgericht am 28. Mai 1929[631] auch die Duldung „beischlafähnlicher Handlungen“ an und begründete dies vor allem mit dem sittlichen Wesen der Ehe: „Das Berufungsgericht hält es für ausgeschlossen, daß der Kläger körperlich außerstande gewesen wäre, sich den Zärtlichkeiten zu entziehen. Der Verlauf der Vorgänge lasse mit Sicherheit darauf schließen, daß der Kläger an ihnen tätig teilgenommen, mindestens aber die Handlungen der Beklagten ohne Widerstand geduldet habe. Im Hinblick auf die mehrmalige Wiederholung dieser Vorgänge bei voll aufrechterhaltener häuslicher Gemeinschaft sei das Verhalten des Klägers nicht anders zu deuten als dahin, daß er innerlich die ihm von der Beklagten mitgeteilten Tatsachen über ihren Verkehr mit anderen Männern verwunden habe, sie nicht mehr als Hindernis ehelicher Gemeinschaft empfunden habe. Durch sein Verhalten habe aber der Kläger auch den Willen zur Aufrechterhaltung der Ehe zum Ausdruck gebracht, diese also bestätigt. Denn sein Verhalten habe eine wiederholte Bestätigung der ehelichen Geschlechtsgemeinschaft bedeutet. Es habe sich nicht um einen des inneren Antriebs entbehrenden, durch den äußeren Zufall herbeigeführten, lediglich der Befriedigung eines geschlechtlichen Bedürfnisses dienenden Geschlechtsverkehr gehandelt. Vielmehr sei die geschlechtliche Annäherung der Beklagten in der ausgesprochenen Absicht erfolgt, den Kläger zur Versöhnung und zur Rücknahme der Klage zu bewegen. Wenn er nun die Zärtlichkeiten geduldet und sich auf beischlafähnliche Handlungen eingelassen habe, so müsse er sich gefallen lassen, daß dies als Kundgebung eines Entschlusses, die Ehe aufrechtzuerhalten, gedeutet werde. Es entspreche dem sittlichen Empfinden und dem Wesen der Ehe, daß bei solcher Handlungsweise ein Ehegatte sich nicht darauf berufen könne, er habe ohne das Bewußtsein und die Absicht gehandelt, sein Anfechtungsrecht aufzugeben. Deshalb könne sich der Kläger auch nicht darauf berufen, daß er den natürlichen Geschlechtsverkehr vermieden und nur beischlafähnliche Handlungen vorgenommen habe. Das sei von der

630 V 383/20 (Recht 1921, Nr. 1624).
631 VII 626/28 (HRR 1929, Nr. 1828).

Rechtsprechung bezüglich der Frage der Verzeihung anerkannt und müsse, da es sich um einen aus dem sittlichen Wesen der Ehe hergeleiteten allgemeinen Grundsatz handle, auch für die Bestätigung gelten. Denn wenn sich der Kläger mit solcher Verteidigung der Deutung seiner Handlung als Bestätigung, entziehen könnte, würden seine Handlungen die Herabwürdigung seiner Ehefrau zur Dirne bedeuten. Eine Verteidigung, die zu einem solchen Ergebnis führe, könne von der Rechtsordnung nicht anerkannt werden. (...) Wenn das Berufungsgericht in diesem Verhalten des Klägers eine Bestätigung der anfechtbaren Ehe (...) erblickt, läßt das einen Rechtsirrtum nicht erkennen."
Nicht als Bestätigung der Ehe erkannte das Reichsgericht dagegen an, daß eine Ehefrau, die vor der Heirat von ihrem Bräutigam über dessen Absicht, in welcher Konfession die zu erwartenden Kinder erzogen werden sollten, getäuscht worden war, sich aber dem Willen des Mannes gefügt hatte[632] sowie in einem Fall, in dem die anfechtungsberechtigte Ehefrau ihren ernsthaft erkrankten Ehemann im Krankenhaus besucht und ihm Trost und Mitgefühl ausgesprochen hatte[633].
Während das Reichsgericht seine Rechtsprechung zur Bestätigung der Ehe durch Vollziehung des ehelichen Geschlechtsverkehrs bis zur Einführung des EheG1938 fortsetzte[634], änderte es seine Praxis unter den § 1337 Abs. 2 BGB ersetzenden § 37 Abs. 2 und § 38 Abs. 2 EheG1938. Nunmehr maß es dem fortgesetzten ehelichen Geschlechtsverkehr nicht mehr die sittliche Bedeutung bei, um die Aufhebung der Ehe auszuschließen. Während noch in den zwanziger Jahren die Bestätigung der Ehe mit der Begründung bejaht wurde, dass Geschlechtsverkehr ohne die Absicht, das Anfechtungsrecht aufzugeben, die Ehefrau zur Dirne herabwürdigen würde, argumentierte das Reichsgericht nunmehr, dass dem aufhebungsberechtigten Gatten nicht ohne weiteres sein Aufhebungsrecht genommen werden könne. So formulierte der 4. Senat in einer Entscheidung vom 11. März 1940[635]: „Es würde auch dem Gedanken des § 38 Abs. 2 EheG, der in der gleichen Wortfassung im § 22 Abs. 2 EheG wiederkehrt und auch die Verzeihung als Ausschlußgrund eines Scheidungsrechtes eines Ehegatten beherrscht (§ 56 EheG), nicht entsprechen, wenn der getäuschte Ehegatte, der in aufrechter Gesinnung es zunächst versucht, sich mit dem schweren, ihm auferlegten Schicksal zu versöhnen, dann aber einsieht, daß ihm das nicht gelingt und die Folgerungen daraus zieht, den Nachteil erlitte, daß sein Aufhebungsrecht verlorenginge."

---

[632] Urteil vom 22. November 1919, V 246/19 (Recht 1920, Nr. 909).
[633] Urteil vom 27. Mai 1927, II 144/26 (JW 1927, S. 2572).
[634] So z.B. in Urteilen vom 24. Oktober 1927, IV 410/27 (WarnRspr 1927, Nr. 182), 26. September 1932, VIII 174/32 (WarnRspr 1932, Nr. 179), 14. November 1932, VIII 309/32 (WarnRspr 1933, Nr. 27) und 22. August 1935, IV 75/35 (WarnRspr 1935, Nr. 145).
[635] IV 36/40 (RGZ 163, 139; DR 1940, S. 910).

In der Entscheidung vom 12. November 1941[636] stellte der 4. Senat nochmals fest, dass die Fortsetzung des ehelichen Verkehrs nicht schon immer ein Ausdruck einer endgültigen Stellungnahme zur Frage der Aufrechterhaltung der Ehe sein musste. Dabei führte das Reichsgericht aber auch aus, dass ein bloß innerer, nicht auch dem anderen Eheteil erkennbarer Vorbehalt, nicht auf das Aufhebungsrecht verzichten zu wollen, nicht beachtet werde, sondern der aufhebungsberechtigte Ehegatte deutlich machen musste, dass die Fortsetzung des ehelichen Zusammenlebens und besonders des ehelichen Verkehrs zunächst nur abwartender Natur sei. Insbesondere, wenn der aufhebungsberechtigte Gatte sein ehegemäßes Verhalten während einer längeren Zeit fortsetzen würde, könne daraus, so das Reichsgericht in einer Entscheidung vom 9. September 1944[637], durchaus ein Wandel der Einstellung im Sinne der Aufgabe der ursprünglichen Einschränkung und Vorbehalte geschlossen werden.
Insgesamt schränkte das Reichsgericht die Aufhebbarkeit trotz fortgesetzten ehelichen Verkehrs zwar auf die Fälle ein, in denen der aufhebungsberechtigte Gatte die Ehe nur unter erkennbarem Vorbehalt fortsetzte, die Urteile aus den Jahren ab 1940[638] zeigen aber, dass dem ehelichen Geschlechtsverkehr nicht mehr die Bedeutung für eine Aufrechterhaltung einer aufhebbaren Ehe zugesprochen wurde, wie dies noch unter Geltung des § 1337 Abs. 2 BGB der Fall war. Das ist sicherlich auf die veränderten allgemeinen Moralvorstellungen und insbesondere die veränderten Vorstellung vom Wesen der Ehe im nationalsozialistischen Staat zurückzuführen[639] und trug auch den allgemeinen Lebensbedingungen insbesondere in den vierziger Jahren mit der in Deutschland herrschenden Kriegssituation Rechnung. So führte das Reichsgericht in einem Beschluss vom 24. Juni 1944[640] zu dem, mit § 37 Abs. 2 und § 38 Abs.2 EheG1938 vergleichbaren, § 56 EheG1938, der die Verzeihung für in der Ehe begangene Verfehlungen regelte, aus: „Entscheidend ist vielmehr allein, ob aus den Äußerungen des verletzten Ehegatten – im vorliegenden Falle aus dem einmaligen Geschlechtsverkehr in der Nacht nach der Kenntnis von der Verfehlung – zu folgern ist, daß er über die ihm widerfahrende Unbill hat hinwegsehen wollen. Das kann hier nicht angenommen werden. Daß sich der Kläger sofort nach der ihn erschütternden und bedrückenden Eröffnung über die Tragweite der Verfehlung und ihre Auswirkungen für die Ehe und sein eigenes Leben klar geworden wäre, kann bei dem für ein oder zwei Tage aus seinem derzeitigen militärischen

[636] IV 146/41 (DR 1942, S. 841).
[637] IV 199/44 (DR 1944, S. 840).
[638] Neben den vorgenannten Urteilen vom 11. März 1940 und 12. November 1941 auch die Entscheidung vom 7. November 1940, IV 134/40 (RGZ 165, 121); in diesem Sinne auch das Urteil vom 29. Mai 1940, IV 662/39 (RGZ 164, 373): keine Bestätigung durch tägliches Küssen des Ehegatten nach der Entdeckung des Irrtums.
[639] Siehe dazu: 1. Teil, C.
[640] GSE IV 14/44 (DR 1944, S. 665).

Lebenskreise herausgetretenen Mann schwerlich angenommen werden. Die gegenteilige Auffassung entspricht nicht der allgemeinen Lebenserfahrung. Sie erscheint auch um so bedenklicher, als sie im Ergebnis darauf hinausläuft, daß die weichere, friedlichere und weniger entschlußkräftige Natur gegenüber einer robusteren, die sofort die naheliegenden Folgerungen aus dem Vorgefallenen gezogen hätte, schwer benachteiligt wäre."

F. §§ 1329, 1343 BGB – Wirkung der Nichtigkeit

Bezüglich der rechtlichen Würdigung der durch Urteil für nichtig erklärten Ehe bestand Einigkeit, dass die für nichtig erklärte Ehe rechtlich niemals eine gültige Ehe war, dass sie auch in der Vergangenheit vielmehr als ungültig anzusehen war[641]. Bis zur Nichtigerklärung aber war diese nichtige Ehe als gültig anzusehen[642].

Uneins war sich die Literatur darüber, ob das die Nichtigkeit aussprechende Urteil lediglich deklaratorische Bedeutung hatte und die Ehe von Anfang an nichtig war. Die schon vorher bestandene Nichtigkeit sollte jedoch aufgrund der besonderen Bedeutung der Ehe bis zur Nichtigkeitserklärung nicht geltend gemacht werden können[643].

Die andere Ansicht maß dem Urteil eine gestaltende, konstitutive Bedeutung bei[644]. Durch das Urteil selbst würde eine unmittelbare Veränderung des Rechtzustandes bewirkt, da bis zum Urteil die Ehe als gültig anzusehen sei und nach dem Urteil mit rückwirkender Kraft vernichtet werde.

Dieser Streit war jedoch von geringer Bedeutung, da alle Rechtsfolgen gesetzlich geregelt waren[645]. Das Reichsgericht selbst maß dem die Nichtigkeit aussprechenden Urteil nur deklaratorische Bedeutung bei[646]. So formulierte es in der Entscheidung vom 2. Juli 1903: „Nirgends ist auch nur angedeutet, dass in den Fällen der Nichtigkeit und Anfechtbarkeit der Ehe bezüglich der materiellrechtlichen Wirkungen andre als die allgemeinen Grundsätze des Gesetzes gelten sollen. In Gegenteil wird in den Motiven an verschiedenen Stellen hervorgehoben, dass auch die anfechtbare Ehe infolge der Anfechtung rückwärts hin

---

641 Endemann, Familienrecht, S. 170; Sauer, S. 172; Plank/Unzner, S. 57; auch schon Motive IV, S. 56.

642 Motive IV, S. 56; Protokolle II, Bd. 4, S. 56; Schmidt, S. 90; Opet/v. Blume, 58.

643 Eck/Leonard, S. 381; Schmidt, S. 90; Sauer, S. 172.

644 Dernburg, S. 66; Endemann, Familienrecht, S. 170; Mitteis, S. 188.

645 So auch Plank/Unzner S. 58.

646 So z.B. in den Urteilen vom 2. Juli 1903, IV 85/03 (SeuffA 59, S. 159; JW 1903, Beil., S. 111) und vom 25. April 1913, III 516/12 (JW 1913, S. 739).

mit dinglicher Wirkung vernichtet werde und dass das ergehende Nichtigkeitsurteil nur deklaratorische Bedeutung habe."

Das Reichsgericht hatte sich jedoch in einer Reihe von Entscheidungen mit der Frage auseinanderzusetzen, ob trotz der rechtlichen Wirkung, dass eine Ehe niemals bestanden hatte, den tatsächlichen Gegebenheiten, dass faktisch eine Ehe bestanden hatte, Rechnung zu tragen war. Diese Entscheidungen betrafen stets Klagen von Witwen aus früheren Ehen auf Nachzahlung ihrer Witwengelder für die Zeit der nichtigen bzw. angefochtenen Zweitehe.

Nach den Vorschriften über den Bezug von Witwengeldern, § 18 Nr. 1 Preußisches Gesetz, betr. die Fürsorge für die Witwen und Waisen der unmittelbaren Staatsbeamten vom 20. Mai 1882 und § 30 Militärhinterbliebenengesetz (MHG) vom 17. Mai 1907 erlosch das Recht der Witwen auf Bezug von Witwengeldern mit der Wiederverheiratung. Nach ihrer erneuten Heirat hatten die Witwen somit keine Witwengelder mehr bezogen. Nach der erfolgreichen Anfechtungsklage bzw. der Nichtigerklärung der späteren Ehe forderten nun die Witwen Nachzahlungen ihrer Witwenpensionen, da ihre spätere Ehe von Anfang an ungültig gewesen sei und sie somit Anspruch auf ihr Witwengeld gehabt hätten.

In konsequenter Anwendung seiner Ansicht, dass die Ehe so zu behandeln sei, als ob sie nie geschlossen worden wäre, bejahte das Reichsgericht in Entscheidungen vom 25. April 1913[647] und 20. Juni 1916[648] zunächst die Ansprüche der Witwen auf Nachzahlung: „Die in der Gewährung von Witwenpension liegende Fürsorge entfällt mit der Wiederverheiratung der Witwe, weil diese dadurch in ein Lebensverhältnis eintritt, kraft dessen der Ehemann die Fürsorge für sie zu übernehmen verpflichtet ist. Eine solche Verpflichtung besteht für den Ehemann aber nur im Falle der Eingehung einer vollwirksamen Ehe. Ist dagegen die Ehe anfechtbar und angefochten, mithin nichtig, und ist diese Nichtigkeit durch Urteil ausgesprochen, so äußert die Eheschließung von Anfang an keine rechtlichen Wirkungen und ist deshalb so zu behandeln, als ob sie überhaupt nicht erfolgt wäre.(...) Das die Nichtigkeit der Ehe aussprechende Urteil hat nicht die Bedeutung, daß es nur den Fortbestand der Ehe beseitigt, sondern die (deklaratorische) Bedeutung, daß es das Nichtbestehen und Nichtentstandensein einer Ehe feststellt. Ebenso wie nach § 142 Abs. 1 BGB das anfechtbare Rechtsgeschäft, sobald es angefochten wird, als von Anfang an nichtig anzusehen, ist auch der Eheschließungsvertrag, gegen den sich in den Fällen der §§ 1331 bis 1335 die wegen Willensmangels bei Schließung dieses Vertrages zulässige Anfechtung richtet, als von Anfang an nichtig anzusehen. Die Sachlage ist also so, als habe eine Eheschließung gar nicht stattgefunden. Wo das Gesetz von Wiederverheiratung spricht, kann es aber, wenn nicht besondere Gründe darauf hinweisen, daß lediglich der Akt der Eheschließung ohne Rücksicht auf seine

---

[647] III 516/12 (JW 1913, S. 739).

[648] III 88/16 (RGZ 88, 326).

Gültigkeit entscheiden solle, darunter nur eine gültige Eheschließung verstehen.[649]"

Diese Rechtsprechung galt bis 1936. Dann jedoch versagte der 3. Senat des Reichsgerichts in einem Urteil vom 22. Mai 1936[650] einer Försterwitwe die Nachzahlung ihrer Rente für die Zeit ihrer inzwischen angefochtenen Ehe. Diese Abkehr von seiner bisherigen Position begründete das Gericht damit, dass die früheren Urteile zwar „denklogisch" korrekt wären, jedoch an der Wirklichkeit vorbeigegangen seien und zudem den Grundsätzen der Witwenversorgung widersprächen: „Keinesfalls kann nach heutiger Rechtsauffassung ein Anspruch der Beamtenwitwe darauf anerkannt werden, nach Nichtigerklärung ihrer neuen Ehe für die rückwärts liegende Zeit seit deren Eingehung das Witwengeld nachgezahlt zu erhalten. Wenn noch im Urteil vom 20. Juni 1916 (RGZ Bd. 88 S. 326) ein solcher Anspruch bejaht worden ist, so beruhte diese Entscheidung auf rein denkmäßiger (formallogischer) Anwendung des § 1343 Abs. 1 S. 1 BGB und der dort angeordneten gesetzlichen Unterstellung (Fiktion), daß die mit Erfolg angefochtene Ehe als von Anfang an nichtig angesehen werden soll. Der Gesetzgeber bedient sich des Hilfsmittels der Unterstellung (Fiktion), um die für einen bestimmten Tatbestand bereits getroffene Regelung auf andere Tatsachen zu übertragen. Er kann und will dabei aber nicht die Wirklichkeit umgestalten und vollzogene Tatsachen ungeschehen machen. Zudem zeitigt eine vorbehaltlose Anwendung des Grundsatzes des § 1343 Abs. 1 S. 1 auf dem Gebiet der Witwenversorgung Folgerungen, die mit den Grundgedanken dieser Rechtseinrichtung nicht verträglich sind. Die Witwenversorgung soll dazu dienen, den laufenden Unterhalt der Beamtenwitwe sicherzustellen. Das entspricht ebensosehr der Fürsorgepflicht des Staates für den Beamten, dem er, wie schon gesagt, nicht die Mittel zur eigenen Fürsorge für seine Hinterbliebenen gewährt, wie auch seinem eigenen Ansehen, das notwendig leiden muß, wenn er die Hinterbliebenen seiner Beamten nicht zu einer einigermaßen auskömmlichen Lebensführung in den Stand setzt. Einer wiederverheirateten Beamtenwitwe aber, deren neue Ehe nach mehr oder weniger langer Dauer für nichtig erklärt ist, lediglich dem ganz allgemein gefaßten Gesetzesausspruch des § 1343 Abs. 1 S. 1 und einer daraus denkmäßig gezogenen Folgerung zuliebe das Witwengeld für die ganze Zeit ihrer zweiten Ehe nachzuzahlen, wird dem Sinn und Zweck der Witwenversorgung in keiner Weise gerecht. Durch die Wiederverheiratung hat die Witwe zunächst tatsächlich das Band gelöst, mit dem sie über den Tod ihres Mannes hinaus mit dem Staat verbunden war. Sie hat ihre Stellung als Beamtenwitwe tatsächlich aufgegeben. Sie hat, solange die neue Ehe bestand, in dem zweiten Ehemann einen Versorger gehabt, der gesetzlich verpflichtet war, ihr grundsätzlich den vollen Unterhalt zu gewähren. Sie hat in dieser Zeit auch,

---

[649] So das Reichsgericht in der Entscheidung vom 25. April 1913.
[650] III 237/35 (RGZ 151, 187).

soweit das eben den Verhältnissen der neuen Ehe entsprach, tatsächlich ihren Unterhalt gefunden. Es ist kein sinnvoller Grund ersichtlich, warum der Staat ihr für diese Zeit nachträglich noch einmal Unterhalt gewähren sollte."
Diese Rechtsprechung bestätigte der 3. Senat in einer Entscheidung vom 26. November 1937[651].

[651] III 96/37 (RGZ 156, 340).

3. Teil: Ergebnis und weitere Entwicklung

A. Ergebnis

Mit dem Inkrafttreten des BGB am 1. Januar 1900 existierte erstmals eine einheitliche Regelung für das Eheschließungsrecht im Deutschen Reich.
Die im Vorfeld sehr umstrittenen Regelungen über die Nichtigkeit und Anfechtbarkeit der Ehe spielten im Vergleich zum verschuldensabhängigen Ehescheidungsrecht zahlenmäßig nur eine untergeordnete Rolle. Auf einhundert geschiedenen Ehen kamen im untersuchten Zeitraum nur zwischen 1,2 und 2,1 nichtig erklärte bzw. ab 1938 wirksam aufgehobene Ehen. Allerdings stieg die absolute Zahl der auf dem Gebiet des Deutschen Reiches für nichtig erklärten bzw. aufgehobenen Ehen von 147 im Jahr 1900 auf das mehr als zehnfache von 1592 im Jahre 1939. Diese im Verhältnis zur Entwicklung der Scheidungszahlen (von 9152 Scheidungen im Jahr 1900 zu 71950 im Jahr 1939) vergleichbare Entwicklung zeigt, dass es in dem Zeitraum zu umfassenden gesellschaftlichen Wandlungen hin zu einer leichteren Trennbarkeit von Ehen kam. Obwohl die Trennung einer Ehe, sei es durch Scheidung oder Nichtigkeit bzw. Aufhebung noch immer die Ausnahme war und gesellschaftlich vielfach nicht akzeptiert wurde, ist die Tendenz eindeutig. Die Zahl der Ehetrennungen stieg beständig an, besonders stark nach dem ersten Weltkrieg und nach Einführung des EheG1938.

Die Ehenichtigkeitsgründe, sowohl des BGB wie auch des EheG1938, spielten in der Rechtsprechung des Reichsgerichts im Vergleich zu den Anfechtungsgründen eine sehr untergeordnete Rolle. Dies ist damit zu erklären, dass zum einen Fälle von Bigamie oder Verwandtenehe seltener waren als ehewesentliche Irrtümer über Eigenschaften des anderen Ehegatten und zum anderen, dass diese Vorschriften weniger auslegungsbedürftig waren als diejenigen über die Anfechtungsgründe der Ehe.
Bezüglich der Ehenichtigkeit wegen Geschäftunfähigkeit (§1325 BGB) ist erwähnenswert, dass das Reichsgericht klarstellte, dass auch bei nur vorübergehender Störung der Geistestätigkeit das Erfordernis des Ausschlusses der freien Willensbetätigung vorliegen musste; nach dem genauen Wortlaut der Norm war der Ausschluss der freien Willensbildung nur bei dauerhaften Störungen Voraussetzung für die Nichtigkeit der Ehe.
Die Rechtsprechung des Reichgerichts zu dem erst 1933 eingeführten Nichtigkeitsgrund der Namensehe (§ 1325a BGB) gelangte zunächst zu einer engen Auslegung dieser Vorschrift und verlangte die übereinstimmende Absicht bei-

der Eheschließenden, die eheliche Gemeinschaft niemals zu begründen. Ab 1938 erweiterte das oberste deutsche Gericht die Anwendbarkeit dieser Norm in analoger Weise auf Ehen, die vorwiegend zum Zweck der Erlangung der deutschen Staatsangehörigkeit der Frau geschlossen worden waren. Diese Ausweitung entsprach dem in nationalsozialistischen Staat vorherrschenden Rassengedanken und wurde auch unter Geltung des EheG1938 in § 23 gesetzlich normiert.

Im Mittelpunkt der Rechtsprechung zur Anfechtbarkeit der Ehe stand der bei Einführung stark umstrittene § 1333 2. Alt. BGB, die Anfechtbarkeit der Ehe bei Irrtum über persönliche Eigenschaften des anderen Gatten. Dieser Anfechtungsgrund beinhaltet den Hauptteil dieser Untersuchung und war in über 90 Prozent der untersuchten reichsgerichtlichen Urteile Anspruchsgrundlage des klagenden Ehegatten.
Bei § 1333 BGB war der Begriff der persönlichen Eigenschaft nicht gesetzlich definiert und bedurfte daher der richterlichen Auslegung. Entsprechend dem gesetzgeberischen Willen, die Anwendbarkeit der Irrtumsanfechtung möglichst weitgehend zu beschränken, fand das Reichsgericht zunächst eine enge Begriffsbestimmung, es definierte die „Eigenschaft" in der Entscheidung vom 6. Oktober 1902[652] als „jede Art der Beschaffenheit, welche einem Wesen (Person oder Ding) als Merkmal anhaftet" und die „persönlich" war, wenn sie einer Person „nicht bloß als ein außer ihr Liegendes, mehr oder weniger Vorübergehendes und Zufälliges, sondern dergestalt wesentlich zukommt, daß sie als Ausfluß und Bestätigung ihres eigentlichen Wesens, als integrierter Bestandteil ihrer Individualität erscheint." Damit waren die in Frage kommenden Irrtümer zunächst auf Fehlvorstellungen über dauerhafte körperliche, geistige und seelische Merkmale beschränkt und boten so eine Abgrenzung zu den nicht zur Anfechtung der Ehe wegen Irrtums berechtigenden Irrtümern über die „persönliche Verhältnisse".
1922[653] erweiterte das Reichsgericht seine Begriffsbestimmung um „persönliche Verhältnisse, (...) die in der Persönlichkeit wurzeln, ihren Ausfluß bilden und so eng mit ihr verknüpft sind, daß sie nach allgemeiner Lebensanschauung persönlichen Eigenschaften gleicherachtet und gleichbehandelt werden." Entscheidend sollte dabei die „natürliche Lebensauffassung" sein. Zur Begründung der Begriffserweiterung wies das Gericht darauf hin, dass eine Auflösung von dauerhaft unglücklichen Ehen durchaus im Interesse des Staates sei. Dies zeigt die veränderte gesellschaftliche Einstellung zur Trennung von Ehen und wird durch die stark steigenden Zahlen von Lösungen der Ehe (sowohl Scheidungen als auch Nichtigerklärungen) seit Ende des ersten Weltkrieges bestätigt.

[652] IV 206/02 (RGZ 52, 306).
[653] Entscheidung vom 12. Mai 1922, VII 479/21 (RGZ 104, 335).

Die seit 1922 geltende Begriffsbestimmung der persönlichen Eigenschaft ließ nach der nationalsozialistischen Machtübernahme im Jahr 1933 eine Erweiterung der Anfechtungsgründe auf rassische oder eugenische Gesichtspunkte zu, ohne dass es dazu einer Änderung der Begriffsbestimmung bedurfte. Insbesondere unter dem Hinweis auf die „natürliche Lebensauffassung“ wurden nunmehr solche Merkmale wie Rassenzugehörigkeit oder ererbte Anlagen zu Geisteskrankheiten unter § 1333 BGB subsumiert, die vor 1933 nicht als persönliche Eigenschaft in Betracht kamen. Insbesondere die ab 1934 anerkannte Möglichkeit der Trennung politisch unerwünschter arisch-jüdischer Mischehen durch die Berufung auf einen Irrtum über Auswirkung und Tragweite des Rassenunterschieds, führte zu einem weiteren Anstieg der für nichtig erklärten Ehen.
Diese Entwicklung setze § 37 EheG1938 fort. Statt der persönlichen Eigenschaft, die zur ex-tunc wirkenden Anfechtung der Ehe führte, reichten nunmehr lediglich „die Person des anderen Ehegatten betreffenden Umstände“ aus, um bei Irrtum die Ehe durch Aufhebung mit ex-nunc-Wirkung zu beenden. Als diese „Umstände“ reichten damit auch Vorgänge, Verhältnisse, Werturteile oder ähnliches aus, soweit sie die Person des anderen Gatten betrafen. Damit sollte der Anwendungsbereich des bisherigen § 1333 BGB erweitert und einer zu engen Auslegung der Norm vorgebeugt werden. Insbesondere die Ersetzung der „verständigen“ durch die „richtige Würdigung vom Wesen der Ehe“ stellte sicher, dass die Aufhebung von politisch unerwünschten, weil entgegen der nationalsozialistischen Rassen- oder Erbgesundheitsideologie geschlossenen Ehen durch das neue Eherecht nicht behindert wurde. Die NS-Ideologie hatte sich damit vollends durchgesetzt.
Bezüglich der einzelnen körperlichen, geistigen oder moralischen Eigenschaften, über welche ein Irrtum zur Anfechtung bzw. Aufhebung der Ehe führen sollte, hatte das Reichsgericht im zu untersuchenden Zeitraum trotz der eher geringen praktischen Bedeutung der Anfechtbarkeit der Ehe (bis 1906 gab es reichsweit pro Jahr unter 200 nichtig erklärte Ehen) eine Vielzahl von Revisionsentscheidungen zu treffen. Dies zeigt, wie schwer die Subsumtion der einzelnen Krankheitszustände oder der moralischen Verfehlungen unter die jeweilige Begriffsbestimmung für die unteren Gerichte war.
Unzweifelhaft war nach dem jeweiligen Wortlaut der Norm, dass ein Irrtum über eine eigene persönliche Eigenschaft nicht zur Anfechtung berechtigte, ein Irrtum über persönliche Eigenschaften von Familienangehörigen des Gatten berechtigte unter Geltung des § 1333 BGB ebenfalls nicht zur Anfechtung. Dies änderte sich unter Geltung von § 37 EheG1938, nunmehr sah das Reichsgericht z.B. gerichtliche Bestrafungen von Familienangehörigen als Umstände an, die sich auf die Person des Ehegatten erstrecken würden und bei deren Nichtkenntnis der irrende Ehegatte bei konsequent weiter Auslegung des Begriffs der die Person des anderen Ehegatten betreffenden Umstände die Aufhebung der Ehe verlangen konnte.

Das Lebensalter des Ehegatten, schon in den Materialien zum BGB als Beispiel für eine Irrtumsanfechtbarkeit genannt, wurde vom Reichsgericht stets als persönliche Eigenschaft anerkannt, fraglich war nur, ob der irrenden Gatte bei Kenntnis des wirklichen Alters „bei verständiger Würdigung des Wesens der Ehe“ diese Verbindung nicht eingegangen wäre.
Eine wichtige Rolle in der Rechtsprechung zum § 1333 BGB spielten Krankheiten. Um Missverständnisse zu vermeiden und keine Krankheit grundsätzlich auszuschließen, hatte der Gesetzgeber darauf verzichtet, die wichtigsten zur Anfechtung berechtigenden Krankheiten in das Gesetz aufzunehmen.
Bei den körperlichen Krankheiten galt zunächst nur dann ein bei Eheschließung vorhandenes Leiden als persönliche Eigenschaft, wenn es sich um eine dauerhafte bzw. unheilbare Erkrankung handelte. In den zwanziger Jahren erweiterte das oberste deutsche Gericht die Reihen der zu Anfechtung berechtigenden Krankheiten um solche, die zwar nicht unheilbar und zum Zeitpunkt der Eheschließung auch schon abgeklungen waren, die aber als eindeutige Folge der Erkrankung zu dauerhaften Folgeerscheinungen geführt hatten. Nach der nationalsozialistischen Machtübernahme legte das Reichsgericht in solchen Fällen verstärktes Augenmerk auf die Gefährdung des Nachwuchses. War mit größter Wahrscheinlichkeit eine Schädigung der nachfolgenden Generation als Folge der früheren Erkrankung zu erwarten, galt die Krankheit als persönliche Eigenschaft. Diese zukünftige Gefährdung des Nachwuchses musste jedoch konkret feststellbar sein, eine lediglich abstrakte Gefährdung berechtigte nicht zur erfolgreichen Anfechtung der Ehe. Diese Rechtsprechung änderte sich auch unter Geltung des EheG1938 nicht.
Als zur Anfechtung bzw. Aufhebung berechtigenden Krankheiten führte das Reichsgericht insbesondere die Tuberkulose, sofern sie unheilbar war bzw. nach 1933, wenn mit größter Sicherheit von der Erzeugung von gesunden Nachkommen nicht ausgegangen werden konnte, die multiple Sklerose und die Parkinsonsche Krankheit an.
Daneben gab es wohl auch wegen des sittlichen Makels der Ansteckung eine beträchtliche Anzahl von Anfechtungsprozessen aufgrund von Geschlechtskrankheiten, insbesondere wegen Syphilis. Während die Rechtsprechung diese Krankheit zu Beginn des zwanzigsten Jahrhunderts wegen ihrer Unheilbarkeit und Gefährlichkeit stets als persönliche Eigenschaft anerkannt hatte, sah die medizinische wie juristische Literatur die Syphilis als heilbare Krankheit an. Bei einer vor Eheschließung ausgeheilten Syphilis war nach Ansicht des Reichsgerichts dann eine persönliche Eigenschaft gegeben, wenn die Krankheit noch in Form von typischen unheilbaren Folgeerscheinungen den körperlichen Zustand der betreffenden Person zum Zeitpunkt der Eheschließung beeinflusst hatte. Dieses Kriterium blieb auch unter Geltung des § 37 EheG1938 bestehen.
Wie bei den körperlichen Erkrankungen erkannte das Reichsgericht auch bei Geisteskrankheiten zunächst nur vor der Eheschließung ausgebrochene dauer-

hafte bzw. unheilbare Krankheiten von einer gewissen Schwere als persönliche Eigenschaften an. Während es das Gericht anfangs ablehnte, eine bei Eheschließung vorhandene „Anlage zur Erkrankung", die erst nach der Heirat zum Ausbruch kam, als persönliche Eigenschaft i.S.d. § 1333 BGB anzuerkennen, stellte es 1909 erstmals fest, dass die Anfechtung wegen einer Veranlagung zu einer geistigen Erkrankung nicht generell ausgeschlossen sei und dass die Anlage dann einer vorhandenen Geisteskrankheit gleichgestellt werden könne, falls die Anlage nach der gewöhnlichen Entwicklung der Dinge zur Krankheit führen musste. Dieses Ergebnis wollte das Reichsgericht jedoch nicht als Grundsatz auffassen, vielmehr ließ es sich die Möglichkeit von Ausnahmen des Grundsatzes, dass eine Veranlagung keine persönliche Eigenschaft darstellte, für besonders schwerwiegende Fälle offen.
Anfang der zwanziger Jahre setzte sich das Reichsgericht zunehmend mit der Frage auseinander, ob und wie die Anlage zu einer Geisteskrankheit mit dem Wesen der Ehe vereinbar war. Wenn eine Anlage notwendig zum Ausbruch führen musste, stellte sie nunmehr immer eine persönliche Eigenschaft dar, ob diese aber mit dem Wesen der Ehe vereinbar war, war je nach Einzelfall nach Art und Schwere der späteren Erkrankung zu entscheiden. Insbesondere der 5. Zivilsenat stellte in der Folgezeit wesentlich geringere Anforderungen an die Beschaffenheit der Anlage als frühere Urteile anderer Senate. So bejahte es die Anfechtbarkeit der Ehe bei einer starken Anfälligkeit für ein nervöses Leiden, das sich nicht als unheilbar, sondern nur möglicherweise ohne Aussicht auf völlige Heilung darstellte. Auch sah es der 5. Senat nicht mehr als notwendige Voraussetzung an, dass die Anlage mit Sicherheit zum späteren Krankheitsausbruch führen würde. Vielmehr genügte der begründete Anhalt, dass sich die Veranlagung voraussichtlich zu einer Erkrankung entwickeln könnte. Die anderen Senate des Reichsgerichts schlossen sich dieser anfechtungsfreundlichen Auffassung des 5. Senats jedoch nicht an. So stellten der 4., 7. und 8. Senat in einer Reihe von Entscheidungen Ende der zwanziger Jahre fest, dass es für die Anfechtbarkeit der Ehe sehr wohl darauf ankommen würde, ob der Ehegatte schon zur Zeit der Eheschließung mit der Anlage behaftet war, die nach der gewöhnlichen Entwicklung zur Geisteskrankheit führen musste. Die Anfechtbarkeit wurde aber ausgeschlossen, wenn die Anlage nur durch Hinzutritt misslicher oder widriger Verhältnisse zur Erkrankung geführt hatte. Falls die Krankheit im Verlaufe der Ehe ausgebrochen war, hatte aber der beklagte Gatte zu beweisen, dass die Anlage nicht nach gewöhnlichem Verlauf zum Ausbruch geführt hatte, sondern dass widrige oder missliche Umstände vorgelegen hatten. Obwohl diese Rechtsprechung nicht so weit ging, wie die des 5. Senats, brachte auch sie eine deutliche Erleichterung für den Anfechtungskläger, da, sofern die Krankheit mittlerweile ausgebrochen war, der kausale Zusammenhang zwischen vorhandener Anlage und späterem Ausbruch der Krankheit vermutet wurde.

In der nationalsozialistischen Zeit kam es zu weiteren einschneidenden Erleichterungen der Trennbarkeit von Ehen, bei denen ein Partner eine Veranlagung zu einer Geisteskrankheit bei Eheschließung in sich trug. Dem nationalsozialistischen Eheverständnis, das besonderen Wert auf die „Erbgesundheit" legte, entsprechend forderten weite Teile der Literatur schon ab 1933 eine schnellere und leichtere Trennbarkeit, wenn die vorhandene Veranlagung auf die nachfolgenden Generationen übertragen werden konnte. Ab 1934 unterschied auch das Reichsgericht die Krankheitsanlagen in vererbbare, sogenannte „Erbkrankheiten" und nicht vererbbare. Bei den nicht vererbbaren Krankheitsanlagen wurde aber weiterhin der kausale Zusammenhang zwischen Anlage und späterem Ausbruch verlangt.
Bei einer festgestellten vererbbaren Veranlagung war es nunmehr unerheblich, ob die Krankheit nur durch widrige Umstände ausgebrochen war oder ob sie überhaupt jemals ausbrechen würde. Allein die Tatsache, dass sich die Krankheitsanlage weitervererben würde, war als Anfechtungsgrund ausreichend. Trotz dieser deutlichen Erleichterung der Eheanfechtung wegen Irrtums über eine Krankheitsanlage stellte das Reichsgericht jedoch weiterhin hohe Anforderungen an den Nachweis, dass der betroffene Ehegatte tatsächlich Träger einer vererbbaren Krankheitsanlage war. So genügte dem Gericht z.B. die Anordnung der Unfruchtbarmachung durch das Erbgesundheitsgericht nicht als Nachweis einer Erbkrankheit. Erst 1936 erleichterte das Reichsgericht die Anforderungen an den Nachweis der vererbbaren Anlage für den Fall, dass die Krankheit bei der betreffenden Person inzwischen ausgebrochen war. Durch den Ausbruch der Krankheit und der Feststellung, dass es sich um eine Erbkrankheit handelte, sollte ohne weiteres der Schluss gezogen werden können, dass der betroffene Gatte bei der Eheschließung schon mit der vererbbaren Anlage behaftet war. War die Krankheit jedoch noch nicht ausgebrochen, musste der anfechtenden Gatte darlegen, dass nach den Erfahrungen der ärztlichen Wissenschaft mit größter Wahrscheinlichkeit anzunehmen war, dass der andere Gatte Anlageträger war und dessen Nachkommen dadurch in erheblich höherem Maße der Gefahr einer geistigen Erkrankung ausgesetzt war als die Durchschnittsbevölkerung. Damit reichte, anders als bei der Rassenmischehe, bei der auch die Unkenntnis des „rassischen Ursprungs" zur Anfechtung berechtigte, der bloße Verdacht des Vorhandenseins einer vererbbaren Krankheitsanlage nicht zur Anfechtung der Ehe aus. Die Einführung des EheG1938 führte auf diesem Gebiet nicht zu weiteren Veränderungen der Rechtsprechung.
Als zur Anfechtung berechtigende Geisteskrankheiten wurden vom Reichsgericht insbesondere die schwere Hysterie, Neurasthenie, chorea minor oder schwere Fälle der Epilepsie genannt. Als weitere Geisteskrankheit rückte die Schizophrenie, die vor 1933 in der reichsgerichtlichen Praxis kaum eine Rolle gespielt hatte, nach der nationalsozialistischen Machtübernahme in den Mittelpunkt der Diskussion um die Eheanfechtung wegen geistiger Krankheiten. Ge-

mäß § 1 Abs. 1 Nr. 2 des Gesetzes zur Verhütung erbkranken Nachwuchses galt diese Krankheit als Erbkrankheit. Das Reichsgericht erkannte sowohl die Krankheit als auch die bei Eheschließung vorhandene Anlage dazu zwar als Anfechtungsgrund an, stellte aber gerade an den Nachweis des Vorhandenseins der Anlage bei Eheschluss sehr strenge Anforderungen, die zum Teil stark von der herrschenden Literaturmeinung kritisiert wurde.
Die allgemeine Geistesschwäche oder Schwachsinn wurde vom Reichsgericht anfänglich nur in besonders schweren Fällen als Anfechtungsgrund anerkannt. Nach 1933 änderte das Gericht seine Rechtsprechungspraxis dahingehend, dass die Anfechtung der Ehe wegen Schwachsinns grundsätzlich bejaht wurde, aber nicht jede beliebige Form zur Anfechtung berechtigte. Unter Geltung des EheG1938 konnte auch ein Schwachsinn der leichtesten Art, sofern er eine erbliche Belastung darstellte, Grund zur Anfechtung der Ehe sein. Nicht als Anfechtungsgrund galten schwere Melancholie sowie Charakteranomalien, die sich in Reizbarkeit, Eigensinn, Rechthaberei oder ähnlichem äußerten.
Die Unfähigkeit, den ehelichen Beischlaf zu vollziehen, war nicht nur vor Einführung des BGB in großen Teilen Deutschlands schon ein Grund zur Auflösung der Ehe, es stellte auch unter Geltung des § 1333 BGB bzw. § 39 Abs. 1 EheG1938 im gesamten zu untersuchenden Zeitraum unbestritten eine persönliche Eigenschaft dar. Allerdings musste sich der Zustand des betroffenen Gatten, gleichgültig ob Mann oder Frau, als dauerhaftes oder unheilbares Gebrechen charakterisieren. Nicht zur Anfechtung ausreichend war daher ein Zustand zum Zeitpunkt der Eheschließung, bei welchem der körperliche Mangel ohne größere Gefahr durch einen ärztlichen Eingriff hätte behoben werden können. Neben der Beischlafunfähigkeit aus rein körperlichen Gründen erkannte das Reichsgericht auch die auf rein psychischen Gründen beruhende Unfähigkeit zur Durchführung des ehelichen Geschlechtsverkehrs als Anfechtungs- bzw. Aufhebungsgrund an. Dies zeigt, welchen Stellenwert der Vollziehung des ehelichen Beischlafes beigemessen wurde. Der körperlichen Beischlafunfähigkeit wurden Fälle von sexueller Empfindungslosigkeit oder krankhafter Angst vor dem Geschlechtsverkehr gleichgestellt. Das Gericht erkannte ebenfalls die relative Beischlafunfähigkeit als Anfechtungsgrund an, bei der die Unfähigkeit zum Geschlechtsverkehr nur gegenüber dem Ehegatten bestand, da der betroffene Ehegatte gerade für die von ihm geschlossene Ehe tauglich sein sollte. Nicht zur Anfechtung der Ehe berechtigten Fälle, in denen die Gatten schon in sehr fortgeschrittenem Alter bei ihrer Heirat standen und der ehelicher Geschlechtsverkehr nach Ansicht des Gerichts daher eine sehr untergeordnete Rolle spielte, sowie wenn der ärztliche Gutachter lediglich „reine Ungeschicklichkeit“ als Ursache des noch nicht vollzogenen Beischlafes festgestellt hatte.
Die Rechtsprechung zur Irrtumsanfechtung der Ehe wegen fehlender Zeugungs- bzw. Gebärfähigkeit veranschaulicht sehr deutlich die sich von der Kaiserzeit über die Weimarer Republik bis hin zum Dritten Reich veränderten Anschauun-

gen über das Wesen der Ehe. Im Mittelpunkt der Rechtsprechung zur Anfechtung bzw. Aufhebung der Ehe wegen mangelnder Zeugungs- bzw. Gebärfähigkeit bei uneingeschränkter Beischlaffähigkeit stand die umstrittene Frage, ob die Fortpflanzung oberster Zweck der Ehe war. Das BGB enthielt, anders als z.B. das ALR, keine dahingehende Bestimmung. Das Reichsgericht sah daher in der Kaiserzeit die Fortpflanzung nicht als obersten Zweck der Ehe an und erkannte diesen Grund nicht als persönliche Eigenschaft an, die den anderen Gatten ohne weiteres von der Eingehung der Ehe bei Kenntnis der Sachlage abgehalten haben würde. Erst in einer Entscheidung aus den letzten Tagen des ersten Weltkrieges erkannte das Gericht die grundsätzliche Anfechtungsmöglichkeit der Ehe bei fehlender Zeugungs- bzw. Gebärfähigkeit an, da die Kindererzeugung nunmehr als vornehmliche Zweck der Ehe anzusehen sei. Diese neue Auffassung wurde mit der zunehmenden Bedeutung der Bevölkerungspolitik zur Zeit des Weltkrieges begründet und behielt auch in den Nachkriegsjahren der Weimarer Republik Gültigkeit. Wie bei den körperlichen und geistigen Krankheiten sowie der Beischlafunfähigkeit musste der Zustand des betroffenen Gatten allerdings ein dauerhafter gewesen sein und durfte zum Zeitpunkt der Eheschließung nicht durch einen ärztlichen Eingriff zu beheben gewesen sein. Vergleichbar mit der Anlage zu einer Geisteskrankheit genügte ab Mitte der zwanziger Jahre auch eine erst während der Ehe zustande gekommene Zeugungs- oder Gebärfähigkeit zur Anfechtung der Ehe, soweit der klagende Ehegatte nachweisen konnte, dass der körperliche Zustand des betroffenen Gatten bereits zum Zeitpunkt der Eheschließung die spätere Zeugungs- bzw. Gebärfähigkeit zur notwendigen Folge haben musste. Da das nationalsozialistische Eheverständnis die „Vermehrung und Erhaltung von Art und Rasse" als Hauptehezweck in den Mittelpunkt stellte und damit die kinderlose Ehe weiter abwertete, erscheint es nicht verwunderlich, dass die Rechtsprechung nach 1933 zu einer noch leichteren Trennbarkeit solcher Ehen tendierte. So musste ab 1935 der klagende Ehegatte nicht mehr den schwer zu erbringenden Beweis führen, dass die spätere Zeugungs- bzw. Gebärunfähigkeit notwendige Folge des Zustandes zum Zeitpunkt der Eheschließung war, es genügte die große Wahrscheinlichkeit, das die Unfruchtbarkeit Folge des körperlichen Zustandes zum Eheschließungszeitpunkt war.

Einen weiteren Schwerpunkt der Rechtsprechung zum § 1333 BGB bildete der Irrtum über sittliche Eigenschaften. Da im Gegensatz zur Feststellung einer Krankheit hier das Gericht ohne Sachverständigenhilfe aus Handlungen oder Äußerungen des beklagten Ehegatten auf dessen sittliche Makelhaftigkeit schließen musste, war umstritten, ob ein solcher Schluss auch aus einer einzigen Handlung zu ziehen war, oder ob es dazu einer Mehrzahl von verwerflichen Handlungen bedurfte. Das Reichsgericht vertrat anfangs die Auffassung, dass aus einer einmaligen Verfehlung noch nicht auf eine persönliche Eigenschaft i.S.d. § 1333 BGB geschlossen werden könne. Später war nach Ansicht des Gerichts der Schluss auf eine persönliche Eigenschaft aufgrund einer besonders schweren Verfehlung nicht mehr ausgeschlossen. Obwohl das Reichsgericht in der Folgezeit mehrfach auch bei Einzelhandlungen einen sittlichen Makel annahm, sollten dies jedoch auch weiterhin einzelfallbedingte Ausnahmen des Grundsatzes, dass das Gesamtverhalten des beklagten Gatten betrachtet werden musste, bleiben.

Die Mehrzahl der Anfechtungsklagen wegen Irrtums über eine sittliche Eigenschaft hatte „sexuelles Fehlverhalten" zum Anlass. Insbesondere bei diesen Gründen zeigt die Rechtsprechung des Reichsgerichts die deutlichen Unterschiede in der moralischen Beurteilung der Verwerflichkeit sexueller Handlungen von Männern und Frauen im zu untersuchenden Zeitraum. Während ein sexuell aktives Vorleben des Mannes nur in besonderen Fällen die Anfechtbarkeit der Ehe rechtfertigte, wurde bei der Frau sehr viel schneller ein moralischer Makel festgestellt.

So wurde die fehlende Jungfräulichkeit der Braut stets als persönliche Eigenschaft anerkannt. Darüber hinaus konnte ein Ehegatte, der von der fehlenden Jungfräulichkeit seiner Braut Kenntnis hatte und bei Eheschließung darüber hinweg gesehen hatte, die Ehe wirksam anfechten, wenn seine Frau vor der Ehe der Prostitution nachgegangen war, in wilder Ehe mit einem anderen Mann gelebt hatte oder zwischen einer früheren und der jetzigen Ehe mit anderen Männern Geschlechtsverkehr hatte. Auch die Tatsache, dass eine Frau vor der Eheschließung mit mehr als einem Mann geschlechtlich verkehrt hatte, konnte einen Mann, der von einem einmaligen Fehlverhalten ausgegangen war, zur Anfechtung berechtigen. Geschlechtsverkehr vor der Ehe führte bei einer Frau nur dann nicht generell zur sittlichen Bescholtenheit, wenn er mit einem Verlobten in sicherer Erwartung der Ehe stattgefunden hatte. Allerdings konnte auch aus einer über einen längeren Zeitraum bestehenden geschlechtlichen Beziehung zwischen Verlobten auf einen sittlichen Makel der Frau geschlossen werden. Selbst ohne die Feststellung des vorehelichen Geschlechtsverkehrs konnte einer Frau geschlechtliche Bescholtenheit vorgehalten werden, wenn sie z.B. aus finanziellen Gründen „intime Annäherungen" gestattet hatte.

Während eine voreheliche Abtreibung, auch der untaugliche Versuch dazu, unzweifelhaft als Anfechtungsgrund anerkannt wurde, war umstritten, ob die Unkenntnis des Mannes, dass seine Frau vorehelich ein oder mehrere Kinder zu Welt gebracht hatte, zur Anfechtung berechtigte. Da das Reichsgericht die Mutterschaft einer Frau, für sich allein ohne die damit verbundene Tatsache des vorehelichen Geschlechtsverkehrs betrachtet, unter Geltung der engen Begriffsbestimmung der persönlichen Eigenschaft nicht als solche einordnen konnte, erweiterte das Gericht, um zu einer Anfechtbarkeit zu gelangen, seine Begriffsdefinition um diejenigen persönlichen Verhältnisse, die in der Persönlichkeit wurzeln und sich nicht von ihr trennen lassen konnten. Nunmehr konnte, zumindest wenn das voreheliche Kind noch am Leben war, die Mutterschaft als

Anfechtungsgrund angesehen werden. Falls das Kind nicht mehr am Leben war, war die Anfechtbarkeit zwar nicht gänzlich ausgeschlossen, jedoch stellte das Gericht höhere Anforderungen an die objektive und subjektive Erheblichkeit dieser Eigenschaft bei der Frage, ob der Ehemann bei Kenntnis der vorehelichen Geburt seine Frau die Ehe geschlossen hätte. Dies wurde damit begründet, dass die Gefahr des späteren Einflusses des Kindes auf die Ehe von vornherein nicht bestanden hatte und der anfechtende Mann daher nicht mit späteren Unannehmlichkeiten rechnen musste.
Die bei Eheschließung bestehende Schwangerschaft von einem anderen Mann stellte ebenfalls eine zur Anfechtung berechtigende persönliche Eigenschaft dar, nicht jedoch der irrtümliche, nicht auf Täuschung beruhende Annahme des Mannes, die Frau sei von ihm schwanger, während in Wirklichkeit gar keine Schwangerschaft vorgelegen hatte.
Der voreheliche Geschlechtsverkehr des Mannes, selbst wenn dadurch ein Kind gezeugt worden war, galt entsprechend der herrschenden Moralvorstellungen nicht als Anfechtungsgrund. Eine geschlechtliche voreheliche Betätigung führte nur dann zu einem Makel und einer sittlichen Bescholtenheit, wenn der Mann dabei die Verlöbnistreue oder eine Ehe gebrochen hatte und auch diese Rechtsprechung wurde teilweise als zu eng kritisiert und gegen eine Anfechtbarkeit wegen vorehelicher sexueller Betätigung des Mannes plädiert.
Einen sittlichen Makel stellten im gesamten zu untersuchenden Zeitraum „anormale" sexuelle Betätigungen des Mannes dar, als solche wurde insbesondere die Homosexualität angesehen. Als Nachweis gleichgeschlechtlicher Betätigung reichte der Umgang mit als homosexuell bekannten Männern aus. Als „Widernatürlichkeiten" sah das Reichsgericht daneben auch päderastische oder exhibitionistische Neigungen, den „hemmungslosen Hang zur Selbstbefriedigung" oder die „Neigung des Mannes zu ausschließlich anormalem Geschlechtsverkehr mit Frauen" an.
Als weitere sittliche Eigenschaft, die den irrenden Ehegatten gemäß § 1333 BGB zur Anfechtung der Ehe berechtigte, erkannte das Reichsgericht einen Hang zur Begehung von Betrügereien bzw. Diebstählen oder einen Mangel an Aufrichtigkeit bzw. Hang zu Lügenhaftigkeit an. Ebenfalls als persönliche Eigenschaft sah das Reichsgericht einen schweren Charakterfehler des beklagten Ehegatten an, wenn dieser vor Eheschließung seinen zukünftigen Ehepartner über seine Vermögensverhältnisse getäuscht hatte. Dies war insofern nicht unproblematisch, da gemäß § 1334 Abs. 2 BGB die Anfechtung der Ehe wegen einer Täuschung über die Vermögensverhältnisse ausgeschlossen war. Nach einhelliger Meinung war damit auch der Irrtum über die Vermögensverhältnisse des anderen Gatten kein Eheanfechtungsgrund. Allerdings, so das Reichsgericht, könne bei einer besonders schweren Täuschung, bei der auf eine „vollkommene Verlogenheit und Ehrlosigkeit des Täuschenden" geschlossen werden musste, dem getäuschten Gatten die Anfechtung wegen Irrtums über einen

schweren Charakterfehler gemäß § 1333 BGB nicht verwehrt werden. Somit war, trotz des expliziten Ausschlusses der Anfechtung wegen Täuschung über die Vermögensverhältnisse, eine Trennbarkeit der Ehe in diesen Fällen nach § 1333 BGB nicht ausgeschlossen.

Neben der Anfechtung der Ehe wegen körperlicher, geistiger oder sittlicher Eigenschaften rückte nach der nationalsozialistischen Machtübernahme 1933 die Anfechtbarkeit arisch-jüdischer Mischehen über § 1333 BGB in den Mittelpunkt der Rechtsprechung zu dieser Norm. Vor 1933 galt die Zugehörigkeit zu einer bestimmten „Rasse“ oder Konfession nach fast einhelliger Meinung nicht als persönliche Eigenschaft i.S.d. § 1333 BGB, einige Literaturvertreter der ersten Jahre des zwanzigsten Jahrhunderts sprachen sich zwar für die Anerkennung der Konfessionszugehörigkeit als persönliche Eigenschaft aus, jedoch nur in Bezug auf den Einfluss religiöser Unterschiede auf die Ehe und bis auf wenige Ausnahmen nicht wegen „rassischer“ Unterschiede. Da die nationalsozialistische Eheauffassung besonderen Wert auf die „Rassereinhaltung“ legte, lag es im Interesse des nationalsozialistischen Staates, nicht nur neue arisch-jüdische Mischehen zu verhindern, sondern auch die Lösung bestehender, meist vor 1933 geschlossener Mischehen zu erleichtern. Weil aufgrund des strengen Verschuldensprinzips des BGB eine Trennung solcher Ehen durch Scheidung nicht möglich war und spätere durch das Blutschutzgesetz aufgestellte Eheverbote keine rückwirkende Kraft hatten, forderten Teile der nationalsozialistischen Literatur die Trennbarkeit bestehender arisch-jüdischer Mischehen über § 1333 BGB.

Das Reichsgericht erkannte in den ersten Urteilen zur Mischehenproblematik 1934 die „Rasse“ als persönliche Eigenschaft i.S.d. § 1333 BGB an. In den meisten Fällen lehnte es jedoch eine Anfechtbarkeit der Ehe ab, da sich der arische Ehegatte entweder bei Eheschließung gar nicht im Irrtum über die „Rasse“ seines Gatten befunden hatte oder aber die sechsmonatige Anfechtungsfrist des § 1339 BGB seit Entdeckung des Irrtums inzwischen abgelaufen war. Auch die Forderungen der Literatur als relevanten Irrtum nicht den, tatsächlich meist nicht existierenden, Irrtum über die „Rasse“ des Gatten, sondern vielmehr den Irrtum über die Bedeutung des Rassenunterschieds im nationalsozialistischen Staat anzuerkennen, der erst viel später zu entdecken gewesen wäre, führte zunächst nicht zum gewünschten Erfolg, da inzwischen einige Jahre seit der nationalsozialistischen Machtergreifung vergangen waren und das Reichsgericht damit die sechsmonatige Frist seit Entdeckung dieses Bedeutungsirrtums als abgelaufen ansah. Während das Reichsgericht somit hohe Anforderungen an den Bedeutungsirrtum stellte, reichte bezüglich des Irrtums über die Rasse des anderen Gatten ab 1935 die Möglichkeit, dass der Ehegatte jüdische Vorfahren hatte, als Anfechtungsgrund aus. Damit hatte der Anfechtungsbeklagte den Nachweis der arischen Abstammung zu führen. Unter Geltung des EheG1938 gab das Reichsgericht schließlich auch seine strenge Anforderung an den Bedeutungsirrtum Schritt für Schritt auf. Eine Entdeckung des Irrtums über den Rassenunterschied war schließlich trotz langjähriger Kenntnis der „Rasse“ des anderen Gatten und viele Jahre nach Beginn der nationalsozialistischen Rassenpolitik immer noch möglich, so dass die nunmehr auf ein Jahr verlängerte Aufhebungsfrist stets eingehalten war. Das Reichsgericht hatte jeglichen Widerstand gegen die politischen Forderungen der erleichterten Trennbarkeit arisch-jüdischer Mischehen aufgegeben. Die ab 1934 sprunghaft angestiegenen Zahlen für nichtig erklärter bzw. aufgehobener Ehen verdeutlicht diese Entwicklung und zeigt, wie schnell das höchste deutsche Gericht die Forderungen der nationalsozialistischen Machthaber umsetzte, ohne dass es dazu einer speziellen antijüdischen Gesetzgebung bedurfte. Die bis 1938 bestehenden Normen des BGB und die in der Wortfassung nicht wesentlich anderen Vorschriften des EheG1938 wurden vom Reichsgericht dahin ausgedehnt, eine generelle Trennbarkeit für den arischen Ehegatten zu ermöglichen, ohne dass sich der jüdische Partner trotz bestehender einschränkender Normen in beiden Gesetzen praktisch dagegen wehren konnten.

Neben der persönlichen Eigenschaft erforderte der Tatbestand des § 1333 BGB einen Irrtum zum Zeitpunkt der Eheschließung über diese persönliche Eigenschaft. Als Irrtum wurde wie bei der allgemeinen Irrtumsanfechtung des § 119 BGB sowohl eine falsche Vorstellung als auch die bloße Nichtkenntnis anerkannt. Ein Irrtum war ausgeschlossen, wenn der anfechtende Gatte von der betreffenden Eigenschaft des anderen Ehegatten zwar keine sichere Kenntnis hatte, sie jedoch für möglich bzw. wahrscheinlich hielt, oder sogar mit ihr rechnete. Neben dem direkten Irrtum über das Vorhandensein der persönlichen Eigenschaft erkannte das Reichsgericht auch Fälle als Irrtümer i.S.d. § 1333 BGB an, wenn sich der anfechtende Gatte, um die Eigenschaft wissend, bei der Eheschließung über die Bedeutung oder Tragweite der Ehe im Irrtum befunden hatte. Vor 1933 geschah dies jedoch nur in einzelnen Fällen, in denen die Tragweite der jeweiligen persönlichen Eigenschaft gerade das entscheidende Kriterium für das Anerkenntnis als Anfechtungsgrund war, wie z.B. dass eine Krankheit, die dem irrenden Gatten bekannt war, sich als unheilbar bzw. dauerhaft herausgestellt hatte. In der Zeit des Nationalsozialismus diente der Bedeutungsirrtum vor allem dazu, die Möglichkeit der Trennung politisch unerwünschter arisch-jüdischer Mischehen zu erleichtern. Mit Hilfe der Anerkennung eines Irrtums über die Bedeutung des Rassenunterschieds im nationalsozialistischen Staat konnte eine, erst sehr spät erfolgte und damit nicht verfristete, Entdeckung eines Irrtums festgestellt werden und damit auch nach vielen Jahren noch eine erfolgreiche Anfechtung bzw. Aufhebung der Ehe erreicht werden.
Bei anderen persönlichen Eigenschaften hielt sich das Reichsgericht mit der Anerkennung des Bedeutungsirrtums jedoch zunächst zurück. Erst unter Geltung des EheG1938 wurden auch Irrtümer über Folgen und Auswirkungen von

Eigenschaften als Unstände der Person betrachtet und damit grundsätzlich die Aufhebbarkeit einer Ehe erleichtert.

Als weitere Voraussetzung der Anfechtbarkeit nach § 1333 BGB war subjektiv zu prüfen, ob der irrende Gatte bei Kenntnis der wahren Sachlage die Ehe nicht eingegangen wäre. Nur in diesem Fall war die subjektive Kausalität zwischen Irrtum und Eheschließung gegeben. Dabei war auf die konkrete Denk- und Empfindungsweise des Klägers zum Zeitpunkt der Eheschließung einzugehen.
Neben der subjektiven Kausalität verlangte § 1333 BGB zusätzlich als objektives Kriterium, dass der Irrende auch bei „verständiger Würdigung des Wesens der Ehe“ diese nicht eingegangen wäre. Damit sollten willkürliche Anfechtungsgelüste abgewehrt und ein einheitlicher Maßstab des Wesens der Ehe eingehalten werden. Somit wurden übersteigerte Empfindlichkeiten einzelner anfechtender Ehegatten nicht berücksichtigt. Die „verständige Würdigung des Wesens der Ehe“ war bei dieser Prüfung den jeweiligen sozialen Anschauungen und Verhältnissen unterworfen und erfand dabei im Laufe des zu untersuchenden Zeitraumes Veränderungen, so z.B. bei der Frage ob die Fortpflanzung als oberster Zweck der Ehe anzusehen sei. Das EheG1938 ersetzte den Begriff der „verständigen Würdigung“ durch den der „richtigen Würdigung“, welche ausschließlich auf der Grundlage der völkischen Weltanschauung des Nationalsozialismus zu erfolgen hatte.

Die Anfechtbarkeit wegen arglistiger Täuschung gemäß § 1334 Abs. 1 BGB bzw. Aufhebbarkeit nach § 38 EheG1938 war neben der Anfechtung der Ehe wegen Irrtums über eine persönliche Eigenschaft der zweithäufigste Trennungsgrund von Ehen in der reichsgerichtlichen Praxis.
Literatur und Rechtsprechung waren sich darin einig, dass wegen der bei § 1334 Abs. 1 BGB im Gegensatz zu § 1333 BGB hinzugetretene List des täuschenden Ehegatten der Ausdruck „Umstand“ deutlich weiter ausgelegt werden sollte, als der von § 1333 BGB gebrachte Ausdruck der persönlichen Eigenschaft. Als Täuschungsgegenstand kamen damit auch schwere, aber heilbare Krankheiten oder aber Bestrafungen naher Angehöriger in Betracht.
Die Täuschungshandlung des § 1334 Abs. 1 BGB konnte grundsätzlich durch positives Tun, in Form einer unwahren Äußerung als auch durch Unterlassen, dem Verschweigen eines Umstandes, geschehen. Bezüglich des Verschweigens kam aber nur dann eine Anfechtbarkeit in Betracht, wenn der betroffene Ehegatte eine Pflicht zur Offenbarung des ungünstigen Umstandes seinem zukünftigen Gatten gegenüber gehabt hatte. Wann eine solche Offenbarungspflicht vorlag, richtete sich nach den Umständen des Einzelfalls. Ein genereller Zwang unter Brautleuten, dem anderen Teil vor Eheschließung seine Verhältnisse zu offenbaren, so das Reichsgericht in den ersten Jahren des zu untersuchenden Zeitraumes, bestünde nicht. Eine Offenbarungspflicht wurde aber z.B. bejaht bei

Nachfragen des anderen Teils oder bei besonders erheblichen Umständen, so z.B. bei akuten schweren Krankheiten.
Auch unter Geltung des EheG1938 wich das Reichsgericht nicht vom Grundsatz ab, dass eine generelle Offenbarungspflicht nicht anzunehmen sei und dass nach den Umständen des Einzelfalls zu entscheiden sei. Bezüglich der Abstammung von einem jüdischen Elternteil nahm das Reichsgericht jedoch stets eine Offenbarungspflicht an, so dass in diesen Fällen neben einem Irrtum über die rassische Abstammung immer auch eine Täuschung angenommen wurde.
Arglist, die weitere Tatbestandsvoraussetzung der Anfechtung der Ehe wegen Täuschung, lag vor, wenn ein Verlobter den anderen Teil durch Täuschung zur Eingehung der Ehe bestimmen wollte, die dieser ohne die Täuschung nicht eingegangen wäre. Für diese Vorstellung reichte jedoch Eventualvorsatz aus.
Während es in der Literatur umstritten war, ob zur Arglist des § 1334 Abs. 1 BGB eine Schädigungsabsicht des täuschenden Gatten gehören musste, verzichtete das Reichsgericht auf dieses Erfordernis. So war eine arglistige Täuschung möglich aus Hoffnung auf eine glückliche Ehe, aus Scham oder auch aus mangelndem Mut, sich seinem künftigen Partner zu offenbaren.

Neben den Anfechtungsgründen spielten auch die Bestätigung der Ehe und die Anfechtungsfrist eine bedeutsame Rolle in der Rechtsprechung des Reichsgerichts zur Anfechtung der Ehe. Die §§ 1337 und 1339 BGB schränkten die Möglichkeiten der Anfechtung der Ehe ein, indem nach einer Bestätigung der Ehe bzw. nach Ablauf einer bestimmten Frist die Ausübung des Anfechtungsrechts ausgeschlossen war. Zweck dieser Normen war es, im Interesse der beteiligten Ehegatten den Schwebezustand über die Ehe möglichst kurz zu halten, ohne dem anfechtungsberechtigten Gatten zu wenig Zeit zur Abwägung der für und gegen die Ausübung des Anfechtungsrechts sprechenden Argumente zu geben.
Entscheidendes Kriterium bei der Frage des Ausschlusses des Anfechtungsrechts war der Zeitpunkt der Entdeckung des Irrtums bzw. der Täuschung. Der Irrtum galt dann als entdeckt, wenn der anfechtungsberechtigte Gatte die tatsächliche Kenntnis der zur Anfechtung berechtigten Eigenschaften bzw. Umstände hatte. Nicht ausreichend waren Vermutungen und Gerüchte, auch die fahrlässige Unkenntnis, das „Kennenmüssen“, wurde der tatsächlichen Kenntnis zunächst nicht gleichgesetzt, später reichten dem Reichsgericht die Kenntnis von Anhaltspunkten, die einen über die bloße Vermutung hinausgehenden Schluss gestatteten als Entdeckung des Irrtums bzw. der Täuschung aus.
Für den Beginn der Anfechtungsfrist war es neben der tatsächlichen Kenntnis der persönlichen Eigenschaft bzw. des Umstandes i.S.d. § 1334 Abs. 1 BGB nicht erforderlich, dass sich der irrende bzw. getäuschte Gatte auch der rechtlichen Bedeutung der Entdeckung des Irrtums bzw. der Täuschung, also seines Anfechtungsrechts, gewahr geworden sein musste. Das Reichsgericht nahm an,

dass bei der Entdeckung eines so schwerwiegenden Irrtums dem entdeckenden Gatten zumindest bewusst war, dass es dagegen ein Mittel geben müsse, sich aus der Ehe zu befreien. So konnte die Anfechtungsfrist zu laufen beginnen, obwohl der irrende Gatte vielleicht erst viel später über seine rechtlichen Möglichkeiten in Kenntnis gesetzt wurde. Dies zeigt, dass das Reichsgericht grundsätzlich gegen eine zeitlich ausgedehnte Anfechtungsmöglichkeit noch nach vielen Jahren der Ehe tendierte und dem irrenden bzw. getäuschten Ehegatten eine schnelle Entscheidung abverlangte, ob er sein Anfechtungsrecht ausüben wollte.

In der Zeit des Nationalsozialismus änderte das Reichsgericht seine Einstellung. Der Irrtum des § 1333 BGB diente nunmehr insbesondere dazu, die Lösung unerwünschter, teilweise aber schon seit vielen Jahren bestehender deutsch-jüdischer Mischehen zu ermöglichen. Dem standen jedoch die §§ 1337 und 1339 BGB grundsätzlich entgegen. Unter dem Druck der in diesen Fällen stets zur Anfechtung tendierenden Literatur begann das Reichsgericht die die Anfechtung ausschließenden Normen dadurch zu umgehen, dass es als relevanten Irrtum den Irrtum über die Bedeutung und die Tragweite des Rassenunterschieds im nationalsozialistischen Staat anerkannte. Damit konnte trotz Kenntnis des Rassenunterschieds bei Eheschließung ein Irrtum bejaht werden, der auch noch innerhalb der Anfechtungsfrist geltend gemacht werden konnte. Unter Geltung des EheG1938 führte diese Rechtsprechung schließlich zur völligen Bedeutungslosigkeit der Frist zur Geltendmachung des Irrtums in Fällen arisch-jüdischer Mischehen. Außerhalb der Trennung von Mischehen übte das Reichsgericht jedoch weiter Zurückhaltung mit der Anerkennung des Bedeutungsirrtums.

Die *Bestätigung der Ehe* gemäß § 1337 Abs. 2 BGB bedurfte nicht der für die Eheschließung vorgeschriebenen Form und konnte auch stillschweigend erfolgen. Hauptanwendungsfall in der reichsgerichtlichen Praxis zur stillschweigenden Bestätigung der Ehe war die freiwillige Leistung des ehelichen Geschlechtsverkehrs. Die Durchführung des Geschlechtsverkehrs wurde unter Geltung des BGB grundsätzlich als Bestätigung der Ehe angesehen, dies, so das Reichsgericht, entspräche dem sittlichen Empfinden und dem Wesen der Ehe. Unter Geltung der den § 1337 Abs. 2 BGB ersetzenden §§ 37 Abs. 2 und 38 Abs. 2 EheG1938 maß das Reichsgericht dem fortgesetzten ehelichen Verkehr nicht mehr die sittliche Bedeutung bei, um daraus grundsätzlich die Aufhebbarkeit der Ehe auszuschließen. Einem Ehegatten, der sich in Kenntnis seines Aufhebungsrechts zunächst bemühen würde, die Ehe wie gewohnt fortzusetzen, könne dies grundsätzlich nicht zu seinem Nachteil ausgelegt werden. Die Änderung der Rechtsprechung zeigt die geänderten Moralvorstellungen insbesondere zur Kriegszeit und die geänderte Vorstellung vom Wesen der Ehe im Nationalsozialismus. Die Trennbarkeit von Ehen wurde damit weiter erleichtert.

Bezüglich der rechtlichen Wirkung nichtiger und angefochtener Ehen waren diese bis zur Nichtigerklärung durch Urteil als gültig anzusehen, ab der Nichtigerklärung aber waren sie auch mit Wirkung für die Vergangenheit als ungültig anzusehen, so dass zu keinem Zeitpunkt eine gültige Ehe bestanden hatte. Nach Ansicht des Reichsgerichts hatte das die Nichtigkeit aussprechende Urteil lediglich deklaratorische Bedeutung, die schon vorher bestandene Nichtigkeit sollte jedoch aufgrund der besonderen Bedeutung der Ehe bis zur Nichtigerklärung nicht geltend gemacht werden können. Der ex-tunc-Wirkung der Anfechtung folgend, erkannte das Reichsgericht Nachzahlungsansprüche von Beamtenwitwen auf Zahlung von Witwenpensionen für die gesamte Dauer der für nichtig erklärten Zweitehen an. Den Witwen hatte per Gesetz das Witwengeld nur bis zu einer eventuellen Wiederverheiratung zugestanden. Somit waren die Zahlungen nach Abschluss der zweiten Ehe ausgeblieben. Nach der Nichtigerklärung der zweiten Ehe hatten die Witwen nicht nur für die Zukunft wieder Zahlung der Pension verlangt, sondern auch wegen der rückwirkenden Vernichtung der Ehe die Rückzahlung der Witwengelder seit dem Eheschluss der nichtigen Ehe. In konsequenter Anwendung der ex-tunc-Wirkung der Nichtigerklärung hatte das Reichsgericht diese Ansprüche zunächst bejaht. Erst ab 1936 änderte sich diese Rechtsprechung. Obwohl „denklogisch“ korrekt, so das Reichsgericht, wären die früheren Urteile an der Wirklichkeit vorbeigegangen und hätten den Grundsätzen der Witwenversorgung widersprochen. Eine Nachzahlung der Witwenpension fand nicht mehr statt und verdeutlicht, dass das Reichsgericht den faktischen Gegebenheiten, dass tatsächlich eine, wenn auch rein rechtlich ungültige, Ehe bestanden hatte, Rechnung getragen hatte und damit die zwei Jahre später erfolgte Ablösung der ex-tuc wirkenden Anfechtung durch die nunmehr nur noch ex-nunc wirkende Aufhebung der Ehe zumindest auf der Rechtsfolgeseite schon vorweggenommen hatte.

B. Die Entwicklung der Normen über die Nichtigkeit und Aufhebbarkeit der Ehe von 1945 bis heute

Nach dem nationalsozialistischen Zusammenbruch hob der alliierte Kontrollrat das EheG1938 zunächst auf, um es bereinigt von spezifisch nationalsozialistischen Unrechtsnormen als Gesetz Nr. 16 des Kontrollrats vom 20. Februar 1946[654] wieder zu erlassen. Dabei wurden die Nichtigkeitsgründe des EhegesundheitsG sowie die Nichtigkeit der Staatsangehörigkeitsehe ersatzlos gestrichen, die Nichtigkeitsgründe des BlutschutzG waren bereits 1945 mit dessen Beseitigung durch das Gesetz Nr. 1 der Militärregierung und Gesetz Nr. 1 des

[654] Im Weiteren: EheG1946.

Kontrollrats entfallen. Die übrigen Nichtigkeitsgründe des EheG1946 waren mit denen des EheG1938 identisch.
Bezüglich der Aufhebbarkeit der Ehe behielt das EheG1946 trotz Kritik aus der Literatur[655] die ex-nunc wirkende Aufhebung bei und kehrte nicht zur ex-tunc wirkenden Anfechtung der Ehe zurück. Die Aufhebungsgründe des EheG1946 entsprachen dabei mit Ausnahme der Aufhebung der Ehe wegen Eigenschaftsirrtums exakt denen des EheG1938, nur der den § 37 EheG1938 ersetzende § 32 EheG1946 kehrte zur Formulierung des Begriffs der persönlichen Eigenschaft des früheren § 1333 BGB zurück.

Das Erste Ehegesetz zur Reform des Ehe- und Familienrechts vom 16. Juni 1976[656] beseitigte die Nichtigkeit der Namensehe (§ 19 EheG1946) wegen Bedeutungslosigkeit und die Nichtigkeit der Ehebruchsehe (§ 22 EheG1946) infolge der Beseitigung des Eheverbots des Ehebruchs.
Bezüglich der Eheaufhebungsgründe gab es durch das 1. EheRG1976 keine Änderungen, jedoch erhielt das Institut der Eheaufhebung durch die Einführung des Zerrüttungsprinzips bei der Ehescheidung einen anderen Stellenwert als bisher. Die Aufhebbarkeit der Ehe verlor an Bedeutung. Die Scheidung einer Ehe war nunmehr verschuldensunabhängig möglich, so dass ein „Ausweichen“ auf die Trennung durch Aufhebung, die zu Zeiten eines strengen Scheidungsrechts die Funktion einer „Ersatzscheidung“ gehabt hatte, nicht mehr erforderlich war. Insbesondere die Aufhebbarkeit der Ehe wegen Irrtums über persönliche Eigenschaften wurde dadurch in Frage gestellt: Fehlvorstellungen eines Ehepartners führten entweder zu einer Zerrüttung der Ehe und damit zum Scheidungsproblem oder sie blieben unschädlich und dann bedurfte es keiner Regelung[657].
Ein Zweites Gesetz zur Reform des Ehe- und Familienrechts, das eine wesentliche Änderung des Nichtigkeits- und Aufhebungsrechts beinhalten sollte, kam 1982 über den Gesetzesentwurf nicht hinaus. Erst am 1. Juli 1998 hat das Gesetz zur Neuordnung des Eheschließungsrechts – Eheschließungsrechtsgesetz[658] dieses Reformvorhaben vollendet[659]. Nachdem mit dem EheG1938 das Eheschließungsrecht aus dem BGB ausgegliedert war, wurde es mit dem EheschlRG wieder in das BGB und in dessen ursprüngliche durchgängige Gliederung eingefügt.
Der Dritte Titel des Abschnitts über die Bürgerliche Ehe regelt die Aufhebbarkeit der Ehe. Wichtigste Änderung ist die Abschaffung der Nichtigkeit der Ehe.

[655] So z.B. Beitzke, DRZ 1946, S. 137.
[656] Im Weiteren: 1. EheRG1976.
[657] So Staudinger/Klippel, 12. Aufl., § 32 EheG, Rn. 8 ff.
[658] Im Weiteren: EheschlRG.
[659] Ausführlich zum EheschlRG: Barth/Wagenitz, FamRZ 1996, S. 833 ff. und Hepting, FamRZ 1998, S. 713 ff.

Nunmehr existiert für die Trennbarkeit einer fehlerhaften Ehe neben den Vorschriften über die Scheidung nur noch die ex-nunc wirkende Aufhebbarkeit der Ehe. Eine ex-tunc wirkende Beseitigung der Ehe gibt es nicht mehr.
Die Aufhebungsgründe sind in § 1314 BGB abschließend geregelt: Abs. 1 betrifft die Nichtigkeitsgründe alten Rechts, nunmehr die Aufhebbarkeit von Ehen Geschäftsunfähiger, im Falle der Doppelehe, bei Ehen zwischen Verwandten in gerader Linie sowie zwischen vollbürtigen und halbbürtigen Geschwistern, sowie bei in § 1311 BGB genannten Mängeln des Eheschließungsvorgangs (persönliche und gleichzeitige Anwesenheit der Eheschließenden) und den früheren Aufhebungsgrund des § 30 EheG1946, die Aufhebbarkeit von Ehen Eheunmündiger. Abs. 2 regelt die Aufhebbarkeit der Ehe bei Bewusstlosigkeit oder vorübergehender Störung der Geistestätigkeit (Nr. 1), Nichtwissen, dass es sich um eine Eheschließung handelt (Nr. 2), arglistiger Täuschung (Nr. 3), widerrechtlicher Drohung (Nr. 4) sowie als neu eingeführter Aufhebungsgrund die Aufhebbarkeit rechtsmissbräuchlicher Scheinehen (Nr. 5). Abgeschafft wurden zum einen die äußerst praxisfernen Aufhebungsgründe des Erklärungsirrtums wie auch des Irrtums über die Identität des anderen Ehegatten (beide vormals § 31 Abs. 1 EheG1946), zum anderen aber auch der am häufigsten geltend gemachte Aufhebungsgrund des Irrtums über eine persönliche Eigenschaft des anderen Ehegatten (§ 32 EheG1946). Dabei trug der Gesetzgeber den neuen Gegebenheiten seit der Einführung des Zerrüttungsprinzips bei der Ehescheidung durch das 1. EheRG1976 Rechnung.
Als weitere einschneidende Veränderung hat nunmehr, soweit ein Aufhebungsgrund auch zur Wahrung eines öffentlichen Interesses besteht, nicht mehr die Staatsanwaltschaft, wie vormals bei den Nichtigkeitsgründen in § 24 EheG1946, das Recht, den Antrag auf Trennung der Ehe zu stellen. § 1316 BGB verlagert das Aufhebungsantragsrecht auf eine nach Landesrecht zu bestimmende Verwaltungsbehörde. Damit soll das Eherecht entkriminalisiert und die Staatsanwaltschaft entlastet werden[660].
Obwohl die Neuregelung des EheschlRG insgesamt und in Einzelheiten auf zum Teil heftige Kritik gestoßen ist[661], stellt sie dennoch eine radikale Vereinfachung des komplizierten Nichtigkeits- und Aufhebungsrechts dar. Bei einem strengen Scheidungsrecht hatten die verschiedenen Nichtigkeits-, Anfechtungs- bzw. Aufhebungsgründe ihre Berechtigung, mit dem heutigen liberalen Scheidungsrecht ist ihre Reduzierung auf die notwendigen Bestimmungen sowie eine nur noch für die Zukunft wirkende Vernichtung einer Ehe angemessen.

---

660 Rauscher, S. 216.

661 So z.B. bei Bosch, NJW 1998, S. 2004 ff.; Muscheler, JZ 1997, S. 1147 f.; auch bei Staudinger/Klippel, 13. Bearb., Vorbem. zu §§ 1313 ff., Rn. 18.

C. Die Entwicklung der Rechtsprechung nach 1945

Da das EheG1946 mit Ausnahme der typischen nationalsozialistischen Normen kaum Änderungen zum vorherigen Recht brachte, gab es auch wenige Änderungen der Rechtsprechung des Bundesgerichtshofes bis 1976.
Die Bedeutung der Eheaufhebung und -nichtigkeit ging nach dem 2. Weltkrieg kontinuierlich zurück (1950: 1601 Fälle; 1965: 311 Fälle; 1975: 103 Fälle). Nach Einführung des Zerrüttungsprinzips verlor dieses Institut im Verhältnis zur Ehescheidung noch weiter an Bedeutung, so kamen z.B. 1985 auf 128.124 Ehescheidungen lediglich 96 Eheaufhebungen.
Gegenüber der umfangreichen reichsgerichtlichen Rechtsprechung aus den Jahren 1900 bis 1945 gibt es nur relativ wenige Entscheidungen des Bundesgerichtshofes zur Ehenichtigkeit bzw. -aufhebbarkeit. Auch diese Entscheidungen betrafen fast ausschließlich die Aufhebung der Ehe wegen Irrtums über eine persönliche Eigenschaft (§ 32 EheG1946).
Nach der Rückkehr zum Wortlaut des § 1333 BGB, insbesondere zum Begriff der persönlichen Eigenschaft, lehnte sich der BGH an die reichsgerichtliche Rechtsprechung zu § 1333 BGB an. Zur Definition des Begriffs der persönlichen Eigenschaft wurde auf die seit 1922 bestehende weite Begriffsbestimmung unter Einbeziehung gleichzusetzender persönlicher Verhältnisse verwiesen: „Persönliche Eigenschaften in diesem Sinne sind neben Eigenschaften körperlicher und geistiger Art auch die persönlichen Verhältnisse des anderen Ehegatten, soweit sie nicht nur mehr oder weniger zufälliger und äußerlicher art sind (wie z.B. das Vermögen), sondern die Persönlichkeit so nachhaltig prägen, daß sie nach allgemeiner Lebensauffassung persönlichen Eigenschaften gleichstehen.[662]"
Die Rechtsprechung zu den körperlichen und geistigen Erkrankungen entsprach der des Reichsgerichts bis 1933, die Feststellung einer Erkrankung, wegen der eine Aufhebung der Ehe gerechtfertigt erschien, wurde restriktiv ausgelegt. So wurden z.B. vom BGH die chronische Encephalitis (Gehirnhautentzündung)[663] und Narkoelepsie (krankhaftes Schlafverlangen)[664] als persönliche Eigenschaften angesehen, da diese Krankheiten dauerhaft bzw. unheilbar waren und im Falle der Narkoelepsie auch die objektive und subjektive Kausalität gegeben war, da die Krankheit die unbedingt benötigte Mitarbeit der beklagten Frau in dem landwirtschaftlichen Kleinbetrieb des Mannes verhindert hatte. Demgegenüber erkannte der BGH eine Lungentuberkulose, deren Ausheilung in einem

[662] So der BGH in der Entscheidung vom 5. März 1986, IV b ZR 4/85 (FamRZ 1986, S. 553).
[663] Urteil vom 9. Juli 1951, IV ZR 165/50 (LM § 32 Nr. 1).
[664] Entscheidung vom 29. Juni 1957, IV ZR 88/57 (BGHZ 25, 66; FamRZ 1957, S. 368).

nicht ganz geringen Grade wahrscheinlich war, nicht als persönliche Eigenschaft an[665].

Nicht auf die Rechtsprechung vor 1933 zurück ging der BGH jedoch bei den Anlagen zu Geisteskrankheiten. In Anlehnung an die Entscheidung des Reichsgerichts vom 30. September 1935[666] nahm der BGH eine persönliche Eigenschaft schon dann an, wenn die Anlage bereits zur Zeit der Eheschließung die begründete Besorgnis rechtfertigte, dass sie schon nach dem gewöhnlichen Verlauf der Dinge, also auch ohne das Hinzutreten besonders widriger Verhältnisse, zu einem künftigen Ausbruch der Krankheit führen werde[667]. Obwohl der BGH damit auf den Nachweis der Notwendigkeit eines späteren Krankheitsausbruches verzichtete und stattdessen die begründete Besorgnis ausreichen ließ, waren die zu entschiedenen Fälle ausnahmslos so gelagert, dass der Ehegatte im Verlauf der Ehe Krankheitssymptome gezeigt hatte. Ob es auch ausgereicht hätte, dass der beklagte Gatte selbst zu keinem Zeitpunkt Erkrankungserscheinungen zeigen brauchte, wie es der Rechtsprechung ab 1938 genügte, wurde nicht entschieden.

Auch die Nachkriegsrechtsprechung zu den sittlichen Eigenschaften knüpfte an die reichsgerichtliche Rechtsprechung an. So erkannte der BGH in einer Entscheidung vom 14. Mai 1958[668] nicht nur die homosexuelle Veranlagung des Mannes als „abnorme Veranlagung“ als persönliche Eigenschaft i.S.d. § 32 EheG1946 an, sondern nahm bei einer starken gleichgeschlechtlichen Veranlagung eine Offenbarungspflicht des Betroffenen gegenüber seinem zukünftigen Ehegatten an, so dass neben einem Irrtum i.S.d. § 32 EheG1946 auch eine arglistige Täuschung gemäß § 33 EheG1946 vorgelegen hatte. Dazu führte das Gericht aus: „ Eine Offenbarungspflicht ist darüber hinaus auch hinsichtlich solcher Umstände zu bejahen, die für die Grundlage der ehelichen Gemeinschaft und des Familienlebens von wesentlicher Bedeutung sind. Hierzu gehören etwa Beiwohnungsunfähigkeit und unheilbare sowie erbliche Krankheiten. Ist ein Verlobter geschlechtlich abnorm veranlagt, so ist eine Offenbarungspflicht dann zu bejahen, wenn die Veranlagung wegen ihrer Art und ihrer Stärke bei Berücksichtigung der Umstände des Einzelfalls nach der Lebenserfahrung geeignet ist, eine gesunde und natürliche Entwicklung des Ehe- und Familienlebens in ungewöhnlichem Maße zu gefährden.“ Ebenfalls als Aufhebungsgrund erkannte der BGH den Irrtum des Ehemannes an, der bei Eheschließung davon ausgegangen war, dass seine zukünftige Ehefrau ein Kind von ihm erwarten würde und der auch nur wegen der Schwangerschaft die Ehe eingegangen war, während sich später herausstellte, dass die Schwangerschaft von einem anderen

---

[665] So in der Entscheidung vom 12. Juli 1951, IV ZR 27/51 (LM § 32 Nr. 2)

[666] IV 132/35 (RGZ 148, 398).

[667] So in den Entscheidungen vom 9. Juli 1951, IV ZR 165/50 (LM § 32 Nr. 1) und vom 1. Februar 1967, IV ZR 262/65 (LM § 32 Nr. 6).

[668] IV ZR 11/58 (FamRZ 1958, S. 314).

Mann herrührte[669] bzw. auch ein anderer Mann als Vater des Kindes in Frage kam[670].

Obwohl es kaum weitere BGH-Urteile zu sittlichen Eigenschaften gab, zeigen die zeitgenössischen Kommentare und Lehrbücher bis in die sechziger Jahre des zwanzigsten Jahrhunderts, die bezüglich dieser Eigenschaften auf die reichsgerichtliche Rechtsprechung verwiesen haben, dass insbesondere die ungleiche Behandlung vorehelichen sexuellen Verhaltens von Frau und Mann weiterhin als angemessen angesehen wurde[671]. Erst in den siebziger Jahren wurde diese Ungleichbehandlung im Zuge tief greifender gesellschaftlicher Veränderungen in der Einstellung gegenüber vorehelicher Sexualität als nicht mehr gerechtfertigt angesehen und die herrschende Rechtsprechung verworfen[672]. Spätere Kommentierungen sahen daher auch den vorehelichen Geschlechtsverkehr nicht mehr als zur Aufhebung der Ehe berechtigende persönliche Eigenschaft an[673].

Mit der Abschaffung der Aufhebung der Ehe wegen Irrtums über eine persönliche Eigenschaft durch das EheschlRG ist die fast hundertjährige Rechtsprechung endgültig Rechtsgeschichte geworden.

---

669 So in der Entscheidung vom 5. Mai 1986, IV b ZR 4/85 (FamRZ 1986, S. 553).

670 Urteil vom 4. Februar 1959, IV ZR 231/58 (BGHZ 29, 265).

671 So z.B. Palandt/Lauterbach, 21. Aufl., § 32 EheG, Anm. 8 a.E.; RGRK/Wüstenberg, 10./11. Aufl., § 32 EheG, Anm. 37-43; Hoffmann/Stephan, § 32, Rn. 111 ff.; anders schon Dölle, Familienrecht, S. 323.

672 So z.B. Ambrock, S. 439; Münchner Kommentar/Müller-Gindullis, § 32 EheG, Rn. 39 f.

673 So z.B. Staudinger/Klippel, 12. Aufl., § 32 EheG, Rn. 81 ff.; Johannsen/Henrich, 2. Aufl., § 32 Rn. 56.

Anhang I: Statistische Entwicklung der Ehenichtigkeits- bzw. Eheaufhebungsklagen im Vergleich zu den Klagen auf Ehescheidung (1900–1999)

Jahr	Nichtig erklärte Ehen	Aufhebung der Ehe	Ehescheidungen	Nichtige bzw. aufgehobene Ehen auf 100 Ehescheidungen
1900–1904 (im Durchschnitt)	147		9152	1,61
1905	188		11147	1,87
1906	196		12180	1,61
1907	244		12489	1,95
1908	221		13327	1,67
1909	235		14730	1,60
1910	223		15016	1,49
1911	264		15780	1,67
1912	253		16911	1,50
1913	258		17835	1,45
1914	255		17740	1,44
1915	196		10791	1,82
1916	183		10494	1,74
1917	221		11603	1,90
1919	388		22022	1,76
1920	654		26542	2,47
1921	656		39215	1,67
1922	643		36587	1,76
1923	597		33939	1,76
1924	557		35936	1,55
1925	575		35451	1,62
1926	415		34105	1,22
1927	487		36449	1,34
1928	450		36928	1,22
1929	444		39424	1,13
1930	490		40722	1,20

1931	470		39971	1,18
1932	522		42202	1,24
1933	469		42485	1,10
1934	721		54402	1,33
1935	954		49784	1,92
1936	1397		50259	2,78
1937	1391		46786	2,98
1938	982	313	49497	2,62
1939	104	1488	71950	2,21

Quelle: Statistische Jahrbücher für das Deutsche Reich von 1907 bis 1942

1950	834	767	84740	1,89
1955	279	304	48277	1,21
1960	192	255	48874	0,91
1965	102	209	58718	0,53
1970	54	137	76520	0,25
1975	37	66	106829	0,10
1980	54	75	96222	0,13
1985	48	96	128124	0,11
1990	42	130	122869	0,14
1995	45	530	169425	0,40
1999		170	190590	0,09

Quelle: Statistische Jahrbücher für die Bundesrepublik Deutschland von 1982, 1992, 2001

Anhang II: Die Nichtigkeits- und Anfechtungsgründe des BGB vom 18. August 1896

§ 1324. Eine Ehe ist nichtig, wenn bei der Eheschließung die im § 1317 vorgeschriebene Form nicht beobachtet worden ist.
Ist die Ehe in das Handelsregister eingetragen worden und haben die Ehegatten nach der Eheschließung zehn Jahre oder, falls einer von ihnen vorher gestorben ist, bis zu dessen Tode, jedoch mindestens drei Jahre, als Ehegatten miteinander gelebt, so ist die Ehe als von Anfang an gültig anzusehen. Diese Vorschrift findet keine Anwendung, wenn bei dem Ablaufe der zehn Jahre oder zur Zeit des Todes des Ehegatten die Nichtigkeitsklage erhoben ist.

§ 1325. Eine Ehe ist nichtig, wenn einer der Ehegatten zur Zeit der Eheschließung geschäftsunfähig war oder sich im Zustande der Bewusstlosigkeit oder vorübergehender Störung der Geistesthätigkeit befand.
Die Ehe ist als von Anfang an gültig anzusehen, wenn der Ehegatte sie nach dem Wegfalle der Geschäftsunfähigkeit, der Bewusstlosigkeit oder der Störung der Geistesthätigkeit bestätigt, bevor sie für nichtig erklärt oder aufgelöst worden ist. Die Bestätigung bedarf nicht der für die Eheschließung vorgeschriebenen Form.

§ 1326. Eine Ehe ist nichtig, wenn einer der Ehegatten zur Zeit der Eheschließung mit einem Dritten in einer gültigen Ehe lebte.

§ 1327. Eine Ehe ist nichtig, wenn sie zwischen Verwandten und Verschwägerten dem Verbote des § 1310 Absatz 1 zuwider geschlossen worden ist.

§ 1328. Eine Ehe ist nichtig, wenn sie wegen Ehebruchs nach § 1312 verboten war.
Wird nachträglich Befreiung von der Vorschrift des § 1312 bewilligt, so ist die Ehe als von Anfang an gültig anzusehen.

§ 1331. Eine Ehe kann von dem Ehegatten angefochten werden, der zur Zeit der Eheschließung oder im Falle des § 1325 zur Zeit der Bestätigung in der Geschäftsfähigkeit beschränkt war, wenn die Eheschließung oder die Bestätigung ohne Einwilligung seines gesetzlichen Vertreters erfolgt ist.

§ 1332. Eine Ehe kann von dem Ehegatten angefochten werden, der bei der Eheschließung nicht gewußt hat, daß es sich um eine Eheschließung handle, oder

dies zwar gewußt hat, aber eine Erklärung, die Ehe eingehen zu wollen, nicht hat abgeben wollen.
§ 1333. Eine Ehe kann von dem Gatten angefochten werden, der sich bei der Eheschließung in der Person des anderen Ehegatten oder über solche persönlichen Eigenschaften des anderen Ehegatten geirrt hat, die ihn bei Kenntnis der Sachlage und bei verständiger Würdigung des Wesens der Ehe von der Eingehung der Ehe abgehalten haben würden.

§1334. Eine Ehe kann von dem Ehegatten angefochten werden, der zur Eingehung der Ehe durch arglistige Täuschung über solche Umstände bestimmt worden ist, die ihn bei Kenntnis der Sachlage und verständiger Würdigung des Wesens der Ehe von der Eingehung der Ehe abgehalten haben würden. Ist die Täuschung nicht von dem anderen Ehegatten verübt worden, so ist die Ehe nur dann anfechtbar, wenn dieser die Täuschung bei der Eheschließung gekannt hat. Auf Grund einer Täuschung über Vermögensverhältnisse findet die Anfechtung nicht statt.

§ 1335. Eine Ehe kann von dem Ehegatten angefochten werden, der zur Eingehung der Ehe widerrechtlich durch Drohung bestimmt worden ist.

Anhang III: Die Nichtigkeits- und Aufhebungsgründe des EheG1938

§ 20. Eine Ehe ist nur in den Fällen nichtig, in denen dies im Gesetz zum Schutze des deutschen Blutes und der deutschen Ehre, im Gesetz zum Schutze der Erbgesundheit des deutschen Volkes (Ehegesundheitsgesetz) oder in den §§ 21 bis 26 dieses Gesetzes bestimmt ist.

§ 21. Eine Ehe ist nichtig, wenn die Eheschließung nicht in der durch § 17 vorgeschriebenen Form stattgefunden hat.
Die Ehe ist jedoch als von Anfang an gültig anzusehen, wenn die Ehegatten nach der Eheschließung fünf Jahre oder, falls einer von ihnen vorher verstorben ist, bis zu dessen Tode, jedoch mindestens drei Jahre, als Ehegatten miteinander gelebt haben, es sein denn, daß bei Ablauf der fünf Jahre oder zur Zeit des Todes des einen Ehegatten die Nichtigkeitsklage erhoben ist.

§ 22. Eine Ehe ist nichtig, wenn einer der Ehegatten zur Zeit der Eheschließung geschäftunfähig war oder sich im Zustand der Bewußtlosigkeit oder vorübergehenden Störung der Geistestätigkeit befand.
Die Ehe ist jedoch als von Anfang an gültig anzusehen, wenn der Ehegatte nach dem Wegfall der Geschäftsunfähigkeit, der Bewußtlosigkeit oder der Störung der Geistestätigkeit zu erkennen gibt, daß er die Ehe fortsetzen will.

§ 23. Eine Ehe ist nichtig, wenn sie ausschließlich oder vorwiegend zu dem Zweck geschlossen ist, der Frau die Führung des Familiennamens des Mannes oder den Erwerb der Staatsangehörigkeit des Mannes zu ermöglichen, ohne daß die eheliche Lebensgemeinschaft begründet werden soll.
Die Ehe ist jedoch als von Anfang an gültig anzusehen, wenn die Ehegatten nach der Eheschließung fünf Jahre oder, falls einer von ihnen vorher verstorben ist, bis zu seinem Tode, jedoch mindestens drei Jahre als Ehegatten miteinander gelebt haben, es sei denn, daß bei Ablauf der fünf Jahre oder zur Zeit des Todes des einen Ehegatten die Nichtigkeitsklage erhoben ist.

§ 24. Eine Ehe ist nichtig, wenn einer der Ehegatten zur Zeit der Eheschließung mit einem Dritten in gültiger Ehe lebte.

§ 25. Eine Ehe ist nichtig, wenn sie den Verboten der §§ 6 und 7 zuwider zwischen Blutsverwandten oder zwischen Verschwägerten geschlossen ist.
Die Ehe zwischen Verschwägerten ist jedoch von Anfang an als gültig anzusehen, wenn nachträglich Befreiung von der Vorschrift des § 7 bewilligt wird.

§ 35. Ein Ehegatte kann Aufhebung der Ehe begehren, wenn er zur Zeit der Eheschließung oder im Falle des § 22 Abs. 2 zur Zeit der Bestätigung in der Geschäftfähigkeit beschränkt war und sein gesetzlicher Vertreter nicht die Einwilligung zur Eheschließung oder zur Bestätigung erteilt hatte. Solange der Ehegatte in der Geschäftfähigkeit beschränkt ist, kann nur sein gesetzlicher Vertreter die Aufhebung der Ehe begehren.
Die Aufhebung ist ausgeschlossen, wenn der gesetzliche Vertreter die Ehe genemigt oder der Ehegatte, nachdem er unbeschränkt geschäftsfähig geworden ist, zu erkennen gegeben hat, daß er die Ehe fortsetzen will.
Verweigert der gesetzliche Vertreter die Genehmigung ohne triftige Gründe, so kann der Vormundschaftrichter sie auf Antrag eines Ehegatten ersetzen.

§ 36. Ein Ehegatte kann Aufhebung der Ehe begehren, wenn er bei der Eheschließung nicht gewußt hat, daß es sich um eine Eheschließung handelt, oder wenn er dies zwar gewußt hat, aber eine Erklärung, die Ehe eingehen zu wollen, nicht hat abgeben wollen. Das gleiche gilt, wenn der Ehegatte sich in der Person des anderen Gatten geirrt hat.
Die Aufhebung ist ausgeschlossen, wenn der Ehegatte nach Entdeckung des Irrtums zu erkennen gegeben hat, daß er die Ehe fortsetzen will.

§ 37. Ein Ehegatte kann Aufhebung der Ehe begehren, wenn er sich bei der Eheschließung über solche die Person des anderen Ehegatten betreffenden Umstände geirrt hat, die ihn bei Kenntnis der Sachlage und bei richtiger Würdigung des Wesens der Ehe von der Eingehung der Ehe abgehalten hätten.
Die Aufhebung ist ausgeschlossen, wenn der Ehegatte nach Entdeckung des Irrtums zu erkennen gegeben hat, daß er die Ehe fortsetzen will, oder wenn sein Verlangen nach Aufhebung der Ehe mit Rücksicht auf die bisherige Gestaltung des ehelichen Lebens der Ehegatte sittlich nicht gerechtfertigt erscheint.
§ 38. Ein Ehegatte kann Aufhebung der Ehe begehren, wenn er zur Eingehung der Ehe durch arglistige Täuschung über solche Umstände bestimmt worden ist, die ihn bei Kenntnis der Sachlage und bei richtiger Würdigung des Wesens der Ehe von der Eingehung der Ehe abgehalten hätten.
Die Aufhebung ist ausgeschlossen, wenn die Täuschung von einem Dritten ohne Wissen des anderen Ehegatten verübt worden ist, oder wenn der Ehegatte nach Entdeckung der Täuschung zu erkennen gegeben hat, daß er die Ehe fortsetzen will.
Auf Grund einer Täuschung über Vermögensverhältnisse kann die Aufhebung der Ehe nicht begehrt werden.

§ 39. Ein Ehegatte kann Aufhebung der Ehe begehren, wenn er zur Eingehung der Ehe widerrechtlich durch Drohung bestimmt worden ist.

Die Aufhebung ist ausgeschlossen, wenn der Ehegatte nach Aufhören der durch die Drohung begründeten Zwangslage zu erkennen gegeben hat, daß er die Ehe fortsetzen will.

Anhang IV: Verzeichnis der verwendeten Entscheidungen

Entscheidungen des Reichsgerichts

Datum	Aktenzeichen	Fundstellen
13.01.1891	III/ 236/90	RGZ 27, 158
20.09.1900	IV 145/00	Gruchot 45, S.835
09.05.1901	IV 76/01	RGZ 48, 157
06.10.1902	IV 206/02	RGZ 52, 306
03.11.1902	IV 268/02	JW 1902, Beil., S. 285
23.03.1903	IV 395/02	JW 1903, Beil., S.70
02.07.1903	IV 85/03	SeuffA 59, S. 159; JW 1903, Beil., S. 111
14.01.1904	IV 259/03	JW 1904, S. 114; DJZ 1904, S.406
14.03.1904	IV 351/03	SeuffA 59, S. 458; JW 1904, S. 204; Gruchot 48, S. 609
11.04.1904	IV 39/04	JW 1904, S. 284
02.02.1905	IV 606/04	JW 1905, S. 175
03.07.1905	IV 96/05	JW 1905, S. 532
22.12.1905	II 395/05	RGZ 62, 201
05.02.1906	IV 375/05	JW 1906, S. 167 (falsches Datum)
11.04.1906	IV 502/05	JW 1906, S. 355
11.04.1906	IV 504/05	JW 1906, S. 389
15.11.1906	IV 357/06	JW 1907, S. 3
14.03.1907	IV 381/06	JW 1907, S. 257 (falsches AKZ)
15.04.1907	IV 464/06	Recht 1907, Nr. 2564
07.11.1907	IV 116/07	RGZ 67, 56; JW 1907, S. 835 (Nr.13)
12.12.1907	IV 209/07	Recht 1908, Nr. 537
13.02.1908	IV 307/07	WarnRspr. 1908, Nr. 323; Recht 1908, Nr. 1212
12.11.1908	IV 69/08	RGZ 69, 410
07.01.1909	IV 193/08	WarnRspr. 1909, Nr. 218
11.03.1909	IV 293/08	n.v.
10.06.1908	IV 409/08	Recht 1909, Nr. 2272
04.10.1909	IV 599/08	WarnRspr. 1909, Nr. 559; JW 1909, S. 690
10.01.1910	IV 262/09	Recht 1910, Nr. 713
26.01.1910	IV 180/09	WarnRspr. 1910, Nr. 122
24.02.1910	IV 230/09	RGZ 73, 134; JW 1910, S. 334; Recht 1910, Nr. 1389
17.03.1910	IV 281/09	JW 1910, S. 474

04.04.1910	IV 476/09	JW 1910, S. 475; Recht 1910, Nr. 1753
14.04.1910	IV 328/09	Recht 1910, Nr. 2199
02.06.1910	IV 387/09	JW 1910, S. 707; Recht 1910, Nr. 2562
07.07.1910	IV 498/09	RGZ 74, 110
10.10.1910	IV 559/09	WarnRspr. 1910, Nr. 449; JW 1910, S. 1004
24.11.1910	IV 671/09	WarnRspr. 1911, Nr. 85; Recht 1911, Nr. 3657
12.04.1911	IV 509/10	WarnRspr. 1911, Nr. 332; JW 1911, S. 543 (Nr. 19)
12.04.1911	IV 396/10	JW 1911, S. 543 (Nr. 20)
11.05.1911	IV 479/10	WarnRspr. 1911, Nr. 380
13.07.1911	IV 689/10	JW 1911, S. 812
16.10.1911	IV 12/11	WarnRspr. 1912, Nr. 32
18.12.1911	IV 397/11	JW 1912, S. 244
19.02.1912	IV 236/11	WarnRspr. 1912, Nr. 216; Recht 1912, Nr. 1184
09.05.1912	IV 560/11	WarnRspr. 1912, Nr. 310; Gruchot 56, S. 999; DJZ 1912, S. 866 (falsches AKZ: 550/11)
13.06.1912	IV 603/11	WarnRspr. 1912, Nr. 395
21.11.1912	IV 298/12	Recht 1913, Nr. 358-360
17.03.1913	IV 567/12	WarnRspr. 1913, Nr. 348
25.04.1913	III 516/12	JW 1913, S. 739
22.05.1913	IV 78/13	Recht 1913, Nr. 2092
19.01.1914	IV 401/13	LZ 1914, Sp. 768
26.03.1914	IV 627/13	JW 1914, S. 646
05.11.1914	IV 287/14	WarnRspr. 1915, Nr. 22; JW 1915, S. 140; LZ 1915, Sp. 531
26.11.1914	IV 296/14	LZ 1915, Sp. 532; Gruchot 59, S. 751
28.01.1915	IV 448/14	n.v.
04.02.1915	IV 434/14	LZ 1915, Sp. 1111
12.05.1915	VI 21/15	JW 1915, S. 780
08.07.1915	VI 112/15	WarnRspr. 1915, Nr. 238; Recht 1915, Nr. 2290
11.12.1915	IV 188/15	WarnRspr. 1916, Nr. 84
20.06.1916	III 88/16	RGZ 88, 326
12.10.1916	IV 127/16	WarnRspr. 1917, Nr. 43
03.05.1917	VI 95/17	WarnRspr. 1917, Nr. 210
16.05.1917	VI 108/17	WarnRspr. 1917, Nr. 209
28.02.1918	IV 391/17	LZ 1918, Sp. 913
10.06.1918	VI 68/18	WarnRspr. 1918, Nr. 209
11.11.1918	VI 242/18	RGZ 94, 123
07.04.1919	VI 221/14	RGZ 95, 289

14.05.1919	V 45/19	Recht 1919, Nr. 1977
19.06.1919	IV 77/19	WarnRspr. 1919, Nr. 174
22.11.1919	V 246/19	WarnRspr. 1920, Nr. 165; Recht 1920, Nr. 908-910
14.01.1920	V 349/19	LZ 1920, Sp. 649
05.02.1920	VI 390/19	JW 1920, S. 555
02.06.1920	V 23/20	JW 1920, S. 832; Recht 1920, Nr. 2387, 2388
28.06.1920	VI 147/20	Gruchot 65, S. 95
01.07.1920	IV 64/20	Recht 1921, Nr. 1383
24.11.1920	V 246/20	n.v.
19.01.1921	V 383/20	Recht 1921, Nr. 1624
23.03.1921	IV 502/20	RGZ 103, 322
25.04.1921	VI 10/21	LZ 1921, Sp. 455
04.06.1921	V 45/21	JW 1922, S. 162
11.06.1921	V 91/21	JW 1922, S. 163
14.12.1921	V 269/21	JW 1922, S. 1199; Recht 1922, Nr. 972
12.05.1922	VII 479/21	RGZ 104, 335; JW 1924, S. 677
14.12.1922	IV 145/22	Recht 1923, Nr. 746
04.06.1923	IV 742/22	n.v.
25.06.1923	IV 465/22	LZ 1923, Sp. 647
22.12.1923	V 235/23	Warn 1923/24, Nr. 127
04.02.1924	IV 269/23	Recht 1924, Nr. 646
03.11.1924	IV 281/24	Gruchot 68, S. 324
17.11.1924	IV 263/24	JW 1925, S. 1639
30.04.1925	IV 562/24	RGZ 111, 5
19.10.1925	IV 268/25	WarnRspr. 1926, Nr. 91
11.03.1926	IV 552/25	WarnRspr. 1926, Nr. 92; JW 1927, S. 1191 (Nr. 3)
24.06.1926	IV 151/26	WarnRspr. 1926, Nr. 159; JW 1927, S. 1191 (Nr. 4); Recht 1926, Nr. 1366
07.10.1926	IV 133/26	JW 1927, S. 1192 (Nr. 5); Recht 1926, Nr. 2439
05.11.1926	VI 301/26	JW 1927, S. 2124; LZ 1927, Sp. 167
03.12.1926	VI 389/26	LZ 1927, Sp. 389
20.01.1927	VII 54/26	WarnRspr. 1927, Nr. 32
14.02.1927	IV 658/26	Recht 1927, Nr. 912
27.05.1927	II 144/26	JW 1927, S. 2572
21.10.1927	II 71/27	WarnRspr. 1927, Nr. 181
24.10.1927	IV 410/27	WarnRspr. 1927, Nr. 182
04.11.1927	VI 239/27	WarnRspr. 1927, Nr. 179
28.11.1927	IV 603/27	JW 1928, S. 896

23.12.1927	II 144/27	WarnRspr. 1928, Nr. 45; JW 1928, S. 896
13.02.1928	IV 557/27	DRZ 1928, Sp. 127
03.04.1928	II 488/27	DRZ 1928, Sp. 206
17.04.1928	II 490/27	LZ 1928, Sp. 832
16.10.1928	VII 286/28	WarnRspr. 1928, Nr. 176
05.11.1928	VIII 226/28	HRR 1929, Nr. 200
11.02.1929	VIII 351/28	HRR 1929, Nr. 1010
08.03.1929	VII 478/28	WarnRspr. 1929, Nr. 77
29.04.1929	VIII 126/29	DRZ 1929, Sp. 268
28.05.1929	VII 626/28	HRR 1929, Nr. 1828
10.06.1929	VIII 171/29	WarnRspr. 1929, Nr. 162
28.06.1929	VII 14/29	RGZ 125, 172; JW 1930, S. 989
23.09.1929	IV 177/29	HRR 1929, Nr. 2001
20.02.1930	IV 552/29	WarnRspr. 1930, Nr. 97; Recht 1930, Nr. 1044
03.03.1930	VIII 279/29	n.v.
07.04.1930	VIII 18/30	Recht 1930, Nr. 1510
07.04.1930	VIII 35/30	WarnRspr. 1930, Nr. 110
22.10.1930	IX 127/30	JW 1931, S. 1362
22.10.1930	IX 152/30	JW 1931, S. 1334; WarnRspr. 1931, Nr. 165
13.11.1930	VIII 340/30	WarnRspr. 1931, Nr. 9
11.12.1930	VIII 507/30	WarnRspr. 1931, Nr. 44
15.12.1930	VIII 419/30	JW 1931, S. 1340
21.04.1931	VIII 538/30	WarnRspr. 1931, Nr. 125
22.04.1931	IX 570/30	WarnRspr. 1931, Nr. 124
07.05.1931	IV 57/31	WarnRspr. 1931, Nr. 126
13.05.1931	IX 57/31	WarnRspr. 1931, Nr. 143
06.06.1931	VIII 203/31	WarnRspr. 1931, Nr. 164
08.06.1931	VIII 128/31	WarnRspr. 1931, Nr. 184
26.11.1931	VIII 338/31	LZ 1932, Sp. 391
16.01.1932	V 309/31	SeuffA 86, S. 246
18.02.1932	IV 429/31	WarnRspr. 1932, Nr. 121
18.06.1932	V 91/32	WarnRspr. 1932, Nr. 167
28.06.1932	VII 75/32	WarnRspr. 1932, Nr. 151
26.09.1932	VIII 174/32	WarnRspr. 1932, Nr. 179
14.11.1932	VIII 309/32	WarnRspr. 1933, Nr. 27
08.12.1932	IV 290/32	n.v.
09.03.1933	IV 17/33	WarnRspr. 1933, Nr. 81
03.04.1933	IV 23/33	WarnRspr. 1933, Nr. 80
08.05.1933	IV 31/33	WarnRspr. 1933, Nr. 100
22.06.1933	IV 88/33	WarnRspr. 1933, Nr. 130
09.10.1933	IV 165/33	WarnRspr. 1933, Nr. 179; JW 1933, S. 2764

04.12.1933	IV 293/33	WarnRspr. 1934, Nr. 11
21.12.1933	IV 285/33	WarnRspr. 1934, Nr. 39; JW 1934, S. 613
28.05.1933	IV 70/34	WarnRspr. 1934, Nr. 105
18.06.1934	IV 98/34	RGZ 145, 11; JW 1934, S. 2844; WarnRspr. 1934, Nr. 125
12.07.1934	IV 94/34	RGZ 145, 1
12.07.1934	IV 89/34	RGZ 145, 8
12.07.1934	IV 115/34	SeufArch 88, S. 310
12.07.1934	IV 103/34	WarnRspr. 1934, Nr. 136
12.07.1934	V 104/34	WarnRspr. 1934, Nr. 135
08.10.1934	IV 84/34	WarnRspr. 1934, Nr. 179
01.11.1934	IV 163/34	WarnRspr. 1934, Nr. 189
20.12.1934	IV 238/34	RGZ 146, 241; JW 1935, S. 696
28.02.1935	IV 332/34	WarnRspr. 1935, Nr. 70
14.03.1935	IV 328/34	RGZ 147, 211; JW 1935, S. 1842
06.05.1935	IV 10/35	WarnRspr. 1935, Nr. 118
13.05.1935	IV 16/35	WarnRspr. 1935, Nr. 119; JW 1935, S. 3095
04.07.1935	IV 36/35	WarnRspr. 1935, Nr. 146
18.07.1935	IV 107/35	WarnRspr. 1935, Nr. 147; JW 1935, S. 3097; DJ 1935, S. 1302
20.07.1935	IV 71/35	WarnRspr. 1935, Nr. 120
25.07.1935	IV 69/35	RGZ 148, 188; JW 1935, S. 3093; DJ 1935, S. 1498
22.08.1935	IV 75/35	WarnRspr. 1935, Nr. 145
22.08.1935	IV 128/35	RGZ 148, 193
19.09.1935	IV 174/35	WarnRspr. 1935, Nr. 163; JW 1936, S. 249
30.09.1935	IV 132/35	RGZ 148, 395; DJ 1935, S. 1828
16.01.1936	IV 205/35	WarnRspr. 1936, Nr. 59
05.03.1936	IV 298/35	RGZ 151, 1
20.04.1936	IV 17/36	JW 1936, S. 1958; DJ 1936, S. 1129
30.04.1936	IV 9/36	WarnRspr. 1936, Nr. 107
22.05.1936	III 237/35	RGZ 151, 187
30.07.1936	IV 109/36	RGZ 152, 147; JW 1936, S. 3043; DJ 1936, S. 1500
03.12.1936	IV 220/36	RGZ 153, 78; JW 1937, S. 616
11.02.1937	IV 279/36	WarnRspr. 1937, Nr. 52
01.03.1937	IV 281/36	WarnRspr. 1937, Nr. 77
15.03.1937	IV 313/36	WarnRspr. 1937, Nr. 79
08.04.1937	IV 317/36	RGZ 154, 253
29.04.1937	IV 32/37	WarnRspr. 1937, Nr. 102
26.11.1937	III 96/37	RGZ 156, 340

07.04.1938	IV 208/37	JW 1938, S. 1724; HRR 1938, Nr. 805; SeuffA 92, Nr. 129
23.05.1938	IV 48/38	JW 1938, S. 2209
10.10.1938	IV 91/38	RGZ 158, 334
13.10.1938	IV 81/38	RGZ 158, 268; DJ 1938, S. 1959
01.12.1938	IV 163/38	WarnRspr. 1939. Nr. 76
04.05.1939	IV B 15/39	RGZ 160, 270
19.06.1939	IV 33/39	n.v.
27.11.1939	IV 682/39	n.v.
30.11.1939	IV 326/39	n.v.
15.12.1939	IV 361/39	RGZ 162, 223
11.03.1940	IV 36/40	RGZ 163, 139; DR 1940, S. 910
29.05.1940	IV 662/39	RGZ 164, 373
01.06.1940	IV 680/39	RGZ 164, 106
05.06.1940	IV 71/40	WarnRspr. 1940, Nr. 113
07.11.1940	IV 134/40	RGZ 165, 121
11.11.1940	IV 174/40	Warn 1941, Nr. 39
14.11.1940	IV 170/40	n.v.
15.03.1941	IV 19/41	SeuffA 95, S. 106
29.10.1941	IV 109/41	WarnRspr. 1942, Nr. 10
12.11.1941	IV 146/41	DR 1942, S. 841
03.12.1941	IV 144/41	RGZ 168, 61
17.12.1941	IV 157/41	WarnRspr. 1942, Nr. 11
21.04.1943	IV 170/42	RGZ 171, 79; JW 1943, S. 847
15.12.1943	IV 236/43	DR 1944, S. 416
24.06.1944	IV 14/44	DR 1944, S. 665
09.09.1944	IV 199/44	DR 1944, S. 840

Entscheidungen des Bundesgerichtshofes

9.07.1951	IV ZR 165/50	LM § 32 Nr. 1
12.07.1951	IV ZR 27/51	LM § 32 Nr. 2
29.06.1957	IV ZR 88/57	BGHZ 25, 66; FamRZ 1957, S. 368
14.05.1958	IV ZR 11/58	FamRZ 1958, S. 314
4.02.1959	IV ZR 231/58	BGHZ 29, 265
1.02.1967	IV ZR 262/65	LM § 32 Nr. 6
5.03.1986	IV b ZR 4/85	FamRZ 1986, S. 553

Literaturverzeichnis

Achilles, Alexander/Greiff, Max, Bürgerliches Gesetzbuch, 12. Aufl., Berlin 1927; 16. Aufl., Berlin 1941.

Altsmann, Richard, Das Recht des Bürgerlichen Gesetzbuches, 11. Aufl., Berlin 1906.

Ambrock, Erich, Ehe und Ehescheidung, Berlin, New York 1977.

Anz, Heinrich, Eheschließung, Ehenichtigkeit und Eheaufhebung nach dem Gesetz vom 6. Juli 1938. In: JW 1938, S. 2069-2080.

Bähr, Otto, Gegenentwurf zu dem Entwurfe eines bürgerlichen Gesetzbuches für das Deutsche Reich, Kassel 1892.

Barazetti, Caesar, Das Eherecht mit Ausschluss des ehelichen Vermögensrechts nach dem Code Napoleon und dem Badischen Landrecht, Hannover 1895.

Barth, Thomas/Wagenitz, Thomas, Zur Neuordnung des Eheschließungsrechts. In: FamRZ 1996, S. 833-844.

Bauer, Fritz, Die Eheanfechtungsgründe des deutschen bürgerlichen Gesetzbuches, Fürstenfeldbruck 1937.

Beitzke, Günther, Zum Ehegesetz vom 20.2.1946. In: DRZ 1946, S. 136-138.

Blümel, Karl-Heinz, Die Anfechtung der sog. „Rassenmischehe" im Nationalsozialismus, Regensburg 1999.

Blume, Wilhelm v., Anmerkung zum Urteil des Reichsgerichts v. 11. März 1926, IV 552/25. In: JW 1927, S. 1191.

Borst, Kurt, Das Verehelichungszeugnis – Ein Beitrag zur Reform des Eherechts. In: Deutsches Recht 1934, S. 154-156.

Bosch, Friedrich Wilhelm, Neuordnung oder nur Teilreform des Eheschließungsrechts? In: NJW 1998, S. 2004-2012.

Brandis, Ernst, Zum Gesetz gegen die Mißbräuche bei der Ehe und der Annahme an Kindes Statt. In: JW 1933, S. 2862-2866.

Buschmann, Arno, Das Sächsische Bürgerliche Gesetzbuch von 1863/65 – Vorläufer und Muster des BGB. In: JuS 1980, S. 553-559.

Conrad, Hermann, Aufklärung und Gesetzgebung. Zum Inkrafttreten des Allgemeinen Landrechts für die Preußischen Staaten vor 175 Jahren. In: JZ 1969, S. 309-311.

Conrad, Hermann, Deutsche Rechtsgeschichte, Band II, Neuzeit bis 1806, Karlsruhe 1966.

Dernburg, Heinrich, Das bürgerliche Recht des Deutschen Reichs und Preußens, 4. Band: Deutsches Familienrecht, 4. Aufl., Halle 1908.

Diederichsen, Uwe, Nationalsozialistische Ideologie in der Rechtsprechung des Reichsgerichts zum Ehe- und Familienrecht. In: Recht und Justiz im „Dritten Reich", hrsg. von Ralf Dreier und Wolfgang Sellert, Frankfurt 1989, S. 241-272.

Dienstleder, Alois, Das neue großdeutsche Eherecht, Wien 1939.

Dölle, Hans, Das Gesetz gegen Mißbräuche bei der Eheschließung und der Annahme an Kindes Statt v. 23. November 1933. In: JW 1933, S. 2859-2863.

Dölle, Hans, Familienrecht I, Band 1, Karlsruhe 1964.

Ebel, Friedrich, Rechtsgeschichte, Band II, Neuzeit, Heidelberg 1993.

Eck, Ernst/Leonhard, Rudolf, Vorträge über das Recht des Bürgerlichen Gesetzbuches, Band II, 1. und 2. Auflage, Berlin 1904.

Eisenhardt, Ulrich, Deutsche Rechtsgeschichte, 2. Aufl., München 1995.

Endemann, Friedrich, Anmerkung zum Urteil des Reichsgerichts v. 28. November 1927, IV 603/27. In: JW 1928, S. 896.

Endemann, Friedrich, Lehrbuch des Bürgerlichen Rechts, Zweiter Band, Zweite Abteilung: Familienrecht, 8. und 9. Aufl., Berlin 1908.

Eynern, Walter v., Die Anfechtung der Ehe wegen Irrtums über persönliche Eigenschaften, Diss. Marburg 1912.

Faupel, Rainer/Eschen, Klaus, Gesetzliches Unrecht in der Zeit des Nationalsozialismus. Vor 60 Jahren: Erlaß der Nürnberger Gesetze, Baden-Baden 1997.

Ficker, Hans, Das Ehegesetz vom 6. Juli 1938. In: JW 1938, S. 2065-2069.

Flatten, Heinrich, Irrtum und Täuschung bei der Eheschließung nach kanonischem Recht, Paderborn 1957.

Fraeb, Walter Martin, Die Anfechtbarkeit arisch-jüdischer Mischehen. In: DRZ 1934, S. 267-270.

Frantz, Georg, Richtung und Grundgedanken der reichsgerichtlichen Rechtsprechung zum Ehegesetz. In: DR 1941 (Ausgabe A), S. 1028-1035.

Freisler, Roland, Vom alten zum neuen Ehescheidungsrecht, Berlin 1937.

Freund, Heinrich, Anmerkung zum Urteil des Reichsgerichts v. 22. Oktober 1930, IX 152/30. In: JW 1931, S. 1334-1335.

Frick, Wilhelm, Das Reichsbürgergesetz und das Gesetz zum Schutze des deutschen Blutes und der deutschen Ehre vom 15. September 1935. In: DJZ 1935, Sp. 1389-1394.

Frick, Wilhelm, Die Rassenfrage in der deutschen Gesetzgebung. In: DJZ 1934, Sp. 1-6.

Friedberg, Emil, Lehrbuch des katholischen und evangelischen Kirchenrechts, 6. Aufl., Leipzig 1909.

Gaupp, Robert, Der § 1333 des Bürgerlichen Gesetzbuches und die dabei in Betracht kommenden Krankheitszustände. In: AcP 104 (1909), S. 365-387.
Gfrörer, Das Recht der Familie im Dritten Reich. In: DR 1934, S. 151-154.
Gierke, Otto v., Der Entwurf eines bürgerlichen Gesetzbuchs und das deutsche Recht, Leipzig 1889.
Gierke, Otto v., Die soziale Aufgabe des Privatrechts, Berlin 1889.
Gordon, Michael, Das Wesen der Ehe, Diss. Berlin 1978.
Grunau, Erbkrankheit und Ehenichtigkeit. In: JW 1935, S. 3080-3084.
Guthjahr, Herbert, Das neue deutsche Ehegesetz. In: DR 1938, S. 311-314.

Hattenhauer, Hans (Hrsg.), Allgemeines Landrecht für die preußischen Staaten von 1794. Mit einer Einführung von Hans Hattenhauer und einer Bibliographie von Günther Bernert. 3. Aufl., Neuwied, Kriftel, Berlin 1996.
Hattenhauer, Hans, Die geistesgeschichtlichen Grundlagen des deutschen Rechts, 4. Aufl., Heidelberg 1996.
Heilfron, Eduard, Deutsches Recht (Rechtsgeschichte und System des Privatrechts) als Grundlage des heutigen Rechts, 8. Aufl., Mannheim, Berlin, Leipzig 1921.
Heller, Julius, Arzt und Eherecht, Berlin und Köln 1927.
Heller, Julius, Zum persönlichen Eherecht. In: DJZ 1902, S. 246-247.
Henke, Eberhard, Anmerkung zum Urteil des Reichsgerichts v. 9. Oktober 1933, IV 165/33. In: JW 1933, S. 2764.
Hepting, Reinhard, Das Eheschließungsrecht nach der Reform. In: FamRZ 1998, S. 713-728.
Hetzel, Marius, Die Anfechtung der Rassenmischehe in den Jahren 1933-1939, Tübingen 1997.
Heymann, Ernst, Zum persönlichen Eherecht. In: DJZ 1902, S. 110-113.
Hinschius, Paul, Das Personenrecht der Ehegatten im Entwurf eines bürgerlichen Gesetzbuches für das deutsche Reich. In: AcP 74 (1889), S. 55-96.
Hitler, Adolf, Mein Kampf, 548.-552. Aufl., München 1940.
Hölder, Eduard, Die Anfechtung der Ehe wegen Irrthums über die Person. In: Jherings Jahrbücher, 42. Band (1901), S. 1-42.
Hoffmann, Edgar/Stephan, Walter, Ehegesetz, 2. Aufl., München 1968.
Holzhauer, Heinz, Die Scheidungsgründe in der nationalsozialistischen Familiengesetzgebung. In: NS-Recht in historischer Perspektive (Kolloquien des Instituts für Zeitgeschichte), München, Wien 1981, S. 53-70.

Jacobi, Ernst, Anmerkung zum Urteil des Reichsgerichts v. 17. November 1924, IV 263/24. In: JW 1925, S. 2447-2448.

Jahnel, Rosemarie, Kurzbiographien der Verfasser des Bürgerlichen Gesetzbuches. In: Die Beratung des Bürgerlichen Gesetzbuchs in systematischer Zusammenstellung der unveröffentlichten Quellen. Materialien zur Entstehungsgeschichte des BGB – Einführung, Biographien, Materialien –, hrsg. von Horst Jakobs und Werner Schubert, Berlin, New York 1978, S. 69-124.

Jakobs, Horst/Schubert, Werner (Hrsg.), Die Beratung des Bürgerlichen Gesetzbuches in systematischer Zusammenstellung der unveröffentlichten Quellen. Familienrecht I, Berlin, New York 1987.

Johannsen, Kurt Herbert/Henrich, Dieter, Eherecht, 2. Aufl., München 1992.

Jung, Heinrich, Die Auflösung der Ehe zwischen Ariern und Nichtariern. In: JW 1933, S. 2367-2368.

Kaufhold, Franz, Der Irrtum über persönliche Eigenschaften als Anfechtungsgrund der Ehe, Diss. Heidelberg 1909.

Klemm, Werner, Die Lösung deutsch-jüdischer Mischehen. In: DR 1939, S. 1899-1902.

Klöppel, Paul, Das Familien- und Erbrecht des Entwurfs zum bürgerlichen Gesetzbuche. In: Gruchot 33 (1889), S. 64-93 und S. 338-364.

Knecht, August, Handbuch des katholischen Eherechts, Freiburg 1928.

Knoblauch, Walter, Nichtigkeit und Anfechtbarkeit einer Ehe, Diss. Heidelberg 1910.

Lange, Heinrich, Fragen des Eheschließungsrechts. In: AcP 145 (1939), S. 129-198.

Laufs, Adolf, Beständigkeit und Wandel – Achtzig Jahre deutsches Bürgerliches Gesetzbuch. In: JuS 1980, S. 853-860.

Laufs, Adolf, Rechtsentwicklung in Deutschland, 5. Aufl., Berlin, New York 1996.

Liebnitz, Gerd, Eheanfechtung wegen Gefährdung der Nachkommenschaft. In: DJ 1935, S. 1522-1524.

Liebnitz, Gerd, Grenzen der Eheanfechtung und Ehescheidung wegen Erbkrankheit. In: DJ 1937, S. 1466-1468.

Linneborn, Johannes, Grundriß des Eherechts nach dem Codex Iuris Canonici, 4. und 5. Aufl., Paderborn 1933.

Lösener, Bernhard/Knost, Friedrich A., Die Nürnberger Gesetze, 2. Aufl., Berlin 1937.

Maßfeller, Franz, Anmerkung zum Urteil des Reichsgerichts v. 18. Juli 1935, IV 107/35. In: DJ 1935, S. 1303.

Maßfeller, Franz, Anmerkung zum Urteil des Reichsgerichts v. 30. September 1935, IV 132/35. In: DJ 1935, S. 1829-1830.

Maßfeller, Franz, Anmerkung zum Urteil des Reichsgerichts v. 20. April 1936, IV 17/36. In: DJ 1936, S. 1130-1131.
Maßfeller, Franz, Anmerkung zum Urteil des Reichsgerichts v. 30. Juli 1936, IV 109/36. In: JW 1936, S. 3044-3046.
Maßfeller, Franz, Anmerkung zum Urteil des Reichsgerichts v. 3. Dezember 1936, IV 220/36. In: JW 1937, S. 618-619.
Maßfeller, Franz, Erbkrankheit und Eheanfechtung. In: DJ 1936, S. 1287-1293.
Maßfeller, Franz, Nationalsozialistische Neugestaltung des Eherechts. In: DJZ 1936, Sp. 607-615.
Maßfeller, Franz, Sittlichkeit im Familienrecht! In: DJ 1933, S. 752-753.
Matzke, Walter, Anmerkung zum Urteil des Reichsgerichts v. 14. März 1935, IV 328/34. In: JW 1935, S. 1843.
Matzke, Walter, Die Anfechtung der Rassenmischehe nach geltendem Recht. In: JW 1934, S. 2593-2601.
Meggendorfer, Friedrich, Medizinische Gesichtspunkte zum neuen Ehegesetz. In: AcP 145 (1939), S. 199-233.
Menger, Anton, Das bürgerliche Recht und die besitzlosen Volksklassen, 4. Aufl., Tübingen 1908.
Mitteis, Heinrich, Die Ehe in der Rechtsprechung des Reichsgerichts. In: Die Reichsgerichtspraxis im deutschen Rechtsleben – Festgabe der juristischen Fakultäten zum 50-jährigen Bestehen des Reichsgerichts, 3. Band, Berlin, Leipzig 1929, S. 180-215.
Mößmer, Ferdinand, Anmerkung zum Urteil des Reichsgerichts vom 25. Juli 1935, IV 69/35. In: JW 1935, S. 3094.
Mößmer, Ferdinand, Rassenmischehe und geltendes Recht. In: Zeitschrift der Akademie für Deutsches Recht 1934, S. 86-92.
Münchner Kommentar, Kommentar zum Bürgerlichen Gesetzbuch, Band 5, München 1978.
Muscheler, Karlheinz, Der Entwurf eines Gesetzes zur Neuordung des Eheschließungsrechts. In: JZ 1997,S. 1142-1149.

Neubecker, Friedrich Karl, Lösungen von Familienbeziehungen wegen Tuberkulose. In: Archiv für Bürgerliches Recht, 31. Band (1908), S. 255-286.

Opet, Otto, Anmerkung zum Urteil des Reichsgerichts v. 5. Februar 1920, VI 390/19. In: JW 1920, S. 555.
Opet, Otto/Blume, Wilhelm v., Das Familienrecht des Bürgerlichen Gesetzbuches, 1. und 2. Abschnitt, Berlin 1906.

Pagenstecher, Max, Anmerkung zum Urteil des Reichsgerichts v. 13. Oktober 1924, IV 203/24. In: JW 1925, S. 355-356.
Palandt, Otto, Bürgerliches Gesetzbuch, 21. Aufl., München, Berlin 1962.

Planck, Gottlieb Karl Georg, Kommentar zum Bürgerlichen Gesetzbuch, IV. Band, 1. Hälfte, 4. Aufl., Berlin, Leipzig 1928.
Ramm, Thilo, Das nationalsozialistische Familien- und Jugendrecht, Heidelberg 1984.
Ramm, Thilo, Eherecht und Nationalsozialismus. In: Festschrift für Ernst Fraenkel, hrsg. von Günther Doeker und Winfried Steffani, Hamburg 1973, S. 151-166.
Rauscher, Thomas, Familienrecht, Heidelberg 2001.
RGRK (hrsg. von Reichsgerichtsräten und Bundesrichtern), Das Bürgerliche Gesetzbuch mit besonderer Berücksichtigung der Rechtsprechung des Reichsgerichts und des Bundesgerichtshofes, 4. Band, 6. Aufl., Berlin 1928; 8. Aufl., Berlin 1935; 9. Aufl., Berlin 1940; 10. und 11. Aufl., Berlin 1968.
Richter, Aemilius Ludwig/Dove, Richard/Kahl, Wilhelm, Lehrbuch des katholischen und evangelischen Kirchenrechts, 8. Aufl., Leipzig 1886.
Rietschel, Siegfried, Die Anfechtung der Ehe wegen Irrtums über persönliche Eigenschaften des anderen Ehegatten. In: AcP 104 (1909), S. 339-364.
Rilk, Otto, Anmerkung zum Urteil des Reichsgerichts v. 4. Mai 1939, IV B 15/39. In: DR 1939, S. 1715.
Rilk, Otto, Das neue Eherecht, Leipzig 1938.
Rosenthal, Alfred, Reichsgericht und Ehebruch der Frau. In: LZ 1925, Sp. 1245-1250.
Rüthers, Bernd, Die unbegrenzte Auslegung, 5. Aufl., Heidelberg 1997.
Ruoss, M., Leitfaden für kirchliches Eherecht nach dem Codex iuris Canonici, Olten und Konstanz 1926.

Sauer, Karl, Das deutsche Eheschließungs- und Ehescheidungsrecht, München und Berlin 1909.
Scanzoni, Gustav v., Anmerkung zum Urteil des Reichsgerichts v. 12. November 1941, IV 146/41. In: DR 1942, S. 842-843.
Scanzoni, Gustav v., Das großdeutsche Ehegesetz, Berlin 1939.
Schäfer, Gerhard, Die Anfechtung von Mischehen. In: JW 1936, S. 165-166.
Schäfer, Johann Peter, Die Entstehung der Vorschriften des BGB über das persönliche Eherecht, Frankfurt, Bern, New York 1983.
Scharnagl, Anton, Das neue deutsche Ehegesetz, München 1939.
Scheiff, Alfons, Praktisches Handbuch des Bürgerlichen Rechts, Köln 1902.
Schilling, Bruno, Aphorismen zu dem Entwurfe eines bürgerlichen Gesetzbuches für das Deutsche Reich, Allgemeiner Theil, Cöln 1888.
Schlosser, Hans, Grundzüge der Neueren Privatrechtsgeschichte, 8. Aufl., Heidelberg 1996.
Schmidt, Arthur B., Familienrecht, 1. Abschnitt: Die bürgerliche Ehe, München 1907.

Schönsteiner, Ferdinand, Grundriß des kirchlichen Eherechts, 2. Aufl., Donauwörth, Basel 1937.
Scholz Löhnig, Cordula, Bayerisches Eherecht von 1756 bis 1875 auf dem Weg zur Verweltlichung, Berlin 2004.
Schraut, Rudolf, Blutgebundenes Recht. In: DR 1934, S. 73-74.
Schubert, Werner, Die Entstehung der Vorschriften des BGB über Besitz und Eigentumsübertragung, Berlin 1966.
Schubert, Werner, Entstehungsgeschichte des Bürgerlichen Gesetzbuches. In: Die Beratungen des Bürgerlichen Gesetzbuchs in systematischer Zusammenstellung der unveröffentlichten Quellen. Materialien zur Entstehungsgeschichte des BGB – Einführung, Biographien, Materialien –, hrsg. von Horst Jakobs und Werner Schubert, Berlin, New York 1978, S. 27-68.
Schubert, Werner, Französisches Recht in Deutschland zu Beginn des 19. Jahrhunderts, Köln, Wien 1977.
Schubert, Werner, Mecklenburg und das Bürgerliche Gesetzbuch – Die Stellungnahmen Mecklenburg-Schwerins von 1891/92 und 1895 zu den BGB-Entwürfen und die Ausführungsgesetze von 1899. In: Geschichte und Perspektiven des Rechts im Ostseeraum, hrsg. von Jörn Eckert und Kjell A. Modeer, Frankfurt u.a. 2002, S. 305-348.
Schulte, Friedrich v., Lehrbuch des katholischen und evangelischen Kirchenrechts, 4. Aufl. des katholischen, 1. Aufl. des evangelischen Rechts, Gießen 1886.
Schultz, Zur Stellung des Entwurfs eines Bürgerlichen Gesetzbuches zur Anfechtbarkeit der Ehe. In: Juristische Rundschau für das katholische Deutschland, Band III, Heft II, Frankfurt 1889, S. 42-57.
Schumacher, Adolph, Anfechtung jüdisch-arischer Ehen. In: DJZ 1933, Sp. 1492-1494.
Seidlmayer, Hubert, Über Personen- und Eigenschaftsirrtum bei der Eheschließung nach BGB (§ 1333). In: Jherings Jahrbücher 46 (1904), S. 183-228.
Siller, Jacob, Die Aufhebung der Ehe nach dem Gesetz vom 6. Juli 1938, Würzburg 1940.
Soergel, Hans Theodor, Bürgerliches Gesetzbuch, III. Band, 7. Aufl., Stuttgart 1939.
Spahn, Peter, Das Eherecht. In: Ergänzungsrecht der Juristischen Rundschau für das katholische Deutschland, Band I, Frankfurt 1890, S. 8-61.
Stabel, Anton, Institutionen des französischen Civilrechts (Code Napoleon), Mannheim 1871.
Staudinger, Julius v., Kommentar zum Bürgerlichen Gesetzbuch, 4. Buch, Familienrecht, 2. Aufl., Berlin 1905; 7. und 8. Aufl., Berlin 1913; 9. Aufl., Berlin 1926; 12. Aufl., Berlin 1993; 13. Bearbeitung, Berlin 2000.

Stuckart, Wilhelm/Globke, Hans, Kommentare zur deutschen Rassengesetzgebung, Band 1: Reichsbürgergesetz vom 15. September 1935, Gesetz zum Schutze des deutschen Blutes und der deutschen Ehe vom 15. September 1935, Gesetz zum Schutze der Erbgesundheit des deutschen Volkes (Ehegesundheitsgesetz), München, Berlin 1936.

Triebs, Franz, Handbuch des kanonischen Eherechts, 1. Teil, Breslau 1925.

Türcke, Robert/Niedenführ, K./Winter, P., Das Bürgerliche Recht, II. Band, 3. Aufl., Berlin 1911.

Völk, J., Das Reichsgesetz über die Beurkundung des Personenstandes und die Eheschließung vom 6. Februar 1875, Nördlingen 1876.

Volkmar, Erich, Das neue Eheschließungs- und Ehescheidungsrecht. In: DJ 1938, S. 1118-1121.

Warneyer, Otto, Kommentar zum BGB für das Deutsche Reich, 2. Band, Tübingen 1923.

Weiß, Hans, Die Familie im Dritten Reich. In: DR 1934, S. 156-158.

Wieacker, Franz, Privatrechtsgeschichte der Neuzeit, 2. Aufl., Göttingen 1967.

Wieruszowski, Alfred Ludwig, Anmerkung zu den Urteilen des Reichsgerichts v. 4. Juni 1921, V 45/21 und v. 11. Juni 1921, V 91/21. In: JW 1922, S. 162-163.

Wieruszowski, Alfred Ludwig, Anmerkung zum Urteil des Reichsgerichts v. 12. Mai 1922, VII 479/21. In: JW 1924, S. 677.

Wieruszowski, Alfred Ludwig, Anmerkung zum Urteil des Reichsgerichts v. 17. November 1924, IV 263/24. In: JW 1925, S. 1639.

Wöhrmann, Otto, Die Auflösung der Ehe zwischen Juden und Ariern. In: JW 1933, S. 2041.

Wolf, Bruno, Das Bürgerliche Gesetzbuch, Halle 1908.

Materialien

Zur Entstehung der Vorschriften des BGB

Begründung des Vorentwurfs des Familienrechts, Verfasser: Gottlieb Planck. In: Die Vorlagen der Redaktoren für die erste Kommission zur Ausarbeitung des Entwurfs eines Bürgerlichen Gesetzbuchers, Familienrecht, Teil 1, hrsg. von Werner Schubert, Berlin, New York 1983 (zit. Begründung Vorentwurf).

Bemerkungen der Großherzoglich Mecklenburg-Schwerinschen Regierung zu den Entwürfen eines Bürgerlichen Gesetzbuches für das Deutsche Reich, Zweiter Band, Schwerin 1892 (zit. Bemerkungen Mecklenburgs zum 1. Entwurf).

Bemerkungen der Großherzoglich Mecklenburg-Schwerinschen Regierung zu den Entwürfen eines Bürgerlichen Gesetzbuches für das Deutsche Reich zweiter Lesung, Schwerin 1895 (zit. Bemerkungen Mecklenburgs zum 2. Entwurf).

Bemerkungen des Königlich Preußischen Justizministers zum Entwurfe eines Bürgerlichen Gesetzbuches für das Deutsche Reich, Berlin 1891 (zit. Bemerkungen Preußen).

Beratungen der ersten Kommission zur Nichtigkeit und Anfechtbarkeit der Ehe. In: Die Beratung des Bürgerlichen Gesetzbuches in systematischer Zusammenstellung der unveröffentlichten Quellen, Familienrecht I, § 1297-1563, hrsg. von Horst Heinrich Jakobs und Werner Schubert, Berlin, New York 1987, S. 136-216 (zit. Beratungen 1. Kommission, in Jakobs/Schubert).

Beratungen der zweiten Kommission zur Nichtigkeit und Anfechtbarkeit der Ehe. In: Die Beratung des Bürgerlichen Gesetzbuches in systematischer Zusammenstellung der unveröffentlichten Quellen, Familienrecht I, § 1297-1563, hrsg. von Horst Heinrich Jakobs und Werner Schubert, Berlin, New York 1987, S. 249-281 (zit. Beratungen 2. Kommission, in Jakobs/Schubert).

Beratungen von Bundesrat (Justizausschuß 1895) *und Reichstag* (1896) zur Nichtigkeit und Anfechtbarkeit der Ehe. In: Die Beratung des Bürgerlichen Gesetzbuches in systematischer Zusammenstellung der unveröffentlichten Quellen, Familienrecht I, § 1297-1563, hrsg. von Horst Heinrich Jakobs und Werner Schubert, Berlin, New York 1987, S. 287-290 (zit. Beratungen Bundesrat und Reichstag, in Jakobs/Schubert).

Die gesamten Materialien zum Bürgerlichen Gesetzbuch für das Deutsche Reich, hrsg. und bearb. von Benno Mugdan, I. Band, Berlin 1899 (zit. Mugdan I).
Motive zu dem Entwurf eines Bürgerlichen Gesetzbuches für das Deutsche Reich, Band IV, Familienrecht, Berlin 1896 (zit. Motive IV).
Protokolle der Kommission für die zweite Lesung des Entwurfs des Bürgerlichen Gesetzbuches, Band IV, Familienrecht, Berlin 1897 (zit. Protokolle II, Bd. 4).
Vorlage Nr. 5/1875 von Gottlieb Planck. In: Die Beratung des Bürgerlichen Gesetzbuches in systematischer Zusammenstellung der unveröffentlichten Quellen, Familienrecht I, § 1297-1563, hrsg. von Horst Heinrich Jakobs und Werner Schubert, Berlin, New York 1987, S. 132-133 (zit. Vorlage 5/1875, in Jakobs/Schubert).
Zur Erläuterung der Vorlage Nr. 5/1875, Verfasser: Gottlieb Planck. In: Die Beratung des Bürgerlichen Gesetzbuches in systematischer Zusammenstellung der unveröffentlichten Quellen, Familienrecht I, § 1297-1563, hrsg. von Horst Heinrich Jakobs und Werner Schubert, Berlin, New York 1987, S. 133-136 (zit. Zur Erläuterung der Vorlage 5/1875, in Jakobs/Schubert).
Zusammenstellung der Äußerungen der Bundesregierungen zu dem Entwurf eines Bürgerlichen Gesetzbuches, Band I, Berlin 1891 (zit. Zusammenstellung Bd. 1); Band II, Berlin 1891 (zit. Zusammenstellung Bd. 2).

Zu Gesetzesänderungen in der NS-Zeit

Amtliche Begründung des Gesetzentwurfes zum Gesetz gegen Mißbräuche bei der Eheschließung und der Annahme an Kindes Statt vom 23. November 1933. In: Schubert, Das Familien- und Erbrecht unter dem Nationalsozialismus, S. 6-10 (auch in DJ 1933, S. 765-767) (zit. Amtliche Begründung Eheschließungs- und Adoptionsmissbrauchsgesetz, in Schubert).
Begründung zu dem Gesetz zum Schutz der Erbgesundheit des Deutschen Volkes. In: Schubert, Das Familien- und Erbrecht unter dem Nationalsozialismus, S. 25-28 (zit. Amtliche Begründung EhegesundheitsG, in Schubert).
Begründung zu dem Gesetz zur Vereinheitlichung des Rechts der Eheschließung und der Ehescheidung im Lande Österreich und im übrigen Reichsgebiet vom 6. Juli 1938. In: Schubert, Das Familien- und Erbrecht unter dem Nationalsozialismus, S. 143-168 (auch in DJ 1938, S. 1102-1114) (zit. Amtliche Begründung EheG1938, in Schubert).

RECHTSHISTORISCHE REIHE

Band 1 Studien zu den germanischen Volksrechten. Gedächtnisschrift für Wilhelm Ebel. Vorträge gehalten auf dem Fest-Symposion anläßlich des 70. Geburtstages von Wilhelm Ebel am 16. Juni 1978 in Göttingen. Götz Landwehr (Hrsg.) 1982.

Band 2 Hans Poeschel: Die Statuten der Banken, Sparkassen und Kreditgenossenschaften in Hamburg und Altona von 1710 bis 1889. 1978.

Band 3 Thomas Kolbeck: Juristenschwemmen, Untersuchungen über den juristischen Arbeitsmarkt im 19. und 20. Jahrhundert. 1978.

Band 4 Norbert Hempel: Richterleitbilder in der Weimarer Republik. 1978.

Band 5 Rolf Stratmann: Die Scheinbußen im mittelalterlichen Recht. 1978.

Band 6 Martin C. Lockert: Die niedersächsischen Stadtrechte zwischen Aller und Weser. Vorkommen und Verflechtungen. Eine Bestandsaufnahme. 1979.

Band 7 Joachim Rückert/Wolfgang Friedrich: Betriebliche Arbeiterausschüsse in Deutschland, Großbritannien und Frankreich im späten 19. und frühen 20. Jahrhundert. Eine vergleichende Studie zur Entwicklung des kollektiven Arbeitsrechts. 1979.

Band 8 Peter Bender: Die Rezeption des römischen Rechts im Urteil der deutschen Rechtswissenschaft. 1979.

Band 9 Friedrich Karl Alsdorf: Untersuchungen zur Rechtsgestalt und Teilung deutscher Ganerbenburgen. 1980.

Band 10 Dietmar Willoweit/Winfried Schich (Hrsg.): Studien zur Geschichte des sächsisch-magdeburgischen Rechts in Deutschland und Polen (Sammelband). 1980.

Band 11 Brigitte Hempel: Der Entwurf einer Polizeiordnung für das Herzogtum Sachsen-Lauenburg aus dem Jahre 1591. 1980.

Band 12 Klaus-Detlev Godau-Schüttke: Rechtsverwalter des Reiches. Staatssekretär Dr. Curt Joël. 1981.

Band 13 Rainer Polley: Anton Friedrich Justus Thibaut (AD 1772-1840) in seinen Selbstzeugnissen und Briefen. Teil 1: Abhandlung. Teil 2: Briefwechsel. Teil 3: Register zum Briefwechsel. 1982.

Band 14 Michael Wettengel: Der Streit um die Vogtei Kelkheim 1275-1276. Ein kanonischer Prozeß.1981.

Band 15 Otto Wilhelm Krause: Naturrechtler des sechzehnten Jahrhunderts. Ihre Bedeutung für die Entwicklung eines natürlichen Privatrechts. 1982.

Band 16 Helga Spindler: Von der Genossenschaft zur Betriebsgemeinschaft. Kritische Darstellung der Sozialrechtslehre Otto von Gierkes. 1982.

Band 17 Holger Otte: Gustav Radbruchs Kieler Jahre 1919 - 1926. 1982.

Band 18 Rüdiger Teuner: Die fuldische Ritterschaft 1510 - 1656. 1982.

Band 19 Gerhard Dilcher/Rudolf Hoke/Gian Savino Pene Vidari/Hans Winterberg (Hrsg.): Grundrechte im 19. Jahrhundert. 1982.

Band 20 Karl-Hans Schloßstein: Die westfälischen Fabrikengerichtsdeputationen - Vorbilder, Werdegang und Scheitern. 1982.

Band 21 Birger Schulz: Der Republikanische Richterbund (1921-1933). 1982.

Band 22 Engelbert Krause: Die gegenseitigen Unterhaltsansprüche zwischen Eltern und Kindern in der deutschen Privatrechtsgeschichte. 1982.

Band 23 Meent W. Francksen: Staatsrat und Gesetzgebung im Großherzogtum Berg (1806-1813). 1982.

Band 24 Gerd von Sonnleithner: Bearbeitung des Handelsrechts durch Ignaz von Sonnleithner in seinem "Leitfaden über das österreichische Handels- und Wechselrecht". 1982.

Band 25 Rudolf Palme: Rechts-, Wirtschafts- und Sozialgeschichte der inneralpinen Salzwerke bis zu deren Monopolisierung. 1983.

Band 26 Helen Bosshard: Pestalozzis Staats- und Rechtsverständnis und seine Stellung in der Aufklärung. 1983.

Band 27 Jens Jessen: Die Selbstzeugnisse der deutschen Juristen. Erinnerungen, Tagebücher und Briefe. Eine Bibliographie. 1983.

Band 28 Günter Martin Jensen: Das Domanium Waldeck. Die rechtliche Zuordnung eines Fürstenvermögens. 1984.

Band 29 Johann Heinrich Kumpf: Petitionsrecht und öffentliche Meinung im Entstehungsprozeß der Paulskirchenverfassung 1848/49. 1983.

Band 30 Sabine Frey: Rechtsschutz der Juden gegen Ausweisungen im 16. Jahrhundert. 1983.

Band 31 Dietrich Joswig: Die germanische Grundstücksübertragung. 1984.

Band 32 Andreas Baryli: Konzessionssystem contra Gewerbefreiheit. Zur Diskussion der österreichischen Gewerberechtsreform 1835 bis 1860. 1984.

Band 33 Gerhard Oberkofler: Studien zur Geschichte der österreichischen Rechtswissenschaft. 1984.

Band 34 Rudolf Lauda: Kaufmännische Gewohnheit und Burgrecht bei Notker dem Deutschen. Zum Verhältnis von literarischer Tradition und zeitgenössischer Realität in der frühmittelalterlichen Rhetorik. 1984.

Band 35 Jens Jensen: Die Ehescheidung des Bischofs Hans von Lübeck von Prinzessin Julia Felicitas von Württemberg-Weiltingen AD 1648-1653. Ein Beitrag zum protestantischen Ehescheidungsrecht im Zeitalter des beginnenden Absolutismus. 1984.

Band 36 Horst Schröder: Friedrich Karl von Savigny. Geschichte und Rechtsdenken beim Übergang vom Feudalismus zum Kapitalismus in Deutschland. 1984.

Band 37 Andreas Hatzung: Dogmengeschichtliche Grundlagen und Entstehung des zivilrechtlichen Notstands. 1984.

Band 38 Matthias Klasen: Das Billwerder Landrecht. Landrecht und Landgericht in den Hamburger Elbmarschen. 1985.

Band 39 Rainer Jamin: Aufbau, Tätigkeit und Verfahren der Auseinandersetzungsbehörden bei der Durchführung der preußischen Agrarreformen. 1985.

Band 40 Henry Winter: Teilschuld, Gesamtschuld und unechte Gesamtschuld. Zur Konzeption der §§ 420 ff. BGB - Ein Beitrag zur Entstehungsgeschichte des BGB. 1985.

Band 41 Hermann Eichler: Verfassungsbewegung in Amerika und Europa. 1985.

Band 42 Dagmar Bandemer: Heinrich Albert Zachariae. Rechtsdenken zwischen Restauration und Reformation. 1985.

Band 43 Eva-Christine Frentz: Das Hamburgische Admiralitätsgericht (1623-1811). Prozeß und Rechtsprechung. 1985.

Band 44 Karl Lillig: Rechtsetzung im Herzogtum Pfalz-Zweibrücken während des 18. Jahrhunderts. Ein Beitrag zur Geschichte der territorialen Rechtsbildung. 1985.

Band 45 Walter Weber: Die Entwicklung der Sparkassen zu selbständigen Anstalten des öffentlichen Rechts. Ein Beitrag zur Entwicklung des Anstaltsbegriffs im 19. Jahrhundert. 1985.

Band 68 Otmar Jung: Senatspräsident Freymuth. Richter, Sozialdemokrat und Pazifist in der Weimarer Republik. Eine politische Biographie. 1989.

Band 69 Joachim Lohner: Das landeshauptmannschaftliche Gericht in Oberösterreich zu Beginn der Neuzeit. Eine Darstellung des oberösterreichischen Prozeßrechts am obersten Territorialgericht des Landes anhand der oberösterreichischen Landtafel.1989.

Band 70 Bernd Klemann: Rudolf von Jhering und die Historische Rechtsschule. 1989.

Band 71 Adalbert Langer: Männer um die österreichische Zivilprozeßordnung 1895. Zusammenspiel / Soziales Ziel. 1990.

Band 72 Robert-Dieter Klee: Die Landessuperintendentur Lauenburg. Ursprung und Entwicklung sowie Ende der Sonderstellung des Kirchenkreises Herzogtum Lauenburg durch die nordelbische Kirchenvereinigung. 1989.

Band 73 Heinrich Herrmann: Die Gehöferschaften im Bezirk Trier. 1989.

Band 74 Wilhelm Brauneder, Franz Baltzarek (Hrsg.): Modell einer neuen Wirtschaftsordnung. Wirtschaftsverwaltung in Österreich 1914 - 1918. 1991.

Band 75 Thomas Dreyer: Die "Assecuranz- und Haverey-Ordnung" der Freien und Hansestadt Hamburg von 1731. 1990.

Band 76 Bernhard Sendler: Die Rechtssprache in den süddeutschen Stadtrechtsreformationen. 1990.

Band 77 Brigitte Lehmann: Ehevereinbarungen im 19. und 20. Jahrhundert. 1990.

Band 78 Michael Sunnus: Der NS-Rechtswahrerbund (1928-1945). Zur Geschichte der nationalsozialistischen Juristenorganisation. 1990.

Band 79 Stefan Schulz: Die historische Entwicklung des Rechts an Bienen. (§§ 961 - 964 BGB). 1990.

Band 80 Gerhard Lingelbach, Heiner Lück (Hrsg.): Deutsches Recht zwischen Sachsenspiegel und Aufklärung. Rolf Lieberwirth zum 70. Geburtstag dargebracht von Schülern, Freunden und Kollegen, herausgegeben von Gerhard Lingelbach und Heiner Lück. 1991.

Band 81 Manfred Krohn: Die deutsche Justiz im Urteil der Nationalsozialisten 1920 - 1933. 1991.

Band 82 Angelika Kühn: Privilegierung nationaler Minderheiten im Wahlrecht der Bundesrepublik Deutschland und Schleswig-Holsteins. 1991.

Band 83 Georg Brun: Leben und Werk des Rechtshistorikers Heinrich Mitteis unter besonderer Berücksichtigung seines Verhältnisses zum Nationalsozialismus. 1991.

Band 84 Wolfgang Simon: Claudius Freiherr von Schwerin. Rechtshistoriker während dreier Epochen deutscher Geschichte. 1991.

Band 85 Friedrich-Carl Wachs: Das Verordnungswerk des Reichsdemobilmachungsamtes. Stabilisierender Faktor zu Beginn der Weimarer Republik. 1991.

Band 86 Jens-Uwe Petersen: Die Vorgeschichte und die Entstehung des Mieterschutzgesetzes von 1923 nebst der Anordnung für das Verfahren vor dem Mieteinigungsamt und der Beschwerdestelle. 1991.

Band 87 Ulrike Haibach: Familienrecht in der Rechtssprache. Die historische Entwicklung zentraler Ausdrücke des geltenden Familienrechts. 1991.

Band 88 Joern Christian Nissen: Die Beratungen des Seeversicherungsausschusses der Akademie für Deutsches Recht zu einem neuen Seeversicherungsgesetz (1934-1939). Ein Beitrag zur Entwicklung der allgemeinen Lehren des Seeversicherungsrechts unter besonderer Berücksichtigung des Handelsgesetzbuchs und der Allgemeinen Deutschen Seeversicherungs-Bedingungen 1919. 1991.

Band 89 Diethard Bühler: Die Entstehung der allgemeinen Vertragsschluß-Vorschriften im Allgemeinen Deutschen Handelsgesetzbuch (ADHGB) von 1861. Ein Beitrag zur Kodifikationsgeschichte des Privatrechts im 19. Jahrhundert. 1991.

Band 90 Gerhard Oberkofler: Die Vertreter des Römischen Rechts mit deutscher Unterrichtssprache an der Karls-Universität in Prag. Vom Vormärz bis 1945. 1991.

Band 91 Ulrich Andermann: Ritterliche Gewalt und bürgerliche Selbstbehauptung. Untersuchungen zur Kriminalisierung und Bekämpfung des spätmittelalterlichen Raubrittertums am Beispiel norddeutscher Hansestädte. 1991.

Band 92 Heinz Marcus Hanke: Luftkrieg und Zivilbevölkerung. Der kriegsvölkerrechtliche Schutz der Zivilbevölkerung gegen Luftbombardements von den Anfängen bis zum Ausbruch des Zweiten Weltkrieges. 1991.

Band 93 Kirsten Kraglund: Familien- und Erbrecht. Materielles Recht und Methoden der Rechtsanwendung in der Rechtsprechung des Oberappellationsgerichts der vier Freien Städte Deutschlands zu Lübeck. 1991.

Band 94 Reinhard Lorenz: Die politische und rechtliche Stellung des Proletariats in Preußen in der Zeit zwischen den Reformen und der Revolution 1848/49. 1991.

Band 95 Eric Hilgendorf: Die Entwicklungsgeschichte der parlamentarischen Redefreiheit in Deutschland. 1991.

Band 96 Hans J. Reiter: Die Handelsgesellschaft Villeroy & Boch von der Gründung 1836 bis zum Jahr 1878. 1992.

Band 97 Martin Johannes Heller: Reform der deutschen Rechtssprache im 18. Jahrhundert. 1992.

Band 98 Michael Kotulla: Die Tragweite der Grundrechte der revidierten preußischen Verfassung vom 31.01.1850. 1992.

Band 99 Michael Siefener: Hexerei im Spiegel der Rechtstheorie. Das crimen magiae in der Literatur von 1574 bis 1608. 1992.

Band 100 Andreas Ebert-Weidenfeller: Hamburgisches Kaufmannsrecht im 17. und 18. Jahrhundert. Die Rechtsprechung des Rates und des Reichskammergerichtes. 1992.

Band 101 Enno Bommel: Die Entstehung der Verwirkungslehre in der Krise des Positivismus. 1992.

Band 102 Ralph Steppacher: Die Berücksichtigung der bäuerlichen Postulate bei der Entstehung des ZGB und der Revision des OR. Ein Beitrag zur schweizerischen Kodifikationsgeschichte (1893 - 1912). 1992.

Band 103 Martin Fleckenstein: Die Todesstrafe im Werk Carl Joseph Anton Mittermaiers (1787 - 1867). Zur Entwicklungsgeschichte eines Werkbereichs und seiner Bedeutung für Theorie- und Methodenbildung. 1992.

Band 104 Jörn Eckert: Der Kampf um die Familienfideikommisse in Deutschland. Studien zum Absterben eines Rechtsinstitutes. 1992.

Band 105 Jörg Grotkopp: Beamtentum und Staatsformwechsel. Die Auswirkungen der Staatsformwechsel von 1918, 1933 und 1945 auf das Beamtenrecht und die personelle Zusammensetzung der deutschen Beamtenschaft. 1992.

Band 106 Andreas Rohde: Die Garantiehaftung des Vermieters und ihr Verhältnis zum Unmöglichkeitsrecht in dogmengeschichtlicher und modernrechtlicher Sicht. 1992.

Band 107 Tjark Siefke Kunstreich: Gesamtvertretung. Eine historisch-systematische Darstellung. 1992.

Band 108 Jürgen Krüger: Blindheit und Königtum. Die Blindheit des Königs Georg V. von Hannover als verfassungsrechtliches Problem. 1992.

Band 109 Wolfgang Putschek: Ständische Verfassung und autoritäre Verfassungspraxis in Österreich 1933-1938 mit Dokumentenanhang. Verfassung und Verfassungswirklichkeit. Mit einem Anhang: Denkschriften von Rechtsanwalt Dr. Erich Führer 1936/37. 1993.

Band 110 Klaus Hofmann: Die Verdrängung der Juden aus öffentlichem Dienst und selbständigen Berufen in Regensburg 1933-1939. 1993.

Band 111 Franz Kilger: Die Entwicklung des Telegraphenrechts im 19. Jahrhundert mit besonderer Berücksichtigung der technischen Entwicklung. Telegraphenrecht im 19. Jahrhundert. 1993.

Band 112 Wilhelm Brauneder (Hrsg.): Heiliges Römisches Reich und moderne Staatlichkeit. 1993.

Band 113 Thomas Heinrich: Das preußische Nichtehelichenrecht: Von der Aufklärung zur Reaktion. 1993.

Band 114 Gerald Kohl: Jagd und Revolution. Das Jagdrecht in den Jahren 1848 und 1849. 1993.

Band 115 Christian Schudnagies: Der Kriegs- oder Belagerungszustand im Deutschen Reich während des Ersten Weltkrieges. Eine Studie zur Entwicklung und Handhabung des deutschen Ausnahmezustandsrechts bis 1918. 1994.

Band 116 Elisabeth Bellmann: Die Internationale Kriminalistische Vereinigung (1889-1933). 1994.

Band 117 Julia Pfannkuch: Volksrichterausbildung in Sachsen 1945-1950. 1993.

Band 118 Jörg Offen: Von der Verwaltungsgemeinschaft des BGB von 1896 zur Zugewinngemeinschaft des Gleichberechtigungsgesetzes von 1957. 1994.

Band 119 Dorothee Kohlhas-Müller: Untersuchungen zur Rechtsstellung Theoderichs des Großen. 1995.

Band 120 Monika Rose: Das Gerichtswesen des Herzogtums Pfalz-Zweibrücken im 18. Jahrhundert. Ein Beitrag zur territorialen Gerichtsbarkeit im Alten Reich. 1994.

Band 121 Jörn Eckert / Hans Hattenhauer (Hrsg.): Bibel und Recht. Rechtshistorisches Kolloquium 9. - 13. Juni 1992 an der Christian-Albrechts-Universität zu Kiel. 1994.

Band 122 Robert Martin Mizia: Der Rechtsbegriff der Autonomie und die Begründung des Privatfürstenrechts in der deutschen Rechtswissenschaft des 19. Jahrhunderts. 1995.

Band 123 Walther Graf von Plettenberg: Das Fortleben des Liber Iudiciorum in Asturien/León (8. - 13. Jh.). 1994.

Band 124 Wolfgang Schulz: Das deutsche Börsengesetz. Die Entstehungsgeschichte und wirtschaftlichen Auswirkungen des Börsengesetzes von 1896. 1994.

Band 125 Frank Hagemann: Der Untersuchungsausschuß Freiheitlicher Juristen. 1949 – 1969. 1994.

Band 126 Andreas Rethmeier: "Nürnberger Rassegesetze" und Entrechtung der Juden im Zivilrecht. 1995.

Band 127 Edith Grether: Die Poesie der Throne. Die Juristen in der Fruchtbringenden Gesellschaft. 1995.

Band 128 Anna Bartels-Ishikawa: Der Lippische Thronfolgestreit. Eine Studie zu verfassungsrechtlichen Problemen des Deutschen Kaiserreiches im Spiegel der zeitgenössischen Staats. 1995.

Band 129 Jörg Schmidt: Otto Koellreutter 1883-1972. Sein Leben, sein Werk, seine Zeit. 1995.

Band 130 Christian Hattenhauer: Wahl und Krönung Franz II. AD 1792. Das Heilige Reich krönt seinen letzten Kaiser - Das Tagebuch des Reichsquartiermeisters Hieronymus Gottfried von Müller und Anlagen. 1995.

Band 131 Jutta v. der Decken: Das Seearbeitsrecht im Hamburger Stadtrecht von 1301 bis 1603. 1995.

Band 132 Detlev Schmidt: Die Reform des Rechts der Handelsvertreter von 1953. 1995.

Band 133 Gabi Roßdeutscher: Privatautonomie im Scheidungsrecht. Scheidungsbezogene Vereinbarungen in den letzten 200 Jahren. 1995.

Band 134 Harald Kahlenberg: Leben und Werk des Rechtshistorikers Walther Merk. Ein Beispiel für das Verhältnis von Rechtsgeschichte und Nationalsozialismus. 1995.

Band 135 Michael Steitz: Adelbert Düringer am Reichsgericht (1902-1915). Seine aktienrechtlichen Entscheidungen und sein Einfluß auf das Aktienrecht in Deutschland. 1995.

Band 136 Christian Becker: Beata Justorum Translatio. Juristen in schleswig-holsteinischen Leichenpredigten. 1996.

Band 137 Christoph Seiler: Vom Allgemeinen Landrecht zum Bürgerlichen Gesetzbuch. Dargestellt am Beispiel der höchstrichterlichen Judikatur zum kaufrechtlichen Sachmängelgewährleistungsrecht. 1996.

Band 138 Bernd Mayer: Die Vertrauensmännerausschüsse auf den preußischen Steinkohlegruben an der Saar. Entstehung und Wirken. Eine rechtshistorische Untersuchung. 1996.

Band 139 Rochus Scholl: Juden und Judenrecht im Herzogtum Pfalz-Zweibrücken. Ein Beitrag zur Rechtsgeschichte eines deutschen Kleinstaates am Ende des alten Reiches. 1996.

Band 140 Meike Bursch: Judentaufe und frühneuzeitliches Strafrecht. Die Verfahren gegen Christian Treu aus Weener/Ostfriesland 1720-1728. 1996.

Band 141 Markus Hillenbrand: Fürstliche Eheverträge. Gottorfer Hausrecht 1544 - 1773. 1996.

Band 142 Ulf Häder: Das gemeinschaftliche Oberappellationsgericht thüringischer Staaten in Jena. Ein Beitrag zur Geschichte des Gerichtswesens im 19. Jahrhundert. 1996.

Band 143 Andreas Bauer: Das Gnadenbitten in der Strafrechtspflege des 15. und 16. Jahrhunderts. Dargestellt unter besonderer Berücksichtigung von Quellen der Vorarlberger Gerichtsbezirke Feldkirch und des Hinteren Bregenzerwaldes. 1996.

Band 144 Christian Wirth: Der Jurist Johann Andreas Georg Friedrich Rebmann zwischen Revolution und Restauration. 1996.

Band 145 Stefanie Müller: Die Rechtsprechung des Hanseatischen Oberlandesgerichts zum persönlichen Eherecht in Hamburgischen Gerichtsfällen von 1879 -1900. 1996.

Band 146 Jean-Nicolas Morisset: Der Frachtvertrag in der *Ordonnance de la marine* von 1681. 1996.

Band 147 Dirk Lentfer: Die Glogauer Landesprivilegien des Andreas Gryphius von 1653. 1996.

Band 148 Wencke Mull: Die Haftung für Einsturzschäden nach den §§ 836-838 BGB in der Rechtsprechung des Reichsgerichts. 1996.

Band 149 Renate Zelger: Teufelsverträge. Märchen, Sage, Schwank, Legende im Spiegel der Rechtsgeschichte. 1996.

Band 150 Guido Kraß: Das Arrestverfahren in Frankfurt am Main im Spätmittelalter. 1996.

Band 151 F. Benedict Heyn: Die Entwicklung des Eisenbahnfrachtrechts von den Anfängen bis zur Einführung des Allgemeinen Deutschen Handelsgesetzbuches (ADHGB). 1996.

Band 152 Thomas Lang: Die Staats- und Verfassungslehre Carl Salomo Zachariaes. 1996.

Band 153 Michael Hebeis: Karl Anton von Martini (1726-1800). Leben und Werk. 1996.

Band 154 Gerald Hubert: Die Diskussion um die rechtliche Natur der Bizone in den Jahren 1947-1949. 1996.

Band 155 Christof Horn: Die Rechtsprechung des Reichsgerichts in Ehescheidungssachen der Jahre 1900 bis 1905. 1996.

Band 156 Hermann Nehlsen / Georg Brun (Hrsg.): Münchener rechtshistorische Studien zum Nationalsozialismus. 1996.

Band 157 Jan Otto Clemens Kehrberg: Die Entwicklung des Elektrizitätsrechts in Deutschland. Der Weg zum Energiewirtschaftsgesetz von 1935. 1997.

Band 158 Johannes Tradt: Der Religionsprozeß gegen den Zopfschulzen (1791-1799). Ein Beitrag zur protestantischen Lehrpflicht und Lehrzucht in Brandenburg-Preußen gegen Ende des 18. Jahrhunderts. 1997.

Band 159 Dietmar Olsen: Das kaufrechtliche Sachmängelgewährleistungsrecht des Code civil in der Rechtsprechung deutscher Gerichte im 19. Jahrhundert. Ein Beitrag zur Ablösung der Partikularrechte durch das BGB. 1997.

Band 160 Ulrich Bernhardt: Die Deutsche Akademie für Staats- und Rechtswissenschaft „Walter Ulbricht" 1948-1971. 1997.

Band 161 Claudia Susan Hoppe: Die Bürgschaft im Rechtsleben Hamburgs von 1600 bis 1900. 1997.

Band 162 Franz-Rudolf Ecker: Die Entwicklung des Bergrechts im Saarbrücker Steinkohlenrevier bis zum Ende des 18. Jahrhunderts. Ein Vergleich mit dem älteren deutschen Bergrecht. 1997.

Band 163 Anne Katrin Rückert: Politik und Privatrecht in der „konservativen Revolution". 1997.

Band 164 Gisbert Laube: Der Reichskunstwart. Geschichte einer Kulturbehörde 1919-1933. 1997.

Band 165 Nicolas Lührig: Die Diskussion über die Reform der Juristenausbildung von 1945 bis 1995. 1997.

Band 166 Regula Gerber Jenni: Die Emanzipation der mehrjährigen Frauenzimmer. Frauen im bernischen Privatrecht des 19. Jahrhunderts. 1997.

Band 167 Mischa A. Färber: Das gemeinschaftliche Testament in der höchstrichterlichen Rechtsprechung zum Allgemeinen Preußischen Landrecht und zum BGB. Ein Beitrag zur Ablösung der Partikularrechte durch das BGB. 1997.

Band 168 Catherine Antoinette Gasser: Philipp Lotmar 1850-1922. Professor der Universität Bern. Sein Engagement für das Schweizerische Arbeitsrecht. 1997.

Band 169 Lars Immisch: Der sozialistische Richter in der DDR und seine Unabhängigkeit. Der Versuch eines Rechtsvergleiches zum Unabhängigkeitsbegriff in der bundesdeutschen Rechtsordnung. 1997.

Band 170 Jessica Jacobi: Besitzschutz vor dem Reichskammergericht. Die friedenssichernde Funktion der Besitzschutzklagen am Reichskammergericht im 16. Jahrhundert, dargestellt anhand von Kameralisten. 1998.

Band 171 Ewald Hügemann: Die Geschichte des öffentlichen und privaten Mietpreisrechts vom Ersten Weltkrieg bis zum Gesetz zur Regelung der Miethöhe von 1974. 1998.

Band 172 Lutz Rentzow: Die Entstehungs- und Wirkungsgeschichte der Vernewerten Landesordnung für das Königreich Böhmen von 1627. 1998.

Band 173 Sabine Stürmer: Mühlenrecht im Herzogtum Pfalz-Zweibrücken während des 18. Jahrhunderts. Ein Beitrag zum Wirtschaftsrecht eines deutschen Kleinstaates im Alten Reich. 1998.

Band 174 Mario Bogisch: *Nemo testis in re sua*. Das Problem der Zeugnisfähigkeit bei der Anwendung der deutschen Zivilprozeßordnung von 1877. 1998.

Band 175 Rainer Oßwald: Pactane sunt servanda? Freiwilligkeit, Zwang und Unverbindlichkeitserklärungen im islamischen Vertragsrecht malikitischer Schule. 1998.

Band 176 Bettina Kern: Der preußische BGB-Entwurf von 1842. 1998.

Band 177 Inken Fuhrmann: Die Diskussion über die Einführung der fakultativen Zivilehe in Deutschland und Österreich seit Mitte des 19. Jahrhunderts. 1998.

Band 178 Annette Rieck: Der Heilige Ivo von Hélory (1247-1303). Advocatus pauperum und Patron der Juristen. 1998.

Band 179 Frank Bottenberg: Die Hamburgische Strafprozeßordnung von 1869. 1998.

Band 180 Matthias Krauß: Das kursächsische Postrecht von seinen Anfängen bis zum Ende des Alten Reichs. 1998.

Band 181 Torsten Schmidt: Die Entmündigung von den Anfängen des BGB bis zu ihrer Ablösung durch das Institut der Betreuung. 1998.

Band 182 Christian Nunn: Rudolf Müller-Erzbach. 1874-1959. Von der realen Methode über die Interessenjurisprudenz zum kausalen Rechtsdenken (Leben und Werk). 1998.

Band 183 Christian Ortloff: Das staatskirchenrechtliche System Wilhelm Traugott Krugs. Glaubens- und Gewissensfreiheit – eine Forderung der Vernunft. 1998.

Band 184 Christian Hattenhauer: Schuldenregulierung nach dem Westfälischen Frieden. Der sog. § *de indaganda* und seine Umsetzung im Jüngsten Reichsabschied (AD 1648 und 1654). 1998.

Band 185 Werner Schubert: Preußen im Vormärz. Die Verhandlungen der Provinziallandtage von Brandenburg, Pommern, Posen, Sachsen und Schlesien sowie – im Anhang – von Ostpreußen, Westfalen und der Rheinprovinz (1841-1845). 1998.

Band 186 Silvia Schumacher: Das Rechtsverhältnis zwischen Eltern und Kindern in der Privatrechtsgeschichte. 1999.

Band 187 Kai Sommer: Die Strafbarkeit der Homosexualität von der Kaiserzeit bis zum Nationalsozialismus. Eine Analyse der Straftatbestände im Strafgesetzbuch und in den Reformentwürfen (1871-1945). 1998.

Band 188 Jan Erik Backhaus: Volksrichterkarrieren in der DDR. 1999.

Band 189 Ralf Ruhnau: Die Fürstlich Thurn und Taxissche Privatgerichtsbarkeit in Regensburg. Ein Kuriosum der deutschen Rechtsgeschichte. 1999.

Band 190 Antonio Grilli: Die französische Justizorganisation am linken Rheinufer 1797-1803. 1999.

Band 191 Stephanie Kammerloher-Lis: Die Entstehung des Gesetzes über die religiöse Kindererziehung vom 15. Juli 1921. 1999.

Band 192 Jan Telp: Ausmerzung und Verrat. Zur Diskussion um Strafzwecke und Verbrechensbegriffe im Dritten Reich. 1999.

Band 193 Kurt von Pannwitz: Die Entstehung der Allgemeinen Deutschen Wechselordnung. Ein Beitrag zur Geschichte der Vereinheitlichung des deutschen Zivilrechts im 19. Jahrhundert. 1999.

Band 194 Sylvia Busch: Die Entstehung der Allgemeinen Gerichtsordnung für die Preussischen Staaten von 1793/95. Ein Beitrag zur Geschichte der Kodifikationsbewegung und der Reform des Zivilprozesses in Preußen im 18. Jahrhundert. 1999.

Band 195 Dirk Bieresborn: Klage und Klageerwiderung im deutschen und englischen Zivilprozeß. Eine rechtshistorische und rechtsvergleichende Untersuchung unter besonderer Berücksichtigung der Beeinflussung durch das römisch-kanonische Verfahren. 1999.

Band 196 Andreas Thier / Guido Pfeifer / Philipp Grzimek (Hrsg.): Kontinuitäten und Zäsuren in der Europäischen Rechtsgeschichte. Europäisches Forum Junger Rechtshistorikerinnen und Rechtshistoriker München 22.-24. Juli 1998. 1999.

Band 197 Franz Smola: Die Fürstlich Liechtenstein'sche Kunstsammlung. Rechtsfragen zur Verbringung der Sammlung von Wien nach Vaduz in den Jahren 1944/45. 1999.

Band 198 Frank Martin Krauss: Das geteilte Eigentum im 19. und 20. Jahrhundert. Eine Untersuchung zum Fortbestand des Teilungsgedankens. 1999.

Band 199 Matthias Frey: Die spanische Aktiengesellschaft im 18. Jahrhundert und unter dem Código de Comercio von 1829. 1999.

Band 200 Alexandra Gilde: Die Stellung der Frau im Reichsstrafgesetzbuch von 1870/71 und in den Reformentwürfen bis 1919 im Urteil der bürgerlichen Frauenbewegung. Eine Analyse ausgewählter Straftatbestände. 1999.

Band 201 Malte Dießelhorst / Arne Duncker: Hans Kohlhase. Die Geschichte einer Fehde in Sachsen und Brandenburg zur Zeit der Reformation. 1999.

Band 202 Jörg Hillmann: Territorialrechtliche Auseinandersetzungen der Herzöge von Sachsen-Lauenburg vor dem Reichskammergericht im 16. Jahrhundert. 1999.

Band 203 Carsten Engler: Die Kommanditgesellschaft (KG) und die stille Gesellschaft im Allgemeinen Deutschen Handelsgesetzbuch (ADHGB) von 1861. 1999.

Band 204 Vesta Hoffmann-Steudner: Die Rechtsprechung des Reichsgerichts zu dem Scheidungsgrund des § 49 EheG (EheG 1938) in den Jahren 1938-1945. 1999.

Band 205 Michaela Thiele: Die Auflösung von Arbeitsverhältnissen aufgrund Anfechtung und außerordentlicher Kündigung nach der Rechtsprechung des Reichsarbeitsgerichts (1927-1945). 2000.

Band 206 Peter Landau / Hermann Nehlsen / Mathias Schmoeckel (Hrsg.): Karl von Amira zum Gedächtnis. 1999.

Band 207 Marcus Flinder: Die Entstehungsgeschichte des Zivilgesetzbuches der DDR. 1999.

Band 208 Boris Franz Leo Bromm: Die Entstehungsgeschichte des Berufs des Handelsvertreters. Unter besonderer Berücksichtigung der Sozialgesetzgebung in den Jahren von 1871-1933. 2000.

Band 209 Winfried C. J. Eberstein: Das Tierschutzrecht in Deutschland bis zum Erlaß des Reichs-Tierschutzgesetzes vom 24. November 1933. Unter Berücksichtigung der Entwicklung in England. 1999.

Band 210 Patrick Deller: Der „nach dem Vertrage" vorausgesetzte Gebrauch (§ 459 Absatz 1 Satz 1 BGB). Eine kaufrechtliche Untersuchung unter Berücksichtigung rechtshistorischer wie rechtsvergleichender Grundlagen. 2000.

Band 211 Eckard Freiherr von Bodenhausen: Haftung des Geschäftsherrn für Verrichtungsgehilfen im Straßen- und Schienenverkehr. Eine Analyse der Entscheidungen des Reichsgerichts zu § 831 BGB (1900-1945). 2000.

Band 212 Birte Gast: Der Allgemeine Teil und das Schuldrecht des Bürgerlichen Gesetzbuchs im Urteil von Raymond Saleilles (1855-1912). 2000.

Band 213 Hansjörg Michael Huber: Koloniale Selbstverwaltung in Deutsch-Südwestafrika. Entstehung, Kodifizierung und Umsetzung. 2000.

Band 214 Ulf Björner: Die Verfassungsgerichtsbarkeit im Norddeutschen Bund und Deutschen Reich (1867-1918). Eine rechtshistorische Untersuchung über Gerichtsbarkeit im Spannungsfeld von Politik und Recht innerhalb der von Bismarck geschaffenen deutschen Bundesstaaten. 2000.

Band 215 Mathias Freiherr von Rosenberg: Friedrich Carl von Savigny (1779-1861) im Urteil seiner Zeit. 2000.

Band 216 Reinhard Binder-Krieglstein: Österreichisches Adelsrecht 1868-1918/19. Von der Ausgestaltung des Adelsrechts der cisleithanischen Reichshälfte bis zum Adelsaufhebungsgesetz der Republik unter besonderer Berücksichtigung des adeligen Namensrechts. 2000.

Band 217 Claudia-Regine Nerius: Johannes Lehmann-Hohenberg (1851-1925). Eine Studie zur völkischen Rechts- und Justizkritik im Deutschen Kaiserreich. 2000.

Band 218 Ludger Meuten: Die Erbfolgeordnung des Sachsenspiegels und des Magdeburger Rechts. Ein Beitrag zur Geschichte des sächsisch-magdeburgischen Rechts. 2000.

Band 219 Christoph Alexander von Wilcken: Die Reformbestrebungen zum Genossenschaftsgesetz in der Frühzeit der Bundesrepublik. Die Beratungen der Sachverständigenkommission zur Überprüfung des Genossenschaftsrechts 1954 bis 1958 und der Referentenentwurf von 1962. 2000.

Band 220 Verein Junger RechtshistorikerInnen Zürich (Hrsg.): ¿Rechtsgeschichte(n)? ¿Histoire(s) du droit? ¿Storia/storie del diritto? ¿Legal Histori(es)? Europäisches Forum Junger Rechtshistorikerinnen und Rechtshistoriker Zürich 28.-30. Mai 1999. 2000.

Band 221 Hans Christian Schüler: Die Entstehungsgeschichte der Bundesnotarordnung vom 24. Februar 1961. 2000.

Band 222 Nils-Eberhard Schramm: Die Vereinigung demokratischer Juristen (1949-1999). 2000.

Band 223 Silke Anke Torp: Das Rechtsverhältnis zwischen den Eltern und ihren Kindern. Dienstleistungspflicht, Aussteuer und Ausstattung. Eine Analyse der Rechtsprechung des Reichsgerichts und des Reichsarbeitsgerichts zu den Vorschriften der §§ 1616 bis 1625 des Bürgerlichen Gesetzbuches in der Zeit von 1900 bis 1945. 2000.

Band 224 Martin Jürgen Maaß: Die Geschichte des Eigentumsvorbehalts, insbesondere im 18. und 19. Jahrhundert. 2000.

Band 225 Stefanie Langer: Rechtswissenschaftliche Itinerarien. Lebenswege namhafter europäischer Juristen vom 11. bis zum 18. Jahrhundert. 2000.

Band 226 Ulrich Schmitz: Der Unterhaltsanspruch des nichtehelichen Kindes gegen seinen Erzeuger. Die rechtsgeschichtliche und dogmatische Entwicklung im deutschen Recht. 2000.

Band 227 Sebastian Günther: Friedrich Carl von Savigny als Grundherr. 2000.

Band 228 Henning Ibs: Hermann J. Held (1890-1963). Ein Kieler Gelehrtenleben in den Fängen der Zeitläufe. 2000.

Band 229 Matthias Rücker: Wirtschaftswerbung unter dem Nationalsozialismus. Rechtliche Ausgestaltung der Werbung und Tätigkeit des Werberats der deutschen Wirtschaft. 2000.

Band 230 Hendrik Sandmann: Die Entwicklung von Begriff und Inhalt des Wirtschaftchsrechts durch die Rechtswissenschaft in der Weimarer Republik. 2000.

Band 231 Sibylle Müller: Gibt es Menschenrechte bei Samuel Pufendorf? 2000.

Band 232 Karin Olechowski-Hrdlicka: Die gemeinsamen Angelegenheiten der Österreichisch-Ungarischen Monarchie. Vorgeschichte – Ausgleich 1867 – Staatsrechtliche Kontroversen. 2001.

Band 233 Johannes Mierau: Die juristischen Abschluß- und Diplomprüfungen in der SBZ/DDR. Ein Einblick in die Juristenausbildung im Sozialismus. 2001.

Band 234 Jörg Wolff (Hrsg.): Stillstand, Erneuerung und Kontinuität. Einsprüche zur Preußenforschung. 2001.

Band 235 Friedo Schröder: Die anwaltliche Tätigkeit während der nationalsozialistischen Herrschaft. Eine Analyse der anwaltlichen Argumentation in Zivilprozessen anhand der vorhandenen Prozeßakten der Landgerichte Frankenthal, Wiesbaden, Limburg und Frankfurt und der Handakten der *jüdischen Konsulenten* des OLG-Bezirks Frankfurt. 2001.

Band 236 Der Code pénal des Königreichs Westphalen von 1813 mit dem Code pénal von 1810 im Original und in deutscher Übersetzung. Herausgegeben und mit einer Einleitung versehen von Werner Schubert. 2001.

Band 237 Klaus Richter: Deutsches Kolonialrecht in Ostafrika 1885-1891. 2001.

Band 238 Kai von Lewinski: Deutschrechtliche Systembildung im 19. Jahrhundert. 2001.

Band 239 Alexander Herzog: Sittenwidrige Rechtsgeschäfte in der höchstrichterlichen Rechtsprechung aus den Jahren 1948-1965. 2001.

Band 240 Claudia Rönnau: Die Beratungen des Wasserrechtsausschusses der Akademie für Deutsches Recht zu einem Reichswassergesetz (1934-1941). Ein Beitrag zur Dogmatik der Begriffe *Gemeingebrauch* und *Sondergebrauch* in der Zeit des Nationalsozialismus. 2001.

Band 241 Momme Rohlack: Kriegsgesellschaften (1914-1918). Arten, Rechtsformen und Funktionen in der Kriegswirtschaft des Ersten Weltkrieges. 2001.

Band 242 Rolf Geyer: Der Gedanke des Verbraucherschutzes im Reichsrecht des Kaiserreichs und der Weimarer Republik (1871-1933). Eine Studie zur Geschichte des Verbraucherrechts in Deutschland. 2001.

Band 243 Felix Lorenz Benjamin Lehmann: Der Rote Adlerorden. Entstehung und rechtliche Grundlagen (1705-1918). 2002.

Band 244 Marc Ludwig: Der Pfändungsschutz für Lohneinkommen. Die Entstehungs- und Entwicklungsgeschichte der Vorschriften zum Schutz vor Lohnpfändung in Deutschland. 2001.

Band 245 Alexander Wachter: Dorfschule zwischen Pastor und Schulmeister. Zur Säkularisierung des niederhessischen Schulwesens im 19. Jahrhundert. 2001.

Band 246 Richard Scholz: Analyse der Entstehungsbedingungen der reichsgerichtlichen Aufwertungsrechtsprechung. Untersuchung unter besonderer Berücksichtigung der konservativen Geldpolitik der Reichsbank und der Inflationspolitik der Reichsregierung. 2001.

Band 247 Judith Laeverenz: Märchen und Recht. Eine Darstellung verschiedener Ansätze zur Erfassung des rechtlichen Gehalts der Märchen. 2001.

Band 248 Christina Schenk: Bestrebungen zur einheitlichen Regelung des Strafvollzugs in Deutschland von 1870 bis 1923. 2001.

Band 249 Nils Werner: Die Prozesse gegen die Landvolkbewegung in Schleswig-Holstein 1929/32. Ein Beitrag zur Justizkritik in der späten Weimarer Republik. 2001.

Band 250 Wolfgang Walter: Das Duell in Bayern. Ein Beitrag zur bayerischen Strafrechtsgeschichte. 2002.

Band 251 Jörn Eckert / Kjell Å. Modéer (Hrsg.): Geschichte und Perspektiven des Rechts im Ostseeraum. Erster Rechtshistorikertag im Ostseeraum 8.–12. März 2000. 2001.

Band 252 Jan Könighaus: Die Inauguration der Christian-Albrechts-Universität zu Kiel 1665. Symbolgehalt und rechtliche Bedeutung des Universitätszeremoniells. 2002.

Band 253 Andreas Görgen: Rechtssprache in der Frühen Neuzeit. Eine vergleichende Untersuchung der Fremdwortverwendung in Gesetzen des 16. und 17. Jahrhunderts. 2002.

Band 254 Ralf Schäfer: Die Rechtsstellung der Haigerlocher Juden im Fürstentum Hohenzollern-Sigmaringen von 1634-1850. Eine rechtsgeschichtliche Untersuchung. 2002.

Band 255 Regine Schmalhorst: Die Tierhalterhaftung im BGB von 1896. Die Entstehung und Änderung des § 833 BGB sowie eine Analyse der Rechtsprechung des Reichsgerichts bis 1908. 2002.

Band 256 Thomas Hense: Konrad Beyerle. Sein Wirken für Wissenschaft und Politik in Kaiserreich und Weimarer Republik. 2002.

Band 257 Christian Mahlmann: Die Strafrechtswissenschaft der DDR. Klassenkampftheorie und Verbrechenslehre. 2002.

Band 258 Henning Kahmann: Die Bankiers von Jacquier & Securius 1933–1945. Eine rechtshistorische Fallstudie zur "Arisierung" eines Berliner Bankhauses. Mit einem Geleitwort von *John Kornblum*. 2002.

Band 259 Volker Friedrich Drecktrah: Die Gerichtsbarkeit in den Herzogtümern Bremen und Verden und in der preußischen Landdrostei Stade von 1715 bis 1879. 2002.

Band 260 Andreas Klass: Standes- oder Leistungselite? Eine Untersuchung der Karrieren der Wetzlarer Anwälte des Reichskammergerichts (1693-1806). 2002.

Band 261 Wolfgang Eder: Das italienische Tribunale Speciale per la Difesa dello Stato und der deutsche Volksgerichtshof. Ein Vergleich zwischen zwei politischen Gerichtshöfen. 2002.

Band 262 Albrecht Cordes / Bernd Kannowski (Hrsg.): Rechtsbegriffe im Mittelalter. 2002.

Band 263 Thomas Hildebrandt: Die Brandenburgischen Provinziallandtage von 1841, 1843, und 1845 anhand ausgewählter Verhandlungsgegenstände. 2002.

Band 264 Jan Finzel: Georg Adam Struve (1619–1692) als Zivilrechtler. 2003.

Band 265 Björn Carsten Frenzel: Das Selbstverständis der Justiz nach 1945. Analyse der Rolle der Justiz unter Berücksichtigung der Reden zur *Wiedereröffnung* der Bundes- und Oberlandesgerichte. 2003.

Band 266 Nils Reichhelm: Die marxistisch-leninistische Staats- und Rechtstheorie Karl Polaks. 2003.

Band 267 Raik Schneider: Altrechtliche Personenzusammenschlüsse. Ihre Entwicklung unter besonderer Berücksichtigung des Rechts des Großherzogtums Sachsen-Weimar-Eisenach sowie der Herzogtümer Sachsen-Meiningen und Sachsen-Gotha. 2003.

Band 268 Anke Meier: Die Geschichte des deutschen Konkursrechts, insbesondere die Entstehung der Reichskonkursordnung von 1877. 2003.

Band 269 Stefan Jens Jordan: Leben und Werk des Tübinger Rechtsprofessors Wilhelm Gottlieb Tafinger 1760–1813. 2003.

Band 270 Stefanie Hubig: Die historische Entwicklung des § 23 ZPO. Zum Ursprung und Fortleben des Vermögensgerichtsstandes im deutschen Prozeßrecht des 19. Jahrhunderts. 2003.

Band 271 Michael G. Perband: Der Grundsatz der freien Beweiswürdigung im Zivilprozeß (§ 286 ZPO) in der Rechtsprechung des Reichsgerichts. 2003.

Band 272 Mathias Bouveret: Die Stellung des Staatsoberhauptes in der parlamentarischen Diskussion und Staatsrechtslehre von 1848 bis 1918. 2003.

Band 273 Barbara Széchényi: Rechtliche Grundlagen bayerischer Zensur im 19. Jahrhundert. 2003.

Band 274 Sylvia Scharfenberg: Die Entstehungsgeschichte des Beurkundungsgesetzes vom 28. August 1969. 2003.

Band 275 Urte Nesemann: Die schwedische Familiengesetzgebung von 1734 bis zu den Reformgesetzen von 1915 bis 1920 und deren Einfluss auf die Gesetzgebungsprojekte der Weimarer Republik. Unter besonderer Berücksichtigung der Rechtsstellung der Frau und des unehelichen Kindes. 2003.

Band 276 Alexandra Brück: Die Polizeiordnung Herzog Christians von Braunschweig-Lüneburg vom 6. Oktober 1618. 2003.

Band 277 Torsten Landwehr: Das Kommissionsgeschäft in Rechtswissenschaft, Gesetzgebung und Rechtspraxis vom 16. bis zum Ende des 18. Jahrhunderts. 2003.

Band 278 Tassilo Wilhelm Maria Englert: Deutsche und italienische Zivilrechtsgesetzgebung von 1933–1945. Parallelen in der Rechtsetzung und gegenseitige Beeinflussung unter besonderer Berücksichtigung des Familien- und Erbrechts. 2003.

Band 279 Tobias Prang: Der Schutz der Versicherungsnehmer bei der Auslegung von Versicherungsbedingungen durch das Reichsgericht. 2003.

Band 280 Thorsten Lieb: Privileg und Verwaltungsakt. Handlungsformen der öffentlichen Gewalt im 18. und 19. Jahrhundert. 2004.

Band 281 Michael Rühling: Das Ladenschlussgesetz vom 28. November 1956. Vorgeschichte, Entstehung des Gesetzes und weitere Entwicklung. 2004.

Band 282 Kathrin Nawotki: Die schleswigsche Deichstavengerechtigkeit. Vom 17. Jahrundert bis in die Gegenwart. Eine gewohnheitsrechtliche Superfizies an nordfriesischen Deichgrundstücken und ihre Entwicklung. 2004.

Band 283 Erik Nils Voigt: Die Gesetzgebungsgeschichte der militärischen Ehrenstrafen und der Offizierehrengerichtsbarkeit im preußischen und deutschen Heer von 1806 bis 1918. 2004.

Band 284 Dorothea Riedi Hunold: Die Einführung der allgemeinen Wechselfähigkeit in der Schweiz in der zweiten Hälfte des 19. Jahrhunderts. Unter besonderer Berücksichtigung der politischen, wirtschaftlichen und sozialen Verhältnisse. 2004.

Band 285 Thomas Gergen: Pratique juridique de la paix et trêve de Dieu à partir du concile de Charroux (989–1250). Juristische Praxis der Pax und Treuga Dei ausgehend vom Konzil von Charroux (989–1250). 2004.

Band 286 Kathrin Bethkenhagen: Die Entwicklung des Luftrechts bis zum Luftverkehrsgesetz von 1922. 2004.

Band 287 Heiko Lüpkes: Die Verbrechen der Diener des Staats im Allgemeinen Landrecht für die Preußischen Staaten von 1794 und ihre Entwicklung zu den Vergehen und Verbrechen im Amte im Strafgesetzbuch für die Preußischen Staaten von 1851. 2004.

Band 288 Mirco Peter Hirsch: Von der Erbbescheinigung des Preußischen Rechts zum Erbschein des Bürgerlichen Gesetzbuchs. 2004.

Band 289 Bettina Günther: Die Behandlung der Sittlichkeitsdelikte in den Policeyordnungen und der Spruchpraxis der Reichsstädte Frankfurt am Main und Nürnberg im 15. bis 17. Jahrhundert. 2004.

Band 290 Seunghyeon Seong: Der Begriff der *nicht gehörigen Erfüllung* aus dogmengeschichtlicher und rechtsvergleichender Sicht. 2004.

Band 291 Steffen-Werner Meyer: Bemühungen um ein Reichsgesetz gegen den Büchernachdruck. Anläßlich der Wahlkapitulation Leopolds II. aus dem Jahre 1790. 2004.

Band 292 Ulrich Löffler: Instrumentalisierte Vergangenheit? Die nationalsozialistische Vergangenheit als Argumentationsfigur in der Rechtsprechung des Bundesverfassungsgerichts. 2004.

Band 293 Norbert Koch: Die Entwicklung des deutschen privaten Immissionsschutzrechts seit Beginn der Industrialisierung. Unter besonderer Berücksichtigung des Einflusses der höchstrichterlichen Rechtsprechung. 2004.

Band 294 Julius Ludwig Pfeiffer: Das Tierschutzgesetz vom 24. Juli 1972. Die Geschichte des deutschen Tierschutzrechts von 1950 bis 1972. 2004.

Band 295 Bert-Hagen Strodthoff: Die richterliche Frage- und Erörterungspflicht im deutschen Zivilprozeß in historischer Perspektive. 2004.

Band 296 Tim Kannewurf: Die Höfeordnung vom 24. April 1947. Entstehungsgeschichte und Einordnung in die Entwicklung des Anerbenrechts. 2004.

Band 297 Steffi Heine: Die Methodendiskussion nach Inkrafttreten des Bürgerlichen Gesetzbuches und die Gründung des Vereins *Recht und Wirtschaft*. 2004.

Band 298 Anne Marlene Simon-Holtorf: Geschichte des Familienwahlrechts in Frankreich (1871 bis 1945). 2004.

Band 299 Jürgen Busch: Das Germanenbild der deutschen Rechtsgeschichte. Zwischen Wissenschaft und Ideologie. Mit einem Vorwort von Herwig Wolfram. 2004.

Band 300 Jan Kohlmann: Der Marsch zu den Gräbern von Karl und Rosa. Geschichte eines Gedenktages. 2004.

Band 301 Christian Rainer Schlicht: Die kumulative Schuldübernahme in der Rechtsprechung des Reichsgerichts und in der zeitgenössischen Literatur. 2004.

Band 302 Hans Peter Glöckner: Positive Vertragsverletzung. Die Geburt eines Rechtsinstituts. 2004.

Band 303 João Manuel Azevedo Alexandrino Fernandes: Die Theorie der Interpretation des Gesetzes bei Francisco Suárez. 2005.

Band 304 René Funk: Die Wahlprüfung der volksgewählten Abgeordneten der Volksvertretungen im Frühkonstitutionalismus. Eine Untersuchung der Wahlprüfung in den Kammern der Abgeordneten des Großherzogtums Baden, des Königreichs Württemberg und des Großherzogtums Hessen. 2005.

Band 305 Carolin O'Sullivan. Die Ahndung von Rechtsbrüchen der Seeleute im mittelalterlichen hamburgischen und hansischen Seerecht (1301–1482). 2005.

Band 306 Martin Jürgens: Staat und Reich bei Ernst Rudolf Huber. Sein Leben und Werk bis 1945 aus rechtsgeschichtlicher Sicht. 2005.

Band 307 Florian G. Dürselen: Franz Beyerle (1885–1977). Leben, Ära und Werk eines Rechtshistorikers. 2005.

Band 308 Kai Bandilla: Urheberrecht im Kaiserreich. Der Weg zum Gesetz betreffend das Urheberrecht an Werken der Literatur und Tonkunst vom 19. Juni 1901. 2005.

Band 309 Stefan Mieth: Die Entwicklung des Denkmalrechts in Preußen 1701–1947. 2005.

Band 310 Catharina Lodemann: Die Geschichte des französischen *acte de gouvernement*. 2005.

Band 311 Christina Wicke: Kodifikationsbestrebungen und Wissenschaft in Hessen-Darmstadt im vorkonstitutionellen Zeitalter. Zu der Beteiligung der Gießener Rechtsprofessoren an den Gesetzgebungsarbeiten in Hessen-Darmstadt in der Zeit zwischen 1769 und 1820. 2005.

Band 312 Christiane Chlosta: Nur dem Gesetz unterworfen? Eine rechtsgeschichtliche Untersuchung zu Idee und Wirklichkeit richterlicher Gesetzestreue unter besonderer Berücksichtigung der Aufwertungsrechtsprechung und des richterlichen Prüfungsrechts. 2005.

Band 313 Kathrin Dirr: Hoheitsrechtliche Streitigkeiten zwischen den Kölner Erzbischöfen und der Stadt Köln auf Grundlage reichskammergerichtlicher Verfahren des 16. und 17. Jahrhunderts. 2005.

Band 314 Michael Racky: Die Diskussion über Gewaltenteilung und Gewaltentrennung im Vormärz. 2005.

Band 315 Petra Thiemrodt: Die Entstehung des Staatshaftungsgesetzes der DDR. Eine Untersuchung auf der Grundlage von Materialien der DDR-Gesetzgebungsorgane mit zeitgeschichtlichen Bezügen. 2005.

Band 316 Julius F. Reiter: Entstehung und staatsrechtliche Theorie der italienischen *Carta del Lavoro*. 2005.

Band 317 André Book: Die Justizreform in der Frühzeit der Bundesrepublik. Die Beratungen der Kommission zur Vorbereitung einer Reform der Zivilgerichtsbarkeit in den Jahren 1955 bis 1961. 2005.

Band 318 Frank Zentz: Das amerikanische Strafverfahren als Element der Besatzungspolitik in Deutschland. Erziehung zur Demokratie durch den *Court of Appeals* 1948–1955. 2005.

Band 319 Friederike Quaisser: Mietrecht im 19. Jahrhundert. Ein Vergleich der mietrechtlichen Konzeptionen im Allgemeinen Landrecht für die Preußischen Staaten von 1794 und dem gemeinen Recht. 2005.

Band 320 Stefan Burghard: Professor Dr. Wilhelm Kahl – Leben zwischen Wissenschaft und Politik. 2005.

Band 321 Günter Baranowski: Die *Russkaja Pravda* – ein mittelalterliches Rechtsdenkmal. 2005.

Band 322 Christina Schneider: Die SS und „das Recht". Eine Untersuchung anhand ausgewählter Beispiele. 2005.

Band 323 Werner Schubert (Hrsg.): Zivilprozessreform in der Weimarer Zeit. Quellen zur Emminger-Zivilprozessverordnung vom 13.2.1924 und zu den Arbeiten der Zivilprozesskommission des Reichsjustizministeriums (1922–1930). Eingeleitet und herausgegeben von Werner Schubert. 2005.

Band 324 Felix Gaul: Der Jurist Rudolf Isay (1886–1956). Ein verantwortungsbewusster Vermittler im Spannungsfeld zwischen dynamischer Rechtsschöpfung, ökonomischem Wandel und technischem Fortschritt. 2005.

Band 325 Konstanze Braun: Dr. Otto Georg Thierack (1889–1946). 2005.

Band 326 Eckart Klein / Stefan Chr. Saar / Carola Schulze (Hrsg.): Zwischen Rechtsstaat und Diktatur. Deutsche Juristen im 20. Jahrhundert. 2006.

Band 327 Stefan Botor: Das *Berliner Sühneverfahren* – Die letzte Phase der Entnazifizierung. 2006.

Band 328 Andreas Köhler: Die Sorgerechtsregelungen bei Ehescheidung seit 1945. Scheidungsstrafe und verordnete Gemeinsamkeit. 2006.

Band 329 Lars Düwel: Die Nichtigkeit und Anfechtbarkeit der Ehe in der Rechtsprechung des Reichsgerichts zwischen 1900 und 1945. 2006.

www.peterlang.de

MIX
Papier | Fördert gute Waldnutzung
FSC® C083411

Kolibri 360 GmbH
Ferdinand-Jühlke-Straße 7
99095 Erfurt, Deutschland
produktsicherheit@kolibri360.de

Druck:
CPI Druckdienstleistungen GmbH
im Auftrag der
Kolibri 360 GmbH
Ferdinand-Jühlke-Str. 7
99095 Erfurt